CORPS

LE TAO DE

MENTAL

L'ÉNERGIE

ESPRIT

LES ÉDITIONS
Québec-Livres

Catalogage avant publication de Bibliothèque et Archives nationales du Québec et Bibliothèque et Archives Canada

Tremblay, Nicole

Le tao de l'énergie

2e édition

(Collection Santé naturelle)

ISBN 978-2-7640-2012-8

1. Guérison par l'esprit. 2. Tao. 3. Esprit et corps. 4. Énergie psychique. I. Titre. II. Collection: Collection Santé naturelle (Éditions Québecor).

RZ401.T73 2013 615.8'51 C2012-942305-X

Dépôt légal: 2012
Bibliothèque et Archives nationales du Québec

Pour en savoir davantage sur nos publications, visitez notre site : **www.quebecoreditions.com**

Éditeur: Jacques Simard
Infographie et mise en pages: Claude Bergeron

Imprimé au Canada

Gouvernement du Québec – Programme de crédit d'impôt pour l'édition de livres – Gestion SODEC.

L'Éditeur bénéficie du soutien de la Société de développement des entreprises culturelles du Québec pour son programme d'édition.

Nous reconnaissons l'aide financière du gouvernement du Canada par l'entremise du Fonds du livre du Canada pour nos activités d'édition.

DISTRIBUTEURS EXCLUSIFS:

- Pour le Canada et les États-Unis:
  MESSAGERIES ADP*
  2315, rue de la Province
  Longueuil, Québec J4G 1G4
  Tél.: (450) 640-1237
  Télécopieur: (450) 674-6237
  * une division du Groupe Sogides inc., filiale du Groupe Livre Québecor Média inc.

- Pour la France et les autres pays:
  INTERFORUM editis
  Immeuble Paryseine, 3, Allée de la Seine
  94854 Ivry CEDEX
  Tél.: 33 (0) 4 49 59 11 56/91
  Télécopieur: 33 (0) 1 49 59 11 33

  Service commande France Métropolitaine
  Tél.: 33 (0) 2 38 32 71 00
  Télécopieur: 33 (0) 2 38 32 71 28
  Internet: www.interforum.fr

  Service commandes Export – DOM-TOM
  Télécopieur: 33 (0) 2 38 32 78 86
  Internet: www.interforum.fr
  Courriel: cdes-export@interforum.fr

- Pour la Suisse:
  INTERFORUM editis SUISSE
  Case postale 69 – CH 1701 Fribourg – Suisse
  Tél.: 41 (0) 26 460 80 60
  Télécopieur: 41 (0) 26 460 80 68
  Internet: www.interforumsuisse.ch
  Courriel: office@interforumsuisse.ch

  Distributeur: OLF S.A.
  ZI. 3, Corminboeuf
  Case postale 1061 – CH 1701 Fribourg – Suisse

  Commandes: Tél.: 41 (0) 26 467 53 33
  Télécopieur: 41 (0) 26 467 54 66
  Internet: www.olf.ch
  Courriel: information@olf.ch

- Pour la Belgique et le Luxembourg:
  INTERFORUM BENELUX S.A.
  Fond Jean-Pâques, 6
  B-1348 Louvain-La-Neuve
  Tél.: 00 32 10 42 03 20
  Télécopieur: 00 32 10 41 20 24

NICOLE TREMBLAY

CORPS

LE TAO DE

MENTAL

L'ÉNERGIE

ESPRIT

2e édition

LES ÉDITIONS
Québec-Livres
Une société de Québecor Média

Remerciements

Je suis reconnaissante à tous les professeurs de psychologie qui m'ont enseigné depuis 1968 et à tous les professeurs d'acupuncture et de médecine traditionnelle chinoise qui m'ont enseigné depuis 1980, tant au Québec et en France qu'aux États-Unis. Je remercie plus particulièrement maître Mantak Chia pour son enseignement des pratiques taoïstes, grâce auxquelles j'ai pu connaître le sens profond des textes ésotériques. Merci également à toutes les personnes qui m'ont consultée et avec qui j'ai travaillé en thérapie en intégrant les connaissances de la médecine traditionnelle chinoise, de l'acupuncture, du Qi Cong, de l'alimentation, de la méditation, de l'hypnose, de la psychanalyse, de l'art thérapie et de la bioénergie. La confiance qu'elles m'ont témoignée ainsi que leur collaboration resteront toujours gravées dans mon cœur.

Avertissement

Le présent ouvrage ne se veut pas une étude exhaustive du domaine de la médecine, de l'herboristerie ou de la musicothérapie chinoise, mais plutôt un exposé de l'utilisation de certains moyens de la médecine traditionnelle chinoise selon une approche psychothérapeutique originale développée par l'auteure, soit l'approche intégrative.

Le présent ouvrage étant un outil de compréhension pour les thérapeutes et les patients, il ne saurait prétendre à remplacer la consultation d'un médecin ou les médications prescrites aux patients.

Introduction générale

Ce livre démontre comment l'Occident et l'Orient diffèrent dans la manière de considérer le rôle et l'influence du mental sur le corps dans les soins et les pratiques de guérison. Il expose également des ressemblances et des façons de combiner les connaissances et les pratiques de ces deux mondes selon une approche intégrative, qui donne des résultats surprenants.

Le chapitre 1, Le mental dans la thérapie en Occident, porte sur l'étude du rôle du mental et de son utilisation par divers thérapeutes pour contrôler la douleur et guérir les maladies psychosomatiques. Les traitements par le mental ont été relégués aux oubliettes avec Descartes et remis à l'ordre du jour par la résurgence de l'hypnose, dans les années 1960. L'hypnose a eu divers noms, comme l'hypnose clinique, l'hypnose orientée vers la solution, la nouvelle hypnose et l'hypnose qui mène à l'éveil. Plusieurs autres méthodes thérapeutiques ont été élaborées pour agir sur le corps par le mental : la suggestion, l'autosuggestion, la relaxation, le biofeedback, l'imagerie mentale, la visualisation, le rêve éveillé. Depuis les années 1980, on a aussi étudié les effets bénéfiques, sur les plans physique et psychologique, de l'exercice physique, de la prière et de la méditation. Les Occidentaux ont étudié le cerveau en détail, traçant des cartes neurologiques qui indiquent les emplacements, les relations des régions du corps au cerveau. En Occident, l'évolution de la conscience a atteint le sixième niveau ou le niveau d'expansion par la pensée relative développée en physique. Ce niveau d'évolution est accessible facilement aux Asiatiques par leur pensée systémique et relative intégrée à la culture, à la médecine et à la méditation taoïste depuis plus de trois mille ans. *Nous présentons ici des exercices de méditation qui servent à réunir le corps, le mental et l'esprit et à pratiquer l'expansion de la conscience taoïste. Nous introduisons ainsi un des éléments de l'approche intégrative en thérapie: la méditation.*

Le chapitre 2, Le cœur/mental dans la vie en Orient, met l'accent sur la non-séparation du cœur et de l'esprit, et de la continuité énergétique entre les trois dimensions de l'être humain: le physique (Jing), l'émotif (Qi) et le mental (Shen). L'énergie est une et se transforme entre ces trois aspects de l'humain et permet d'être en relation avec l'Univers. La vision du corps taoïste illustre bien cette continuité interne (microcosme) et cette continuité avec l'extérieur (macrocosme) en mettant en correspondance les éléments qui vibrent à la même fréquence, c'est-à-dire par exemple en représentant la région du foie par la forêt. Les Asiatiques ont élaboré des cartes du corps sur la peau; ils ont établi les projections des organes, des glandes, des diverses parties du corps sur la peau du nez, du visage, des mains et des pieds, des oreilles et de tout le corps, par des points et des canaux d'énergie. Ces points et ces canaux d'énergie suivent les rythmes de l'Univers et sont en lien avec les mouvements et les transformations énergétiques terrestres et célestes. *Nous expliquerons ici comment utiliser la poncture de la peau pour équilibrer et harmoniser les émotions par les points Shu antiques et les points Shen do dos, soit un deuxième aspect de l'approche intégrative en thérapie: l'acupuncture.*

Le chapitre 3, Le Shen et le Qi Cong, porte sur l'intégration du rôle du mental et du corps par le Qi Cong. La pratique du Qi Cong signifie maîtrise du Qi par le mental, direction du souffle dans le corps et postures énergisantes. L'utilisation du Shen ou du mental dans la méditation et dans le Qi Cong prévient les maladies, accélère la guérison, renforce la structure osseuse et la moelle des os, et régénère le sang tout en reposant le cœur. *Le Qi Cong, le troisième élément de l'approche intégrative, utilise la respiration, la direction de l'énergie et la contraction-relaxation pour augmenter la force du périnée et de tout le corps.* Nous verrons notamment comment le Qi Cong peut aider les musiciens et les personnes souffrant de divers symptômes reliés au périnée et au bas-ventre.

Le chapitre 4, La psychoénergie, porte sur le rapprochement entre l'Occident et l'Orient à partir de la comparaison entre psychologie occidentale et médecine traditionnelle chinoise. Il porte sur le rôle de l'énergie dans l'équilibre corps-esprit, soit sur la façon dont s'élaborent les cinq Shen à partir de l'énergie des cinq organes, et sur l'utilité de l'approche systémique des cinq éléments pour la compréhension des émotions. La nouvelle hypnose, ou l'éveil énergétique, est ce qui se rapproche le plus de la méditation orientale zen et taoïste. *L'utilisation des techniques hypnotiques et des pratiques de méditation, avec les suggestions qui utilisent les correspondances de la Médecine Traditionnelle Chinoise (MTC), est un quatrième élément important de l'approche intégrative en thérapie.* Les divers centres et glandes du cerveau peuvent aussi être stimulés par la méditation et agir sur le corps et sur l'esprit. Les conclusions des diverses recherches scientifiques élaborées pour démontrer le rôle du mental sur le corps dans le chapitre 1 sont reprises dans le chapitre 4 pour démontrer la pertinence des pratiques taoïstes de méditation et l'absence de hiatus entre les deux.

Le chapitre 5, L'acupuncture et le Shen : l'approche intégrative corps/mental/esprit, expose les principes, les concepts et les moyens utilisés dans l'approche intégrative corps/mental/esprit. Est également présenté le déroulement de séances de thérapie pour le traitement de neuf problématiques. *L'écoute et l'analyse à partir de correspondance constituent la base du travail selon l'approche intégrative, qui implique aussi un travail de la part du thérapeute.*

Chapitre 1

Le mental dans la thérapie en Occident

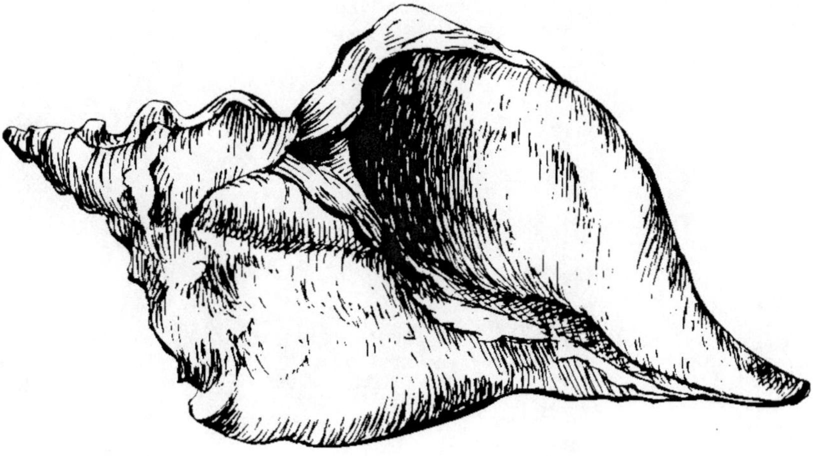

Introduction

En Occident, le rôle du mental sur le corps était reconnu par Paracelse, à la Renaissance. C'est au XVIIe siècle, avec Descartes, que le corps a été séparé de l'esprit.

Jusqu'au XXe siècle, on a cru et enseigné en médecine que l'esprit n'avait aucune influence sur le corps. C'est au début de ce siècle que les effets du mental sur le corps ont été remis à l'étude, avec Charcot et Freud. Mais très tôt, cette orientation a été abandonnée. Ce n'est que plus tard, vers 1970, que les données scientifiques sur le contrôle de la douleur et sur la guérison des maladies psychosomatiques ont redonné un essor à l'étude du rôle du mental sur le corps. Plusieurs formes de traitements ont alors été élaborées.

Plus récemment encore, on a reconnu les effets bénéfiques de l'exercice physique sur la dépression. Le rôle de la prière comme de la méditation a aussi été étudié et reconnu par certains.

Les Occidentaux reconnaissent par ailleurs comme projections du corps les régions du cerveau, dont ils ont élaboré diverses cartes, ainsi que les ondes du cerveau, qui permettent d'étudier les activités du cerveau pendant certaines activités mentales et corporelles.

Mais toutes ces connaissances et expériences scientifiques permettent-elles de mesurer et de connaître le niveau de conscience, lui-même souvent rattaché au développement spirituel?

Le rôle du mental sur le corps

L'idée que le mental, grâce à l'imagination, puisse aider à guérir les maladies est très ancienne. Presque toutes les peuplades du monde ont utilisé les images mentales pour la guérison. Ces images mentales sont aussi partie intégrante de la plupart des religions. Par exemple, les Indiens Navajo utilisent une forme complexe d'images mentales qui les stimulent à «se voir» en bonne santé. De plus, pour les Égyptiens et les Grecs de l'Antiquité, le «soma» (corps) et la «psyché» (esprit) étaient reliés. Aristote et Hippocrate étaient persuadés que les images libèrent des «esprits» dans le cerveau et que ces images-esprits stimulent le cœur et diverses parties du corps. Selon eux, les humains ont le pouvoir d'entretenir des représentations de maladies pour en faire apparaître les symptômes.

À la Renaissance (XVe et XVIe siècles), l'image mentale continue à prendre de l'essor. C'est à cette époque que le médecin suisse Paracelse écrit: «Le pouvoir de l'imagination est un facteur très important en médecine. Elle peut aussi bien provoquer la maladie... que la guérir.» Au début des années 1600, on pensait même que l'image mentale pouvait affecter le fœtus chez la femme enceinte.

Au XVIIe siècle, le philosophe français René Descartes préconise la séparation du corps et de l'esprit, et soutient qu'ils ne peuvent, par conséquent, exercer la moindre influence l'un sur l'autre.

Cette croyance et cet enseignement prévaudront au cours des trois cents années suivantes et la médecine occidentale abandonnera de plus en plus l'image mentale comme outil de guérison.

Aujourd'hui encore, le mental et le cerveau sont vus en Occident comme séparés du corps. La psychologie est indépendante de la médecine et on cherche encore à savoir si une maladie ou un malaise est physique, psychologique, somatique ou psychique. La distinction corps/esprit est encore solidement ancrée dans les mentalités. Mais l'évolution des mentalités pourra se faire rapidement en raison des connaissances scientifiques récentes (voir le chapitre 4).

Qu'est-ce que le mental? Est-ce le cerveau, l'intelligence, la mémoire, les pensées, les perceptions, les sensations, les émotions ou l'intégration de tout cela à la fois? Lorsqu'on essaie de séparer le mental du corps, comme au Moyen Âge, de grandes difficultés et d'interminables polémiques sont soulevées. Les philosophes étudient l'esprit, les métaphysiciens étudient l'âme, et les médecins, le corps, la matière. Cette séparation des connaissances a perduré jusqu'à nos jours. Mais depuis le xxe siècle, des questions qui mettent en doute la séparation corps/esprit ont été mises à l'ordre du jour par de nombreux médecins et psychologues.

Les principaux à avoir étudié les effets du mental sur le corps sont Charcot, avec le magnétisme, Freud et Jung, avec la psychanalyse et l'inconscient, Alexander, avec la psychosomatique, Selye, avec la notion de stress, Brown, avec le biofeedback, Lowen, avec la bioénergie, Ader, avec la psychoneuroimmunologie, Schwartz, avec son modèle systémique de régulation et de disrégulation mentale, Simonton, avec ses traitements du cancer par l'imagerie, et d'autres, comme Weitzenhoffer, avec l'hypnose. Ils ont créé les bases d'une approche globale et d'une science interdisciplinaire de l'individu en établissant par la science des liens entre le corps et l'esprit.

Le mental contrôle le corps. Cette affirmation est reconnue comme vraie par ceux qui s'intéressent aux diverses thérapies de guérison, comme le contrôle de la douleur, l'hypnose, la suggestion, la relaxation, le biofeedback, la sophrologie, l'imagerie mentale, le rêve éveillé dirigé, la visualisation, la prière et la méditation. Mais le corps engendre et porte aussi l'esprit, ce qui est reconnu par les traditions orientales depuis toujours. Nous allons ici passer en revue ces différentes approches occidentales.

Le contrôle de la douleur et la guérison des maladies psychosomatiques

La douleur

La douleur est une perception négative qui laisse la plupart du temps la personne impuissante. La douleur n'est pas seulement une sensation, c'est une expérience subjective, objet bien souvent d'une construction mentale qui n'est pas exclusivement consciente. Elle comporte toutes sortes de significations émotives et psychologiques menaçantes, dangereuses, désagréables, d'où *l'importance de son étude analytique préalable ou simultanée,* comme le souligne Erickson. Selon lui, la douleur est un complexe, une construction ; elle a une réalité, une signification dans le temps, dans l'expression, sur les plans psychologique et somatique. Elle ravive les mémoires des expériences douloureuses du passé, lesquelles sont amplifiées par la peur anticipée de la douleur future ou de sa persistance. Il s'agit donc d'une expérience globale.

C'est parce que le phénomène de douleur est une construction qu'elle est dans la majorité des cas contrôlable par des techniques diverses de relaxation, d'hypnose, de sophrologie ou de nombreux autres procédés qui reposent sur la suggestion, comme le démontrent les études de Milton Erickson.

Selon lui, « Le phénomène douloureux est donc essentiellement un complexe neuropsychophysiologique caractérisé par les diverses interprétations de la personne qui souffre». (Amadou, R., *et al.*, 1977, p. 279)

La douleur et la suggestion

Le contrôle de la douleur par la suggestion peut être atteint de façon directe ou indirecte. Il est généralement approprié d'élaborer une situation favorable à la réception de la parole du praticien pour détourner l'attention du point douloureux par la diversion mentale, comme il est essentiel, pour le sujet, de «lâcher prise».

Par les expériences du passé, tout individu a acquis certains comportements psychologiques, physiologiques et neurologiques. Ces comportements créent des associations et des conditionnements qui passent au bout d'un certain temps par le processus d'adaptation du conscient à l'inconscient. Ils passent de l'état de vigile à l'état d'automatisme, comme dans la conduite d'une automobile. D'où l'importance de l'analyse comme moyen préalable ou concomitant.

Il existe plusieurs formes de suggestions.

La suggestion directe

La méthode de suggestion directe est utile dans les cas d'urgence, à la suite d'une fracture ou d'un traumatisme. Cette méthode demande d'user de prestige et d'autorité avec domination et vigueur, de manière à subjuguer le malade. Les commandements autoritaires, tels que «Fermez les yeux», entraînent un détournement de l'attention qui permet d'implanter la suggestion de sommeil par

«Et maintenant, vous dormez profondément... De plus en plus profondément». La suggestion de dormir est souvent facilement acceptée, car le sujet souffre beaucoup. La suggestion impérieuse et dominatrice est un ordre qui déclenche assez souvent un état instantané d'hypnose ou sophronique. «Fermez les yeux et dormez, dormez profondément, dormez de plus en plus profondément. Vous dormez.»

La suggestion indirecte par réinterprétation de l'expérience douloureuse en état d'hypnose (sophronique)

Cette méthode consiste à expliquer au malade les raisons pour lesquelles ses douleurs peuvent être atténuées ou même disparaître. Les suggestions explicatives et plausibles ont ainsi plus de chances d'être acceptées, et les douleurs, de diminuer.

L'induction suivante, utilisée par Hartland, est indirecte.

> «La douleur est parfois déclenchée, toujours amplifiée, par la tension nerveuse et l'anxiété... Par conséquent, si vous relaxez, si vous vous détendez, vous commencerez déjà à vous sentir mieux et, au fur et à mesure que votre relaxation s'accentuera, votre douleur s'apaisera de plus en plus. Et maintenant, vous vous sentez si totalement relaxé que la douleur s'estompe de plus en plus et disparaît.» (Amadou, R., *et al.,* 1977, p. 280)

La suggestion induisant l'amnésie

L'amnésie fait disparaître transitoirement des manifestations douloureuses par le détournement de l'attention. En état d'hypnose, on peut provoquer une amnésie partielle, sélective, selon les qualités et attributs du phénomène douloureux décrit par le malade.

La douleur et la conscience

Si la douleur est perturbatrice de la conscience, l'hypnose libère la conscience. La douleur chronique et l'hypnose fixent l'attention, elles réduisent le monde sensoriel et affectif et se développent par l'imagination et la mémoire. La douleur chronique provoque comme un enfermement, une captation, une perturbation de la conscience qui agit comme une auto-hypnose négative, tandis que l'hypnose est une possibilité de libération. Delboeuf dit à ce propos : « Quant à la douleur, elle serait hypnotisante dans la mesure où elle porterait l'attention à se retirer du monde extérieur vers l'intérieur du corps propre. » (Voir Delboeuf, J., 1993) Selon Halfon, la douleur et l'hypnose se définissent toutes deux par les mêmes caractéristiques : l'absorption, la suggestibilité et la dissociation. (Halfon, Y., 2002, p. 3-7)

- L'absorption : la douleur focalise l'attention et centre la conscience sur l'endroit douloureux, ce qui crée une image mentale de l'endroit douloureux et fixe la conscience.
- La suggestibilité: l'attachement de la conscience à la région douloureuse entraîne une erreur d'analyse parce que l'image de l'endroit douloureux condense toutes les douleurs ainsi que leur contexte de survenue. La douleur réactive un passé qui a laissé des traces et ne s'efface pas : la mémoire du corps est toujours prête à être réactivée.
- La dissociation : la douleur dissocie la partie atteinte du reste du corps pour échapper au bouleversement par la crispation et la centration de la conscience. La conscience se trompe car elle confond toutes les douleurs et leur contexte de survenue comme des engrammes dans la chair et dans la mémoire. L'imagination négative chargée d'angoisse et de désespoir est activée, et la personne devient suggestible.

Dans la douleur, l'imagination devient active et cherche un lien entre la pensée et le corps, et le « c'est comme si... » apparaît avec sa métaphore pour créer un symbole et exprimer ce qui est inexprimable par le langage : douleur, maladie, amour, confiance. L'imagination convertit la sensation en souvenir et est sujette à l'erreur et à la fausseté.

L'imagination peut aussi inventer, renouveler, former et changer les images, s'ouvrir sur le nouveau, ce à quoi s'appliquera aussi l'hypnose. L'hypnose sera utilisée pour concentrer l'attention, pour déclencher l'imagination, pour passer de la perception externe à la perception interne, pour utiliser l'aspect rêverie et pensée circulaire du mental. La parole de l'hypnothérapeute et les suggestions construites à partir de la singularité et de la créativité de la personne vont permettre à la mémoire de créer de nouvelles associations, de nouveaux réaménagements, une nouvelle orientation de la personne dans la réalité.

Les maladies psychosomatiques

Avec son système biologique, notre corps en sait plus que tout médecin ou spécialiste sur les conditions de santé et les causes des maladies qui l'affectent. On peut donc espérer plus de solutions des capacités de notre organisme que de l'action des médicaments, même si certains médicaments peuvent être utiles à notre survie. Mais bon nombre de médicaments prétendus nécessaires pour les traitements des maladies psychosomatiques pourraient être évités si des soins adaptés à ces maladies étaient prodigués et si les médecins de famille étaient tout à la fois psychologues, travailleurs sociaux, confesseurs et spirituels. Les psychothérapeutes qui utilisent les traitements des maladies affectant la «psyché» sont plutôt rares, et les psychiatres s'occupent avant tout des maladies mentales et non des maladies psychosomatiques. D'où l'importance de connaître davantage les moyens de traiter les maladies psychosomatiques. Les thérapies par le mental et l'autoguérison par la suggestion seront alors appropriées et efficaces, car les affirmations suivantes demeurent vraies.

- Le corps «soma» et l'esprit «psyché» sont une unité. Ce que nous ressentons dans le corps prend sa source dans l'esprit. Il faut s'attaquer à la source du mal, à sa cause dans l'esprit, pour guérir les symptômes de la maladie.
- Le corps peut se guérir de lui-même. Les médicaments apaisent la douleur, dissimulent les symptômes sans guérir durablement, car ils n'ont pas accès aux causes du mal auxquelles nous seuls avons accès.
- Le corps et le mental peuvent être ou devenir accessibles par diverses méthodes mentales.

Il reste que nos représentations mentales nous façonnent plus que nous ne les façonnons. Notre imagination et le pouvoir des images et des mots utilisés méthodiquement, répétitivement et positivement auront donc des effets bénéfiques sur notre santé et sur notre vie.

Nous savons tous que les pensées, les paroles et les actes peuvent être destructeurs ou guérisseurs.

Voici, sans en faire une liste exhaustive, les principaux troubles pour lesquels les thérapies suggestives sont efficaces et souhaitées, selon Stoeber (Stoeber, K.O., 1988, p. 105).

- Troubles du système nerveux végétatif: les organes physiquement «sains» selon les radiographies et le verdict médical ne fonctionnent pas normalement, notamment en cas de tension nerveuse ou de surmenage;
- Dépression nerveuse, peurs irraisonnées, complexe d'infériorité, tensions;
- Sentiments de vide intérieur, de manque, de détresse;
- Faiblesse de caractère, habitudes néfastes (tabagisme, alcoolisme, drogues, etc.);
- Impossibilité de se réaliser dans un domaine précis (vie affective, sexuelle, sur les plans social, professionnel, etc.).

Les thérapies suggestives ont pour but de construire une personnalité équilibrée et active. Elles agissent efficacement sur les maladies psychosomatiques et les problèmes relationnels et existentiels.

Les traitements par le mental: l'hypnose, la suggestion, l'autosuggestion, la relaxation, le biofeedback, l'imagerie mentale, la visualisation, le rêve éveillé

L'hypnose

L'hypnose est un mot de racine grecque qui signifie «endormir». Selon *Le petit Larousse* (1995), il s'agit de l'«État de sommeil artificiel provoqué par suggestion». Selon le petit Larousse grand format (1994), c'est la «Technique de suggestion propre à provoquer cet état; utilisation de cette technique (notamment à des fins thérapeutiques)».

André M. Weitzenhoffer a élaboré une mesure de suggestibilité, les échelles de Standford, et il a publié en 1953 un livre: *Hypnotism: an objective Study in Suggestibility.* L'hypnotisme moderne, ou nouvelle hypnose, a acquis un statut scientifique grâce aux laboratoires créés et aux recherches effectuées à Stanford, en Californie, et à Harvard, entre autres. Les États-Unis ont été des pionniers dans ce domaine. Au Canada, les universités Concordia (Montréal) et de Carleton (Ottawa) forment des chercheurs très actifs. Des recherches se poursuivent aussi en France et en Australie.

Le psychiatre américain *Milton Erickson* a intégré l'hypnose à la psychothérapie et a ainsi créé une nouvelle forme d'hypnothérapie, ou nouvelle hypnose, pour traiter les problèmes médicaux somatiques ou psychologiques. L'hypnose est un outil qui peut être utilisé dans le cadre de diverses formes de thérapies: psychanalytique (comportementale), gestaltiste ou autre. L'hypnotisme est toujours indépendant de l'approche thérapeutique. L'hypnose est aussi utilisée dans les traitements des douleurs chroniques ou récentes et évite ainsi les effets secondaires des médicaments.

Elle est de plus en plus reconnue dans la pratique professionnelle et les médecins, psychologues, dentistes, infirmières reçoivent la formation nécessaire à son utilisation.

Plusieurs recherches sur l'hypnose ont été entreprises pour tenter de:

- définir les réactions du cerveau lors de l'hypnotisme;
- déterminer les raisons pour lesquelles certaines personnes sont plus perméables que d'autres à la suggestion et à l'hypnotisme;
- démontrer que la suggestibilité est le produit d'interactions sociales;
- démontrer que l'hypnose n'existe pas;
- vérifier jusqu'à quel point l'hypnose peut influencer les processus physiologiques;
- développer des techniques pour permettre de guérir des maladies comme le cancer et le sida (axe de recherche développé notamment aux États-Unis).

En pratiquant l'hypnose et la méditation conjointement, nous pouvons percevoir les similarités et les différences entre ces deux pratiques et, souvent, les effets positifs amplifiés par leur combinaison.

L'hypnose et le rêve pour Freud

La psychanalyse a mis de l'avant que la guérison ne pouvait venir que de la découverte rationnelle des causes conscientes ou inconscientes des maladies. Cette vision de cause à effet conditionne encore la pensée des thérapeutes initiés à la psychanalyse et des analystes chevronnés. «La psychanalyse a pour mérite de montrer que les destins des individus sont conditionnés par le contenu de leur inconscient.» (Houri, Ch., et Hachette, J.-C., 1982, p. 130) Cette notion de cause à effet est aussi très vivante dans le bouddhisme, avec les notions de karma.

La psychanalyse étudie les mécanismes de défense inconscients, construits par l'appareillage mental. Les mécanismes de défense sont actifs dans les relations interpersonnelles pour contrer les émotions négatives douloureuses, les désirs interdits. Les sept mécanismes de défense sont: le refoulement, le déplacement, l'isolation, l'identification, l'annulation, les formations réactionnelles, la sublimation, la projection.

Pour parler du développement et de l'évolution psychologique de la personne, Freud a élaboré théoriquement les stades suivants: oral, anal et génital.

Le stade oral réfère au besoin d'être nourri, d'être pris en charge par une personne, une organisation ou la société, par la dépendance, par le fait de parler, en faisant référence à la bouche, par le fait d'attirer l'attention, par le refus de nourriture.

Le stade anal réfère, au premier niveau, au besoin d'expulser sans contrôle et de détruire ce qui est expulsé. La fixation à ce stade cause chez l'adulte de l'agressivité, du rejet des personnes avec lesquelles il entre en relation, des injures. S'il ne veut pas manifester ces sentiments agressifs, il peut les nier et agir aux antipodes en étant trop aimable, trop attentif, trop respectueux. Au deuxième niveau du stade anal, le besoin de contrôler l'expulsion et la rétention prend beaucoup d'importance et se traduit chez l'adulte par des relations «collantes», le refus de lâcher, d'abandonner, si bien qu'on peut dire de lui: «C'est un emmerdant.»

Le stade génital réfère au niveau du développement sexuel œdipien où l'enfant désire un de ses parents et où la relation adulte s'exprime sur le plan sexuel avec une personne adéquate et une facilité de rapprochement.

Freud a aussi distingué deux modes de pensée: la pensée opératoire et la pensée névrotique. Les sujets ayant une pensée opératoire donnent des descriptions plus précises, plus techniques et plus froides des événements. Ils sont extrêmement réalistes et ont de la difficulté à rêver. Quand ils éprouvent des difficultés ou font l'expérience de réalités douloureuses, ils réagissent par le corps ou de façon somatique en ayant des symptômes physiques de plus en plus graves (des difficultés digestives qui peuvent devenir des ulcères d'estomac).

Les personnes ayant une pensée névrotique ont plus de difficulté à décrire les faits sans y introduire des fantaisies et de l'esprit, sans les entrecouper de refoulement ou d'évitement, sans dramatiser ou théâtraliser. Cette capacité d'amener le conflit sur le plan de l'imaginaire les rend plus aptes à faire écran mental, à s'abstraire de la réalité douloureuse et à réaménager facilement les événements.

De même, les personnes actives pourront plus facilement défouler l'énergie engendrée par le conflit, les activités physiques, le sport, le mouvement.

D'autres personnes pourront exprimer le conflit facilement, verbalement et par des gestes, et s'en libérer. C'est le but de l'analyse.

Freud a aussi élaboré les notions de transfert et de contre-transfert, une façon de nommer l'amour ou le désir d'un client envers l'analyste et le désir de l'analyste envers le client, en maintenant la bonne distance à tenir dans la relation tout en y prenant un certain plaisir. C'est une relation sympathique. Quand la relation est distante et teintée de peur, elle est qualifiée de prégénitale avec mise en alerte, avec antipathie.

Pour Freud, la voie royale vers l'inconscient est le rêve. Il est donc facile de déduire que le rêve est plus accessible chez les personnes névrotiques, qui réaménagent la réalité de façon inconsciente par le rêve et l'imaginaire. Ces personnes seront moins sujettes aux maladies psychosomatiques. À l'opposé, celles qui peuvent agir, s'exprimer dans le mouvement et qui ont une richesse d'expression par les gestes feront moins de rêves. Leurs réactions seront à la fois psychiques et physiques, mais n'auront pas la même gravité (tensions internes sans lésion) que les réactions somatiques des personnes qui sont plus réalistes. Les personnes hyperréalistes, qui rêvent peu ou pas la nuit, rêvassent peu le jour, réagissent de façon plus physique aux conflits et seraient plus sujettes aux lésions d'organes.

Selon cette théorie du rêve de Freud, plus une personne rêve, plus elle est névrosée mais moins elle est malade phychosomatiquement et physiquement. Freud a délaissé l'hypnose pour l'étude des rêves en tentant de désigner le rêve comme la seule voie vers l'inconscient.

Selon nos connaissances actuelles, nous savons que l'hypnose, l'imagerie, la visualisation, la suggestion, le rêve éveillé sont autant de moyens d'aider à développer la capacité «à rêver», ce qui permet aussi de rester dans l'état dit «névrotique» pour stimuler l'imaginaire, développer le cerveau droit, sortir d'une réalité pénible, stressante, et permettre de libérer le corps des maladies psychosomatiques.

La thérapie a longtemps négligé l'âme. Sigmund Freud en serait en grande partie responsable, car pour lui la foi religieuse n'était qu'un fantasme de réalisation des espoirs déçus de l'homme, un besoin maladif. Le contre-courant de Carl Gustave Jung s'est développé en parallèle, mais est toujours resté au second rang.

À partir des élaborations théoriques de Freud sur la psychanalyse et le rêve, au début des années 1900, l'hypnose est tombée en désuétude dans le monde médical. Et ce, malgré les manifestations observées et les phénomènes étudiés sous l'effet d'hypnose (catalepsie, hallucination, amnésie, analgésie...) et dont le réalisme n'est pas à remettre en cause, comme l'a démontré plus tard le rapport de Husson.

Cette peur et cette remise en question de l'hypnose comme moyen thérapeutique, tant en Europe qu'en Amérique, auront duré plus de cinquante ans. La British Medical Association s'est appuyée sur le rapport de Husson pour réhabiliter officiellement l'hypnose en 1955 sur le territoire anglais. Ce n'est que trois ans plus tard que l'American Medical Association a intégré l'hypnose dans la thérapeutique médicale. Au Québec, on a commencé à parler d'hypnose autour des années 1980. Faut-il donc se surprendre de la réticence des milieux de la psychologie québécoise et des censures que l'Ordre des psychologues du Québec a exercé sur ses membres qui s'intéressaient à la psychologie transpersonnelle et à la méditation comme moyens thérapeutiques, dans les années 1980 et même 1990? Certains ont même reçu plusieurs avis et inspections les incitant ou les obligeant à ne pas associer psychologie, spiritualité et méditation dans leur publicité et sur leurs cartes professionnelles.

Ce n'est qu'une vingtaine d'années plus tard qu'une certaine ouverture commence à naître dans les milieux officiels de la psychologie et de la médecine devant la prière et la méditation comme outils thérapeutiques et de guérison. Les efforts et les recherches pour faire reconnaître le rôle du spirituel dans la thérapie semblent avoir porté des fruits. Dans les années 2000, plusieurs psychologues, dont David Elkins, Ph. D., reconnaissent que la spiritualité est un chaînon manquant de la santé mentale. «Derrière la quête de spiritualité, se trouve un besoin de passion et de profondeur dans nos vies.» (Elkins, D., 1999, p. 45) Dans un article intitulé «La spiritualité pour soigner nos angoisses», paru dans le magazine *Châtelaine* en mars 2001, June Rogers écrit: «De nouveaux outils de guérison font leur apparition dans les cabinets des psys: prière, méditation, imagerie guidée, foi... Et les thérapeutes comme les patients sont stupéfaits des résultats!» (Rogers, J., 2001, p. 51) Elle ajoute, dans un encadré intitulé «Parlez-en à votre thérapeute», les conseils suivants: «Abordez le sujet, demandez-lui de vous aider, s'il est réfractaire, pensez aller voir ailleurs.» Elle donne même les coordonnées de divers ordres et associations professionnelles, dont la Société canadienne de psychologie, l'Association des psychologues du Québec, l'Association des psychiatres du Canada et l'Association des médecins psychiatres du Québec, pour aider à trouver un thérapeute intéressé à l'utilisation de ces méthodes.

Le fait qu'on ait présumé qu'hypnose égalait sommeil et que le sommeil était indispensable à l'hypnose a beaucoup nui à l'hypnotisme. Cela a engendré le doute, car les sujets ne dorment que rarement au sens de ce qui s'appelle réellement dormir. Certains disent «Je dormais tout éveillé» ou «Je dormais sans dormir» ou encore «Je ne savais pas au juste si je dormais». La classification du sommeil hypnotique de Bernheim, qui compte neuf degrés, place l'insensibilité au cinquième degré, l'obéissance automatique au sixième, et le somnambulisme au septième. Mais à ces stades, le sujet se souvient de tout au réveil et déclare ne pas avoir dormi. «Sommeil» serait un terme conventionnel, il serait plus juste de dire «état de suggestibilité». En état de suggestibilité, on peut dire au sujet de «dormir», et le sujet dormira, sinon il ne dormira pas. Pour être efficace, la suggestion doit toujours être plausible, ne pas choquer et ne pas trop contrecarrer les tendances de la personnalité.

Voici ce que nous pouvons conclure de cette étude.

L'hypnose comme la méditation n'endorment pas, elles créent un état d'éveil, de stimulation du métabolisme ou des cellules endormies ou inactives, pour des raisons psychiques, émotives ou physiques qu'il n'est pas nécessaire de connaître pour agir sur les diverses régions ou processus humains et obtenir des effets de guérison et d'équilibration (voir Godin, J., 1992).

La psychanalyse demeure-t-elle nécessaire? La recherche de la cause, du passé douloureux et la répétition des mêmes modèles négatifs en ressassant le passé donnent-elles les résultats escomptés? Amènent-elles la guérison de la névrose? De plus en plus, nous pouvons répondre non à ces questions et chercher d'autres avenues.

La suggestion

Theodore Barber, psychologue et chercheur, a tenté de comprendre le problème mental-corps. Il a été influencé par le docteur anglais A. A. Mason, qui indiquait comment guider une personne de façon qu'elle puisse sentir, penser, imaginer sa nouvelle peau. De là, il s'est consacré à l'étude de l'hypnose, «la voie royale pour régler les problèmes corps-esprit», sans se limiter à l'état de transe obtenue par la technique d'induction. Il a apporté la notion de « suggestion » : un état dans lequel les individus donnent toute la crédibilité aux constats qu'ils entendent sur eux-mêmes et leurs capacités, et dans ce sens il affirme que *l'hypnose n'est que de la suggestion*. Il a participé au mouvement du biofeedback et a étudié l'autorégulaton. Il s'est intéressé aux études exposant la capacité des personnes en état d'hypnose ou de suggestion à modifier les processus corporels. Il est arrivé au constat qu'il y avait une voie directe pour influencer le corps : la pensée. *« You do not need to be hypnotized to use your mind to move your body. »* (Voir Barber, T. X., 1984) Il s'agit de programmer son esprit à changer pour que les conditions du corps changent partiellement ou totalement. *L'esprit a la capacité directe de modifier les processus physiologiques du corps,* par exemple changer la texture de la peau, prévenir les allergies et les difficultés respiratoires, réduire les pertes de sang pendant les chirurgies ou augmenter le volume des seins.

Mais quelle est la source du changement ? Barber croit que c'est l'esprit qui modifie le flux sanguin. Cela est observé lorsque les pensées, les sensations et les images renvoient le sang dans les organes sexuels, dans les mains et les pieds pour augmenter ou diminuer le flux sanguin, ce qui a pour effet d'élever ou d'abaisser la température dans ces régions du corps. Cela peut facilement être mesuré par biofeedback.

Chez les moines tibétains qui pratiquent le gTum-m yoga, on a remarqué les mêmes phénomènes. Le flux sanguin et la température pouvaient être élevés ou abaissés à volonté dans différentes parties du corps ou dans des régions spécifiques de la peau.

Selon Barber, nous pouvons apprendre, dans un temps relativement court, à apporter des changements substantiels dans les modifications du flux sanguin à la périphérie du corps, pendant des périodes suffisamment longues pour nous en servir à des fins pratiques, comme se garder chaud dans un climat froid.

Si le flux sanguin apporte des changements physiques, quels processus cognitifs peuvent apporter des changements dans le flux sanguin ? Selon Barber, le processus répétitif et la suggestion crédible, efficace et réalisable sont nécessaires pour apporter les changements physiologiques désirés.

Mais qu'est-ce qui rend une suggestion crédible? L'autorité de la personne qui donne la suggestion ; le lieu physique; les techniques utilisées pour préparer à la suggestion ; l'attitude psychologique de la personne qui reçoit la suggestion envers le thérapeute ; les expériences passées ; la richesse de l'imaginaire et la plasticité psychosomatique.

Ces changements dans le corps peuvent être obtenus par le mental intentionnel (rationnel), qui agit à la lumière de la conscience, le mental conscient. Selon Barber, *le pouvoir du mental conscient consiste à pouvoir agir sur le corps de façon délibérée et intentionnelle et de le faire changer selon son désir.* Cela n'enlève pas l'importance des rôles joués par le cerveau émotif, créatif et imaginaire (cerveau droit) et par les autres régions cervicales : le cerveau de la concentration, le cerveau essais et erreurs, le cerveau conditionné et le cerveau neuropeptide.

Nous sommes très près de l'affirmation chinoise vieille de deux mille ans : « Le mental dirige l'énergie, l'énergie dirige le sang et le sang guérit. » Comme le signifie le nom de Lao Tseu, le jeune-vieux, le jeune rejoint le vieux, le nouveau rejoint l'ancien, l'Occident et l'Orient se rapprochent.

L'autosuggestion

La méthode d'autosuggestion a été mise au point par le pharmacien Émile Coué, à Nancy, au début du XIXe siècle. Il voulait *faire participer le patient au processus de guérison en entretenant chez lui une attitude confiante et pleine d'espoir.* Il enseignait aux patients que : nous disposons tous d'un pouvoir potentiel pour surmonter les souffrances et les faiblesses humaines ; nous pouvons réveiller ce potentiel pour nous guérir nous-mêmes, la faculté de guérir est en nous et pas à l'extérieur de nous ; nous pouvons placer notre espoir dans la faculté de notre organisme à se guérir lui-même.

Dans des séances de groupe, il renforçait la confiance des patients en leur propre pouvoir d'autoguérison. Il utilisait la relaxation par la concentration et prescrivait des devoirs à ses patients, comme de répéter chez eux, vingt fois par jour, diverses formules comme celle-ci : *« Je vais, de jour en jour et à tous points de vue, toujours de mieux en mieux. »*

La relaxation

Les méthodes de relaxation ont été surtout mises au point, au début du xxe siècle, par Jacobson et Schultz, dans le but de contrôler la douleur. La relaxation par la concentration a été reprise par la relaxation progressive de Jacobson, et remise à jour aussi par le training autogène de Schultz (1958).

La relaxation différentielle ou progressive de Jacobson

Edmund Jacobson, un médecin de Chicago, a mis au point une technique de relaxation appelée relaxation différentielle ou progressive (Jacobson, E., 1938) qui peut être mesurée scientifiquement par électromyographie et qui peut de plus réduire les «tensions résiduelles» ou de base. Selon Jacobson, «la nervosité, l'émotion, la réflexion, l'imagination et tout autre processus mental entraînent des modifications neuromusculaires transitoires mesurables d'une manière précise lors de leurs manifestations» (Amadou, R., *et al.*, 1977, p. 282). Toute perturbation ou émotion entraîne des modifications au niveau du système musculaire squelettique ou viscéral. Les tensions musculaires influent sur le psychisme : réduire les tensions permettrait de réduire l'anxiété.

L'absence de réaction musculaire enregistrable à l'électromyogramme indique un état de calme. C'est à partir de ces constats de laboratoire que Jacobson a mis au point une méthode de relaxation dont le but était de provoquer une détente mentale en supprimant toutes les tensions musculaires. Selon Jacobson, *relaxer le corps entraîne la détente du mental.*

Cette technique de relaxation utilise la suggestion dirigée. Elle permet d'avoir foi en soi-même plutôt qu'en quelqu'un d'autre, et de développer la détermination et la coopération. La routine est simple et consiste à apprendre d'abord, avec un aidant, la contraction de certains muscles particuliers ou groupes de muscles, pour sentir les effets négatifs des tensions.

Première étape : prendre conscience de la différence entre un muscle tendu et un muscle relaxé.

Deuxième étape : apprendre la relaxation différentielle, selon la définition de Jarreau, c'est-à-dire «le minimum de contraction musculaire nécessaire pour l'exécution d'un acte, en même temps que la relaxation des muscles dont l'activité n'est pas indispensable à la réalisation de cet acte». Jacobson a observé que la disparition du symptôme est souvent accompagnée de la disparition de l'hypertonie localisée.

Troisième étape : apprendre à identifier les tensions musculaires et les émotions qui les accompagnent pour prévenir et réduire les tensions et diminuer la résonance corporelle des affects négatifs, tels que la peur, l'angoisse, l'anxiété, la timidité, les contrariétés.

Après avoir pris conscience des tensions, le sujet apprend à détendre, d'abord consciemment, les bras et les épaules, puis les jambes et les hanches, pour en arriver à apprendre à relaxer la respiration, la poitrine et la face, soit le front, les sourcils, les yeux et les organes de la parole, soit la gorge, la mâchoire inférieure et les lèvres, et, finalement, les muscles le long de la colonne vertébrale et le cou. La technique de Jacobson est décrite en détail dans le livre de Joséphine L. Rathbone intitulé *Relaxation* (1969, p. 92-104). Cette méthode nécessite un entraînement avec le thérapeute d'une à trois fois par semaine et comporte pour le sujet au moins une séance de pratique d'une heure par jour. La rééducation peut durer de quelques mois à quelques années.

Lorsque le sujet pratique par lui-même, il ne commence pas par la contraction des muscles mais par l'identification des régions de tensions et leur relaxation respective. Il a été démontré que l'hypertension résiduelle dans une région particulière ou dans toutes les régions du corps peut être réduite par une *relaxation consciente,* que celle-ci soit localisée ou généralisée.

Jacobson n'utilise pas la concentration passive, il estime avoir éliminé de sa méthode les aspects de psychothérapie verbale, les suggestions, les techniques hypnotiques ou psychanalytiques, pour avoir conservé *uniquement la maîtrise des différents muscles du corps par la relaxation* progressive, complétée par la relaxation différentielle. Cette technique de relaxation est particulièrement conseillée aux personnes sportives et à celles qui ont de la difficulté à distinguer tension et détente.

La relaxation de Schultz, le training autogène

Dès 1912, le psychanalyste Johannes Heinrich Schultz, de Berlin, un émule de Freud, a élaboré une technique de relaxation pour obtenir la détente mentale par la suppression des tensions musculaires. Selon lui, *la relaxation est une phase indispensable à l'atteinte de l'état d'hypnose.* L'hypnose est plus qu'un phénomène psychologique ou qu'une simple suggestion, c'est *un véritable changement de tout l'organisme.* Il a observé qu'en état de transe hypnotique, deux phénomènes, qui s'observent aussi au cours du sommeil, se manifestent: une sensation de pesanteur, qui indique la décontraction musculaire, et une sensation de chaleur, qui provient d'une vasodilatation. Cette méthode convient surtout aux individus anxieux, sans tensions musculaires prononcées.

À partir de ces observations, il a élaboré une méthode comportant des exercices pour obtenir un état d'autohypnose sous contrôle médical. Son manuel destiné aux médecins indique l'importance de la compréhension globale de l'homme comportant corps et esprit. Le psychotraining autogène est original et efficace par sa *combinaison de deux méthodes: la relaxation par la concentration et l'autosuggestion.* Les suggestions par les mots provoquent des actions psychosomatiques au-delà de la relaxation. Le psychotraining est dit «autogène» car les mots mis en formules ont le pouvoir d'agir seuls sur les plans corporel, mental et psychique.

Les exercices psychophysiologiques par l'entraînement à la relaxation par la concentration mentale du training autogène visent à mettre au repos six régions différentes d'expression du corps: les muscles, les vaisseaux sanguins, le cœur, la respiration, les organes abdominaux et la tête.

La mise au repos de ces systèmes d'expression se fait par la répétition mentale de certaines phrases qui induisent du calme, de la lourdeur et de la chaleur dans les bras et les jambes, du calme, de la chaleur et de la force dans le cœur, de la chaleur dans l'abdomen et de la fraîcheur sur le front. Comme la lourdeur et la chaleur sont des états ressentis spontanément par les sujets en état d'hypnose, Schultz a pensé induire l'état hypnotique par la suggestion de l'état de lourdeur et de chaleur. Voilà en résumé ce que le sujet se répète mentalement: «Mon bras est lourd et chaud», puis « Ma jambe est lourde et chaude », puis « Mon cœur bat calmement et fortement » et « Je suis toute respiration, il y a quelque chose qui respire en moi... ». Il ajoute « Mon plexus solaire irradie de la chaleur » et termine par « Mon front est agréablement frais ».

De plus, Schultz a remarqué que la contemplation d'images intérieures suggérées, en s'abstenant de tout effort, permet de réduire presque totalement les tensions affectives. Cela entraîne une diminution des résonances corporelles des émotions et une détente mentale bénéfique. Une période de trois mois est nécessaire à une personne normale pour en arriver à exécuter parfaitement ces six exercices du cycle inférieur et, par la suite, une pratique journalière d'un ou deux exercices permettra de parvenir à la maîtrise totale. Cette technique s'adresse aux personnes anxieuses ou sous tensions musculaires, comme les athlètes ou les musiciens. Les six exercices du cycle inférieur de Schultz sont décrits en résumé dans les livres d'Amadou *et al.* (1977, p. 284-286, chapitre XIII, écrit par le Dr G.R. Rager) et de Stoeber, Karl O. (1988, p. 61-118). La pratique de ces deux méthodes conjuguées permet d'acquérir une attitude « droite » sur les plans psychique, mental et corporel.

Le cycle supérieur est enseigné après deux ans de pratique avec un omnipraticien, et Schultz insiste beaucoup sur le fait qu'il doit l'être par un neuropsychiatre ou un psychothérapeute spécialisé et rompu aux *disciplines psychanalytiques.* Les sujets doivent pouvoir réaliser leur déconnexion immédiate par une concentration intérieure brève. Chacun des exercices demande au sujet de demeurer dans l'état de concentration d'une demi-heure à une heure.

Après avoir obtenu un état de concentration intense, on demande au sujet de s'exercer à : 1- laisser surgir une couleur, 2- laisser apparaître en soi-même des objets déterminés, 3- laisser venir des images abstraites et symboliques, 4- vivre le déroulement d'une expérience intérieure qui serait l'expression de l'état d'âme le plus intense déjà vécu, 5- laisser se présenter devant soi une personne déterminée de façon concrète, 6- se remettre en question, 7- poser des questions à l'inconscient pour la construction d'un schéma de valeurs existentielles. Le livre intitulé *Les méthodes de relaxation,* des Drs Pierre Geissmann et Robert Durand de Bousingen, expose succinctement ces exercices avancés (1968, p. 33-39).

Selon Stoeber, plusieurs autres exercices sont des variantes ou s'apparentent au training autogène. Ces techniques vont de l'observation à la contemplation en passant par la méditation (passive ou active) et la prière. Stoeber conclut: «Je ne saurais terminer cet ouvrage sans vous proposer une "variante" fort intéressante qui pourra également vous être d'une aide efficace: la technique de la *méditation et de la contemplation.*» (Stoeber, 1988, p. 147)

Le biofeedback ou la rétroaction biologique

Les personnes qui ont de la difficulté à ressentir les tensions de leur corps, qui ne savent pas quoi ressentir quand elles relaxent ou qui pensent être incapables de se détendre peuvent être sécurisées en observant leurs réactions musculaires de détente mesurées par un appareil: l'électromyographe. Après avoir demandé au sujet de fermer les yeux et de respirer calmement, on mesure à l'aide de cet appareil l'activité électrique en microvolts, ce qui indique son niveau de tension de base. Peu importe le seuil obtenu, le but est de l'abaisser. La personne peut constater par elle-même cette diminution de son seuil de tension grâce à la pratique. Avec le temps, la personne peut ainsi réussir à maîtriser sa tension dès les premiers signes avant-coureurs du stress. En fait, la détente est comme un sport ou un art: l'améliorer nécessite de la pratique. Les exercices de relaxation répétés à la maison tous les jours pendant un an permettent de réduire le tonus musculaire, le rythme cardiaque et respiratoire, la consommation d'oxygène, de stabiliser la tension artérielle, le taux de sucre sanguin, et de contrôler l'acidité gastrique et le transit intestinal.

Le biofeedback permet de mieux comprendre le rôle du cerveau sur les émotions et la santé. Restak a donné un titre éloquent au chapitre 14 de son livre *The Brain, the last Frontier* (1979): «Put on a Happy Face». Il rapporte une étude de médecine comportementale en biofeedback à l'université de Yale, effectuée par Gary Schwartz en 1976. Ce dernier a constaté que «les muscles du visage sont responsables de l'expression externe des émotions internes. Quand nous sommes tristes, les sourcils se plissent et les coins de la bouche descendent. Quand nous sommes heureux, d'autres patterns musculaires sont impliqués... les coins externes de la bouche se relèvent en signe de sourire. En général, *ces contractions musculaires sont des signes externes de notre état mental interne.*» (Restak, R., 1979, p. 278-279, trad. libre) Schwartz tente de savoir si c'est la tristesse ou le plissement des yeux qui vient en premier. Il poursuit les études de Jacobson sur les muscles comme indicateurs des états mentaux en comparant le pattern de tension musculaire d'un groupe de patients déprimés et un groupe contrôle de non-déprimés. Il leur demande de penser respectivement à quelque chose d'heureux, de triste, d'agressif et de neutre, soit une journée typique. Les personnes non déprimées ont des tensions musculaires faciales, quand elles sont tristes ou en colère, qui diffèrent de celles qu'elles ont lorsqu'elles pensent à quelque chose d'heureux.

Les personnes déprimées génèrent facilement des patterns tristes et agressifs, mais leurs patterns musculaires lors d'une imagerie positive sont grandement atténués. De plus, lorsque ces personnes déprimées pensent à une journée type, le pattern musculaire exprimé en est un de tristesse.

Cela confirme que les humeurs se reflètent dans des patterns de tension musculaire spécifiques. Nous nous sentons heureux ou déprimés parce que ces émotions accompagnent certains changements faciaux ou posturaux.

Schwartz a fait la preuve qu'«*en stimulant dans le cerveau des patterns musculaires caractéristiques de la joie, le cerveau génère ou prolonge des sensations internes de joie, de bonheur.*» (Restak, R., 1979, p. 280, trad. libre) Donc, pratiquons le sourire intérieur, une pratique de méditation taoïste qui consiste à sourire à tous les organes du corps en pensant à la joie.

Pourquoi donc ne pas entraîner le cerveau à altérer les patterns de tensions musculaires nocifs et par le fait même à éliminer les émotions indésirables, puisque, selon les études d'imagerie de Jacobson, le cerveau peut apporter des changements dans les tensions musculaires?

Selon Schwartz, «si comme résultat de régulation consciente de pensées et d'émotions, le cerveau génère des moyens spécifiques externes moteurs et viscéraux, nous avons le fondement psychobiologique pour enseigner à quelqu'un comment diriger sa vie.» (Restak R., 1979, p. 280, trad. libre)

La confirmation expérimentale de l'inaccessibilité de l'autorégulation du cerveau provient des études de tracés des EEG (ondes du cerveau). En état de relaxation, le sujet génère normalement un pattern EEG d'une fréquence de *8 à 13 ondes par seconde (hertz) de rythme alpha.* Par le biofeedback, le sujet peut augmenter ou diminuer ses ondes alpha, sans être conscient des modifications dans son cerveau.

Schwartz a aussi découvert que le cerveau droit était spécialisé pour répondre aux questions d'ordre émotif et qu'alors les yeux tournaient vers la gauche, tandis que le cerveau gauche était spécialisé pour répondre aux questions factuelles et rationnelles et que les yeux tournaient alors vers la droite. Raquel et Rubin Gur ont découvert que les gens qui avaient plus de mouvements des yeux vers la gauche (type cerveau droit dominant) avaient plus tendance à développer des maladies psychosomatiques (Gur R. et R., 1975, p. 151-153).

Il est important de distinguer les deux systèmes du cerveau: le système volontaire et le système autonome. Les muscles du corps sont rattachés au système d'intégration conscient du cerveau. Les dérèglements comme l'hystérie et la paralysie affectent les parties du corps qui sont classées sous le contrôle volontaire du cerveau.

Les fonctions autonomes du corps comme la respiration, la digestion, les battements cardiaques, etc., sont classées sous le contrôle du système nerveux autonome, lesquelles sont «inaccessibles». Elles ont été catégorisées par Freud comme «inconscientes», soit comme des processus mentaux dont nous n'avons pas conscience mais dont nous devrions avoir conscience. Le rôle de la psychanalyse est de «rendre l'inconscient conscient». Mais les processus mentaux inaccessibles ne pourront jamais, vu la constitution du système nerveux, entrer dans le champ de la conscience. C'est pourquoi ces processus mentaux ont été appelés «autonomes». Les études sur le système nerveux autonome ont donné lieu à l'apparition de la médecine psychosomatique. «*Les maladies psychosomatiques étaient considérées comme dépendantes en partie des facteurs environnementaux ou psychologiques. Ces maladies étaient dites "sans traitements".*» (Restak, R., 1979, p. 287, trad. libre)

Les instruments techniques et électroniques de plus en plus sophistiqués, les informations qu'ils transmettaient de l'intérieur du corps et les liens qui ont été faits entre les deux ont pu servir d'informations pour le cerveau, pour augmenter ses pouvoirs d'autorégulation. Les scientifiques ont pu transformer certaines activités corporelles en signaux physiologiques continus et, par la suite, en décharges visuelles ou auditives.

Entre autres, la Dre Barbara Brown (1974) a étudié les réponses de deux types de personnes aux expositions aux lumières rouges scintillantes. Celles qui étaient capables de visualisations en couleurs avaient des ondes cérébrales tressaillantes (*startle*), sans lien avec la fréquence des scintillements. Celles qui ne visualisaient qu'en noir et blanc montraient une réponse de relaxation à la couleur rouge.

Dans une autre recherche, la Dre Brown a activé une lumière bleue sans égard au fait que les ondes du cerveau des sujets entraient ou non en état de relaxation calme (état alpha). Les sujets pouvaient regarder cette lumière bleue croître et décroître selon leur rythme alpha. Après quelques sessions seulement, la plupart des sujets ont doublé et même triplé leurs fréquences alpha. Ce qui amena la Dre Brown à formuler le concept de biofeedback.

> «Si une personne peut voir quelque chose d'elle-même qui jusqu'ici lui était inconnu et involontaire, elle peut le reconnaître et jusqu'à un certain point apprendre à exercer un contrôle dessus.» (Restak, R., 1979, p. 288, trad. libre)

Cet «apprentissage viscéral», s'il est différent de la distinction «volontaire vs involontaire», est-il différent de l'expérience de conditionnement opérant du chien de Pavlov, qui salive au son de la cloche?

L'apprentissage nécessite la démonstration du contrôle sur les processus internes autonomes.

L'étude en laboratoire des mystiques ou des yogis de l'Est, qui peuvent abaisser ou arrêter leur rythme cardiaque ou diminuer leur consommation d'oxygène, a pu le démontrer. «Ramanand Yogi est resté dans une boîte scellée pendant dix heures en diminuant volontairement sa consommation d'oxygène de 30 %. À un moment de cette expérience, la consommation d'oxygène du yogi a diminué de 25 % sous le minimum requis théoriquement pour conserver la vie!» (Restak, R., 1979, p. 289, trad. libre)

À partir de là, les psychobiologistes ont étudié les distinctions entre l'apprentissage conditionné et l'apprentissage volontaire dans les cas de maladies psychosomatiques humaines. David Shapiro et Gary Schwartz ont démontré qu'ils pouvaient abaisser légèrement la pression sanguine des patients par le conditionnement. Chaque fois que la pression sanguine diminuait, un flash lumineux avec une pin up nue ou un paysage apparaissait à tous les vingt clignotements. Dans tous les cas, les sujets ignoraient ce qu'ils apprenaient et ce qui était mesuré par les flash lumineux. Malgré cela, la plupart des sujets furent capables de contrôler la pression sanguine sans que le rythme cardiaque change ou vice-versa. Aucun sujet questionné n'avait eu conscience des changements de rythme cardiaque ou de pression sanguine.

Un phénomène inattendu survint. Alors que les deux changements (de rythme cardiaque et de pression sanguine) étaient contrôlés par biofeedback, l'apprentissage viscéral se produisait plus rapidement et apportait de plus grands changements. De plus, les sujets rapportèrent des sensations subjectives de relaxation et de calme émotionnel. Schwartz dénomma ce phénomène «pattern biofeedback», une réponse clé du cerveau qui nous ramène à l'axiome suivant: «Le tout est plus grand que la somme de ses parties.» Cela a contribué aux recherches *systémiques* modernes et aux *théories des modèles*, les plus importants «insights» du XXe siècle, lesquels ont donné les modèles explicatifs. (Restak, R., 1979, p. 292-293)

Schwartz a testé les effets combinés de l'augmentation du rythme cardiaque et de l'augmentation de la tension musculaire du visage et du front, apprises par biofeedback. En combinant les deux, le taux le plus élevé d'anxiété subjective a été rapporté, tandis qu'en séparant les deux, le niveau d'anxiété s'élevait, sans plus. Selon Schwartz, «Cette étude indique que l'augmentation de l'autorégulation de la tension faciale et de la nuque ainsi que l'augmentation de l'autorégulation du rythme cardiaque contribuent à créer l'anxiété subjective.» (Restak, R., 1979, p. 293, trad. libre) Ce pattern de régulation crée une amplification et une expérience d'urgence de l'anxiété.

Une autre expérience a permis de constater que l'apprentissage du pattern de la couleur et du son associé à la baisse de la pression sanguine permettait de réduire et de contrôler celle-ci. La pratique des sons associés à des lumières colorées dans la méditation taoïste a sûrement des effets similaires.

Malgré le succès de ces expériences de biofeedback, *la médecine ne peut expliquer ce qui se produit dans les maladies psychosomatiques.* Mais entre-temps, le biofeedback fournit un modèle pour traiter les maladies psychosomatiques. Ce qui peut être résumé par «*notre santé est contrôlée par notre cerveau*». Selon Schwartz, «la prémisse de base du modèle de *disregulation* est que le cerveau a la première responsabilité de maintenir sa propre santé et celle de son corps, et son succès dans cette tâche est obtenue en se changeant et en se régularisant lui-même pour rencontrer les besoins des organes spécifiques.» (Restak, R., 1979, p. 294)

Le traitement aura du succès s'il est appliqué au bon stade de la maladie, qui est divisée en quatre stades dans la boucle de rétroaction.

Au stade 4, le système nerveux autonome peut être déconnecté ou dissocié du contrôle naturel des centres du cerveau, par exemple dans les cas d'hypertension maligne ou de dépression grave. Ce processus se trouve aussi dans les cas de personnalités multiples, qui coexistent indépendamment les unes des autres chez le patient. (Restak, R., 1979, p. 295)

Des recherches récentes publiées dans le *Journal of the American Medical Association* (JAMA) (*Le Soleil*, 13 octobre 2002, p. B 9) démontrent que les enfants et les adolescents hyperactifs, avec trouble déficitaire de l'attention, ont un cerveau plus petit et une substance blanche notablement plus réduite que leurs pairs et qu'ils sont souvent moins matures. «Ceci pourrait être lié à un retard de maturation de la substance blanche», explique le Dr Xavier Castellanos, responsable de cette étude longitudinale menée pendant dix ans, qui utilisait l'imagerie à résonance magnétique (IRM) pour observer le cerveau. Ce retard de développement de la substance blanche serait survenu en amont du développement. Ce trouble touche de 3 à 5 % des enfants aux États-Unis, et les garçons y sont deux à trois fois plus sujets que les filles.

Connaissant les succès obtenus par le regretté Dr Nguyen Van Nghi dans le traitement des troubles neurologiques des enfants en Italie, peut-on espérer que l'on réussira à stimuler les reins par l'acupuncture et à réhabiliter le cerveau en produisant la substance blanche dès la petite enfance?

Le réel, l'imaginaire et les manifestations au cerveau examinés par les méthodes modernes

La façon dont l'imagerie mentale accomplit des miracles dans le corps humain demeure mystérieuse, même si des recherches tendent à prouver que le cerveau réagit de la même façon à une sensation imaginaire qu'à une sensation réelle. Les études des EEG démontrent que l'attention à une lumière clignotante modifie les ondes cérébrales enregistrées dans la région visuelle, tandis que le fait de taper des doigts apporte des changements dans les régions sensorimotrices. «Les résultats à l'EEG démontrent que l'expérience d'"imaginer" est identique à l'expérience réelle de voir la lumière clignoter ou de taper avec ses doigts.» (Restak, R., 1979, p. 298, trad. libre) Donc, voir une pomme et imaginer une pomme aurait le même effet sur le cerveau.

On peut dire que l'image mentale est semblable à la réalité dans la mesure où, si l'on examine l'activité du cerveau au moment où le sujet est en train de visualiser quelque chose, elle ressemble de manière frappante à l'activité cérébrale lorsqu'une chose réelle est perçue.

Les expériences d'imagerie mentale avec tomographie d'émission à positons (TEP) ont démontré que «*... la reconstruction mentale d'une représentation d'un objet activerait l'ensemble des régions cérébrales impliquées dans la perception visuelle de cet objet, et ce, de façon paradoxalement plus intense que ne le fait la perception passive*». (Botez, M.I.,1996, p. 135)

Selon certains chercheurs, les images se forment à la suite des réactions électrochimiques du système limbique, le lobe du cerveau qui gère les émotions (plaisir, douleur, peur, colère...). À mesure que ces images surgissent dans le système limbique, elles seraient interprétées par le cortex cérébral, impliqué dans les fonctions cérébrales supérieures, comme le raisonnement et la mémoire, ce qui leur donne leur signification.

De plus, le système limbique est relié par des faisceaux nerveux à l'hypothalamus, partie du cerveau qui commande la température du corps, le rythme cardiaque, la faim, la soif, le sommeil et l'excitation sexuelle, ainsi qu'à la glande pituitaire, qui gouverne tout le système hormonal.

Si vous vous imaginez en train de faire une activité agréable, comme skier ou nager, votre cerveau libère depuis l'hypothalamus et la glande pituitaire des influx nerveux, des substances chimiques et des hormones qui affectent chacune de vos cellules. Un flux de substances calmantes naturelles ralentit vos rythmes cardiaque et respiratoire, atténue l'anxiété et stimule le système immunitaire.

Si vous imaginez le négatif, comme être en retard à une réunion importante, vous fabriquez au contraire de l'adrénaline, ce qui maintient votre corps en état d'alerte sans véritable nécessité.

Ainsi, pour le meilleur ou pour le pire, chaque image affecte votre corps d'une manière ou d'une autre.

Pour contrôler les images mentales, il s'agit de s'exercer. En vous exerçant à visualiser le positif, à observer la beauté, vous finirez par obtenir des résultats, tout comme on finit par apprendre un sport ou jouer d'un instrument de musique.

L'imagerie mentale, le rêve éveillé et la visualisation

Au début des années 1900, les tentatives de Sigmund Freud, de Carl Jung et d'autres psychiatres européens pour traiter certains de leurs patients par l'imagerie mentale sont restées dans l'ombre et ont même été complètement ignorées aux États-Unis.

Ce n'est qu'au début des années 1970, lorsque le docteur Carl O. Simonton, cancérologue et radiothérapeute américain, a utilisé l'imagerie mentale pour aider les patients cancéreux, que cette pratique a retrouvé en Amérique sa crédibilité. Le Dr Simonton faisait imaginer au patient des globules blancs très robustes, qui attaquent les cellules cancéreuses faibles et désorganisées pour stimuler l'activité du système immunitaire. Il étudia 159 patients atteints d'une forme incurable de cancer qui devait amener la mort à l'intérieur d'une année. Il intégra la visualisation à leur programme de traitement médical et constata que 40 % des patients étaient toujours vivants après quatre ans, 22 % étaient en rémission complète, et 19 % n'avaient plus de tumeur. Il en arriva à la conclusion que *les patients de cette étude qui utilisaient la visualisation créatrice en conjonction avec leur traitement médical ont vécu deux fois plus longtemps que ceux qui ne recevaient que le traitement médical.*

Gerald Epstein, psychiatre en pratique privée, a élaboré dans les années '80 une médecine fondée sur le mental, à partir d'une expérience de thérapie par le rêve éveillé avec Colette Aboulker-Muscat. Selon lui, si le mental conscient agit sur le corps, il est possible d'utiliser le mental pour réparer les désordres physiques et émotifs du corps. La méthode la plus importante de cette médecine pour guérir le corps est le mental utilisant des images, ce qui ne l'empêche pas de prescrire des médicaments ou des méthodes médicales. Dans les cliniques du traitement du cancer, il utilise l'imagerie pour diminuer les effets secondaires de la chimiothérapie, la qualifiant de «doux baume de guérison». Il prescrit principalement des exercices d'imageries qu'il élabore ou qu'il demande au patient de créer, et de faire un certain nombre de fois, pendant un certain nombre de jours.

En thérapie, l'imagerie est le programme. Elle est utilisée pour aider les personnes de différentes façons : pour comprendre comment elles perçoivent leurs problèmes, pour éclairer les événements impliqués dans le développement du problème et pour travailler sur le problème à travers l'imagerie.

Epstein a reconnu la possibilité de traiter le présent non seulement par l'analyse du passé (attribuer le présent aux causes du passé), mais par l'imagination d'un futur qui peut aider à modifier le présent. L'imagerie a pour effet de changer le comportement en utilisant l'imagination pour envisager de nouvelles possibilités, ce qui apporte des changements relativement rapides et faciles. L'expérience imaginaire altérerait la signification des événements passés et créerait de nouvelles façons de permettre aux expériences de survenir. En 1989, Epstein a compilé ses expériences dans *Healing Visualisations : Creating Health Through Imagery,* en reprenant plusieurs des exercices d'imageries d'Aboulker-Muscat ainsi que ceux élaborés par ses patients pour traiter les désordres physiques et non seulement les désordres émotionnels ou les difficultés décisionnelles, pour lesquels le rêve éveillé et l'imagerie avaient été conçus.

Le traitement des désordres physiques par l'imagerie se fait en demandant à la personne de :

- fermer les yeux, inspirer par la bouche et le nez, et expirer trois fois pour calmer le corps ;
- se mettre en état d'intériorisation pour déterminer le but ou formuler l'intention de l'exercice ;
- visualiser le désordre en imagination et appliquer un traitement qui restaure la région perturbée et ramène la santé par des exercices d'imageries métaphoriques ou littérales.

Ces exercices doivent être faits trois fois par jour, pendant une période de une à trois minutes, pendant un certain nombre de jours (trois semaines), avec pause de quelques jours (une semaine) avant la reprise.

Les types de maladies physiques traitées sont, par exemple, le glaucome, la mononucléose, les troubles de la prostate, tourner les bébés qui se présentent par le siège ou accélérer le processus de guérison des os cassés.

Selon Epstein, peu importe la cause psychologique (émotionnelle et sociale), le mental conscient peut, grâce à l'imagerie, agir sur le désordre physique, ce qui ne l'empêche pas de reconnaître le rôle des émotions et de l'aspect social dans les maladies. Une maladie peut avoir ou non des composantes émotionnelles et sociales. Mais *le mental est plus que les émotions et les sensations et possède son propre pouvoir.*

Le mental (le cerveau, le système nerveux central) peut être entraîné à modifier des réponses spécifiques et des processus du corps. Aucun système du corps n'est autonome ou indépendant du mental. Le mental éveillé fait ses propres choix. Les pratiques de méditation taoïste qui sont des méditations dirigées agissent en ce sens : elles utilisent le mental pour diriger l'énergie et le corps.

L'exercice physique et ses effets physiques et psychologiques

Depuis les années 1990, les études sur l'exercice physique ont démontré l'effet antistress de celui-ci, ainsi que ses bienfaits en termes de défoulement et de détente. L'exercice physique n'a pas seulement des effets bénéfiques sur les muscles, les os et le cœur, il a aussi un effet psychologique indéniable car il aide à la détente. Il aide à faire disparaître l'anxiété en détournant l'attention des petits problèmes de la vie quotidienne. Il chasse les humeurs dépressives et les surcharges de stress en stimulant les sécrétions d'endorphines dans le cerveau, ce qui provoque une sensation de calme et de détente. De toutes les techniques antistress, l'exercice physique, et particulièrement la course à pied, est sans contredit la voie royale du défoulement.

L'effet relaxant de l'exercice, même léger, comme une marche, entraîne un effet immédiat. Les chercheurs ont démontré que les personnes physiquement actives sont en général plus détendues et résistent mieux à une situation de stress que les personnes sédentaires. Déjà en 1974, Hans Selye préconisait les bienfaits de l'exercice physique sur les frustrations, facteurs de stress. Il indiquait aussi l'importance de prendre des pauses d'activités physiques fréquentes pendant un travail intellectuel. Les recherches démontrent que l'exercice physique réduit les tensions musculaires et l'anxiété, et prévient la dépression. Il peut aussi atténuer la dépression légère ou moyenne, au même titre que la psychothérapie ou la médication, surtout au début de cet état.

Comment cela se manifeste-t-il? Par l'effet de l'exercice sur le cerveau. Les chercheurs remarquent que l'exercice agit comme un neuroleptique : les neurotransmetteurs, comme la sérotonine, sont en hausse, l'oxygénation du cerveau et l'irrigation sanguine sont accrues, la température corporelle s'élève, et la sécrétion d'endorphines, qui sont des hormones antidouleur de la même famille que la morphine, est stimulée.

Le Dr Bob Hales, psychiatre à l'Université de Georgetown, suggère à ses patients dépressifs de jogger modérément pendant une demi-heure chaque jour pour déclencher la libération d'endorphines qui stimulent l'euphorie. De plus, le Dr John Greist, psychiatre écossais, a calculé que le traitement d'une dépression par le jogging coûtait cinq fois moins cher que celui par la psychothérapie. (Chevalier, R., 2000, p. 60-64)

D'autres chercheurs ont constaté que l'exercice physique libère le corps et l'esprit en distrayant des problèmes, en redonnant la maîtrise corporelle et en augmentant la confiance et l'estime de soi. Des recherches sont d'ailleurs en cours à l'université du Manitoba sur les effets de la course à pied et des exercices d'aérobie sur la santé et comme moyen de combattre la dépression.

En résumé, ces recherches ont permis de déterminer sept conseils antidéprime pour améliorer l'état psychologique. Les voici.

1. Si vous êtes déprimé ou mélancolique, faites vos exercices (étirements, marche) le matin, car c'est le moment de la journée où la déprime se fait le plus sentir.
2. Si vous souffrez d'anxiété, faites 15 à 20 minutes d'exercices légers d'aérobie et de musculation vers la fin de la journée ou en début de soirée. Cela aide à détendre les muscles et à calmer le système sympathique. L'Institut canadien de recherche sur la condition physique et le mode de vie a établi qu'un programme de mise en forme de 15 semaines diminuait significativement un état d'anxiété chronique.
3. Si vous anticipez un événement stressant, faites 25 à 30 minutes d'exercice pour avoir un peu chaud et prenez une douche.
4. Si vos idées se brouillent, faites un exercice modéré, comme le vélo, la marche, le jogging ou le ski de fond sur le plat. Ces exercices aident à voir plus clair et améliorent l'acuité mentale.
5. Si vos pensées vous obsèdent, faites des exercices qui exigent de la concentration, comme le tennis, le badminton, le Taï Chi, le yoga, le ski alpin, l'équitation ou le tir à l'arc. Ceux-ci vous feront oublier vos problèmes pendant une heure ou deux.
6. Si vous dormez mal, faites des exercices rythmiques, comme la marche, le vélo, la natation, le jogging ou le ski de fond, vers la fin de l'après-midi. Ce type d'exercice augmente l'activité des ondes alpha, lesquelles sont associées au bien-être, à la détente.

7. Si vous êtes tendu momentanément, prenez 4 ou 5 grandes inspirations, en expirant par la bouche les lèvres rapprochées ; ouvrez la bouche toute grande et fermez-la 3 ou 4 fois pour détendre les mâchoires, étirez vos jambes et vos bras, massez votre nuque et vos épaules, levez-vous.

Les abus ou la dépendance à l'exercice physique peuvent cependant entraîner des effets négatifs. Le corps surutilisé peut se blesser plus facilement, souffrir d'anémie (l'abus d'exercice diminue le taux de fer dans le sang) ou manifester de la fatigue générale, de l'arthrite précoce ou des infections répétées du système respiratoire, car faire trop d'exercice affaiblit le système immunitaire.

Sur le plan psychologique, l'abus de l'entraînement physique peut causer la négligence des responsabilités sociales ou familiales, qui deviennent un fardeau s'ils perturbent l'exercice. De plus, s'il faut interrompre l'exercice pour cause de blessure, la mauvaise humeur ou la déprime peuvent s'installer. Certains vont jusqu'à perdre leurs amis, leur emploi ou leur conjoint tant les exercices deviennent une priorité dans leur vie.

En Orient, les exercices du Qi Cong et du Taï Chi activent l'énergie et le corps en même temps, sans effets négatifs.

La prière et la méditation

« Prier est excellent pour la santé », selon le docteur Andrew Newberg, directeur de la clinique de médecine nucléaire de l'Université de Pennsylvanie. Les recherches effectuées par la tomodensitométrie sur les cerveaux de six franciscaines en prière fervente et huit moines bouddhistes en méditation intense démontrent par des images l'activation de l'hypothalamus. Cette région du cerveau agit sur le rythme cardiaque et la pression artérielle. Elle régularise la sécrétion d'hormones comme le cortisol, en relation avec le stress, et agit sur le système immunitaire. Aux États-Unis et surtout aux Universités de Yale, Havard et Berkeley, de même qu'au National Institute for Health, on a fait des études portant sur la santé et la spiritualité, qui tentent à démontrer que la prière influence la santé.

Plusieurs personnes éminentes défendent le pouvoir de guérison et le rôle du spirituel dans le processus de guérison : Capra, le Dalaï-Lama et le Healing Tao, développé par Maître Mantak Chia. Au Québec, plusieurs prônent le rôle du spirituel dans la guérison, dont notamment la docteure en psychologie Denise Roussel (avec laquelle l'auteure a collaboré, à titre d'enseignante de son école, de 1993 à 1995), par la psychologie transpersonnelle. Aussi, au congrès du Transnational Network for the Study of Physical, Psychological and Spiritual Well-being, tenu à Montréal en 1996, l'auteure a présenté une conférence intitulée « How to use Taoïst Meditation to accelarate the Healing Process » (publiée en 1998). Ce groupe d'études, développé au Japon par le Dr Yutaka Haruki sous le titre de Transnational Network for the Study of Physical, Psychological and Spiritual Well-being, est devenu en 2000 le Transcultural Society for Clinical Meditation (TSCM). À Montréal, en juin 1993, a eu lieu une conférence internationale sous le titre de « *Healing : beyond suffering or death* » (Le processus de guérison par-delà la souffrance et la mort) sous la présidence du médecin Luc Bessette et honorée de la participation de Sogyal Rimpoche. L'auteure y a présenté une communication, « La méditation utilisée à des fins thérapeutiques ».

L'épidémiologiste David Larson, président de l'International Center for the Integration of Health and Spirituality du Maryland, conclut, après 42 recherches sur la longévité et l'engagement religieux : « Ne croire en rien semble prédire une mortalité précoce aussi sûrement qu'une consommation excessive d'alcool » (2000). Mais est-il nécessaire de croire en Dieu ou en Jéhovah, d'aller à la messe ou de croire en des valeurs morales profondes comme les membres de Greenpeace ? se demande-t-il.

L'université Duke, en Caroline du Nord, conclut que les gens qui prient chaque jour font moins d'hypertension que les autres. L'Université de Darmouth, au New Hampshire, a constaté que 11 % des 195 patients opérés du cœur qui s'étaient dits peu ou non religieux étaient décédés, tandis que ceux qui avaient coché « très croyant » étaient toujours en vie.

Selon David N. Elkins, « La contemplation, la méditation, la prière, les rituels et les autres pratiques spirituelles ont le pouvoir de débloquer la "force vitale" dans les niveaux les plus profonds de la psyché humaine, des niveaux que les interventions séculaires ne peuvent atteindre. En effet, de nouvelles évidences démontrent que les religions et les interventions spirituelles peuvent aider quand tout le reste a échoué». (Elkins, D., 1999, p. 45, trad. libre)

Selon un récent article de Danielle Stanton, plusieurs médecins questionnés reconnaissent le rôle du spirituel. (Stanton, D., 2002, p. 57-62) D'autres le refusent et se révoltent encore de cette association spiritualité et santé et y perçoivent un sacrilège de la science médicale.

Nous citerons ici les propos que les uns comme les autres présentent dans cet article. Le psychiatre Richard Sloan, professeur à l'université Columbia, à New York, adopte une position ironique sur ces études : «Le mariage est aussi associé à un taux inférieur de mortalité. Les médecins devraient-ils pour autant se mettre à le prescrire ?»

D'autres médecins américains, comme le Dr Herbert Benson, pionnier des recherches du pouvoir de l'esprit sur le corps en Amérique et qui a fondé le Mind/Body Medical Institute, à Havard, atteste que «les effets bénéfiques de la spiritualité ont une explication scientifique». La prière ou la méditation s'accompagnent de changements physiologiques antistress, appelés «réponse de relaxation», comme la diminution du rythme cardiaque, l'abaissement de la pression artérielle et le ralentissement de la respiration. Pour lui, *«la chirurgie et les pilules sont deux piliers indispensables au traitement médical. Mais sans le soin de l'âme et de l'esprit, la médecine est bancale»*.

Les découvertes neurologiques récentes du Dr Andrew Newberg vont dans le même sens. Le psychiatre Jean-Charles Crombez de l'hôpital Notre-Dame du Centre hospitalier de l'université de Montréal, qui a mis au point la méthode ÉCHO, basée sur l'autoguérison, considère que le yoga et la musique douce ont des effets similaires à la spiritualité. Selon lui, *«C'est l'intériorité qu'on y met qui procure un bien-être parfois suffisamment puissant pour mettre en branle le processus de guérison»*. Il reconnaît cependant que la spiritualité donne en plus un sens à l'existence et donne espoir. Croire apporterait à l'humain une sérénité suffisante pour réduire le niveau de stress et d'anxiété, déclencheurs de maladies.

En 2001, le premier colloque Spirituality and Health a eu lieu à l'Université de Calgary et, la même année, la rencontre Neurosciences, expérience religieuse et le moi, organisée par la section canadienne pour la théologie et les sciences naturelles, dont le siège est à Berkeley, s'est tenue à Montréal. La faculté de théologie de l'université Laval est en train de mettre sur pied la chaire Religion, spiritualité et santé. L'Université de Montréal a mis sur pied le cours Santé et spiritualité, en 2000. Dans ces deux derniers cas, les médecins reconnaissent que l'évolution vers une approche plus humaniste du patient est nécessaire, mais que l'intégration de la religion à la pratique médicale serait impossible. André Garon, du Collège des médecins, semble résumer ainsi la position du corps médical: «Nous avons déjà fort à faire avec tout le reste. Ce n'est pas notre rôle.»

Le neurologue Michel Copti, de Montréal, indique qu'il utilise comme outil de connaissance du patient la question «La spiritualité est-elle importante pour vous?» afin de suggérer le soutien de quelqu'un d'autre ou pour inciter le malade au pardon, car la rancœur nuit au système immunitaire. Le président de l'Association des neurologues du Québec, François Delisle, reconnaît pour sa part que «les gens qui ont une *drive*, une force intérieure, sécrètent davantage d'hormones bienfaisantes». Pour lui, que cette force positive vienne de leur foi en Dieu ou d'eux-mêmes n'a pas d'importance. Et il ajoute: «[...] si un patient se déclare d'emblée croyant, la spiritualité peut être un moyen aussi valable qu'un autre de surmonter un blocage psychologique.»

Par contre, le président de l'Association des cardiologues du Québec, le Dr Michel Jarry, croit que c'est là un mélange des genres, car le scalpel et le signe de la croix ne sont pas du même ordre. Pour lui, que la prière puisse améliorer la guérison est une idée séduisante, mais sans aucun avenir dans la pratique et, de plus, difficile à prouver scientifiquement. Cela est corroboré par le psychiatre Richard Sloan, de l'Université de New York, dans un article dévastateur sur les recherches sur la santé et la spiritualité, publié dans le *New England Journal of Medecine* en 2000. Souvent, précise-t-il, la méthodologie est faible, les concepts tels que Dieu, la prière ou la spiritualité sont trop flous, les critères sont imprécis, les relations de cause à effet sont douteuses, les variables mesurées sont multiples, et on en isole quelques-unes pour soutenir la thèse de départ, ce qui manque de rigueur scientifique.

Le Dr Michel Copti précise que les études sur les liens entre la santé et la spiritualité n'en sont qu'à leurs débuts. « L'exploration des mystérieux pouvoirs de l'âme et de l'esprit sur le corps sera sans doute l'une des tâches de la médecine du troisième millénaire. »

En Asie, surtout en Chine, ce mystérieux pouvoir de l'esprit sur le corps est utilisé depuis au moins cinq mille ans, sous le nom de la théorie du Qi primordial, dans les pratiques de méditation taoïstes et dans les techniques du Qi Cong. Ces pratiques impliquent la suggestion psychologique (concentration mentale et exercice de respiration) et l'ajustement physique (exercice physique) et comportemental. En Occident, ce merveilleux pouvoir de l'esprit est apparu avec l'hypnotisme, développé par Charcot et par Freud à la fin du XVIIIe siècle, avec la théorie du magnétisme animal, la théorie de la psychanalyse et la technique de suggestion psychologique. L'hypnose a été mise au rancart jusqu'aux années 1970. Mais ce pouvoir du mental et de l'esprit sur le corps est à nouveau à l'ordre du jour, avec les recherches sur la stimulation des régions du cerveau.

Le cerveau : les cartes neurologiques

Les études de neurologie ont permis de connaître les ondes cérébrales, l'électricité du cerveau, les vibrations du cerveau par les EEG (électroencéphalogrammes). Cela nous rapproche du concept d'« énergie », qui correspond aussi à des ondes vibratoires.

De plus, ces études ont permis d'établir la carte du cerveau et de connaître les projections du corps au cerveau. Chaque région et fonction du corps a une résonance au cerveau. L'activation du système nerveux et la stimulation du cortex activent les régions et les divers systèmes du corps. En Occident, nous reconnaissons les projections ou les « correspondances » des régions du corps au cerveau. Cela est confirmé par l'embryologie, la cartographie du cerveau et les grands systèmes fonctionnels.

D'après les connaissances chinoises, ce mouvement du cerveau vers le corps se fait aussi en *sens inverse*, soit de la peau et de l'extérieur vers le cerveau, ce que nous allons tenter de démontrer.

L'embryologie du cerveau

Les grandes divisions du système nerveux central sont définies par l'embryologie. En effet, le télencéphale va se développer pour devenir le stratium et le cortex cérébral ; le diencéphale va se différencier et donner le thalamus, l'hypothalamus et le pallidum ; le métencéphale va croître et donner le pont et le cervelet ; et le myencéphale va permettre le développement du bulbe. Ainsi, dès le début du développement embryonnaire, le cerveau et le système nerveux central sont présents, de même que les potentiels de développement des yeux et des oreilles sont présents dans les vésicules visuelles et auditives.

Il devient par ailleurs évident, avec les connaissances sur la différenciation cellulaire et les recherches sur les *steem cells* (cellules souches), que le potentiel vital se retrouve dans une cellule vivante, qu'elle soit sexuelle, cervicale ou autre, et qu'elle peut servir à en développer et en créer d'autres. Les anciens disaient d'ailleurs, peut-être sans trop connaître la portée de leurs paroles : « Tant qu'il y a de la vie, il y a de l'espoir. »

Le cortex cérébral, ses lobes et ses principales fonctions

Le cerveau est composé de plusieurs lobes et circonvolutions. Le cortex est composé d'une mince couche de substance grise à la périphérie du cerveau. Il est replié le long de sillons qui forment les six lobes principaux, qui se divisent à leur tour en circonvolutions, ou giri. Les six lobes sont : le lobe frontal, en avant ; le lobe occipital, en arrière ; le lobe pariétal, derrière la scissure de Rolando ; le lobe temporal, divisé par la scissure de Sylvius. Ces deux frontières artificielles soulignent le caractère arbitraire de la division en lobes.

Le cortex établit les liens entre le monde extérieur, le milieu intérieur et les associations par trois types de cortex :

- les aires primaires, en rapport avec le milieu extérieur et composées des aires motrice, somesthésique, auditive, visuelle ;
- les aires limbaires, en relation avec le milieu intérieur ;
- les aires associatives, qui font la transition entre les aires, ou cortex primaires, et le système limbique.

Les fonctions principales des différents lobes du cerveau

Lobe frontal

Le lobe frontal est une région tertiaire de haute intégration, tant du comportement moteur que des autres formes de conduite. Au niveau moteur, ce sont la précision, la finesse et l'utilité des mouvements de même que la coordination motrice qui sont concernées. Au niveau préfrontal, ce sont les systèmes moteurs et sensitivo-sensoriels, surtout auditifs et visuels, qui le sont. Déjà dans la

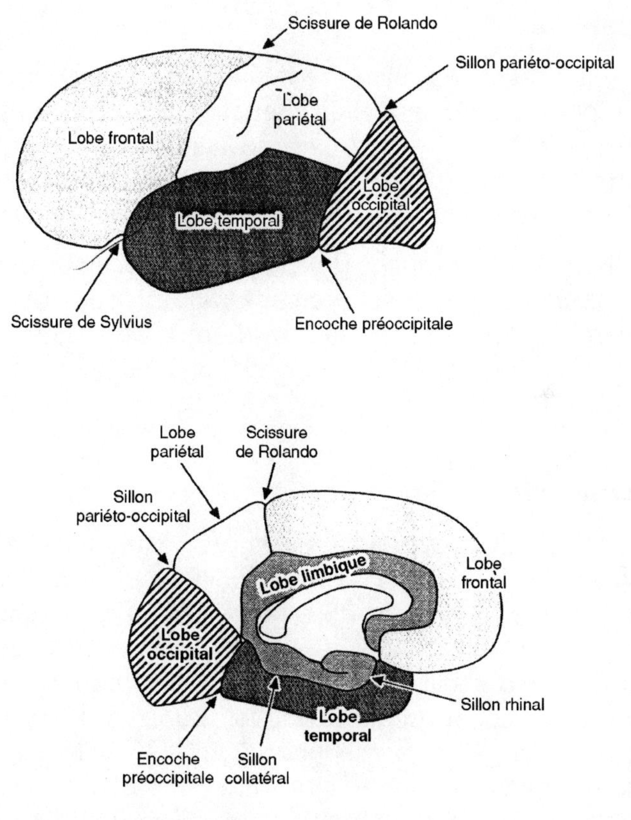

Figure 1-1 Les lobes du cerveau (tiré de Botez, 1996, p. 32-33, fig. 2-7 A et fig. 2-8 A)

première moitié du xxe siècle, on connaissait les troubles fondamentaux d'une atteinte frontale, soit :

- l'incapacité de maintenir un comportement stable et d'évaluer les conséquences de ses propres actions ;
- le rétrécissement du champ d'attention, d'où l'incapacité de faire face à deux stimuli à la fois ;
- des troubles de comportements variés. (Botez, M.I., 1996, p. 175)

Les controverses sur le rôle du lobe frontal dans la vie intellectuelle ne sont pas encore clarifiées. (Voir Botez, M.I., 1996, p. 169-195)

Lobe pariétal

Le lobe pariétal est en relation avec la sensibilité élémentaire, les associations unimodales et l'aire sensorielle, ce qui explique leurs liens avec les troubles complexes de la sensibilité somatique. De plus, une autre région tertiaire d'intégration des données somatosensitives, vestibulaires, visuelles et symboliques y est impliquée.

Les lobes droit et gauche fonctionnent selon le fonctionnement hémisphérique : « L'hémisphère cérébral droit contrôle la pensée et la mémoire spatiale, tandis que l'hémisphère gauche est concerné par la mémoire et la pensée symbolique ou abstraite. » (Voir Botez, M.I., 1996, p. 198)

Lobe temporal

Le lobe temporal est en relation avec les organes des sens, l'audition, l'olfaction, le goût, la vision et l'équilibre, et avec l'aspect végétatif des viscères. Au niveau du comportement, il se manifeste par la perception et l'intégration visuelle, la vigilance et l'attention. Il est aussi impliqué dans la perception du temps, la mémoire verbale et non verbale et l'apprentissage. (Voir Botez, M.I., 1996, p. 221) Des recherches récentes, menées par le Dr Andy Newberg, radiologiste, indiquent que l'inhibition du lobe pariétal est impliquée dans la conscience humaine et l'expansion de la conscience. Nous donnerons plus de détails sur le rôle du lobe temporal dans la méditation au chapitre 4.

Lobe occipital

Le lobe occipital, situé à l'arrière du cerveau, est en relation avec les voies optiques, les champs visuels et les mouvements oculaires. Il permet la perception des couleurs, l'orientation spatiale, l'appréciation des distances, l'imagerie mentale, le balayage visuel, la mémoire visuelle des objets, des images et des couleurs, et la capacité de les nommer. (Voir Botez, M.I., 1996, p. 229)

Le cervelet

Le cervelet est situé sur la face postérieure du tronc cérébral, auquel il est relié par diverses substances. Toutes les hypothèses physiologiques s'accordent pour donner au cervelet un rôle moteur et de coordination motrice. Il ajuste les contractions musculaires pour donner régularité et précision au mouvement organisé dans d'autres parties du système nerveux central. Il dispose de mécanismes d'apprentissage. On commence à suggérer son rôle cognitif, selon l'hypothèse qu'après avoir traité l'information en provenance de nombreuses sources, le cervelet agirait principalement sur la circonvolution centrale ascendante. Une autre hypothèse laisse penser que le cervelet serait à l'origine de boucles branchées en parallèle au circuit moteur. (Voir Botez, M.I., 1996, p. 48-49) D'autres précisions seront apportées sur le cervelet, ou cerveau reptilien, au chapitre 4.

Le corps calleux

Le corps calleux sert à relier les deux hémisphères cérébraux. Ce n'est que dans les années 1950-1960 que les rôles du corps calleux ont été élucidés. Il joue un rôle dans la spécialisation des hémisphères et dans leur communication harmonieuse par le transport bilatéral de l'information : le cerveau gauche pour le traitement verbal et le cerveau droit pour les habiletés visuoperceptuelles et spatiales. Au niveau moteur, somesthésique, auditif et visuel, c'est par l'échange d'information et l'intégration bilatérale que le croisement des voies de ces systèmes fait que chaque hémisphère exerce un contrôle sur l'hémicorps contralatéral. Le langage et la mémoire jouent aussi sur le bon fonctionnement du corps calleux. (Voir Botez, M.I., 1996, p. 251)

L'asymétrie fonctionnelle du cerveau

Il a fallu attendre la deuxième moitié du XIXe siècle pour réaliser que les deux hémisphères cérébraux, malgré leur similarité de configuration, n'étaient pas fonctionnellement équivalents. «*La littérature médicale antérieure abondait en exemples de la perte d'une fonction mentale à la suite d'une blessure unilatérale à la tête, mais la logique ainsi que les convictions religieuses et philosophiques empêchaient d'en tirer les conclusions qui auraient dû s'imposer. C'est finalement grâce aux observations rigoureuses de Broca (1865), faisant état d'une relation entre la perte du "langage articulé" et une lésion de la troisième circonvolution frontale gauche, que la preuve fut apportée non seulement d'une localisation d'une fonction mentale circonscrite du cerveau, mais aussi de la contribution inégale des hémisphères cérébraux à cette fonction.*» (Botez, M.I., 1996, p. 271)

Cette découverte donna lieu au concept d'«hémisphère dominant», qui persista pendant près d'un siècle. De façon absolue, on affirmait que seul l'hémisphère gauche participait aux fonctions dites «humaines». Avec la preuve que l'hémisphère droit contribuait à la compréhension verbale, on commença à parler de «dominance relative», puis d'«asymétrie fonctionnelle», puis de «spécialisation hémisphérique», et finalement de «latéralisation des fonctions». (Botez, M.I., 1996, p. 273)

Botez conclut: «En fait, il n'existe pas de contact direct entre l'anatomie et la psychologie, et localiser une fonction mentale dans les limites d'une structure anatomique est probablement voué à l'échec... S'il existe une spécialisation des régions du cerveau, et il est bien évident qu'il en existe, cette spécialisation se situe à un niveau physiologique. Cela implique que *les fonctions psychologiques que nous utilisons habituellement pour définir et décrire le comportement ne peuvent être directement transposées à la structure cérébrale.*» Luria (1973) et Hécaen (1972) nous ont enseigné «qu'il n'existe pas de correspondance unique entre une aire cérébrale et une fonction mentale, et tout comportement met en branle un grand nombre de structures cérébrales, chacune contribuant à la réalisation d'une fonction donnée telle qu'on l'entend par le terme «fonction» en psychologie... Cela ne signifie pas qu'il faille réduire toute description de la spécialisation fonctionnelle des hémisphères à des processus purement biologiques et physiologiques» (Botez, 1996, p. 273), mais que l'intégrité d'une région corticale est nécessaire à la réalisation de la fonction.

Les lobes et leurs fonctions

Les lobes ont aussi été étudiés selon les différentes fonctions entre cortex primaires, secondaires et limbiques par des examens microscopiques du cortex à la suite des colorations cellulaires. Ces colorations ont permis de détecter la présence de deux types de neurones, les cellules pyramidales et les cellules granulaires, et de distinguer la présence de corps cellulaires groupés en couches parallèlement à la surface du cortex, et d'autres corps cellulaires groupés en colonnes perpendiculairement à la surface du cortex. Les types de cellules varient d'une couche à l'autre. Les différentes couches de cellules donnent à chaque région du cortex des différences d'aspects, ce qui permet de dessiner des cartes. Ces études ont été répertoriées dans diverses cartes cytoarchitectoniques, dont la plus connue et la plus utilisée est la carte de Brodmann, qui identifie les aires par des numéros.

Depuis ce temps, les nouvelles techniques comme l'électrophysiologie, les techniques de coloration et l'étude des connexions ont permis de mieux déterminer les frontières et les morcellements des régions.

Le centre du cerveau, l'hippocampe, le fornix et les noyaux

Le centre du cerveau est composé de fibres et de faisceaux associatifs des diverses aires du cerveau. Le faisceau qui relie l'aire de Broca et l'aire de Wernicke s'appelle le faisceau arqué. Le faisceau associatif du système limbique est le cingulum.

Les noyaux font partie d'un système fonctionnel, le système extra-pyramidal. Les principaux noyaux sont les noyaux caudé, lenticulaire, amygdalien, et les noyaux gris, composés du pallidum, du noyau sous-thalamique et de la substance nigra.

D'autres noyaux font partie du thalamus, qui est composé des principaux noyaux suivants : les noyaux spécifiques, qui sont connectés à des aires précises du cortex, comme les noyaux sensoriels qui innervent le visage ; le thalamus moteur, les noyaux limbiques, les noyaux associatifs et les noyaux non-spécifiques, comme le noyau dorsomédian, les noyaux intralaminaires et les noyaux réticulaires. Les données cliniques et expérimentales démontrent que le thalamus joue un rôle capital dans le fonctionnement cérébral.

Au centre du cerveau, dans la région antérieure, nous trouvons par ailleurs l'hypothalamus, composé de nombreux noyaux. L'hypothalamus joue un grand rôle sur l'hypophyse (pituitaire) par l'action sur la synthèse et la libération des hormones par les peptides qui les stimulent (TRH : *tyrotrophin releasing hormon*) et la CRH (*corticotrophin releasing hormon*) ou les inhibent (somatostatine : inhibe les hormones de croissance). D'autres fibres postérieures libèrent l'hormone antidiurétique et l'ocytocyne dans le sang.

« L'hypothalamus intervient dans un grand nombre de régulations qui concourent à l'homéostasie de l'individu et de l'espèce (température, faim et soif, comportements sexuels et cycles biologiques, en particulier ceux de la veille et du sommeil). Il joue aussi un rôle important dans des réponses comportementales considérées comme primitives, car ces dernières peuvent être obtenues chez l'animal décortiqué par la stimulation hypothalamique : états de panique, d'aversion, de rage… » (Botez, M. I., 1996, p. 45)

En 1960, House et Pansky ont établi les relations entre l'hypothalamus et la partie antérieure de la glande pituitaire (hypophyse) et leurs effets sur les autres glandes endocrines, sur le foie et la moelle des os. Cette glande est souvent appelée la glande maîtresse du corps car elle sécrète une variété d'hormones qui influencent significativement l'activité de toutes les autres glandes du système endocrinien.

L'hypothalamus agit sur la partie antérieure de la glande hypophyse ou pituitaire en stimulant la sécrétion de six substances hormonales majeures : les deux gonadotropines, l'adénatropine et la thyréotrope, qui contrôlent l'activité des autres glandes endocrines. Les deux autres hormones sont l'hormone de lactation (prolactine) et l'hormone de croissance, qui agissent d'abord sur les processus métaboliques même si elles agissent sur les autres glandes. Ces endorphines naturelles aident au métabolisme des autres glandes, thyroïde, pancréas, surrénales, testicules et ovaires, ainsi qu'au foie et à la croissance des os. Par la méditation taoïste du sourire intérieur et de l'orbite microcosmique, nous pouvons stimuler cette glande et activer la sécrétion hormonale.

Les grands systèmes fonctionnels

Les systèmes fonctionnels sont composés des aires primaires en rapport avec le milieu extérieur (le système moteur, les systèmes

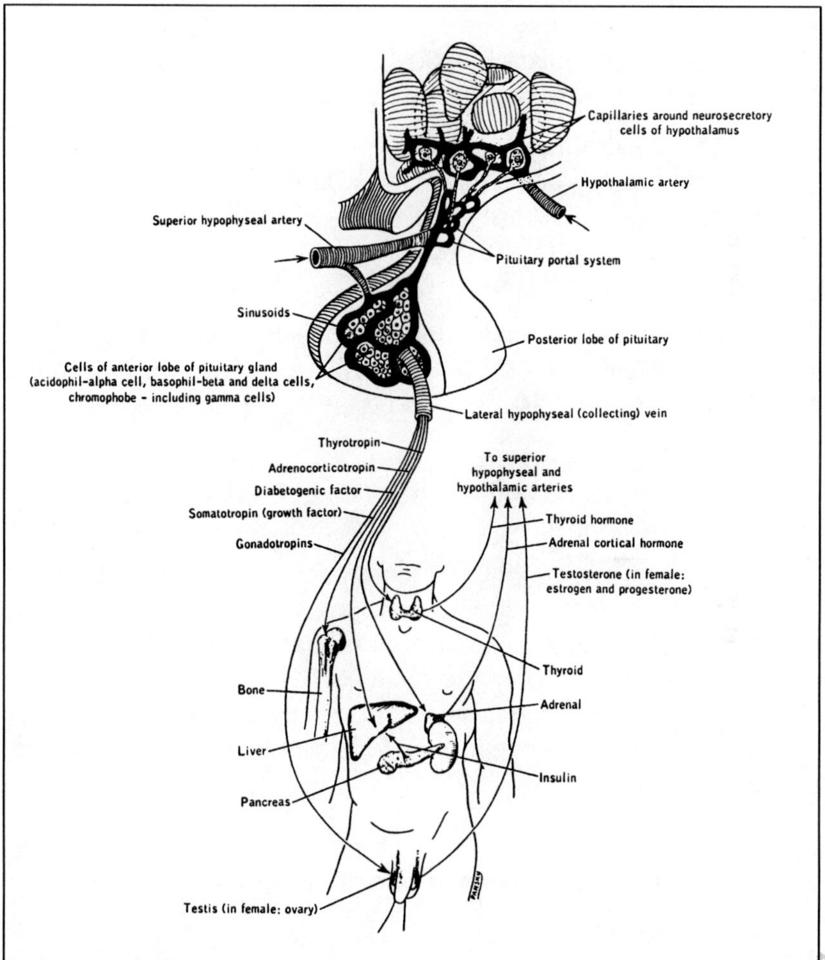

Figure 1-2 Relation entre la partie antérieure de l'hypophyse, les autres glandes endocrines, le foie et les os (de House et Pansky, 1960, reproduit et tiré de Grossman S.P. 1967, p. 272, fig. 4.22)

sensoriels), des aires du langage, du système limbaire et des systèmes attentionnels.

Le système moteur est composé des cortex moteurs primaires et non primaires, des limites du champ oculomoteur, des efférences pyramidales, du système extrapyramidal et de la coordination par le cervelet.

Mis à part le système olfactif, les systèmes sensoriels ont tous un relais thalamique. Les systèmes sensoriels sont composés des systèmes somesthésiques (sensibilité thermoalgésique, du tact et de position des articulations), du système visuel (capacités oculomotrice et de reconnaissance) et du système auditif.

Le système limbique est aussi appelé cerveau «viscéral» car il a été considéré comme intégrant les émotions, les comportements primitifs, la mémoire et le contrôle du système nerveux autonome. Cela est actuellement contestable, vu la diversité des symptômes provoqués par leurs lésions.

Penfield *et al.*, grâce à des stimulations du cortex, ont pu élaborer des représentations proportionnelles au cerveau des localisations des différentes parties du corps sur les plans somatosensoriel et moteur.

Par exemple, des études ont permis de démontrer les divers liens suivants:

> «La stimulation de M1 *(région motrice primaire)*, à la partie basse de la circonvolution frontale ascendante, au-dessus de la scissure de Sylvius, provoque l'apparition de contractions des muscles bucco-linguo-faciaux. La partie moyenne de la circonvolution correspond au membre supérieur et à la main. Le lobule paracentral commande le membre inférieur.» (Botez, M.I., 1996, p. 48)

Les méthodes modernes d'examination du cerveau

Parmi ces nouvelles méthodes d'évaluation neuroradiologique du cerveau, nous retrouvons principalement: la radiographie, l'angiographie, la tomodensitométrie et la résonance magnétique (Pour plus de détails, voir Botez, M.I., 2e éd., 1996, p. 103 à 115)

La radiographie

Les rayons X et la radiographie ont été découverts en 1895, par Röntgen. Depuis un siècle, ils ont servi l'humanité en permettant d'évaluer objectivement le corps humain en montrant les structures osseuses du crâne et certains tissus mous. Les radiographies sont encore utilisées pour mettre en évidence les fractures crâniennes. Elles sont remplacées par la tomodensitométrie et la résonance magnétique pour les lésions intracrâniennes.

L'angiographie

L'angiographie est une série de radiographies du crâne faite aux demi-secondes, avec injection intra-artérielle d'un produit de contraste. Elle permet d'apprécier les phases de la circulation artérielle, capillaire et veineuse. Cet examen préopératoire guide l'intervention exploratrice du neurochirurgien et permet au neuroradiologue de traiter de façon prépondérante les lésions cérébrales par embolisation thérapeutique.

La tomodensitométrie ou la scanographie

C'est en Angleterre, en 1972, que fut présentée pour la première fois la tomodensitométrie, ou scanographie «scan». Elle a révolutionné la neurologie et la neuroradiologie en présentant l'image directe du cerveau. Le «scanner» est surtout utilisé pour l'étude du cerveau dans les cas de traumatisme crânien, de lésions cérébrales infectieuses, de lésions cérébrales dégénératives et du dépistage précoce des lésions tumorales.

Le scanner permet de détecter 20 % des lésions, tandis que la tomoscintigraphie peut en repérer 90 % pendant les huit premières heures qui suivent le début des symptômes faisant suite aux accidents vasculaires cérébraux. (Voir Botez, M.I., 1996, p. 119)

La résonance magnétique, ou imagerie à résonance magnétique (IRM)

C'est l'outil d'imagerie le plus sophistiqué de tous les temps. Il produit des images anatomiques d'une qualité exceptionnelle, sans effet secondaire, car il n'utilise ni rayons X ni substance radioactive.

Les protons d'hydrogène contenus dans les tissus du corps humain permettent de reconstituer l'image du cerveau en distinguant les diverses composantes. D'autres protons, ceux du lithium et du phosphore, sont utilisés pour explorer les tissus lors de l'introduction de la tête dans le champ magnétique d'un gros aimant supraconducteur cylindrique.

L'image obtenue reflète non seulement leur densité mais aussi leur composition chimique.

La recherche médicale intensive a permis de développer d'autres applications de la résonance magnétique, dont voici une brève description.

- L'angiographie, qui n'utilise plus l'injection de produit de contraste mais le choix de séquences et de saturation protonique pour obtenir des images plus précises.
- La spectroscopie, qui permet d'étudier la distribution des substances biochimiques qui agissent dans les structures, le fonctionnement et le traitement des tissus cérébraux et autres.
- L'imagerie fonctionnelle, qui permet d'établir une carte de la fonction cérébrale humaine avec une précision inégalée. La région cérébrale étudiée, responsable du processus d'intégration et de réponse aux stimuli extérieurs, présente un signal pendant cette stimulation. Elle permet de visualiser les régions cérébrales où se concentrent les activités cognitives ou motrices, les stimulations visuelles, la mémoire, le langage, l'audition ou le foyer épileptogène.

L'évolution de la conscience occidentale

Le développement psychosocial de la conscience humaine a été étudié en Occident par Jean Gebser (1986) dans son livre *The Ever Present Origin*. Gebser reconnaît cinq niveaux de développement de la conscience ou structure de la conscience, qu'il associe à des états corrélatifs, des modes de connaissance et des modes d'appréhension de la réalité à travers les âges de l'humanité. Jean Houston (1993), dans son livre *Life Force, The Psycho-Historical Recovery of the Self*, soutient que ces niveaux de conscience psychosociale peuvent tout aussi bien s'appliquer à l'évolution de la conscience de chaque être humain. Voici le résumé de ces stades de la conscience élaborés par Gebser (1986) et présentés par Houston (1993).

Tableau 1
L'évolution de la structure de conscience selon Gebser (1986) et Houston (1993)

Structure de conscience	État de l'âme	Connaissance	Réalité
Archaïque	Sommeil profond	Latence	Origine
Magique	Sommeil	Émotion	Prérationnelle (identification)
Mythique	Rêve	Imagination	Irrationnelle (polaire) Sensitive
Mentale	Éveil	Réflexion	Rationnelle (causale) Abstraction
Rationnelle	nil	nil	Concrète
Intégrale	Transparence	nil	Arationnelle (acausale)

Le résumé suivant est une traduction libre de l'auteure.

- Le premier niveau est le niveau de conscience archaïque, d'identification à l'environnement non-séparé de l'objet, prépersonnel ou subconscient.
- Le deuxième niveau de conscience est la pensée magique, avec peu de distinction entre la réalité intérieure et l'activité extérieure, une conscience d'identité de clan ; le soi est absorbé par une participation mystique, avec des dons psychiques. L'homme combine l'animal et l'humain, comme le géant grec Typhon (mi-animal/mi-humain), et devient shaman, magicien et télépathe, pas encore séparé du pouvoir magique, dominé par l'instinct animal et le principe du plaisir.

- Le troisième niveau, où la structure mythique s'établit avec l'émergence de la conscience de l'âme, stimule l'imagination et la créativité, qui se déploient dans les relations du couple homme-femme, les outils, l'agriculture, la domestication animale, l'entraide entre les groupes et amène l'homme jusqu'à ses profondeurs internes avec les dieux, les archétypes, les aides du monde des profondeurs. Les histoires entre les dieux et les hommes se traduisent en mythes et en métaphores et s'élaborent en rituels, en cérémonies et en pratiques spirituelles pour atteindre les états spirituels de communication avec les grandes déesses de la création et de la fertilité.

- Le quatrième niveau fait émerger la structure mentale de la conscience. Le masculin domine le féminin, c'est la culture de l'angoisse de la période héroïque. L'émergence du pouvoir de l'abstraction devient un outil d'affirmation qui va jusqu'à la légalisation. Le pouvoir passe de la cocréation des humains avec les dieux à une construction à légiférer et à légaliser, comme dans l'Empire d'Alexandrie et dans l'Empire romain. L'esprit devient aliéné du corps, et la nature devient aliénée de l'homme. C'est la naissance de la philosophie qui offre une voie rationnelle à ces hiatus et à ces séparations. Mais en même temps, des cultes mystérieux et des religions sont nés simultanément et indépendamment en Chine, en Inde, en Perse, en Palestine et en Grèce, pour créer les fondements spirituels de l'humanité qui subsistent encore aujourd'hui.

- Ce quatrième niveau se poursuit dans le cinquième niveau, avec la conscience rationnelle et concrète. Ce stade mental se poursuit encore aujourd'hui dans la conscience rationnelle et égoïne, qui se projette dans l'espace objectivé, comme l'a fait Leonardo da Vinci en développant des perspectives nouvelles en peinture, en sculpture et en musique. De plus, les changements d'activités apportés par les découvertes comme les télescopes, les microscopes et les rayons X ont donné accès à des réalités ignorées jusque-là. La découverte des espaces intercontinentaux a changé la population du monde. Les inventions et les machines permettent de plonger dans les espaces physiques et géographiques et d'aller au-delà de la terre. L'homme rationnel contrôle la matière mais perd son identité psychique, spécialement si son ego domine sa conscience ; il a un plus grand contrôle et manipule l'expansion de l'espace nouvellement découverte. L'homme domine par la rationalité et la misogynie, tandis que la femme, avec sa psyché multidimensionnelle, est reléguée à l'arrière-plan, comme une sans-âme et une intouchable semblable à la Vierge Marie. Elle est crainte et persécutée. La pathologie de l'homme rationnel s'est poursuivie à l'âge de la lumière, quand la science est devenue le scientisme et que la pensée scientifique s'est attribué des pouvoirs divins en devenant juge et partie du poids et de la valeur du monde. La quantification de la technologie du cosmos a permis de donner le coup de grâce à la volonté de puissance de la conscience rationnelle. L'érosion de la pensée et de la nature est le résultat inévitable de la manie de l'Homme rationnel, qui perd son centre et appelle la mort en séparant les polarités.

- Le sixième niveau du développement humain est la conscience intégrale, qui intègre la conscience du passé et du futur. Ce sont les stades transpersonnel et transrationnel de la conscience, les premiers stades supérieurs d'intégration et de centration. L'homme intègre les diverses parties et morceaux de lui-même dans un ego mature, qui le rend capable de découvrir des niveaux plus élevés d'intégration et de continuité avec les modèles de l'Univers. Ce niveau d'intégration implique l'état d'illumination (*numinous and noetic*) et la rencontre avec l'humanité archétypale et la nature éternelle. Les écrits et les expériences des grands adeptes spirituels indiquent que l'illumination est la voie de l'humanité en évolution.

Cet état intégral permet à la fois de radier et d'être en immersion dans le monde dans plusieurs champs humains, comme la musique et la littérature, qui indiquent l'émergence d'un nouvel ordre du temps dans la conscience. Le temps de l'origine toujours présent, le temps-espace créateur des physiciens, le temps sans temporalité des mystiques. Le temps devient intensité, liberté pour les formes libérées du temps et de l'espace. Le temps sans temporalité et l'espace sans perspective, c'est le théorème de physique quantique de Bell établi en 1964: «Chaque particule doit avoir une connaissance et une relation avec tout autre particule... Tout est impliqué dans tout.» (Houston, J., 1993, p. 35) Dans les termes de David Bohm, tout s'éclate dans un ordre prédéterminé qui résonne dans toutes choses et dans toutes consciences. La réalité est interconnectée, interreliée. Cette nouvelle vision est loin des divisions des polarités qui animent la conscience rationnelle.

La pensée intégrale qui émerge est arationnelle par sa compréhension, sa conscience planétaire et sa façon holistique d'être tant dans l'infiniment grand que dans l'infiniment petit. Selon Paolo Soleri (1981), cette forme de conscience «caractérise la vie et l'amour: interdépendance, interaction, perception, apprentissage, soin, coopération, altruisme, feedback, synergie, compassion, transcendance, beauté, intégrité, intensité, passion, vérité.» (Cité dans Houston J., 1993, p. 35, trad. libre) C'est la conscience permanente de l'origine, la connaissance de soi comme créateur du monde et du temps, partenaires de Dieu, artistes de l'Esprit.

En Chine, cette conscience intégrale s'est traduite dans la pensée par les correspondances, la pensée systémique et la capacité de saisir par la méditation l'Univers dans un grain de riz, le macrocosme dans le microcosme.

Dans *Le Secret de la Fleur d'or*, par la révolution de la Lumière, le but est de parvenir à l'Un. C'est alors le troisième temps du travail, quand toute ombre et tout écho sont éteints, quand on a atteint le calme et le ferme. Lu Tsou précise: «C'est la retraite dans la cavité de l'énergie, où toutes les merveilles retournent à leur source.» C'est à ce moment que l'on atteint l'espace incorporel et la multiplication du temps, qu'il décrit ainsi:

«C'est l'espace incorporel, où mille lieux et dix mille lieux sont un seul. C'est le temps incommensurable, où tous les cycles cosmiques sont comme un seul instant.» (Lu Tsou, 1969, p. 109) Cet état de conscience, qui réfère au sixième stade de la conscience, la conscience intégrale, est accessible. Il est le résultat de la méditation.

Conclusion

À la Renaissance, la médecine reconnaissait le rôle du mental sur le corps, comme le confirment les écrits de Paracelse. Pendant plus de trois siècles, la pensée de Descartes a influencé la médecine et la psychologie occidentale. La séparation du corps et de l'esprit, la pensée dualiste, a prévalu et laissé des traces. Au XIXe siècle, les idées de Charcot sur le magnétisme et de Freud sur l'hypnose et le rêve ont remis en valeur le rôle du mental sur le corps, pour une courte période de temps toutefois, car ces pratiques ont été interdites par l'académie médicale. Ce n'est que depuis les années 1960 que le rôle du mental sur le corps a repris sa place dans le monde médical et qu'il a recommencé à être utilisé comme moyen thérapeutique. Les thérapies de contrôle de la douleur et de guérison des maladies psychosomatiques par le mental se sont développées et sont de plus en plus reconnues comme valables par de nombreux chercheurs et praticiens. Les principales thérapies qui utilisent les traitements par le mental sont : l'hypnose, la suggestion, l'autosuggestion, la relaxation, le biofeedback, l'imagerie mentale, la visualisation, le rêve éveillé, la prière et la méditation. Il est clair que les pensées, les paroles ou les actes peuvent être guérisseurs ou destructeurs, car le corps et l'esprit sont une unité. Le rôle du mental sur le corps est tenu pour acquis en psychanalyse, qui étudie les constructions mentales façonnées à partir du passé à travers les rêves et l'inconscient. Mais la connaissance des causes des symptômes est-elle nécessaire pour qu'il y ait guérison ? Les principales recherches sur le rôle du mental sur le corps démontrent le contraire. Les principaux points à retenir de ces études sur le rôle du mental sur le corps sont les suivants.

L'hypnose n'endort pas, elle réveille.
Godin

La suggestion a autant d'effet que l'hypnose.
Weitzenhoffer

Le mental conscient agit sur le corps.
Barber

Le patient peut agir sur lui-même par l'autosuggestion.
Coué

La relaxation du corps entraîne la détente du mental.
Jacobson

Le biofeedback stimule dans le cerveau des patterns de joie,
ce qui génère et prolonge les sensations de joie.
Schwartz

L'imagination a le même effet sur le cerveau que l'expérience réelle.
Restak

L'exercice physique atténue les frustrations et le stress par les effets neuroleptiques qu'il produit sur le cerveau.
Selye

La prière et la méditation activent l'hypothalamus, qui provoque des réponses antistress et débloque la force vitale.
Elkins

L'Occident se rapproche de l'Orient en mettant à nouveau en relation le corps et le mental. La connaissance physiologique du corps et du cerveau permet d'agir sur les processus vitaux et sur les cellules du cerveau pour modifier des dérèglements d'ordre physique. La connaissance des diverses régions du cerveau permet d'agir mentalement sur celles qui sont impliquées dans les déficits physiques et même cellulaires. La relation corps-esprit est également un préalable à l'ouverture et à l'expansion de la conscience, qui permet d'atteindre la pensée relative et intégrale, au-delà de la dualité, ainsi que la relation cosmique, au-delà de la matière, du temps et de l'espace. «Tout est impliqué dans le tout.» (Voir Bell, 1964, cité par Houston, J. 1993, p. 35) Pour les Orientaux, le mental et le corps n'ont pas subi cette séparation comme en Occident. La connaissance de l'énergie y a permis l'étude de la vie.

Chapitre 2

Le cœur/mental dans la vie en Orient

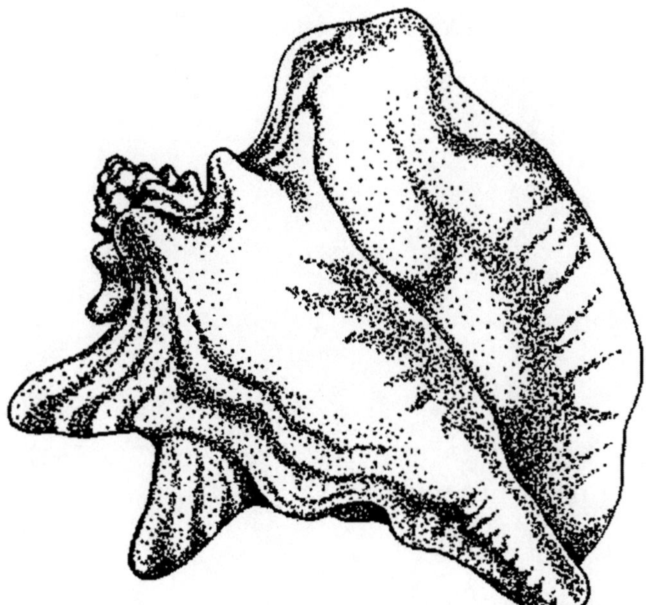

Introduction

En Orient, le mental et le corps sont reliés par l'énergie. Il y a une continuité et une interaction constante entre les deux grâce à l'énergie. L'énergie est le pont entre la matière, plus dense, et l'esprit, plus éthéré. La qualité de l'énergie change et se modifie entre les deux ; un mental équilibré agit sur le corps, de même qu'un corps équilibré agit sur le mental. Depuis fort longtemps pour les Orientaux, l'énergie est mutable et transformable ; c'est donc par l'énergie qu'ils peuvent agir sur le corps et sur le mental. En Occident, on reconnaît depuis peu que l'énergie est mutable, soit seulement depuis que c'est une loi de la physique. Pour les Orientaux, si l'énergie est équilibrée, le mental et le corps seront équilibrés. D'où toutes les pratiques alimentaires et médicales (herboristerie, acupuncture) et les exercices physiques (Qi Cong, Taï Chi) et spirituels (méditation) qui ont été développés, depuis bientôt trois mille ans, pour maintenir l'équilibre physique, émotif, mental et spirituel des individus par l'énergie. L'acupuncture est un moyen thérapeutique basé essentiellement sur la notion d'énergie. Cette notion est exposée dans les livres anciens, comme le *Huangdi Suwen Nei Jing* (Livre Classique de la Médecine Interne) et le *Jen Jiu Da Cheng* (Livre des Difficultés de la Médecine). Les principales énergies du corps humain sont décrites dans ces livres : le Jing des cinq organes, le Qi formé de l'énergie originelle (Yuan Qi), de l'énergie ancestrale (Zong Qi), de l'énergie nutritive (Rong Qi), de l'énergie défensive (Wei Qi), et les cinq Shen (Wu Shen), de même que leurs trajets dans le corps.

Le Jing, le Qi et le Shen, une continuité énergétique

Le Jing, ou l'énergie vitale et sexuelle

La notion d'énergie est à la base de la culture chinoise, qui voit tous les phénomènes comme des manifestations d'un principe unique : l'énergie, qui donne les rythmes à tous les phénomènes de l'Univers, en perpétuels mouvements et transformations, l'humain étant considéré comme un microcosme dans ce macrocosme. L'énergie humaine est constituée des énergies sexuelles (Yuan Qi : énergie primordiale, et Jing Qi : essence vitale) des énergies émotives, alimentaires et de l'air (Qi) et de l'énergie mentale et spirituelle (Shen). La conservation des énergies sexuelles permet d'augmenter la vitalité, de se régénérer, de se guérir et de se développer spirituellement, en transférant l'énergie sexuelle au cerveau pour augmenter le pouvoir du mental (Shen) et la force énergétique globale (Chia, M., 1991 (2), p. 103). Cette énergie est difficilement mesurable par la technologie chimique ou électronique, mais elle peut être perçue, sentie et évaluée par les qualités des pouls et la perception du teint, des odeurs, et l'expression des émotions. Plus le niveau d'énergie est élevé, plus la capacité de perception et de ressenti est grande, ce qui permet d'être plus apte à détecter les perturbations énergétiques et à agir positivement sur le malade ou sur soi-même.

Jing Shen, l'énergie pure ou la quintessence énergétique

L'étude de l'énergie Jing nécessite la connaissance de la formation et de la circulation de l'énergie nutritive ou alimentaire (Rong Qi) et de l'énergie respiratoire (Qi de l'air). Un dérèglement de ces énergies entraîne des troubles physiques ou/et psychiques. Le Jing, ou quintessence énergétique, contrôle par les cinq organes les différentes parties anatomique, fonctionnelle et sensorielle (aspect matériel du corps), et les fonctions psychiques (aspect immatériel). Lorsque le Jing, le Qi et le Shen sont séparés, les troubles psychiques apparaissent. Lorsque le Shen est isolé, il gagne le cerveau et déclenche des troubles mentaux.

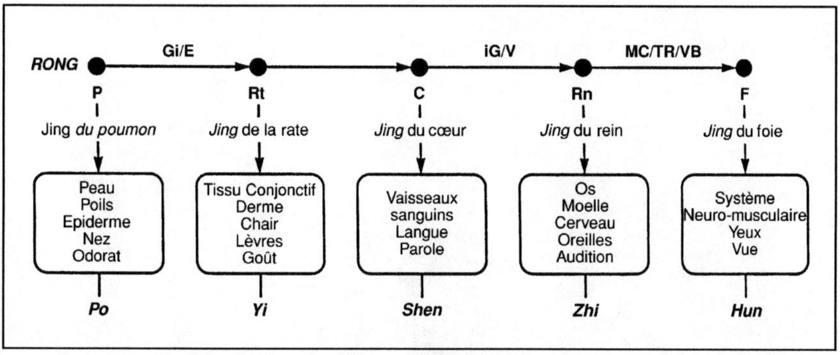

Figure 2-1 Formation de l'énergie matérielle et de l'énergie immatérielle à partir de l'énergie alimentaire (tiré de Truong Tan Trung, 1999, p. 71, fig. 2)

La compréhension du Jing nécessite aussi la connaissance de la fonction de l'énergie nutritive (Rong) passant au niveau du Foyer Moyen (Zhongjiao) ou de la région digestive. L'énergie nutritive (Rong) se forme au niveau de l'estomac, à partir du Foyer Moyen, qui métabolise le bol alimentaire en produisant l'«énergie céréale» (Gu Qi).

Cette énergie céréale se dirige d'abord vers la rate, l'organe de distribution des énergies aux différents organes, puis elle se canalise vers les poumons. Les poumons reçoivent : – l'énergie céréale (Gu Qi), qui vient de la terre : énergie alimentaire, interne, Yin ; et – l'énergie respiratoire, qui vient de l'air : énergie céleste, externe, Yang. C'est la fusion de ces deux énergies qui forme l'énergie nutritive (Rong).

L'énergie nutritive (Rong) circule dans les douze canaux d'énergie, ou méridiens, et à travers les organes et les entrailles selon un cycle circardien ou un cycle de vingt-quatre heures. Chaque heure chinoise dure deux heures. Ce cycle immuable ou cette chronobiologie donne les moments de la journée et de la nuit où la force des organes et des entrailles est la plus active alternativement.

L'énergie des céréales (Yin terrestre) et l'énergie de l'air (Yang céleste) se combinent en énergie nutritive (Rong). La circulation de l'énergie nutritive (Rong) circule dans les méridiens. Elle commence aux Poumons (P) de 3 heures à 5 heures du matin, passe respectivement par le Gros Intestin (GI), l'Estomac (E), la Rate (Rt), le Cœur (C), l'Intestin Grêle (IG), la Vessie (V), les Reins (Rn), le Maître Cœur (MC), le Trois Foyers ou le Triple Réchauffeur (TR), la Vésicule Biliaire (VB), et se termine au Foie (F) pour reprendre le cycle à Poumons (P) au bout de vingt-quatre heures.

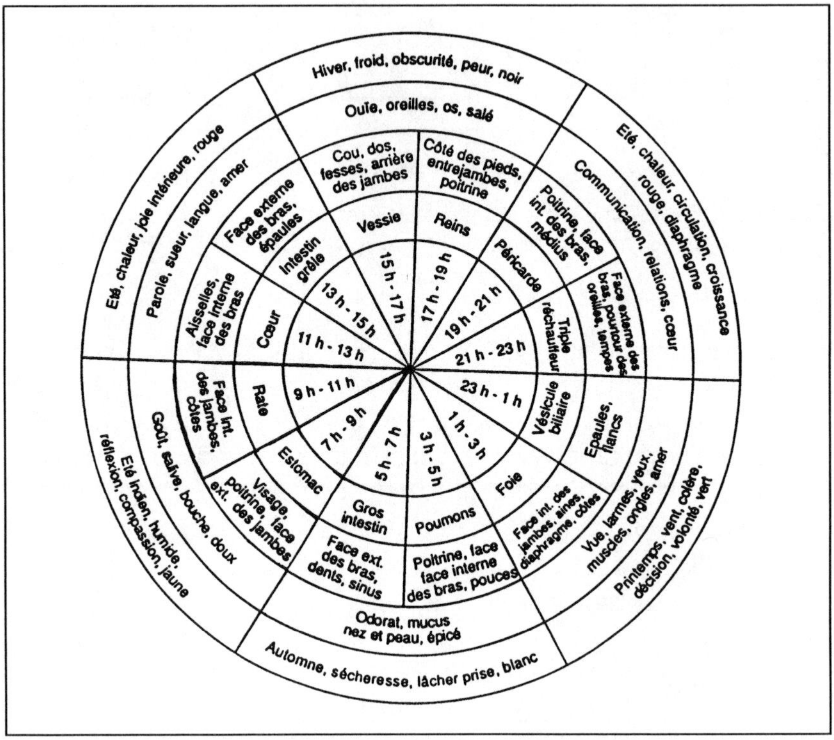

Figure 2-2 La chronobiologie chinoise (tiré de Chia, M., 1990 (1), p. 66, fig. SS 5: L'horloge du corps)

Les cinq Shen de la MTC et l'interprétation du Hun et du Po par Jung

Si l'acupuncture agit sur les aspects organiques sans la croyance ou la participation du mental, son action a des effets sur tous les systèmes du corps ; elle agit en même temps sur les fonctions mentales et spirituelles identifiées par les cinq Shen.

Les cinq Shen (Wu Shen) sont les principes spirituels qui découlent des facultés mentales, sensitives, émotionnelles et organiques qui nous permettent d'être conscients. Le logis du Shen est le cœur (Xin), qui réunit les cinq Shen des organes (Zang) et leurs manifestations dans le corps. «Tout converge pour que le Chenn (Shen) qualité majeure soit en bon état.» (*Suwen*, chapitre 14) C'est la qualité et la force du Jing, l'essence vitale de chaque organe, qui donne la qualité psychique de chaque Shen et l'enracine dans chaque organe.

Selon le chapitre 9 du Suwen Nei Jing (le Livre Classique de la Médecine Interne), voici comment sont décrits les cinq Shen:

- le Pô, la porte vers l'intérieur, la voie de la matérialisation des sept âmes Pô qui s'enracinent dans les poumons;
- le Hun, la porte vers l'extérieur, la voie de l'expansion de la conscience par les trois âmes Hun qui s'enracinent dans le foie;
- le Zhi, la vitalité profonde qui s'exprime dans la volonté de vivre et la force cérébrale qui s'enracine dans les reins;
- le Yi, le récepteur mental des expériences qui s'exprime par les pensées, les idées et s'enracine dans la rate;
- le Shen, le cœur-mental (c'est celui qui se développe le premier au cours du développement embryonnaire) réunit les cinq autres Shen et s'exprime par la conscience. Le cœur est le maître des autres organes, il réunit les énergies pures des organes. (*Suwen*, chap. 14, p.152)

Le Shen résulte du Jing, du Qi et du Shen de chaque organe et les réactive dans une boucle sans fin pour mettre en relation avec le Yuan Shen, l'esprit original. Cette relation du Shen individuel avec le Shen original permet de développer le Shen de guérison pour maintenir la vie en soi-même et aider les autres. Plus le Shen du praticien est élevé, plus son énergie est puissante et plus il peut aider les personnes malades. Ces énergies sont logées et conservées dans les trois Tan Tien: le Tantien inférieur est le logis du Shen viscéral, le Tantien moyen est le logis du Shen émotif et le Tantien supérieur, le logis du Shen spirituel. La force de ces trois Shen donne la qualité du Yi (pensée) et aussi le pouvoir du Shen, la conscience supérieure.

En Occident, la psychanalyse jungienne a aussi pour but d'amener le patient à la conscience claire et à utiliser les forces inconscientes pour ouvrir la voie spirituelle. Carl Gustav Jung s'est inspiré de la pensée chinoise. Il a utilisé les traductions de Richard Wilhelm du Yin et du Yang et les a ramenées aux concepts d'anima (inconscient féminin) et d'animus (inconscient masculin). Il a aussi été influencé quand il exprime l'évolution et la transformation de l'âme humaine et la théorie de la synchronicité par un des livres fondamentaux de la culture chinoise, le *Yi King*, le « Livre des Transformations ». Ce livre a été traduit par Richard Wilhem (1973), ami connu par Jung dès 1924. Jung a aussi été mis en contact avec un livre spirituel important, *Le Secret de la Fleur d'or*, d'un sage taoïste, Lu Tsou, qui vécut au VIIIe siècle.

En 1928, Jung a écrit un texte intitulé « Commentaire sur le Mystère de la Fleur d'or », où il compare le Houen (Hun) au principe masculin Yang, traduit par Wilhem par « animus », traduction qu'il conteste en suggérant plutôt le terme « logos », et met le Houen (Hun) en rapport avec le « Sing » (Jing) pour accéder à la lumière de la conscience et à la réalité universelle. Jung relie aussi le Po au principe féminin Yin, traduit par Wilhelm par « anima ». Jung précise que « pour le psychologue, l'anima n'est pas une entité transcendantale, mais une réalité pleinement expérimentale, comme le montre clairement la définition chinoise : des états affectifs sont des expériences immédiates. Une exploration attentive montre que chez l'homme, le caractère affectif revêt des traits féminins. C'est de ce fait psychologique que découlent la doctrine chinoise de "Po" aussi bien que mon concept d'anima ». (Jung C.G. 1979, p. 56-58)

Mais selon l'auteure, ce livre d'alchimie spirituelle taoïste, *Le Secret de la Fleur d'or*, indique la voie rétrograde pour réunir le Hun (âme supérieure, spirituelle) et le Pô (âme inférieure, matérielle) et engendrer l'embryon spirituel en pratiquant la révolution de la lumière. Cette explication de la provenance du Po par Jung ignore l'aspect bioénergétique relié aux forces ancestrales et réduit ainsi le Po à la dimension psychologique. La notion d'inconscient collectif se rapproche davantage de la manifestation du Po (les sept âmes matérielles), qui nous relie aux ancêtres, à tous les humains, ainsi qu'à notre bagage héréditaire, génétique, et à l'ADN. Le supraconscient dont parle Jung se retrouve dans le Hun (les trois âmes subtiles) qui nous relie au spirituel et au cosmos. Il est important de considérer les étapes de transformation des énergies sous-jacentes aux manifestations exprimées par des mots ou caractères chinois.

Jung utilise aussi la notion de «Fleur d'or» pour parler des mandalas occidentaux (Jung C. G. 1979, p. 88). Selon lui, la «Fleur d'or» s'élaborerait en trois étapes et son émanation serait perçue dans une vision intérieure traduite dans des mandalas. Mais les mandalas sont issus des traditions hindoue et tibétaine, et non de la tradition chinoise.

En travaillant avec des maîtres taoïstes, j'ai pu constater que la «Fleur d'or» réfère à l'émanation subtile des énergies combinées des Tan Tien inférieur, moyen et supérieur, qui sont amenées au sinciput, au sommet de la tête, au point de la couronne, et illuminent tout le corps; c'est l'indice d'un niveau de conscience supérieur.

Si la contribution de Jung est importante dans le rapprochement Orient/Occident, à notre avis, sa tâche doit être poursuivie et de nouvelles interprétations de ses traductions peuvent être suggérées à partir des nouvelles données transmises par les pratiques des maîtres taoïstes qui enseignent actuellement aux Occidentaux des anciennes pratiques secrètes d'illumination et même d'immortalité. (Voir Tremblay, N., 2000 (1), p. 69 et 70)

Nous avons exposé les six stades du développement de la conscience psychosociale (Gebser, J. 1986) et humaine (Houston J. 1993) au chapitre 1 (1-7). Nous reprenons ici quelques notions du sixième stade de ce développement, auquel correspond la pensée chinoise, élaborée par la méditation taoïste. Nous y ajouterons et exposerons une pratique taoïste qui favorise une expérience d'expansion de la conscience: l'ouverture des trois Tan Tien et l'expansion dans les six directions.

Le sixième stade du développement humain est la conscience intégrale. L'homme y intègre les diverses parties de lui-même dans un ego mature, qui le rend capable de découvrir des niveaux plus élevés d'intégration et de continuité avec les modèles de l'Univers. Ce niveau implique l'état d'illumination, la rencontre avec l'humanité archétypale et avec la nature éternelle.

Il permet à la fois de radier et d'être en immersion dans le monde. Le temps devient intensité, liberté pour les formes libérées du temps et de l'espace.

La pensée intégrale qui émerge est arationnelle par sa conscience d'être tant dans l'infiniment grand que dans l'infiniment petit.

C'est à ce moment que l'on atteint l'espace incorporel et la multiplication du temps. Par la méditation, les Chinois ont atteint cet état de conscience, comme le montre cet extrait du texte de Lu Tsou, tiré du livre *Le Secret de la Fleur d'or*: c'est «l'espace incorporel, où mille lieux et dix mille lieux sont un seul. C'est le temps incommensurable où tous les cycles cosmiques sont comme un seul instant». (Lu Tsou, 1969, p. 109)

Pratiques taoïstes d'expansion de la conscience par l'activation et la fusion des Trois Feux, l'ouverture des Trois Tan Tien et l'expansion dans les six directions

Ces pratiques taoïstes d'expansion de la conscience ont été transmises par l'enseignement de Maître Mantak Chia et décrites dans son livre *Cosmic Healing I, Cosmic Chi Kung* (Chia M., 2001, p. 39 à 61) et sont traduites et résumées ici par l'auteure.

Ces pratiques puissantes activent et amplifient l'énergie des Trois Feux ou des Trois Tan Tien, élargissent l'esprit et la conscience cosmique, mettent en contact avec l'énergie universelle et la force primordiale de l'Univers en projetant et en absorbant l'énergie dans les six directions pour chaque Tan Tien. La pratique quotidienne augmente le pouvoir de guérison et le pouvoir cosmique.

Activer et fusionner les Trois Feux

Pour activer les Trois Feux, le feu du Tan Tien, le feu du rein et le feu du cœur, vous établissez le contact avec la terre et l'Univers sous la terre. Vous attirez à vous le feu cosmique et le feu terrestre, vous les amenez dans une boule de feu devant vous et dans vos paumes et vous les retournez dans le Tan Tien inférieur, sous le nombril. Sentez le feu brûler et réchauffer le Tan Tien. C'est «le feu qui brûle sous la mer».

Activez le feu des reins, la Porte de la Vie (Ming Men) à l'arrière du Tan Tien. Projetez vos mains vers l'arrière, activez le feu de l'Univers, ramassez cette boule de feu dans vos mains et amenez-la dans les reins. Attisez le feu dans les reins et dans le Tan Tien. C'est « le feu sous l'eau ». Amenez cette spirale de feu dans le cœur, dans le cerveau et dans l'Univers.

Activez le feu du cœur en plaçant vos mains sous vos aisselles et en allongeant les doigts vers le cœur. Ensuite, projetez vos mains vers l'Univers, captez le feu et rechargez le feu de votre cœur. Le centre de votre cœur s'adoucit, se réchauffe avec le feu de l'amour et de la joie inconditionnel de l'Univers. C'est « l'eau à l'intérieur du feu ».

Activez les Trois Feux en joignant les mains près du cœur, ressentez le Feu qui brûle à l'intérieur du cœur, puis le Feu brûlant du rein (Ming Men) et le Feu du Tan Tien, puis revenez au cœur et activez à nouveau le triangle des Trois Feux pour activer la circulation du Qi, jusqu'à tripler sa vitesse.

Ouvrir les Trois Tan Tien

Réunissez les Trois Tan Tien en combinant les trois consciences : la conscience du mental, la conscience du cœur et la conscience viscérale.

Rechargez votre corps d'énergie cosmique en levant les bras au ciel ; absorbez le Qi cosmique dans les mains, les bras et le Tan Tien supérieur.

Rechargez le Tan Tien supérieur en touchant le troisième œil et en projetant et en faisant tournoyer l'énergie de vos doigts au centre du cerveau, jusqu'à la base du crâne et jusqu'à l'Univers derrière vous. Utilisez vos doigts comme des rayons laser et déplacez-les jusqu'au-dessus de vos oreilles et sentez qu'ils pénètrent dans le cerveau. Déplacez vos doigts à la base du crâne et projetez l'énergie au centre du cerveau et au troisième œil et jusque dans l'Univers en face de vous. Ramenez les doigts à l'avant. Faites tournoyer l'énergie dans votre Tan Tien et dans l'Univers et absorbez l'énergie des six directions.

Rechargez votre corps d'énergie cosmique en levant les bras au ciel ; absorbez le Qi dans les bras et le Tan Tien supérieur et moyen.

Rechargez le Tan Tien moyen au niveau du cœur en touchant le point au centre du thymus, au milieu du sternum, et laissez pénétrer la lumière dorée dans le thymus, dans le cœur et dans les os. Projetez cette lumière dans le dos, entre les deux omoplates, vis-à-vis du cœur (entre D5/D6), et étendez le Qi jusque dans l'Univers derrière vous. Déplacez vos doigts en les utilisant comme des rayons laser qui se déplacent jusque sous les aisselles et projetez le Qi au centre. Déplacez vos mains vers le dos au niveau du cœur et projetez le Qi à partir du milieu du dos vers le cœur et jusque dans l'Univers en face de vous.

Rechargez votre corps des énergies cosmique et universelle en levant les bras au ciel ; absorbez le Qi dans les mains et les bras et dans les trois Tan Tien, jusqu'au nombril.

Descendez vos mains jusqu'au nombril et touchez le nombril. Projetez l'énergie au centre du corps et jusqu'à la Porte de la Vie (Ming Men), dans le dos, sur la colonne vertébrale (entre L2/L3). Ressentez le Qi qui pénètre le nombril, au centre de l'abdomen et dans le dos, et qui ressort dans l'Univers derrière vous. Amenez les mains en dirigeant les doigts comme des rayons laser vers le corps jusque sur les côtés, au niveau de la taille, et laissez pénétrer le Qi au centre. Dirigez vos mains vers la Porte de la Vie, touchez ce point et projetez le Qi jusqu'au nombril et encore plus loin dans l'Univers en face de vous. Ramenez les mains devant et rechargez les os du bas du corps.

Expansion dans les six directions

Pour projeter l'énergie des Trois Tan Tien dans l'Univers, vous poussez les mains, paumes ouvertes vers l'extérieur, à partir des omoplates, en étendant les mains et les bras dans chacune des six directions. Pour créer l'expansion, vous allez toucher l'Univers en sentant les mains et les bras s'allonger, devenir très longs et atteindre le ciel, les galaxies et l'Univers. Vous laissez aussi les pieds et les jambes s'allonger, se dilater lorsque vous projetez votre énergie vers le bas.

Pour attirer l'énergie de l'Univers vers vous, vous ramenez les bras et les mains vers le corps à partir des omoplates en les plaçant en position de Taï Chi. Vous pensez à l'énergie universelle qui pénètre dans les mains, les bras et jusqu'au Tan Tien. Vous répétez la pratique d'expansion et de contraction de l'énergie de l'Univers de 3 à 9 fois, dans chacune des six directions : en avant, à gauche et à droite, en haut, en bas, en arrière. Vous répétez la pratique d'expansion et de contraction dans les six directions pour chaque Tan Tien et vous les remplissez du Qi universel.

Cette pratique permet de ressentir une expansion de la conscience dans tout l'Univers, sans limites de temps ni d'espace, de vivre l'état de pure lumière par la réunion des lumières cosmiques et universelles dans les Trois Tan Tien qui fusionnent en une seule masse lumineuse et irradie dans le corps sans contour, sans frontière et fusionne avec le cosmos. Cette expérience amène d'emblée le pratiquant dans une appréhension et une vibration cosmique du monde et ouvre la conscience subtile, où tout est infiniment grand et infiniment petit à la fois.

Cette pratique taoïste est utilisée pour se relier à l'Univers. La puissance du mental et l'augmentation du Qi sont interreliées, ce qui permet à la conscience de se connecter directement par la pensée aux matrices et modèles d'énergie dans l'Univers. Nous transformons ainsi la force électromagnétique en une force qui devient accessible. Nous pouvons alors être en relation avec les forces créatrices et les sources élevées d'énergie et de conscience.

Le rôle de l'énergie dans l'équilibre corps/esprit (L'élaboration des cinq Shen [Wu Shen] et l'approche systémique en MTC)

La systémique consiste à systématiser des données pour en faire une synthèse graphique et logique facilement compréhensible dans un schéma global. Nous commençons donc ce point par un schéma classique de la Médecine Traditionnelle Chinoise (MTC) à partir des cinq éléments, illustré par la figure de l'émanation des cinq Shen d'après leurs correspondances organiques, émotives, mentales et spirituelles.

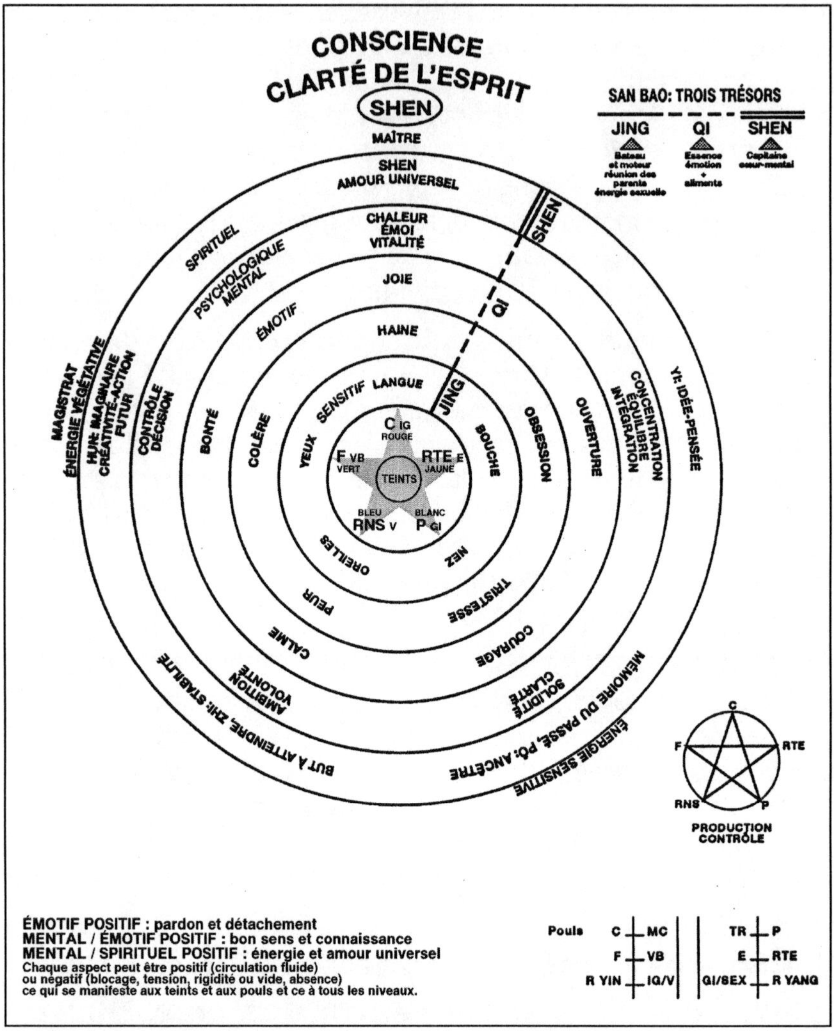

Figure 2-3 L'émanation des cinq Shen à partir des organes, des émotions, des manifestations mentales et spirituelles (tiré de Tremblay, N., 2000 (2), p. 70, fig. 3)

Cette figure illustre les trois étapes (San Jiao) d'élaboration des différentes qualités énergétiques. C'est à partir de l'énergie des cinq organes que se manifestent les émotions négatives et positives, qui elles-mêmes sont mutées en énergies mentales et psychologiques, lesquelles sont à nouveau transformées en énergies spirituelles (Wu Shen ou cinq Shen). Ces énergies spirituelles sont à nouveau rassemblées dans le Shen ou la conscience qui se manifeste dans les couleurs, au teint, et dans l'émanation subtile de l'être.

Pour étudier cette figure, prenons pour exemple les reins. Selon la théorie des correspondances utilisée en MTC, les reins internes vibrent à la même fréquence que la lumière bleue, la note qui se manifeste à l'extérieur par les oreilles, organes des sens reliés aux sons. Ce rein est relié au ressenti de la peur, comme émotion naturelle. La conscience de la peur permet sa transformation en douceur, comme émotion «cultivée», raffinée. Cette énergie de calme, de douceur et de sécurité devient disponible pour être à nouveau transformée en énergie mentale qui se manifestera par la volonté et l'ambition. Elles-mêmes continueront à s'épanouir dans le Zhi ou l'énergie spirituelle (énergie pure: Thin) des reins, qui s'exprime par la stabilité personnelle, la capacité de tendre vers un but à atteindre, de progresser. (*Suwen*, chapitres 13 et 14)

Nous pouvons appliquer la même lecture aux manifestations des énergies des autres organes en nous basant sur la théorie des San Bao (San Jiao) (Trois Trésors), qui exprime bien ces passages d'un état énergétique à un autre. Ce Jing (énergie qui vient des parents, de l'énergie sexuelle, des organes internes) permet l'élaboration du Qi (énergie qui provient des émotions, des aliments et de l'air) et la manifestation du Shen (énergie qui provient du mental et donne l'esprit).

Plus les énergies sont fortes et équilibrées, plus elles s'élèvent vers le Shen de chaque organe, plus elles sont subtiles et se manifestent par la réunion des cinq Shen et procurent la clarté de l'esprit, la conscience, le Shen-Maître et le pouvoir de se relier à l'énergie universelle et à l'amour universel.

Mais si les Shen des organes se déséquilibrent, cela peut causer des troubles à différents niveaux d'énergie. Ainsi, quand les reins sont en état de vide, la voix est faible, entrecoupée. Quand la rate blesse le cœur, il y a absence de décence dans les vêtements, de discernement dans les propos, d'égards pour l'entourage, ce qui signifie divagation de l'esprit. (*Suwen*, chapitre 17). Cela s'explique de la façon suivante: «Si la maladie ne suit pas le passage normal d'organe à organe, c'est que les troubles psychiques ont troublé ce passage normal.» (Suwen, chapitre 19)

Pour traiter les maladies par l'acupuncture, il est important d'avoir accès à l'énergie de l'esprit (Thin), du mental (Than), et à l'énergie nourricière (Yong ou Rong) et défensive (Wei). Sans ces énergies, le traitement reste inefficace. (Suwen, chapitre 14)

Les Wu Shen ou cinq esprits sont les principes spirituels qui découlent des facultés mentales, émotives et sensitives et nous permettent d'être conscients. Le Shen, s'il loge principalement dans le cœur, se manifeste dans les cinq organes de façon spécifique à chacun et dans tout le corps.

> «Le cœur, c'est le grand maître des cinq Zang (organes) et des six Fu (entrailles), c'est la demeure des Jing Shen ; quand ce Zang est solide et ferme, les pervers ne peuvent y être contenus. S'ils y sont contenus, alors le cœur est atteint, et si le cœur est atteint, les esprits (Shen) s'en vont, et si les esprits s'en vont, c'est la mort. Pour cela, quand les pervers sont au cœur, c'est au réseau d'enveloppement qu'ils sont.» (Lingshu, chapitre 71)

Pour poursuivre cette élaboration sur les qualités du Shen, les maîtres taoïstes soulignent que, lorsque les émotions sont transformées en énergies positives, le pardon et le détachement se manifestent aisément et sans forcer le mental. (Chia, M., 1991, p. 97) Ils indiquent aussi que lorsque les émotions et le mental sont positifs, le bon sens, la sagesse et la connaissance directe en résultent facilement et que, lorsque le mental et le spirituel sont libérés des tensions, des émotions et des pensées négatives, l'énergie et l'amour universels peuvent se déverser dans la personne, qui peut les laisser s'épanouir et émaner. Les organes sont alors libérés de la domination de la pensée et le retour au naturel devient possible (Chia, M., 1991, p. 103), et ce, sans effort mental.

Cette façon circulaire et systémique d'exprimer les phénomènes observés démontre bien la compréhension profonde des transformations énergétiques en cinq éléments et en trois énergies (San Jiao) et des lois qui les régissent : production (cycle Cheng), révolte (cycle Ke), contrôle (cycle Ko), mépris (cycle Raé). L'équilibre des émotions se fait aussi par les saveurs, lesquelles suivent la loi de contrôle. Les émotions sont également étudiées en fonction des six énergies, ce qui donne les six tempéraments en accord avec les tons musicaux et les vingt-cinq types humains (voir *Jia Yi Jing* de Huang Fu Mi, chapitre 16).

Cette présentation circulaire depuis longtemps utilisée dans la culture et la médecine chinoises illustre une pensée globale et systémique élaborée depuis plus de deux mille ans. Elle nous permet de percevoir plusieurs phénomènes en interrelation constante selon une vision globale rapide et dynamique. En même temps, elle nous place devant le mouvement perpétuel: tout change, selon les cycles de la vie et de multiples Univers.

En Occident, les tentatives qui se rapprochent le plus du modèle systémique de la MTC sont les recherches sur la théorie du champ relatif d'Einstein, qui a influencé la philosophie organique, selon laquelle «The concept of an organism includes... the concept of the interaction of organisms» (Whitehead, A. N., 1925, p. 145), ainsi que les recherches cybernétiques (Laborit, H., 1974) et systémiques (Miller, J. G., 1978, Bertalanffy, L.V., 1973). Ces théories ont été appliquées aux phénomènes biologiques et sociaux pour tenter d'unifier les concepts, les lois et les principes scientifiques en vue d'élaborer la théorie générale des systèmes vivants. Cette théorie reconnaît l'organisation des systèmes ouverts impliqués à sept niveaux hiérarchiques: cellule, organe, organisme, groupe, organisation, société, supranational état, réunion des nations. Ces théories ont aussi influencé la psychologie gestaltiste de Wertheimer, la psychologie structurelle de Mucchielli (Mucchielli, R., 1966, p. 12) et la rétroaction biologique (biofeedback). Ces modèles occidentaux se rapprochent des modèles de la MTC présentés de façon circulaire. Cette systématisation de la théorie des cinq éléments et des six énergies est apparue avant les Han (206 avant J.-C. à 220 après J.-C.), comme le démontrent les livres de médecine chinoise et le *Yi King*.

Les cinq Shen et les six tempéraments de la médecine traditionnelle chinoise

La présentation des cinq Shen en relation avec les cinq éléments et les cinq organes demeure incomplète selon la MTC, qui reconnaît aussi le rôle des énergies externes (cosmiques) sur et dans l'être humain. Celles-ci sont alors dénommées les six énergies dans le cosmos et les six tempéraments dans l'homme: Shao Yang, Jue Yin, Tai Yang, Shao Yin, Yang Ming et Tai Yin, qui se manifestent aussi dans les cinq éléments et les cinq constitutions de base. Dans des études antérieures et au cours du congrès de l'AMO (Association de Médecine Orientale), à Paris, en 1998, l'auteure a présenté la synthèse suivante.

Tableau 2
Comparaison de la caractérologie de Berger avec les six tempéraments chinois selon Requena, Ayssalet et Edde

Réquéna (1982)	**Méridiens Éléments**	**Berger (1950)**	**Eyssalet (1984)**	**Edde**
SHAO YANG (colérique)	VB TF bois + feu	E.A.P.	YANG instable	nerveux et YANG
JUE YIN (nerveux)	F CC bois + feu	E.NA.P.	YIN instable	nerveux et YIN
TAI YANG (passionné)	IG V feu + eau	E.A.S.	YANG corpulent	gros et YANG
SHAO YIN (sentimental)	C Rns feu + eau	E.NA.S.	YIN mince	maigre et YIN
YANG MING (flegmatique)	GI E métal + terre	NE.A.S.	YANG mince	maigre et YANG
TAI YIN (apathique)	P Rte métal + terre	NE.NA.S.	YIN mince, faible	maigre et YIN
YANG MING (sanguin)	E GI terre + métal	NE.A.P.	YANG corpulent, humidité, chaleur	gros et YANG
TAI YIN (amorphe)	Rte P terre + métal	NE.NA.P.	YIN corpulent, humidité, froid	gros et YIN

Cette synthèse est l'aboutissement d'études comparatives sur les caractérologies occidentales et orientales et de l'intégration des connaissances neurologiques. Voici les conclusions de ces études.

Les manifestations du système nerveux sympathique (région des nerfs cervicaux, thoraciques et lombaires) se retrouvent chez les émotifs (E) colériques (Shao Yang), les émotifs nerveux (Jue Yin), les émotifs sentimentaux (Shao Yin) et les émotifs passionnés (Tai Yang).

Les Shen des tempéraments Shao Yang et Jué Yin sont le résultat de l'énergie du Foie (Bois), qui s'exprime par le « Hun », la porte d'extériorisation qui permet de laisser aller la colère et l'agression.

Les Shen des tempéraments Tai Yang et Shao Yin sont le résultat de l'énergie des Reins (Eau) et se manifestent par le « Zhi », la volonté. Lorsque l'énergie des reins est teintée de peur, elle s'exprime par la fuite ou la lutte.

Les manifestations de nature parasympathique (région des nerfs du bulbe rachidien, nerfs crâniens, nerfs sacrés) se retrouvent chez les tempéraments non émotifs (N-E) flegmatiques (Yang Ming-métal), les non émotifs apathiques (Tai Yin-métal), les non émotifs sanguins (Yang Ming-terre) et les non émotifs amorphes (Tai Yin-terre).

Les Shen des tempéraments Yang Ming et Tai Yin métal résultent surtout des énergies du gros intestin (GI) et des poumons (P) (Métal), qui s'expriment par le « Po », la porte de l'intériorisation de l'énergie, qui amènerait la non-action et favoriserait l'introspection.

Les Shen des tempéraments Yang Ming et Tai Yin Terre résultent surtout des énergies de l'estomac (E) et de la rate (Rte) (Terre), qui évoluent vers le « Yi », le phénomène de conservation, l'idée, la mémoire gardée à l'intérieur. Ces tempéraments Yang Ming et Tai Yin, lorsque leurs Shen sont perturbés, recherchent la dépendance, l'appui, et ont tendance à vivre sur le mode infantile.

Ainsi, quand les Shen sont perturbés, nous retrouvons les phénomènes de « névroses végétatives » qui se manifestent par l'accélération et le ralentissement au niveau du système nerveux autonome (inconscient, involontaire) sympathique ou parasympathique, selon les tempéraments. C'est ici que le travail avec les points Shu du dos et Mu du devant prend tout son sens, car ces points peuvent agir pour régulariser les fonctions involontaires du système nerveux et conserver l'équilibre entre les réactions de colère et de fuite (surtout dues à la mise en alerte du système sympathique), et les réactions de dépendance et d'appui (surtout dues à la mise en alerte du système parasympathique) (voir Lin Shi Shan & Dubuisson, 1997, p. 170-185).

Nous pouvons ajouter que le Shen global du cerveau et de la moelle épinière forme le système nerveux central, qui reçoit son

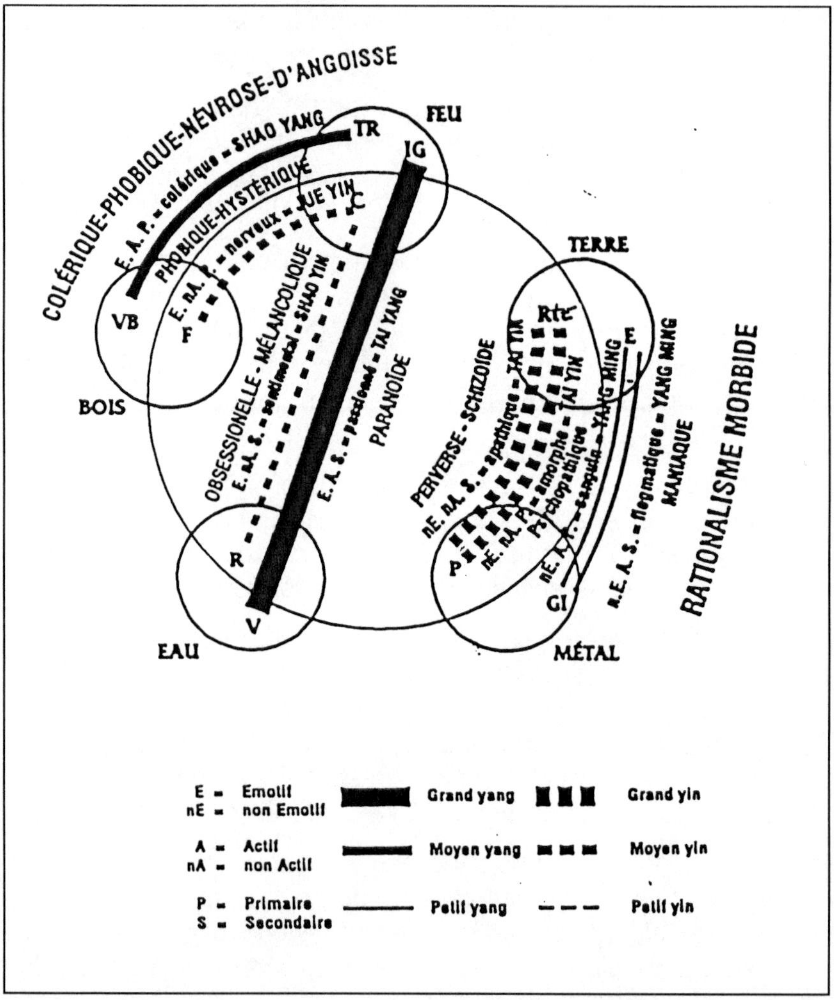

Figure 2-4 Les tempéraments de l'acupuncture comparés aux caractères de Berger, aux psychosomatiques d'Alexander, aux stades de Freud et aux manifestations nerveuses (tiré de Tremblay, N., 2000 (2), p. 72, fig. 4)

information par les organes sensitifs et retourne de façon volontaire l'information dans les muscles striés et le système périphérique. Ce serait le Jing de chaque organe qui, en se manifestant dans le système central, coordonne et dirige l'ensemble des activités par le Shen conscient.

Pour faciliter la lecture de la figure 2-4, voici, sous forme de tableau, une synthèse des cinq Shen, des six tempéraments, et des stades en psychanalyse, avec également les distinctions des personnalités selon le test Multiphasic Minnesota.

Tableau 3
Les Shen, les tempéraments, les caractères, les personnalités et les stades en psychanalyse (Tremblay, N., 1998)

CINQ SHEN	SIX TEMPÉRAMENTS (caractères) (Berger)	PERSONNALITÉS Multiphasic Minnesota	STADES EN PSYCHANALYSE (Freud)	S. N.
HUN SHEN végétatif du foie	SHAO YANG (colérique) ------------------ JUE YIN (nerveux)	phobique névrose d'angoisse ------------------ phobique hystérique	LIBIDINAL, GÉNITAL narcissique ------------------ hystérique	**1**
ZHI SHEN des reins	TAI YANG (passionné)	paranoïde	rigide inflexible	**2**
SHEN du cœur	SHAO YIN (sentimental)	obsessionnelle mélancolique		
PÔ SHEN sensoriel	YANG MING métal (flegmatique) ------------------ TAI YIN métal (apathique)	rationalisme morbide ------------------ perverse schizoïde	ANAL conserver pour soi, ne pas échanger sans chantage, économie excessive, avarice, conflit avec l'autorité SADIQUE, ANAL	**3**

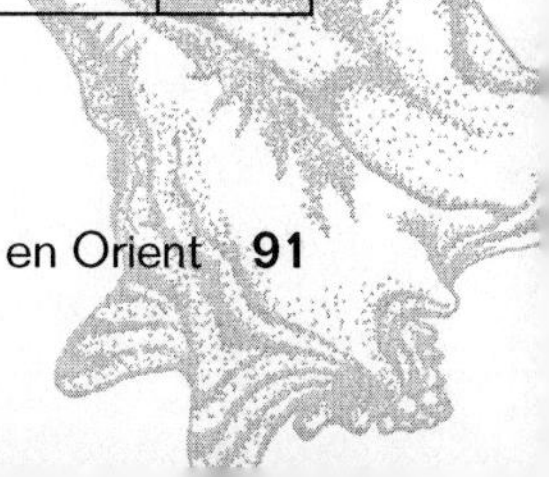

YI SHEN de l'idéation	YANG MING terre (sanguin) ------------------ TAI YIN terre (amorphe)	maniaque ------------------ psychopathe	ORAL immature, refus des responsabilités, manque d'ambition, refuge : nourriture/sommeil	

1: sympathique, 2: ortho-sympathique, 3: para-sympathique

Le rôle de l'énergie dans les traitements d'acupuncture

En MTC, **l'énergie joue un rôle primordial dans le lien et dans l'équilibre corps/esprit.** Pour la médecine traditionnelle chinoise, l'énergie serait liée à la conservation de l'énergie primordiale (Yuan Qi) et de l'essence vitale (Jing Qi), et le don de magnétisme pourrait se cultiver en cultivant l'énergie. Il serait l'art de conserver l'énergie primordiale et l'essence sexuelle et de retourner la quintessence au cerveau pour augmenter la force du mental (Shen), pour régénérer ainsi tout le corps et pour communiquer avec les autres et avec le cosmos.

Les explications du chapitre V du Grand Commentaire (Ta Tchouan) du *Yi King, Le Livre des Transformations,* dit au sujet de l'homme noble : « L'homme, grâce à une extrême concentration, élève et affermit sa nature intérieure au point qu'il émane de lui des courants de forces objectives et mystérieuses ; ainsi les effets qu'il produit proviennent de son subconscient et agissent mystérieusement sur le subconscient des autres, si bien que l'on atteint une ampleur et une profondeur d'influence qui transcendent le plan individuel et entrent dans le domaine des phénomènes cosmiques.» (Wilhelm, R., 1973, p. 376)

L'énergie céleste agit en même temps sur le spirituel, le mental, les émotions-sensations, le physiologique, la motilité et la sexualité : de même, le magnétisme terrestre agit simultanément sur la sexualité, le physiologique, la motricité, les émotions-sensations, le mental et le spirituel, dans une boucle d'interactions sans fin ; c'est ce qui assure la vie. Ciel et Terre s'unissent comme Yang et Yin et maintiennent la vie.

Les trois cerveaux: le mental, le cœur et l'abdomen, ou les trois Tan Tien

Pour la Médecine Traditionnelle Chinoise (MTC)

Les médecins taoïstes chinois ont constaté depuis fort longtemps que différentes parties du corps faisaient office de cerveau et pouvaient emmagasiner l'information de façon précise mais différente ; c'est ce qu'ils appellent traditionnellement les trois Tan Tien, ou «les Trois énergies précieuses».

En parlant du rôle de l'énergie mentale (Shen), de l'énergie nourricière (Yong ou Ying), du sang (Xue) et des liquides organiques (Jin Ye) dans la guérison par la médecine traditionnelle chinoise, ils indiquent leur précieuse connaissance de ces «Trois énergies précieuses» (voir Tremblay, N., 1994, pp.173-176).

Selon l'auteure, le rôle du Shen est important dans la guérison par les moyens de la médecine traditionnelle chinoise. L'énergie nourricière (Yong), l'énergie défensive (Wei) et le sang (Xue) s'influencent mutuellement et agissent sur l'activité mentale (Shen). Elles ne peuvent donc pas être envisagées séparément.

En rapport avec l'énergie défensive et le sang, le Trung Y Hoc (tome 1) fait remarquer que : *«La peau, les poils, la chair, les muscles, les os et les organes-entrailles ne peuvent remplir leurs activités que grâce au sang... Mais l'équilibre et la circulation du sang et du liquide organique ont des relations extrêmement importantes avec l'énergie, car d'après les classiques: l'énergie est le général du sang. Si le sang peut circuler, c'est grâce aux "coups d'éperon" de l'énergie.»*

Si l'énergie défensive et l'énergie nourricière sont troublées et circulent mal parce que le sang manque de nourriture et de force, les vaisseaux sanguins sont en état de vide, les méridiens, les chairs et les muscles aussi, d'où paresthésie (troubles de la perception des sensations et sensations pénibles variées) et prurit (troubles fonctionnels des nerfs de la peau, produisant des démangeaisons).

Si l'énergie perverse s'infiltre dans le sang, les énergies nourricière et défensive sont gênées dans leur circulation et il en résulte des stases sanguines, avec gonflements et douleurs, dans les régions atteintes. *Le sang peut circuler normalement et sans*

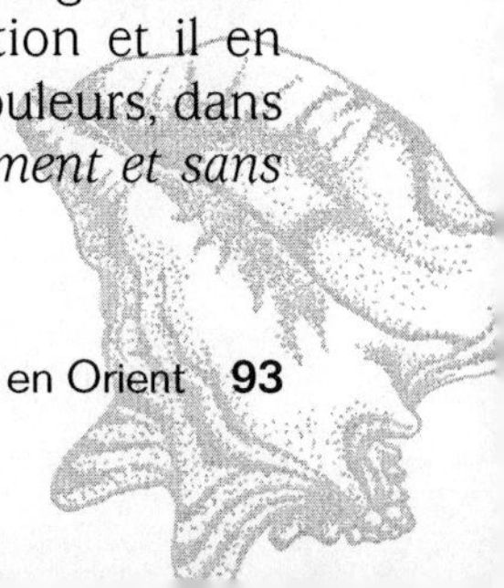

entrave grâce à la présence de l'énergie riche et sans blocage du Ying (énergie nourricière) et du Wei (énergie défensive).

L'énergie des cinq organes nourrit les activités mentales. Le chapitre 8 du Ling Shu, «Le rôle du mental», l'explique de la façon suivante. *«Les vaisseaux sanguins, l'énergie Yong et le Tinh (Jing) (2) mental sont conservés dans les cinq organes: Le foie conserve le sang; le sang est le lieu où s'abrite le «Hun» (âme). La rate conserve le Yong; le Yong est le lieu où s'abrite le «I» (pensée). Le cœur conserve les vaisseaux: les vaisseaux sont les lieux où s'abrite le «Shen» (mental), etc.»*

L'activité mentale et la profondeur de la pensée ont pour base matérielle la production de l'énergie sexuelle, nourricière et de défense, tandis *que le sang est d'essence spirituelle* (3). Le Ling Shu parle de la manifestation du Jing des cinq organes au niveau des yeux: «Le Jing des cinq organes se rassemble aux yeux.» Nous savons aussi que l'énergie des douze méridiens aboutit aux yeux. Dans notre culture, nous disons «les yeux sont le miroir de l'âme».

La qualité du Shen est troublée par un mental perturbé et des émotions négatives. Le *Shang Han Lun*, le *Traité du Froid Nocif*, le précise ainsi: *«Une forte tension sanguine est cause de la compression de l'énergie mentale, responsable des troubles mentaux; et inversement, une excitation exagérée de l'énergie mentale est cause des troubles de la circulation sanguine. Ainsi, par exemple, dans les cas de colère excessive: l'énergie et le sang affluent vers l'extrémité céphalique, d'où hématémèse.»*

Il y a des relations de cause à effet entre l'énergie mentale et le sang. Les activités déréglées de l'énergie mentale causent une insuffisance du sang, et une insuffisance du sang est à l'origine des maladies mentales. *Il y a un double rapport entre le mental, l'énergie et le sang.*

Le chapitre 23 du *Suwen* présente chaque organe comme s'il avait des fonctions indépendantes:

Le cœur conserve le Shen (mental).
Les poumons conservent le Pro (âme sensitive).
La rate conserve le Y (pensée).
Le foie conserve le Hun (âme végétative).
Les reins conservent le Zhi (volonté).

Mais nous savons que le cœur conserve le Shen et par le fait même commande les autres organes et leurs fonctions mentales. Le chapitre 8 du *Suwen* dit : *Le cœur est un organe royal ; il représente le roi ; en lui réside l'esprit »*, et le chapitre 8 du *Ling Shu* dit : *« L'organe qui commande l'ensemble s'appelle le cœur (Shen). »* La vie humaine est liée à l'existence de l'énergie mentale.

Le Jing (Tinh) (quintessence), le Qi (énergie) et le Shen (cœur-mental) sont les Trois énergies précieuses de l'être humain, elles sont intimement liées. Le Jing est le résultat de l'énergie acquise provenant de la digestion alimentaire, combinée avec l'énergie des reins ; c'est la base matérielle de toutes les activités organiques.

Le chapitre 8 du *Ling Shu* précise : *« Les troubles du Jing causent la fragilité des os, ou la fatigabilité des muscles, parfois la spermatorrhée. »* Le Qi résulte de la combinaison du Jing alimentaire et du Jing respiratoire, c'est ce qui assure le fonctionnement physiologique de tout le corps. Le *Shen est l'énergie qui développe et commande l'ensemble des activités physiologiques normales de l'organisme.*

C'est pourquoi il faut éviter les activités cérébrales excessives, qui nuisent au Shen et par le fait même au Qi et au Jing, ce qui affaiblit les fonctions organiques. À ce sujet, l'information du chapitre 8 du *Ling Shu* est très précise : *« La peur et la réflexion nuisent au Shen ; celui-ci étant troublé, l'affolement va jusqu'à faire perdre l'esprit et à faire fondre les muscles. »* Et le *Tchang Shi Lei King* est aussi très clair, quand il ajoute : *« Le Shen provient du Jing et du Qi. Si nous pouvons maîtriser le Jing et le Qi, c'est parce que le Shen réside dans notre cœur. »*

Le Shen vient de la quintessence sexuelle (reins) du père et de la mère (chapitre 8 du *Ling Shu*) et il est nourri par la quintessence de l'énergie alimentaire (chapitre 32 du *Ling Shu*), qui s'élabore à partir des cinq saveurs (chapitre 9 du *Suwen*). Les cinq saveurs se distribuent vers le foie pour nourrir les tendons et les muscles, et vers le cœur-intestin grêle pour se retrouver dans les vaisseaux, les méridiens, dans les poumons, et de là dans la peau et les poils, et jusqu'au centre de la poitrine, « la mer des Qi », 17 V.C., là où se raffinent les Shen qui garnissent les cinq organes (chapitre 21 du *Suwen*). C'est pourquoi, dans l'organisme, *l'énergie mentale a des relations étroites avec les cinq organes et les énergies alimentaires.*

Ce processus de transformation alimentaire s'appelle la montée des nuages et la descente des pluies. L'énergie mélangée aux cinq saveurs se transforme aussi en liquides organiques Jin Ye, lesquels sont dirigés vers la rate, qui émet vers le haut, vers les poumons, une essence qui redescend et se clarifie pour se diriger vers la vessie et le gros intestin. Ce processus s'appelle *montée des nuages* et *descente des pluies* (chapitre 5 du *Suwen*). La vessie élimine les liquides excédentaires et conserve les liquides clairs, qu'elle met à la disposition du foyer inférieur, qui en fait une énergie de défense Wei (qui va vers l'extérieur) qui circule le long des tendons, à la surface de la peau, et tiédit la chair, et qu'on appelle Jin. Ces liquides clairs Jin donnent aussi les *cinq humeurs :* la sueur (cœur), le liquide nasal (poumons), les larmes (foie), la salive (rate) et la bave (reins) (chapitre 23 du *Suwen*).

Une autre partie des liquides clairs appelés Ye va à l'intérieur du corps et forme le liquide céphalo-rachidien, les liquides intraoculaires, intrapleuraux, intrapéritonaux, les liquides synoviaux et péricardiques, la circulation lymphatique et les liquides du tissu cellulo-sous-cutané. D'où l'importance de l'intestin grêle et de la vessie (Tai Yang) dans la production des liquides organiques. Nous voyons ici toute l'importance de l'alimentation dans l'équilibre physique et mental, et vice-versa.

Il est important de souligner que si l'énergie entraîne les liquides organiques comme elle entraîne le sang, selon les circuits de l'énergie nourricière dans les douze méridiens principaux, *les aiguilles d'acupuncture peuvent agir plus spécifiquement sur les mouvements des liquides et du sang. Les aliments spécifiques agiront plus particulièrement sur la composition des liquides organiques et du sang.*

> *«Lorsque le Jing (essence ou principe vital) est insuffisant, on tonifie par les aliments.»* (Chapitre 5 du *Suwen*.)

Il est toujours important de se rappeler l'origine commune des liquides organiques, du Jing, du Qi et du sang. Cela permet d'expliquer pourquoi une déficience des liquides organiques peut entraîner un affaiblissement du sang-énergie, et vice-versa, et de comprendre et de respecter cette règle de traitement exposée dans le chapitre 18 du *Ling Shu* : *«Ne pas faire transpirer en cas d'hémorragie. Ne pas disperser le sang en cas de sudation.»*

C'est pourquoi des symptômes d'hypersudation, de vomissement excessif, de forte diarrhée ou de maladie de la chaleur causée par un tarissement des liquides organiques sont toujours accompagnés de signes d'insuffisance du sang-énergie, qui donnent des manifestations comme la diminution de la ventilation pulmonaire (hypopnée), pouls petit et galopant, palpitations, membres glacés...

C'est pourquoi vont apparaître, après une hémorragie, des manifestations de tarissement des liquides, tels que: sécheresse de la bouche, soif, oligurie, défécation difficile.

La loi de transformation de l'énergie en Jing-Qi-Shen, «les trois énergies précieuses» de l'homme, permet de concevoir l'humain de façon globale et unitaire. Cette loi gère la transformation de la quintessence énergétique, énergie primaire ou innée Jing mise en réserve dans les reins. Elle gère aussi la transformation de l'énergie secondaire, essentielle ou acquise, Qi résultant de l'air absorbé dans les poumons et le Qi des aliments et des liquides absorbés dans la rate-estomac-cœur-foie pour synthétiser l'énergie et le sang, qui contribuent à l'entretien et à la défense de l'organisme. Cette énergie essentielle ou acquise sert à l'élaboration de l'énergie mentale Shen, forme plus subtile de l'énergie résultant du Jing et Qi des cinq organes-entrailles et indispensable aux activités cérébrales, comme la pensée, les sentiments et la conscience, qui à leur tour dirigent toutes les activités de l'organisme.

La loi du Jing-Qi-Shen peut se résumer comme suit: *Lorsque le Jing et le Qi sont suffisants, le Shen est prospère. L'insuffisance du Shen peut résulter d'une déficience du Jing ou du Qi. Un excès d'activités du Shen peut nuire au Jing et au Qi.*

Pour les taoïstes

Les trois Tan Tien sont associés par les taoïstes aux trois cerveaux: le cerveau rationnel (Shen), logé dans le cerveau, le cerveau émotif (Qi), logé dans le cœur, et le cerveau viscéral (Jing), logé dans l'abdomen inférieur, appelé aussi le cerveau abdominal. Ils sont aussi appelés: le Tan Tien supérieur, le Tan Tien moyen et le Tan Tien inférieur.

Selon Mantak Chia, le cerveau rationnel est logé dans le cerveau supérieur, appelé par les taoïstes «le cerveau du singe». Le cerveau supérieur est utilisé pour planifier et calculer, penser et s'inquiéter sans cesse, pour générer des émotions négatives (soupçons, doute, honte, culpabilité, soucis, vengeance, colère, etc.), ce qui épuise le cerveau. Le cerveau supérieur, chez les gens non entraînés à la méditation, travaille pratiquement tout le temps, en questionnant, en attisant les émotions et les sensations, et en brûlant ainsi 80 % de l'énergie de tout le corps.

Quand le cerveau supérieur est actif, il supprime la conscience du cœur et l'attention consciente du cerveau inférieur. Quand le cerveau supérieur est au repos, la conscience du cœur et l'attention consciente ou viscérale permettent la conscience de choses différentes. Le cerveau supérieur entraîné au repos peut se limiter à observer. Il devient «le cerveau observateur».

Pour les taoïstes, le cerveau supérieur peut être entraîné à rester au repos et se limiter à observer. Les taoïstes en connaissent depuis fort longtemps le secret, qui consiste à amener ou à faire couler l'énergie du cerveau supérieur dans le cerveau inférieur pour penser. L'exercice de méditation taoïste consiste à pratiquer le Sourire Intérieur au cerveau supérieur, au cerveau moyen et au cerveau inférieur pour finir par y apporter les énergies des trois cerveaux dans l'abdomen pour penser, et ce, sans utiliser les sens. Après un certain temps de pratique, sourire au Tan Tien inférieur pour activer le cerveau inférieur suffit pour penser simultanément avec l'observation, la conscience émotive et l'attention consciente ou végétative. Quand le cerveau supérieur est au repos, vide, l'attention consciente est plus vive ; c'est le cerveau inférieur qui prend le relais. Le cerveau supérieur se recharge alors d'énergie pendant que le cerveau inférieur reste actif.

Le cerveau inférieur peut faire taire le questionnement, les émotions et les sens tout en faisant le même travail que le cerveau supérieur. Il fusionne les trois cerveaux en un seul dans l'abdomen pour donner la pensée unifiée, appelée par les Chinois le Yi, la fonction psychique de la réflexion, de la concentration qui vient de la rate, qui a pour rôle de combiner toutes les énergies derrière le nombril ou au Tan Tien inférieur. (Voir Chia, M., 1999, p. 1-3)

Dans son livre sur le Chi Nei Tsang ou le Massage Chi des organes, publié en 1990 en anglais et en 1992 en français, Maître Chia parlait déjà de la médecine chinoise qui considère l'intestin grêle comme étant «le cerveau abdominal». *«L'intestin grêle a la charge de digérer les émotions ainsi que les aliments. Les différentes contractions de cet organe correspondent aux émotions non digérées... Toutes les émotions négatives sont exprimées dans l'intestin grêle, par les contractions et les circonvolutions de l'intestin grêle. La colère contracte le côté droit de l'intestin grêle, près du foie. Les soucis affectent le côté supérieur gauche, près de la rate. L'impatience et l'anxiété affectent le sommet. La tristesse affecte les deux côtés latéraux inférieurs. La peur affecte les régions abdominales inférieures profondes.»* (Chia, M., 1992 (1), p. 228 –230)

L'intestin grêle donne sa forme et sa taille à l'abdomen. S'il est relâché et élargi, il appuie sur le bas du corps. Il perturbe alors la circulation du sang, ce qui entraîne des varices, des hémorroïdes, des désordres menstruels et hormonaux. Il tire aussi sur la colonne vertébrale, ce qui accentue la courbure lombaire et thoracique. Il affaiblit par conséquent le système respiratoire et lymphatique, ce qui augmente les toxines. Cette toxicité accrue crée une pression qui alourdit le bas du corps et bloque les messages des nerfs du plexus lombaire et sacré vers le cerveau et vice-versa. C'est ainsi que les tensions émotionnelles emmagasinées dans les intestins peuvent être transformées en tensions musculaires dans le dos, les jambes et le psoas. Les muscles ne se relâchent plus à cause de la pression qui bloque et irrite les nerfs, ce qui provoque des douleurs.

Ces douleurs musculaires peuvent être atténuées par des massages de l'intestin grêle. En travaillant et en appuyant sur les points de l'intestin grêle, des douleurs aiguës peuvent être déclenchées dans des régions distales du corps, soit dans une jambe, une épaule, un bras ou au dos, ce qui permet d'établir le lien entre l'intestin grêle et ces douleurs. Maître Chia expose plusieurs techniques de massage de l'intestin grêle :

- Tourner en spirale avec la paume de la main ;
- Désintoxiquer la peau en profondeur en massant, en petites spirales, tout l'abdomen dans le sens des aiguilles d'une montre ;
- Démêler les nœuds superficiels et les enchevêtrements profonds des nerfs, de la lymphe et des vaisseaux sanguins par la technique de la vague, en secouant chaque point douloureux ;

– Couvrir l'intestin grêle de vos mains, respirer et sourire dans l'abdomen et le remplir de lumière dorée. (Voir Chia, M., 1992 (1), p. 233-242)

Les observations de ma pratique clinique en tant que psychologue et acupuncteure m'ont permis de constater que les émotions inconscientes se logent dans les entrailles et sont difficilement accessibles par le mental conscient, d'où l'importance du travail directement sur l'énergie des organes-entrailles par l'acupuncture ou le massage afin de faire émerger la conscience.

L'intelligence supérieure et l'intelligence viscérale

En 1994, un médecin psychologue de Los Angeles, le Dr Rhoda Jessum, a testé Maître Chia pendant qu'il pratiquait le Sourire Intérieur et il a constaté ceci : en même temps que ses ondes cérébrales descendaient très bas, ses ondes bêta s'élevaient à un très haut niveau. Il aurait pu conduire une voiture (ondes bêta élevées) pendant que ses ondes cérébrales indiquaient en même temps un état de repos et de sommeil. À cette époque, ce constat restait inexplicable par la science et Maître Chia ne pouvait pas l'expliquer non plus.

Plus tard, l'Institut de Biocybernétique Appliquée et de Biofeedback en Europe a aussi testé Maître Chia, pour observer la même chose. Dans la même période, l'Institut de Formation des Athlètes, à Vienne, qui étudie et évalue les athlètes de haut niveau, a créé un instrument pour mesurer l'énergie potentielle du cerveau, qui représente toute l'énergie du corps. *« Cet instrument fait un relevé cérébral et indique combien d'énergie potentielle vous avez. Il détermine aussi de combien d'énergie vous disposez pour toute la journée. Il indique encore le montant d'énergie dont vous disposez pour la clarté mentale et la puissance corporelle. »* (Chia, M., 2000, p. 38)

Maître Chia s'est soumis à leurs tests tout en pratiquant le Sourire Intérieur et en amenant rapidement le Sourire dans son abdomen. Dès le début des mesures, les médecins soulignèrent : *« Vos ondes cérébrales deviennent plus basses, plus basses et sont au repos, et vous êtes presque en état de sommeil. »* Pendant la même période, ils ont observé que la tension musculaire, le rythme cardiaque et la résistance cutanée étaient tous très bas. Après quelque temps, Maître Chia explique qu'il a fait remonter l'énergie au cerveau, ce que les mesures ont indiqué clairement. *«Ils purent voir l'énergie recharger réellement mon cerveau.»*

Maître Chia a expérimenté par les tests que, lorsque nous vidons le cerveau de ses activités mentales et émotives et que nous ramenons l'énergie dans le cerveau inférieur, celui-ci prend le relais et permet dans un état de quasi-sommeil de continuer à suivre une conversation et à répondre aux questions. Les chercheurs se sont exclamés: *«Regardez! Maître Chia est en train de nous parler pendant son sommeil. Comment peut-il nous parler dans son sommeil?»* (Chia, M., 2000, p. 38)

Selon Maître Chia, cela signifie que lorsque nous utilisons le cerveau mental pour nous faire du souci, avoir honte, nous sentir coupables, pour penser, imaginer, élaborer trop de projets ou nous mettre en colère, le niveau d'énergie du cerveau décroît et ne peut se recharger, car ce cerveau utilise énormément d'énergie. Les recherches démontrent que le cerveau mental peut utiliser jusqu'à 80 % de l'énergie du corps; il ne reste plus alors que 20 % de l'énergie pour le reste du corps et les organes.

Si l'on utilise le cerveau supérieur mental, rationnel, pour les activités complexes comme raisonner, calculer, planifier, cela est en accord avec l'utilisation du cerveau gauche. Alors, il est facile de comprendre que pour les activités simples de la vie de tous les jours, d'attention, de conscience, d'émotions et de sensations, on peut utiliser soit le cerveau supérieur, soit le cerveau inférieur.

Les taoïstes s'exercent à utiliser le cerveau inférieur le plus souvent possible pour mettre le cerveau supérieur au repos et ainsi le recharger d'énergie et lui permettre de faire croître de nouvelles cellules cérébrales pour restaurer et entretenir le cerveau et l'énergie mentale, ce qui en retour permet d'entretenir le corps physique et spirituel. En effet, précise Maître Chia, sourire aux organes et aux intestins abaisse les ondes cérébrales très rapidement, et l'énergie transformée issue du Tan Tien inférieur et des organes remonte et recharge le cerveau supérieur ou de la tête.

Maître Chia précise les deux règles taoïstes suivantes. 1.*«Videz votre mental vers le Tan Tien et remplissez le Tan Tien de chi»*, car là où le mental va, le chi (Qi) suit. 2. *«Quand votre mental sera vide, il sera rempli!»,* car l'énergie supplémentaire des organes monte et remplit le cerveau de chi (Qi). (Chia, M., 2000, p. 41)

Dans son livre *Tao Yin, Exercices pour la revitalisation, la santé et la longévité*, édité en anglais en 1999 et en français en 2000 (voir Chia, M., 2000), Maître Chia parle aussi des trois cerveaux en donnant des explications occidentales des phénomènes observés par les taoïstes il y a déjà fort longtemps. Dès 1982, il enseignait aux Occidentaux diverses pratiques de méditation taoïstes utilisant la réunion des trois cerveaux au Tan tien inférieur, dont sourire au Tan Tien inférieur, faire tourner l'énergie 24 fois dans un sens et 36 fois dans l'autre, derrière le nombril, faire descendre l'énergie du cœur au Tan Tien, réunir les énergies des émotions des organes et des sens dans l'abdomen, et les transformer en pure énergie (Fusion des cinq éléments), réunir les énergies du cerveau, des reins et du cœur au Tan Tien inférieur (Kan et Li I).

Pendant les pratiques de méditation, les maîtres taoïstes répètent : ramenez votre attention au Tan Tien, faites descendre votre respiration et votre énergie au Tan Tien, soyez conscient de votre Tan Tien, bougez à partir de votre Tan Tien, rechargez votre Tan Tien, respirez au Tan Tien. Ce Tan Tien, ce cerveau inférieur, peut prendre le relais et accomplir des fonctions similaires à celles du cerveau supérieur, et permettre ainsi au cerveau supérieur de se reposer et de se recharger d'énergie. « Vider le mental », « faire taire le mental » pour se réénergiser est une méthode connue depuis longtemps par les maîtres orientaux. Cela signifie utiliser le cerveau inférieur. Maître Chia, dès les années 1980, quand j'ai commencé à étudier avec lui, ne cessait de répéter : « le temps d'arrêt est aussi important que l'exercice », « prenez le temps de sentir ce qui se passe en vous », « ramenez l'attention et la respiration derrière le nombril, au Tan Tien », « soyez conscient de ce qui se passe en vous ». Toutes les pratiques du Tao indiquent et utilisent le senti, l'attention et la conscience de ce qui est. Pour les taoïstes, la conscience, c'est le senti. D'où la consigne qui revient après chaque exercice : « Prenez le temps de sentir ce qui se passe en vous. »

Le *New York Times* a publié en 1996 un article de Sandra Blakeslee, sous le titre « Complex and Hidden Brain in the Gut Makes Stomachaches and Butterflies » en faisant état des recherches en neurogastroentérologie du Dr Michael Gershon. Celui-ci indique qu'il y a aussi un cerveau dans les tripes, qui peut accomplir une grande quantité de fonctions : c'est le système nerveux entérique. Il est situé dans les tissus qui tapissent l'œsophage, l'estomac, l'intestin grêle et le gros intestin. Il peut recevoir et envoyer des impulsions ; il peut aussi enregistrer des expériences et réagir aux émotions, comme un cerveau. D'où l'expression populaire « sentir avec ses tripes ».

Si l'on perd cette capacité de sentir avec ses tripes, c'est comme si l'on perdait la capacité de faire des choix éclairés par les perceptions et les sentiments, comme celui d'une carrière, d'un conjoint, d'une ville, ou de savoir si l'on peut faire confiance à quelqu'un ou profiter de telle ou telle occasion. Les émotions, les sentiments jouent un rôle décisif dans le flot des décisions personnelles. L'inconscience affective, c'est le domaine où la raison est aveugle pour cause d'absence de sentiment, d'émotion ou d'intuition. « Les signes intuitifs qui nous guident en ces moments décisifs sont des impressions viscérales d'origine limbique, appelés "marqueurs somatiques" par Damasio, des sentiments instinctifs. » (Goleman, D., 1997, p. 75)

Le cerveau dans les entrailles joue un rôle majeur dans le bonheur ou la misère humaine. Plusieurs maladies gastrointestinales comme les colites, le syndrome du côlon irritable et la maladie de Crohn proviennent du cerveau des entrailles et non seulement de problèmes imaginaires, émotifs ou mentaux. C'est un biofeedback. Comme le cerveau dans la tête peut irriter ou affecter les entrailles, les entrailles peuvent irriter le cerveau ou lui répondre. Le système nerveux central se reflète dans le système nerveux entérique, constate le Dr Michael Gershon.

De plus, ce même article de Blakeslee (1996) rapporte une découverte intéressante : l'œsophage, le gros intestin et l'intestin grêle ont les mêmes neurones et sécrètent les mêmes substances que celles qui activent et contrôlent les cellules cérébrales : la sérotonine, la dopamine, le glutamate, la norépinéphrine, l'oxyde nitrique et les cellules du système immunitaire, les neuropeptides. Cela s'explique par l'embryologie. La crête neurale qui se forme très tôt chez l'embryon se divise en deux sections : l'une forme le système nerveux central, l'autre migre pour devenir le système nerveux entérique. Ces deux sections du système nerveux sont reliées plus loin par le nerf vague. Le plexus solaire qui réfère aux nerfs dans l'abdomen est aussi impliqué. «(The gut) It's not a simple pathway, it's use complex integrated circuits not unlike those found in the brain.» (Blakeslee, S., 1996, p. 2)

Nous avons vu au chapitre 1 qu'en neurologie occidentale le système limbique est aussi appelé cerveau «viscéral» car il est considéré intégrer les émotions, les comportements primitifs, la mémoire et le contrôle du système nerveux autonome. Cela est actuellement contestable, vu la diversité des symptômes provoqués par ses lésions. Peut-être que le système limbique du système nerveux central est en rapport avec le système digestif?

Le livre de Michael Gershon, *The second Brain*, publié en 1998, rapporte les mêmes phénomènes et fait état de découvertes similaires. En traitant les intestins et le système nerveux par acupuncture, il est facile d'équilibrer les énergies entre le cerveau supérieur et le cerveau inférieur en rééquilibrant les entrailles. Dans le *New York Times*, la question est posée: les entrailles peuvent-elles donc apprendre? Une réponse est proposée en parlant de patients dont on avait entraîné le côlon à fonctionner à heures régulières en leur donnant un lavement à heure fixe. Même sans lavement, leur fonctionnement intestinal demeura actif à cette même heure.

Tous les enseignements du Tao ne cessent de répéter «Amenez l'énergie au Tan Tien, derrière le nombril». Pendant toutes les pratiques taoïstes, que ce soit le Sourire intérieur, les Sons de la guérison, la Fusion, le Qi Cong ou le Taï Chi, on exerce tous les organes à transformer le négatif en positif et le centre du corps à recevoir, à équilibrer, à conserver, à condenser toutes les énergies ainsi qu'à les diriger dans les diverses parties du corps physique, énergétique et spirituel. Depuis cinq mille ans, les taoïstes enseignent donc à leurs organes et à leurs cerveaux inférieur, moyen et supérieur, et ceux-ci «apprennent» à être présents aux réactions physiologiques et conscients de ce qui se passe à l'intérieur comme à l'extérieur, dans le microcosme et le macrocosme.

Le Shen, ou l'intelligence du cœur

Aussi, les taoïstes vont plus loin que de parler de deux cerveaux, ils reconnaissent aussi la «conscience dans le cœur». (Chia, M., 2000, p. 38) Dans les pratiques de Kan et Li (Eau et Feu) de niveau III, les énergies des organes et des glandes sont amenées, condensées et conservées dans le cœur afin d'entraîner ce dernier à: recevoir des charges énergétiques plus intenses sans stress; élever son niveau vibratoire; utiliser les énergies condensées à ce niveau pour les pratiques de guérison.

En Occident, la médecine commence à reconnaître la conscience du cœur. Dans son livre *The Heart's Code (Le code du cœur),* Paul Pearsall (1999) raconte que les personnes qui ont reçu des transplantations cardiaques rapportent des souvenirs et éprouvent des émotions des donneurs. Le cœur peut se souvenir des événements, comme le cerveau. Le cas suivant y est rapporté.

Un jeune garçon fut tué brutalement par un meurtrier inconnu. Son cœur, encore en bon état, fut transplanté dans la poitrine d'un autre jeune garçon. Après cette opération, ce garçon se mit à faire des cauchemars et à raconter comment quelqu'un était en train de le tuer. Il décrivait le tueur. Sa mère le conduisit chez un psychanalyste, lequel contacta la police. Le jeune garçon continua à décrire les différents aspects du tueur, et un dessinateur de la police effectua le portrait robot du meurtrier à partir de sa description. L'homme fut retrouvé et arrêté. Après lui avoir lu la description détaillée du crime, cet homme confessa avoir tué le jeune garçon. À partir de faits semblables, les scientifiques médicaux commencèrent à constater que le cœur peut tout enregistrer d'un événement et s'en rappeler, comme un cerveau. (Chia, M., 2000, p. 39)

Le caractère «Shen» se traduit par «Cœur-Mental»; c'est l'intelligence du Cœur, ou l'équilibre entre le cœur-émotions et le cerveau-intelligence. Pour les taoïstes, il est nécessaire de penser avec le cœur et de sentir avec l'intelligence, de ne pas dissocier les deux mais au contraire de les associer, de les fusionner. En Chine, les taoïstes ont mis au point des traitements et des pratiques spirituelles pour équilibrer les émotions, et ce, depuis plus de trois mille ans. Lorsque quelqu'un se met en colère en Chine, encore aujourd'hui on considère qu'il est très malade et qu'il est nécessaire de l'amener voir un médecin chinois pour équilibrer ses énergies car ce dérèglement est la cause de son comportement déraisonnable.

Dans le chapitre 8 du *Suwen*, on attribue au cœur une autorité, on le considère comme l'Empereur des autres organes : « Le cœur a la charge d'Empereur et de maître. La radiance lumineuse des Esprits en procède. » L'Empereur signifie celui qui se prend d'abord en charge lui-même, qui a un cœur parfaitement réglé ; il est l'intermédiaire entre le Ciel/Terre. Cette radiance se manifeste par le teint. Dans le chapitre 8 du *Ling Shu*, on place l'homme au cœur de l'Univers et c'est aussi dans son cœur que se croisent les souffles, les énergies du Ciel et de la Terre. « Le cœur de l'homme est le cœur du cœur de l'Univers.» Le cœur est le médiateur entre les puissances célestes et toutes les instances de l'organisme. Le cœur assume dans l'homme les fonctions de souverain dans l'état. Du cœur dépendent le bonheur ou le malheur, la maladie ou la santé, la longévité ou la mort prématurée. D'où l'expression « Quand le cœur est vide, c'est-à-dire plein de vertus, il peut prendre en charge tous les êtres ». Plusieurs textes répètent : « Ne surchargez pas votre cœur.» Xin Xu signifie le vide du cœur. « Le cœur est vide quand il est capable de tout recevoir, accepter, considérer, parce qu'il n'est pas fixé, arrêté sur une idée, en être, un désir. Ne rien exclure de ce qui existe permet de ne pas s'émouvoir exagérément et d'y réagir juste.» (Larre, C. et Rochat de la Vallée, E., 1992, p. 8)

Voici en peu de mots comment Zhang Jiebin décrit le rôle du cœur. « Le cœur a la charge de Seigneur et maître ; il rassemble et préside les Esprits et leurs influx bienfaisants ; il se met en triade avec le Ciel et la Terre ; c'est ainsi qu'il est celui qui prend en charge les Dix mille êtres.» (Larre, C. et Rochat de la Vallée, E., 1992, p. 83)

C'est pourquoi les Chinois pratiquent l'« art du cœur », qui consiste à s'exercer dans le calme et la sérénité à la transparence limpide de l'eau, miroir où se reflète la réalité. Quand l'agitation règne, tout se brouille, rien n'est clair ; comment alors assurer la cohérence, régler la conduite, balancer les émotions et assurer la connaissance et l'élévation spirituelle ?

Le *Huai Nan Tzu* (Huainan Zi) ou le *Livre du Maître Huai Nan* a été écrit au IIe siècle av. J.-C., sous la dynastie des Han. Au chapitre 1, intitulé Le Vol de l'Oiseau Peng, il présente clairement ce qu'est l'« Art du cœur » : « Quand on s'adonne sérieusement à l'art du cœur, on rejette convoitise et désirs, attraits et aversions, allégresse et colère, délectation morose et amertume. C'est la communion mystique des Dix mille êtres. On ne connaît plus la réprobation et l'approbation, on s'élève, on s'éduque dans l'illumination mystique, jusqu'à ce que vie et mort se confondent. » (*Idem*, p. 86)

En Occident, l'intelligence du cœur, appelée l'intelligence émotionnelle selon l'expression de Daniel Goleman (1997), est étudiée grâce aux progrès technologiques de l'image, comme le scanner. On peut étudier les réactions au cerveau des diverses émotions en plus de leurs effets physiologiques et tracer ainsi la carte du cœur humain. Ce domaine d'études sur les effets des émotions dans la vie mentale a été jusqu'à maintenant ignoré par la recherche en psychologie scientifique. Depuis environ un siècle, des livres sur l'épanouissement personnel et l'observation clinique ont cependant comblé ce vacuum. Selon Goleman, à notre époque, deux points sont à l'honneur dans l'expression des émotions comme attitudes morales : la retenue et la compassion. La retenue, c'est savoir se maîtriser ou savoir conserver son sang-froid, et la compassion, c'est la capacité à être empathique ou sensible aux besoins des autres.

Effectivement, à la lecture de son titre, *L'intelligence émotionnelle*, nous constatons qu'il n'existe pas d'études globales faisant état des interactions des émotions entre elles et des émotions avec l'intelligence ou des émotions sur la physiologie. J'ai fait moi-même des recherches dans la littérature occidentale sans obtenir de satisfaction autre que celle de trouver des études, des livres, des articles disparates sur les réactions physiologiques que provoquent diverses émotions. Ces études sur la colère, la rage, la fureur, la violence traitent ces émotions comme un monde à part, nécessitant parfois l'intervention policière et l'enfermement, sans pouvoir proposer de solutions ou d'alternatives autres que la thérapie. J'ai aussi trouvé beaucoup d'études sur la dépression légère ou majeure, avec des listes et des descriptions de symptômes et comment y remédier par la médication, par l'exercice, par la psychothérapie comportementale ou analytique, ou par l'exposition à la lumière artificielle. Très peu d'études ont été faites sur la peur, sauf celles portant sur les phobies des espaces, des foules, des transports, des hauteurs, sur le choc post-traumatique, etc., et elles n'ont pu situer cette émotion paralysante dans un ensemble plus vaste, ni en expliquer la provenance. On a aussi étudié la haine et son opposé, l'amour (Mélanie Klein), la fureur, l'anxiété et l'angoisse, les pensées obsédantes, les idées négatives ou le manque de mémoire, mais séparément, sans établir de liens ou d'effets conséquents entre ces émotions.

Il n'y a pas encore de théorie systémique des émotions en Occident. Les thérapeutes et les psychologues rencontrent chaque jour en clinique des patients envahis par les émotions négatives et qui sont aux prises avec leur difficulté à les contenir, à les gérer, à les comprendre et à les changer. Et, chose encore plus déplorable, il n'existe pas de moyens proposés aux personnes qui vivent des émotions négatives ordinaires; elles sont laissées à elles-mêmes. À la longue, cela peut entraîner des émotions pathologiques, qu'elles soient en insuffisance ou en excès.

Selon Goleman, « lorsque les émotions sont trop affaiblies, elles créent ennui et distance; non maîtrisées, trop extrêmes et persistantes, elles deviennent pathologiques, comme dans la dépression, l'angoisse, la fureur ou l'agitation maniaque ». (Goleman, D., 1997, p. 79) Pour lui, traiter ces émotions nécessitera de recourir à la médication ou à la psychothérapie. Alors pourquoi inclure dans le titre de son livre *L'intelligence émotionnelle*, le sous-titre *Comment transformer ses émotions en intelligence*, s'il ne propose même pas de moyens ou de techniques de transformation autres que la médication ou la psychothérapie, qui sont des moyens de transformation externes?

Selon Goleman, les Occidentaux reconnaissent les quatre façons suivantes de vivre leurs émotions.

- Vivre des émotions sans en être conscient ou sans pouvoir les nommer, les identifier ou les relier à des événements de la vie, ce qui ressemble à de l'anémotivité.
- Vivre des émotions, y être attentif et en prendre conscience simultanément, ce qui permet une subtilité affective et une maîtrise des émotions. Ces personnes ne remâchent pas les émotions à n'en plus finir et s'en défont facilement.

- Vivre des émotions bonnes ou mauvaises, et accepter ces états affectifs sans y remédier, tout en ayant conscience des émotions éprouvées.
- Vivre des émotions et les laisser submerger et contrôler sa vie, ce qui rend les personnes versatiles, peu conscientes de leurs sentiments et sans capacité de prendre une distance ; il est alors difficile pour elles de se défaire de leurs émotions exacerbées.

Il précise dans tous les cas que c'est la conscience des émotions qui rend apte à changer d'attitude ou d'humeur, mais il ne présente ni n'élabore aucun moyen pour agir sur elles ou les transformer.

Les études du cerveau ont démontré que l'éveil de la conscience émotive et affective, la prédisposition à l'introspection et la réceptivité aux modes symboliques, qui fonctionnent surtout par associations, dépendraient du rôle des circuits préfrontaux. Ces circuits préfrontaux jouent un grand rôle dans l'harmonisation des émotions de même que dans l'aptitude à transmettre les messages de l'inconscient par les rêves, les symboles, tant chez les romanciers et les poètes que chez les psychothérapeutes. Mais encore une fois, il ne donne pas de moyens précis pour activer ces parties du cerveau. En méditation taoïste, nous savons que les circuits préfrontaux sont en relation avec la glande pituitaire, laquelle, lorsqu'elle est rechargée par la méditation, régénère toutes les énergies du corps.

Selon Goleman, « contenir ses émotions négatives est en effet la clef du bien-être affectif ; les extrêmes – les émotions trop intenses ou qui durent trop – compromettent notre équilibre. » (Goleman, D., 1997, p. 79) Pour lui, si des émotions légères de tristesse, d'inquiétude ou de colère durent peu de temps, cela n'a pas d'importance, elles passeront avec le temps et la patience. C'est seulement si ces émotions dépassent une certaine intensité et atteignent des extrêmes incontrôlables — angoisse chronique, fureur, dépression — qu'il faudra agir par la médication ou la psychothérapie.

Les études de psychologie occidentale ont permis de constater, depuis les années 50, que de laisser libre cours à ses émotions n'est pas une solution. Ainsi, laisser aller sa colère ou sa fureur, en croyant avoir des effets salutaires de cette catharsis comme en bioénergie, ne permet pas de les dissiper ou d'y mettre un terme, mais consiste plutôt à entretenir la mauvaise humeur. Selon Diane Tice (1993), les explosions de rage excitent davantage le cerveau émotionnel et rendent les personnes plus en colère qu'auparavant. La solution est premièrement de se calmer et deuxièmement de régler le différend en face-à-face. Selon l'auteure, si toute pensée, émotion et expérience s'inscrit dans le cerveau, réinscrire une colère pour enrayer une colère ne fait que créer d'autres circuits neuronaux chargés de colère ou de fureur et amplifier ces émotions indésirables, celles-ci étant alors ravivées mentalement ou physiquement.

Mais pourquoi attendre ces moments pénibles pour agir? Pourquoi ne pas utiliser de simples pratiques journalières de méditation pour changer ces états émotifs au premier stade d'accès léger plutôt que d'attendre au stade aigu, souvent irréversible? De cette façon, nous pourrions empêcher les souffrances affectives qui se répercutent dans des déséquilibres physiologiques et neurologiques et nuisent aux divers plans de la vie personnelle, familiale, sociale ou mondiale. Le Dr Hans Selye, le Canadien qui a étudié et inventé le concept de «stress» en médecine, propose dans ses «prescriptions pour jouir pleinement de la vie» d'éviter de fuir la colère ou la personne colérique. «Même si vous cherchez à accumuler l'affection de façon méthodique, ne perdez pas votre temps à venir en aide à un chien enragé.» (Selye, H., 1974, p. 144) Selon le maître tibétain Trungpa, le meilleur moyen de venir à bout de la colère est le suivant: «N'essayez pas de l'éliminer, mais ne la laissez pas gouverner votre action.» C'est aussi ce que les maîtres taoïstes ont compris, il y a fort longtemps, mais ils sont allés beaucoup plus loin dans leur compréhension globale des émotions négatives, qu'ils considèrent comme la cause des maladies. Selon eux, il existe d'autres moyens que la fuite, l'évitement ou le contrôle, c'est la transformation.

En médecine traditionnelle chinoise, le Tan Tien du cœur signifie que le cœur est considéré comme un centre d'énergie où toutes les énergies peuvent être rassemblées, avec toutes les mémoires, les expériences, les souvenirs. Mais le but du Tao est aussi de libérer les organes et les entrailles des émotions et sensations négatives en les transformant et d'atteindre le vide pour permettre ainsi leur régénération. Transformer n'est pas contenir, transformer ne consiste pas à passer du négatif au positif, transformer n'est pas non plus éviter le négatif ou le fuir : transformer n'est ni faire taire par la méditation ni répéter par la psychothérapie. Les Maîtres du Tao ont compris cela depuis longtemps et ont mis au point il y a plus de trois mille ans une systémique des émotions qui explique comment une émotion négative en entraîne une autre, et comment une émotion négative peut aussi en contrer une autre. La méditation taoïste comporte à différents niveaux plusieurs pratiques pour transformer les émotions négatives en émotions positives et permettre ainsi la pratique de la joie, du bonheur, du pardon et de la compassion : le Sourire Intérieur, les Sons de la Guérison, la circulation de l'énergie dans l'Orbite Microcosmique, la Fusion des cinq éléments, l'équilibre de l'Eau (Kan) et du Feu (Li) par le renversement, et la condensation des énergies des émotions transformées. (Voir les livres de Mantak Chia pour en savoir plus sur ces diverses pratiques.) La méditation est importante car elle amène, en plus de la conscience, l'apaisement qui augmente le bien-être intérieur.

Les pratiques du Sourire Intérieur, des six Sons de la Santé et de l'Orbite Microcosmique nous apprennent à transformer les émotions négatives en émotions positives dans les cinq organes internes et à augmenter le pouvoir énergétique des organes internes et de tout le corps.

La tristesse, la fatigue, le désordre, les émotions négatives des Poumons sont transformés en courage, en force et en clarté.

La peur, l'insécurité, la terreur, les émotions négatives des Reins sont transformées en calme, en sécurité et en douceur.

La colère, la jalousie, la fureur, les émotions négatives du Foie sont transformées en bonté, en délicatesse et en tendresse.

La haine, l'impatience, l'irrespect, les émotions négatives du Cœur sont transformés en joie, en amour, en patience et en respect.

Les soucis, les inquiétudes, les pensées négatives et obsédantes, les émotions négatives de la Rate sont transformées en ouverture, en équilibre et en équité. (Voir *Le Tao de la santé*, 2003)

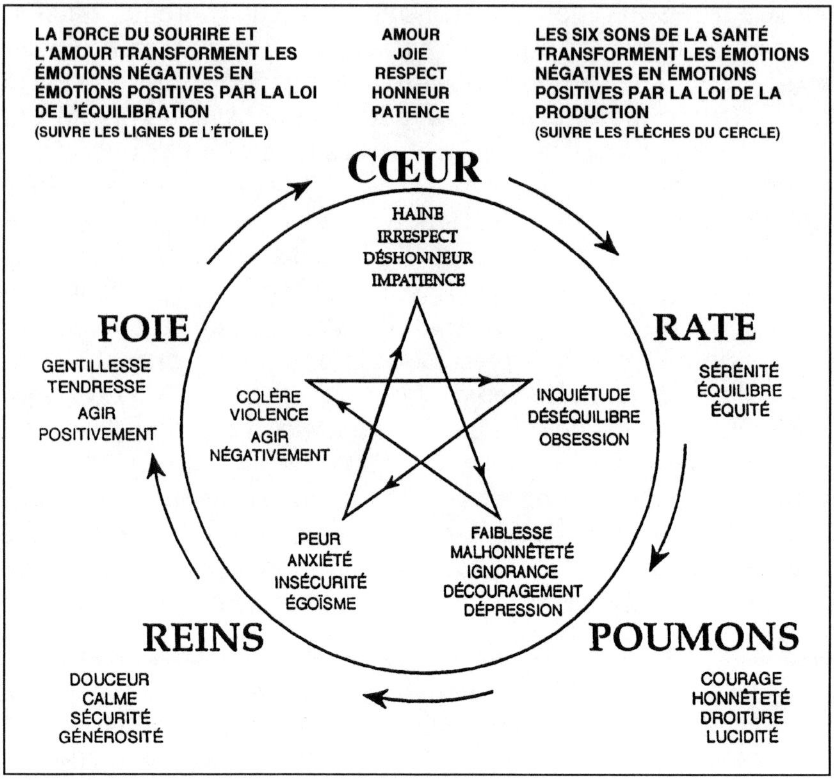

Figure 2-5 Les émotions négatives transformées en émotions positives par la méditation taoïste (tiré de Tremblay, N., 2002 (1), p. 103, fig. 14)

«Le Shen provient du Jing et du Qi. Si nous pouvons maîtriser le Jing et le Qi, c'est parce que le Shen réside dans notre cœur.» (Larre C. et E., Rochat de la Vallée, 1992, p. 85)

Si le cœur ne garde pas sa place médiane, s'il est en proie aux passions, il suivra la voie de la détérioration qui habite son cœur. La non-exclusion de ce qui existe permet de ne pas s'émouvoir exagérément et de réagir juste. C'est pourquoi le Sage cultive en soi ce qui mène au vide du cœur, à la disponibilité totale et à l'agir efficace, qui se confondent avec le non-agir. *«L'art du cœur permet de vider le cœur pour entrer en possession de soi et de l'Univers. Voilà la grandeur du cœur, la perception pure et claire pour la vraie connaissance. À ce prix, le cœur peut se charger des êtres.»* (*Idem*, p. 85-86)

Développer la conscience viscérale, la conscience du cœur et la conscience spirituelle est le but de la méditation taoïste.

Cette division du corps symbolique en trois niveaux réfère aux trois Tan Tien. Chaque niveau, abdomen, thorax et tête, correspond aux trois mondes, celui des Eaux, de la Terre et du Ciel, de l'Homme entre le Ciel et la Terre, du cœur de l'homme au centre. Ce sont les trois Champs de Cinabre : celui dans le bas-ventre (le véritable Palais de Cinabre lié à la fonction génératrice), celui dans le cœur et celui dans le cerveau. Il existe une autre représentation du corps taoïste ressemblant à l'embryon, et qui implique le rôle de l'énergie sexuelle, de la colonne vertébrale, du cœur et du cerveau dans l'alchimie spirituelle.

La vision du corps taoïste ou le corps symbolique

Dans les textes anciens de méditation taoïste, on trouve aussi les représentations des symboles de la nature ou les correspondances naturelles et cosmologiques dans la vision intérieure du corps. Les Occidentaux parlent du corps taoïste en utilisant des termes tels que « paysage intérieur » et « corps symbolique ». Cette vision symbolique du corps comme paysage était déjà présentée dans les textes de Tchouang-Tseu dès le IVe siècle av. J.-C., même si elle n'en comportait pas tous les éléments et descriptions. D'autres illustrations du corps symbolique ont été élaborées par des taoïstes hautement avancés dans les méthodes alchimiques sous la dynastie des Tang (VIIe siècle C.E.), l'âge d'or de l'alchimie interne. Une autre représentation du corps taoïste peinte sur soie par un taoïste daterait aussi de la dynastie des Tang (618-907). Ce diagramme sur soie appelé la Texture Interne de l'Homme (Nei Ching Thu) a été trouvé dans la librairie du temple Kao Sung Shan par un autre taoïste nommé Liu Chêng-Yin en même temps que le rouleau de soie portant les explications anatomiques des articulations, des transits, des organes et des viscères, ainsi que les explications alchimiques. Voulant conserver intactes ces précieuses connaissances d'alchimie physiologique appelée Chin Tan Ta Tao, le taoïste Liu Chêng-Yin réalisa en 1886 une gravure sur pierre de ce diagramme qui est encore exposée dans un temple Shao Lin, le monastère des Nuages Blancs (Pai Yun Kuan) de Bejing. Une autre copie de ce précieux document a été reproduite par frottement sur un papier à partir d'une sculpture sur une stèle de pierre, laquelle est aussi présentée par Joseph Needham. (Needham J., 1983, p. 115, fig. 1587) Une autre reproduction, plus moderne, est présentée par Kristopher Schipper (Schipper K., 1982, p. 143) et sert ici d'illustration à cette vision du corps symbolique taoïste. Elle correspond à la vision du corps dans les écoles modernes du Nei Tan. Elle est constituée de la tête et du torse et ressemble à un fœtus.

Selon Schipper, ce n'est qu'au début de l'ère chrétienne que nous pouvons en trouver des descriptions complètes. Elles sont identiques malgré les changements et les ajouts au cours de l'histoire et sont fidèles à la vision intérieure des grands maîtres taoïstes. Les taoïstes portent les forces cosmiques en eux et attirent à eux les forces primordiales de l'Un dans des lumières à absorber, des sons à capter. Ils neutralisent les énergies négatives internes et externes en les intégrant et en les transformant dans leur corps, et les mélangent aux souffles des cinq viscères et des six entrailles, des articulations et des vaisseaux sanguins, de même qu'à ceux des points énergétiques de l'acupuncture. Cette vision intérieure taoïste du corps est en convergence et en continuité avec les anciennes théories médicales. *«C'est la vision mystique du corps dans le taoïsme qui a servi de référence à l'art médical.»* (Schipper, K.,1982, p. 167)

Chaque partie du corps est mise en correspondance avec les symboles naturels et astronomiques des cinq éléments. C'est une représentation symbolique du corps paysage telle qu'utilisée dans la vision intérieure. Cette description est rapportée par Schipper (1982) dans sa légende des illustrations, à la fin de son livre, et il précise qu'elle diffère de celles rapportées dans le texte de son livre. Il présente le texte explicatif suivant des symboles du corps taoïste sans toutefois donner d'information sur sa provenance.

«En bas du corps, l'Océan des Souffles. Deux enfants, Père et Mère Tao, font tourner un moulin à eau, dans le but de faire remonter les énergies, qui, sinon, s'écouleraient vers le bas. Ces énergies (Tsing) sont chauffées dans le Champ de Cinabre (chaudron) et se transforment en souffle (K'i). Les quatre emblèmes Yin-Yang, au-dessus du chaudron, représentent les phases du feu (Houo-heou). Le souffle remonte à travers la colonne vertébrale au cerveau (montagne Kouen-louen). Un deuxième circuit va, par les reins (où laboure le Bouvier) et la Forêt des Mûriers (foie) à la Tisserande (cœur), pour rejoindre le courant du Champ de Cinabre. Les deux courants s'unissent dans le cerveau (lac) où le cycle ancien du Tou-mai se termine (vieillard, Seigneur du Tao). L'énergie se transmet du cerveau à la bouche, et un nouveau cycle recommence, celui du Jen-mai. Il va à travers la trachée (exercices respiratoires avec avalements de la salive) aux «poumons», ici représentés comme un labyrinthe et un second champ de cinabre. Dans ce lieu, un enfant, l'Homme Réel, enfile des pièces de monnaie (poumons = élément métal). Son ouvrage prend la forme de la constellation de la Grande Ourse : un nouveau destin pour le corps!» (Schipper, K., 1982, p. 338-339)

Selon Schipper, les descriptions présentées dans les textes anciens du Canon taoïste ne sont pas toujours aussi claires que dans ce texte. Ces textes anciens sont généralement destinés à des initiés et accompagnés d'instructions orales pour la transmission d'enseignements secrets. Ces textes obscurs sont difficilement compréhensibles pour les non-initiés. De plus, les commentaires ajoutent souvent à la confusion. Cela est vrai pour les non-initiés qui suivent la voie des livres (la voie Wei : externe). Si l'on a la possibilité de recevoir l'enseignement d'un maître (la voie Nei : interne), il est plus facile de comprendre tous ces symboles du corps par la méditation avec un maître taoïste, qui connaît le sens caché de ces symboles comportant souvent plusieurs niveaux de sens, et peut donc indiquer les niveaux de méditation atteints.

Selon l'auteure, le texte présenté par Schipper comporte plusieurs erreurs d'interprétations symboliques :

- les deux enfants = Père et Mère Tao,
- le bouvier laboureur = reins,
- la tisserande = cœur,
- les poumons (labyrinthe) où un enfant enfile des pièces de monnaie (poumons = métal).

Nous allons reprendre l'interprétation de ce texte en tenant compte des connaissances acquises par la pratique de la méditation taoïste.

Le corps taoïste ou l'alchimie interne du Tao

Toutes les représentations conservées depuis le IVe siècle comportent les symboles des cinq éléments, du soleil et de la lune pour signifier les forces cosmiques, naturelles et intérieures qui animent le corps. Selon l'auteure, les cinq éléments sont représentés dans le corps taoïste de la manière suivante :

Eau-deux enfants-testicules/ovaires et deux reins,
Terre-Bœuf-Rate,
Bois-Arbres-Foie,
Eau-Femme assise ou tisserande-Reins,
Feu-Flammes-Cœur-enfant- pas de Yu (spirale)-Grande Ourse,

Métal-Souffle-Poumon, trajet de respiration interne dans le bas du dos jusqu'au cerveau et retour du souffle à l'avant du corps pour retourner au Champ de Cinabre inférieur (Feu entouré des quatre signes du Tao) dans une boucle sans fin. C'est l'illustration de la respiration embryonnaire, du petit cycle céleste, c'est la rotation de la roue à eau, la voie rétrograde dans les pratiques sexuelles, c'est aussi l'Orbite microcosmique qui relie le macrocosme (Univers) et le microcosme (Homme). Les anciens Taoïstes sentaient et voyaient le corps humain comme le microcosme du monde naturel et cosmique. Ils représentaient donc le corps comme un paysage intérieur comportant les énergies des rivières, des forêts, des montagnes, de la terre et des astres, qui reflétaient leur harmonie intérieure et l'harmonie de chaque région du corps avec l'Univers. La voie spirituelle est indiquée par le canal dans le dos qui mène aux monts spirituels du cerveau et du sommet de la tête. Le but de l'alchimie est le développement interne, la purification et la transmutation de l'énergie des organes vitaux et de l'énergie sexuelle par cette voie, le petit cycle céleste. Les taoïstes représentaient le corps tel qu'ils le sentaient et le voyaient intérieurement en état de méditation.

Nous reprenons plus en détail la description de cette illustration du corps symbolique taoïste ou de l'alchimie interne du Tao élaborée à plusieurs époques en Chine (IVe, VIIe, XIIe siècles) pour conserver la compréhension des relations mystérieuses à l'intérieur du corps lui-même et du corps avec la nature et l'Univers. Cette description de l'alchimie interne du Tao est élaborée à partir de notes prises par l'auteure lors de divers camps de méditation avec Maître Mantak Chia entre 1981 et 1998 et réfère à une gravure du VIIe siècle.

Selon Maître Mantak Chia, voici ce qu'un adepte taoïste du nom de Sun Tun a écrit en bas de l'illustration du corps taoïste datant du VIIe siècle, après l'avoir trouvé. « La charte originale a été trouvée suspendue dans la bibliothèque de la Montagne des Hauts Pins, qui était interdite à la vue du public depuis plusieurs centaines d'années. Probablement le diagramme du monde intérieur caché dans notre propre corps était-il trop profond et mystérieux pour être bien compris par le monde extérieur. La charte originale était clairement dessinée et imprimée, et il a donc été facile de la graver après avoir réalisé toute son importance. Quand je l'ai vue pour la première fois, j'ai décidé qu'elle était trop précieuse pour ne pas la partager avec tout le monde. Alors humblement j'offre à nouveau au monde cet esprit.» (Chia, M., 1995, p. 2, trad. libre)

Voici une description du corps taoïste à partir des explications données par Maître Mantak Chia et divers auteurs. Cette description suit le trajet de transformation de l'énergie en commençant par le bas, car l'illustration s'élabore à partir de l'Eau, qui est la Source de la Vie.

1- L'Eau est la Source ou la Mer de l'énergie sexuelle, l'ingrédient majeur de toutes les pratiques d'Alchimie Interne. Cet ingrédient doit être ramené le long du canal jusqu'au cerveau pour commencer l'Alchimie et poursuivre dans des pratiques plus avancées.

2- Le Garçon et la Fille placés au bas du corps vis-à-vis du centre du périnée (1 VC) réfèrent aux testicules et aux ovaires, et aux deux reins, et ils sont installés sur une roue à eau qu'ils actionnent pour retourner l'Eau vers le haut, pour ne pas la laisser se perdre. Ils sont aussi en rapport avec les deux yeux qui, en tournant, mélangent les énergies du cerveau, du cœur et sexe et les raffinent avant de faire couler l'eau vers la première porte.

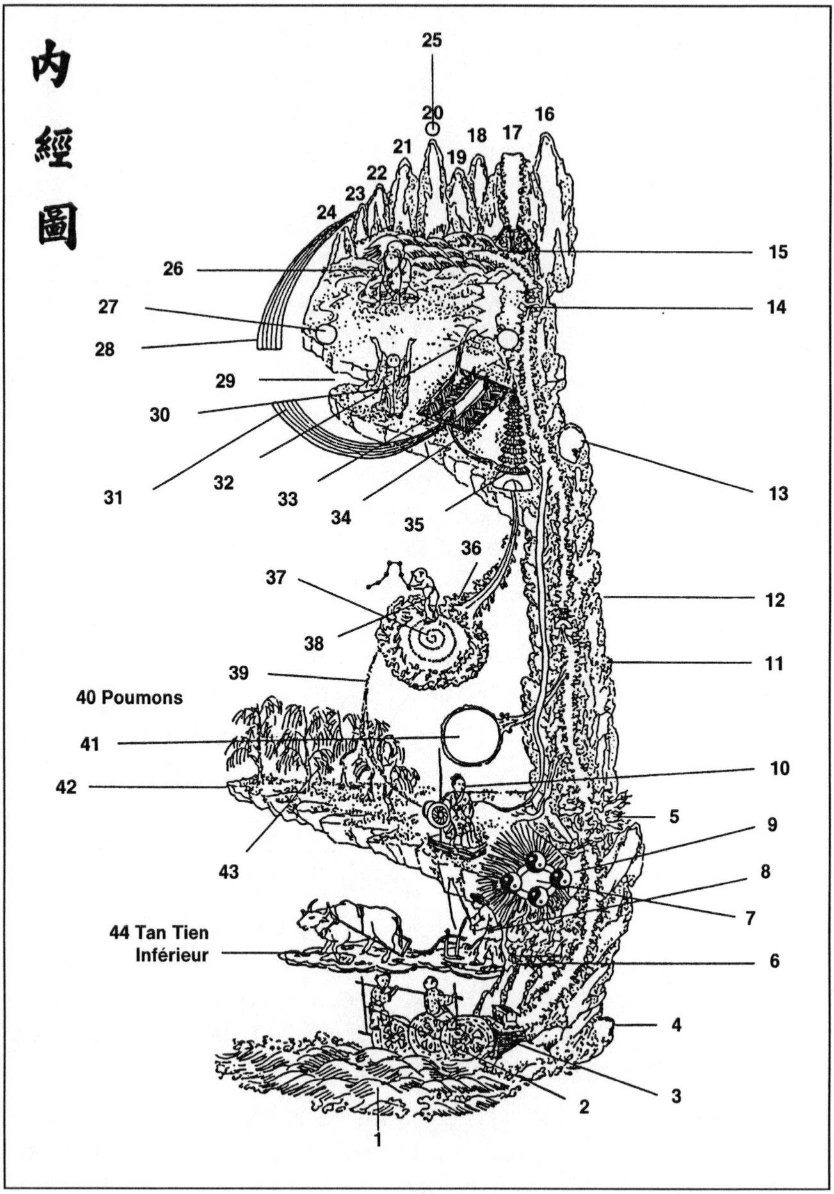

Figure 2-6 Le corps taoïste (tiré et adapté de Chia, M., 1995)

3- La première porte, représentée par un pont et une maisonnette, est « la porte de la queue », ou la pointe du coccyx (1 VG). Il relie l'énergie des deux reins. C'est par ce point que l'énergie remonte vers les hauteurs célestes. Peu importe si l'énergie sexuelle est stimulée ou combien d'énergie d'orgasme vous avez (le texte réfère à dix mille brasses de profondeur), cette méthode va la transformer et l'amener vers le haut.

4- La deuxième étape de la montée est illustrée par une longue plaque de rocher avec huit trous, souvent nommé « la cave des immortels », le lieu où sont reçues les énergies terrestres qui sont mélangées avec les énergies sexuelles.

5- L'énergie continue à se déplacer vers le haut jusqu'à la « Maison des deux reins », ou « la Porte de la vie » (4VG).

6- Le chaudron, avec des flammes brûlantes qui transforment l'énergie sexuelle, indique la force du processus alchimique qui commence au bas-ventre et se complète dans la région du nombril (Tan Tien inférieur), symbolisé par l'emplacement derrière le laboureur et le bœuf.

7- Les quatre symboles du Yin et du Yang reliés par un cercle réunissent et conservent la force vitale et l'énergie sexuelle venant du chaudron en flammes, accumulée derrière le nombril et appelée le « Tan Tien Véritable » (voir 9). C'est le lieu de l'expérience d'une sensation de chaleur brillante et radiante qui tourne dans un tourbillon centrifuge, appelée Qi.

8- Le Bœuf correspond à la Terre, qui correspond elle-même à la Rate, à la matière et à la lumière jaune et au Centre du corps humain : le nombril. La Rate-Centre est reliée à l'enracinement de notre être et constitue la source de la nourriture fondamentale par le travail à y consacrer, indiqué par le jeune garçon avec la charrue, qui laboure la terre. (Les attelages et la charrue sont des inventions chinoises.) Le Bouvier-Laboureur symbolise la nécessité de cultiver le Soi intérieur avant que la graine soit plantée et que son fruit puisse être récolté ou que la pièce d'or puisse être forgée.

9- Le Tan Tien Véritable est sous les reins, en avant de la colonne vertébrale. La concentration sur le bon point permet de ressentir le Qi, qui s'active, se régénère et se dirige rapidement à la couronne (cerveau).

10- La Tisserande représente le Rein gauche, le Rein Yin, qui engendre l'Eau Véritable, qui contient le Yang interne et attire le Yang actif, le Rein Yang. La jonction des deux Reins sur la colonne vertébrale correspond à la Porte de la Vie, le point 4VG.

11- L'énergie continue à monter à travers les rochers, symboles des vertèbres, jusqu'à la 11e vertèbre thoracique, entre les deux surrénales, à l'espace qui correspond au point 6VG.

12- L'énergie continue à monter à travers les rochers jusqu'au pont surmonté d'une pagode sur la voie spirituelle, vis-à-vis de la sphère de Feu (cœur). Ce lieu correspond à la 5e vertèbre thoracique et au point 11VG. C'est une position avantageuse pour le séjour de l'Esprit, la méditation, l'observation de sa vie, avant d'aller dans la Voie Supérieure de l'Esprit.

13- L'énergie continue à monter à travers les rochers jusqu'au rocher proéminent, le Gros Marteau, la 7e vertèbre cervicale, le point 14VG, là où tous les méridiens Yang du corps se réunissent, vis-à-vis de la pagode aux douze étages à l'avant.

14- La prochaine porte indiquée par un autre pont surmonté d'une pagode se trouve à droite, en bas du cercle formé par les rochers et les arcs-en-ciel. Cette porte, à la base du crâne, correspond à l'Oreiller de Jade et aux points 16 VG et 9 V, et donne accès aux régions supérieures de l'esprit.

15- L'énergie continue à monter et donne accès à la Mer des moelles, le cerveau.

16-17-18-19-20-21-22-23-24-

L'énergie continue à monter et se loge dans les Monts Kun Lun, ou la Montagne aux Neuf Pics et leurs Caves. Chacun de ces pics et chacune de ces caves correspond à une fonction du cerveau ou à des centres différents du cerveau. Ces Neuf Pics sont reliés aux neuf points de la Couronne, lesquels sont en lien avec la Force Universelle et le Cosmos. À partir de ces Pics, l'énergie peut s'étendre vers l'Univers et revenir pour être emmagasinée et transformée dans les différentes cavités du corps (voir au chapitre 1 Les Trois Tan Tien et six directions).

Les Mont Kun Lun sont aussi considérés comme un des lieux sacrés du Tao. C'est la Terre d'Immortalité. Ces pics montagneux, comme des cheminées, attirent les Énergies Universelles vers le bas et les condensent dans les caves, lieux d'initiation des adeptes taoïstes.

25- La Perle au-dessus du Pic du Royaume des Immortels représente l'essence de la force vitale et de l'énergie sexuelle transmutée en énergie spirituelle et en sagesse (dans la glande pinéale). Le but de cette transformation est de réunir le Soi Supérieur, représenté par la Perle, avec l'Esprit.

26- L'Homme Sage représenté par Lao Tseu (le Jeune Vieux) est assis dans la cavité originale de l'Esprit au troisième œil, dans le Hall de l'Esprit ou dans la Cour Impériale. Il représente la glande pituitaire.

27- Les deux cercles représentent les deux yeux, qui symbolisent la lune et le soleil. Certains textes indiquent la lune à gauche et le soleil à droite, et d'autres l'inverse. Ainsi l'œil droit symbolise le soleil et le Yang et est en rapport avec le cerveau rationnel du temps et de l'espace physiques. L'œil gauche symbolise la Lune et le Yin et agit sur le cerveau irrationnel, hors du temps et de l'espace. Les deux yeux servent aussi à activer en tournant les énergies pour les combiner et les conserver dans les trois niveaux de transformation du corps, les trois Grand-Un, les Trois Foyers.

28- La bande de cinq énergies d'en haut représente la descente des cinq principales énergies Yang des organes venant du sommet de la tête vers le bas par le canal Yang, le Vaisseau Gouverneur.

29- L'Ouverture symbolise la bouche, qui permet d'absorber les énergies par les aliments et de relier le haut et le bas du corps, grâce à la langue.

30- Dans la région inférieure, un homme, les bras élevés, renverse sa tête et regarde vers le haut pour relier le haut avec le bas, pour recevoir l'Énergie Céleste. Il symbolise le pont, effectué par la langue au palais, entre le haut et le bas, la réunion du Canal Yang du haut avec le canal Yin du bas. Il symbolise aussi Bodhidharma, le fondateur du bouddhisme zen en Chine, qui fait le lien avec le Tao.

31- La bande de cinq énergies d'en bas représente la réception des cinq principales énergies Yang des organes venant du sommet de la tête vers le bas et transformées dans le canal Yin, le Vaisseau Conception en cinq énergies Yin des cinq organes.

32- L'Étang de Rosée symbolise la nourriture interne du cerveau qui se déverse et devient le Nectar Sucré, ou l'Élixir d'Or, le liquide sécrété, la salive, qui augmente et se raffine lors des pratiques. Elle se charge des hormones des glandes pinéale et pituitaire.

33- La Piscine de la Bouche reçoit cet Élixir d'Or dans la région de la Traverse de la Bouche.

34- L'Élixir d'Or descend et est reçu au point 24 VC pour former la Piscine Céleste.

35- Le flot d'Élixir, le Nectar Sucré et le Qi continuent à descendre dans la Pagode à neuf étages appelée la Pagode aux Douze Histoires qui symbolise la gorge et le point (22 VC), là où le Ciel Fait Irruption, où l'énergie céleste se manifeste par la capacité de communiquer la connaissance.

36- Le courant d'Élixir d'Or, la salive, coule dans la Balle Enflammée de Feu, le péricarde, pour rafraîchir et irriguer le Feu, qui symbolise le Cœur.

37- Au centre du Feu ou du cœur, une Spirale de Grains de Riz symbolise le mouvement spiralé de la vie à partir d'un centre dans le cosmos, dans la terre et dans l'homme. «Un petit grain de riz contient tout l'Univers»; c'est un mystère et une loi de l'Univers. Cette spirale est aussi associée au pas de Yu, à Yu Le Grand, le premier Empereur mythique de la Chine, et aux douze emblèmes de l'Empereur. Le Cœur étant considéré l'organe majeur du corps, il est qualifié de Feu Impérial ou de Feu Empereur.

38- Le Divin Vacher ressemble à un enfant par sa sagesse, son innocence et sa simplicité. Il symbolise le Feu de l'amour et de la compassion. Le Divin Vacher fait descendre, attire à lui et reçoit l'énergie des étoiles de la Petite Ourse ou du Petit Chaudron inversé, qui guide les saisons et détermine la localisation de l'Étoile du Pôle, le Centre céleste.

39- La Voie Lactée symbolise les énergies célestes qui se déversent du Petit Chaudron, du Feu du Cœur (cercle de Flammes) et de la Spirale des Grains de Riz, qui est aussi un Centre-Terre. C'est la Voie d'harmonisation du Yang-Feu, représenté par le Vacher, et du Yin-Eau, représenté par la Tisserande.

La Tisserande de la Soie symbolise les Reins et l'Eau Céleste venue des étoiles par la Voie Lactée et la Lune. Elle peut conserver l'énergie Yin et la retourner directement vers le canal du dos, entre la gorge et C7, et jusqu'au cerveau pour maintenir le calme intérieur, en respirant comme on file la soie.

40- L'Espace Vide symbolise la plénitude de l'Esprit des Poumons, qui loge dans l'espace vide au-dessus de la forêt.

41- La sphère vide entre le Feu du cœur et les reins symbolise le Plexus solaire ou le Tan Tien médian.

42- La pointe de terre qui avance représente la base des côtes.

43- Les Arbres de la Forêt, symbolisés par le Bois, sont en correspondance avec le Foie, qui est un épurateur de l'énergie, comme les arbres.

44- Le Laboureur, le Bœuf, représentés aussi par la Terre labourée, symbolisent la Rate et l'estomac, la nourriture physique et spirituelle, et le pouvoir de transformation de l'Homme, comme celui de la terre.

Retour à 6-9 et 1- L'énergie retourne à la région d'origine, au nombril, le chaudron en Flammes (6), et aux quatre balles de Taï Chi (Yin et Yang) (9) pour revenir à la Mer de l'Eau (1), le point d'arrivée et le point de départ de la circulation de l'Énergie (voir Chia, M., 1995).

Cette gravure nous rappelle qu'à chaque fois que l'énergie circule de bas en haut et de haut en bas, elle se raffine, se recycle et régénère en nous la Force Vitale.

L'évolution psychique et spirituelle des Grands Maîtres est de retourner au naturel, de vivre comme un enfant, hors du temps et de l'espace, à se nourrir de Chi (Qi) à la manière de l'Immortel Endormi.

«Endormi sur un oreiller de pierre
Oublieux du calendrier, des saisons,
Quand le Ch'i descendra dans l'abdomen
La nature spirituelle sera réalisée.
Le Ch'i monte à la cavité mystérieuse
Chaque souffle, inspiration, expiration, naturel et aisé
Ni confondu ni séparé
Homme paisible, je semble paresseux, endormi tout le jour
Mais je dors sans dormir
Je pratique le vrai tch'an.
(Poème de l'Immortel Endormi de Tchang Sanfong)»

(Kiecel, A., 1984, p.150)

Les cartes de la peau: les régions du cerveau et du corps déployées sur la peau *et dans l'Univers*

Les cartes du corps sur la peau comprennent les projections du visage, du nez, des pieds, des mains, des oreilles, des organes sexuels et du crâne, ainsi que des canaux et les points d'énergie, lesquels sont en lien avec les rythmes de l'Univers terrestre et céleste.

Cette vision du corps est empirique et réfère aux approches médicales dont font partie l'acupuncture, la pharmacopée et les autres arts médicaux de la Chine, que nous n'avons pas fini de découvrir. Elle est issue du modèle cosmologique du système des correspondances et transmise par les corporations professionnelles.

Comment expliquer cette vision orientale du corps?

Le clonage et la création de plus de deux cents nouveaux tissus du corps à partir des cellules souches de l'embryon humain par Gearhart et Roger Pederson (Gorman, C., 2000, p. 42) et par James Thomson (Golden, F., 2001, p. 33-34) sont des découvertes révolutionnaires en Occident, mais les débats encourus sur l'utilisation d'embryons humains ont ralenti ces recherches.

Par les cellules souches de la peau, on peut reconstituer tout le corps. Cette découverte effectuée à l'Institut neurologique de Montréal par Freda Miller en janvier 2002 permet de grands espoirs pour les personnes ayant subi des pertes d'organes ou de membres, ou ayant des déficiences. *«Dans la peau des souris des cellules au potentiel extraordinaire, des cellules souches, capables de se reproduire et de se transformer en une multitude de cellules spécialisées, comme celle du foie, du cerveau, du pancréas ou des tissus cardiaques.»* (Aubin, B., 2002, p. 28-29)

Selon Freda Miller, nous ne sommes pas loin du moment où les chercheurs vont prélever des cellules souches sur la peau humaine et les cultiver dans une solution de croissance pour les faire croître et les greffer pour stimuler la production de diverses substances comme l'insuline, pour traiter des fractures ou vaincre des maladies neurodégénératives. En Occident, on arrive à l'évidence: une seule cellule du corps contient l'information de tout le corps. Ainsi, l'embryologie, la neurologie et la biologie occidentales confirment la valeur des pratiques de l'acupuncture.

Les taoïstes vont plus loin en disant qu'une seule cellule du corps contient toutes les informations de tout le corps et de tout l'Univers. En médecine traditionnelle chinoise et en acupuncture, on utilise des aiguilles fines pour piquer les points d'énergie sur la peau, à différents niveaux de profondeur. La poncture de ces points active les cellules environnantes, l'énergie et la circulation du sang, et stimule la production cellulaire.

Selon les points choisis sur la peau, l'acupuncture permet de stimuler différents systèmes énergétiques, ce qui active la matière de manière sous-jacente ou de façon distale. Les points d'énergie, les méridiens ou les canaux d'énergie sont des émanations des énergies des organes et des entrailles internes qui circulent sur la peau et dans les tissus du corps et l'animent.

Les Chinois ont compris très tôt que chaque partie du corps, que ce soit la main, le pied, le nez, la face, les oreilles, les yeux ou les organes sexuels, est le reflet de tout le corps, tout comme chaque cellule contient l'information de tout le corps et comme le cerveau contient la carte de toutes les parties du corps. Ils ont élaboré des cartes de ces correspondances, qui sont connues comme les méridiens et comme les points d'énergie. En Occident, ceux-ci sont aussi connus comme les points réflexes ou de réflexologie. Comme la neurologie occidentale a élaboré plusieurs cartes du cerveau, la MTC a établi des cartes des diverses correspondances des parties du corps sur la peau. Plusieurs personnes se demandent comment il est possible que parfois une seule aiguille (par exemple le rôle du point 20 VG Paé Roé pour activer la détente, ou le rôle des points 9V pour régulariser les fonctions mentales (voir cervelet, chapitre 1) ou simplement quelques aiguilles implantées aux bons endroits puissent avoir un tel effet thérapeutique. Cela se comprend facilement quand on comprend le rôle de la peau.

La théorie des correspondances ou la loi des cinq éléments indique clairement cette compréhension profonde de l'élaboration du corps humain et des relations entre ses diverses parties, qui se répercute au niveau de la peau. *La peau et chaque partie du corps est une carte du corps pour les Asiatiques, comme le cerveau est une carte du corps pour les Occidentaux.* Les scientifiques affirment actuellement qu'une cellule bien oxygénée ne meurt pas: Peau = Poumon = Respiration = Oxygène. Les toxines de la cigarette sont excrétées par la peau au cours d'un traitement d'acupuncture. Piquer un point d'acupuncture, c'est mettre en branle le processus de vie, d'oxygénation, d'activation du métabolisme, de régénération.

En Occident, personne ne met en doute les projections des régions de la main ou des pieds au cerveau, de la même façon qu'en Orient, personne ne met en doute la projection énergétique des organes et des parties du corps dans d'autres parties du corps. En MTC, il existe plusieurs façons d'exprimer ces correspondances et ces projections.

Par exemple, les énergies de tout le corps se trouvent rassemblées dans chaque partie du corps, comme si chaque partie était un microcosme qui contient l'ensemble ou le macrocosme du corps. Voici les principales projections: 1- les projections des énergies de tout le corps sur le visage, le nez, les mains et les pieds; 2- les projections des énergies du corps sur les oreilles; 3- les projections des énergies des organes et des glandes sur les organes sexuels masculins et féminins; 4- les représentations des méridiens du corps sur les mains (Koryo Hand Acupuncture); 5- les projections des énergies des organes et des entrailles sur les trajets d'énergie sur le corps et à l'intérieur du corps, appelés canaux d'énergie ou méridiens; 6- les projections des régions du cerveau sur le crâne ou sur les points du crâne, ou la crâniopuncture.

1- Les projections des énergies de tout le corps sur le visage, le nez, les mains et les pieds

L'acupuncture de la face et celle du nez sont des méthodes thérapeutiques utilisées pour guérir des maladies en poncturant des points spécifiques sur le visage et sur le nez. Ces pratiques sont basées sur l'ancienne méthode diagnostique: l'observation des changements de couleur de la peau. Ces couleurs sont celles indiquées dans les correspondances. Les *interrelations* entre la face, les trajets d'énergie et les organes internes de tout le corps sont indiquées dans le chapitre 49 du *Ling Shu*, la deuxième partie du *Suwen*. Les points du visage et du nez sont aussi utilisés en anesthésie distale.

Le visage

Le visage est divisé en plusieurs *régions réactives,* qui réagissent à des maladies des organes internes et des quatre membres. Cet aspect est très important en médecine chinoise, car «la surface du corps reflète les changements pathologiques des organes internes et des quatre membres». (Kho, L. K., 1981, p.1, trad. libre) Cela s'applique aussi aux canaux d'énergie; en observant leurs réactions externes, on peut étudier les organes internes. Le visage comprend 24 points.

Le nez

Dans un autre chapitre du *Ling Shu*, il est indiqué que la tête et le visage sont situées dans la région la plus importante du corps, là où l'énergie et le sang des douze méridiens et leurs 365 collatérales montent toutes à la face et dans un espace libre, là où l'énergie alimentaire interne et l'air externe se rassemblent pour créer l'odorat.

Déjà sous la dynastie des Chin, un livre écrit sur les maladies de la peau disait: «Le nez est situé dans le milieu de la face comme

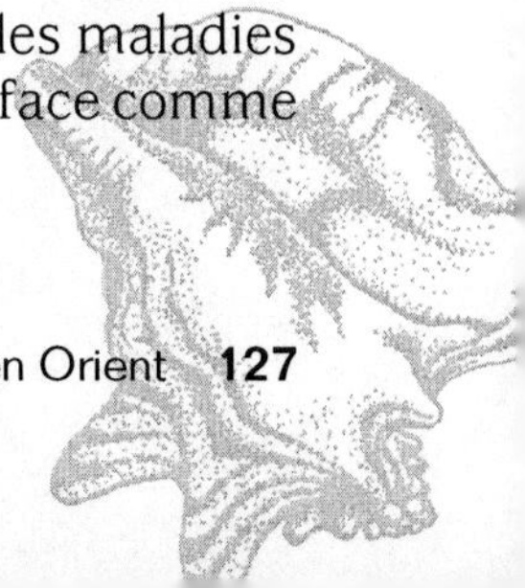

une route de la circulation du sang du corps.» «Le nez est l'ouverture des poumons.» (*Idem*, p. 2) Il est en relation avec l'énergie vitale et le sang du corps et avec les activités du cœur et des poumons.

Le chapitre 49 du *Ling shu* (Les cinq couleurs) donne des indication sur les cinq couleurs ainsi que des détails sur les emplacements des points de projection des cinq organes sur la ligne du nez et des six entrailles de chaque côté. Il y a au total 23 points.

Les mains et les pieds

Il est question de la relation entre les quatre membres et tout le corps dans le chapitre: «Tungshu» du *Ling Shu*. «Les quatre extrémités où le négatif (Yin) et le positif (Yang) se rencontrent. Ce sont les grandes circulations collatérales de l'énergie de la vie.» (*Idem*, p. 21) De plus, il faut suivre la règle de poncture à l'opposé. Si la douleur est à gauche, il faut choisir le point correspondant à droite. Il est indiqué de combiner les points qui ont les mêmes propriétés thérapeutiques. Si les symptômes sont de même nature, les points peuvent être aussi combinés. Il y a 27 points pour les mains, 31 pour les pieds.

Pour choisir les points, il y a trois méthodes. 1- Sélectionnez les points en relation avec le viscère atteint. Par exemple, poncturez le point cœur pour des maladies cardiaques. 2- Sélectionnez les points en rapport avec la région de réaction sensitive avec une fine aiguille ou un détecteur de points dans la région correspondant au viscère affecté. Le traitement consiste à utiliser un courant de 130 à 180 milliampères pour provoquer un chatouillement ou une sensation de brûlure. 3- Sélectionnez les points en fonction des changements d'apparence observés à la surface du corps et établissez le rapport avec les projections des points.

Pour des figures détaillées et des textes indiquant des fonctions de ces points, consultez Nguyen Van Ghi (1984, p. 503-516).

2- Les projections des énergies du corps sur les oreilles

Dans le *Wei Sheng Pao Chien (Le Trésor de la santé),* publié sous la dynastie des Yuan (1281 apr. J.-C.), il est indiqué que «Les cinq organes (Tsang) et les six entrailles (Fu) et les douze canaux d'énergie sont connectés avec l'oreille». (*Practical Ear-needling therapy*, 1987, p. 2.) Cela indique que le pavillon de l'oreille et tout le corps sont un tout unifié qui ne peut être séparé. Dans le *Ling Shu*, la seconde partie du *Huang Di Su Wen*, publié entre 497-221 av. J.-C. (période des États combattants), il est indiqué de «faire l'inspection du pavillon de l'oreille pour diagnostiquer les reins». (*Idem*, p. 2) Les traitements par les points de l'oreille sont aussi reconnus pour les cas d'urgence et au seuil de la mort. Le traitement par les oreilles a une histoire de 2 000 ans en Chine. Ce n'est qu'en 1956, en Chine, que le développement moderne de la thérapie par les oreilles a repris après des expériences concluantes de traitement d'amygdalites sévères par la pratique ancienne de l'acupuncture de l'oreille et, en 1957, avec le saignement à l'arrière du pavillon de l'oreille pour traiter des orgelets et autres maladies de l'œil.

Mais c'est à P. Nogier, un acupuncteur français, que l'on doit le développement de l'auriculothérapie actuelle pour avoir établi par des observations consciencieuses les relations entre les points de l'oreille et les autres parties du corps, et ajouté de nouveaux points à la pratique clinique.

L'observation des manifestations cutanées et leur emplacement aux oreilles sert aussi de diagnostic : la sensibilité, la congestion, les changements de couleur de la peau, les douleurs à la pression, la décoloration, les desquamations, les cloques, l'augmentation de la conduction du courant électrique. Plusieurs sortes de stimulations des points sont possibles : la puncture, l'aiguille à demeure, la stimulation électrique, le massage, l'injection de drogue. Ces points sont aussi utilisés avec succès dans l'anesthésie.

Les points des oreilles stimulent prioritairement l'énergie Rein-Eau ou l'énergie vitale de chaque organe et de chaque système du corps. Ils sont donc utiles pour réveiller les processus vitaux dans les cas de dépendance, dans les cas incurables et graves. Ils procurent des effets rapides dans les cas de douleur, d'inflammation, de démangeaison, d'urgence, de fièvre. De plus, les aiguilles à demeure dans les oreilles sont utilisées fréquemment pour enrayer les dépendances dans le boire, fumer, manger.

Il y a 200 points auriculaires. Ces points se répartissent dans des régions différentes du pavillon de l'oreille en suivant la forme du fœtus renversé dans l'utérus, la tête en bas et les fesses en haut, la colonne vertébrale étant projetée sur l'anthélix. Le livre *Précis d'acupuncture chinoise* donne en détail la répartition des points auriculaires: «Le lobule de l'oreille correspond à la région faciale, comprenant les points dits Maxillaire supérieur, Maxillaire inférieur, Voile du palais, Voûte palatine, Œil, Oreille interne, Amygdales, Langue, etc.» (Voir *Académie de médecine traditionnelle chinoise*, 1977, p. 282-285)

3- Les projections des énergies des organes et des glandes sur les organes sexuels masculins et féminins

La réflexologie des organes sexuels est connue et élaborée pour stimuler par les organes génitaux les activités des glandes et des organes internes. Le Livre *Su Nu King* (*Le livre de la Fille blanche* ou *Classique de la Vierge*) paru sous la dynastie des Sui (581-618 après J.-C.), traité de sexualité, est un manuel de bonne santé sexuelle du couple qui présume de l'harmonie du Yin et du Yang, du Ciel et de la Terre. Il explique les relations entre les diverses postures sexuelles, les profondeurs des pénétrations et les nombres de pénétration, les relations entre les organes sexuels et la stimulation de diverses parties du corps par l'énergie sexuelle conservée par la non-éjaculation. Ces pratiques sont utilisées pour la guérison et pour le développement spirituel. Ce livre est en relation directe avec le taoïsme, qui utilise les pratiques sexuelles pour augmenter le Qi et le Shen. «Sans coït, Shen ne peut s'épanouir, Yin-Yang est bloqué, aussi comment pourrait-on se tonifier?» (Leung Kwok Po, 1978, p. 91) Le pénis s'appelle la tige de jade et le vagin, la porte de jade. Lorsque le cœur est ouvert, la porte de jade s'ouvre facilement, et la tige de jade s'élève (rate), est grosse (foie), ferme (reins) et chaude (cœur). Le Feu attire l'Eau, l'Eau éteint le Feu.

Les livres de Maître Mantak Chia (voir Chia, M., 1991 (1), 1993 (2), 1997, 2000 (2) et 2002 (2)) sur les pratiques sexuelles taoïstes reprennent plusieurs données de ce livre classique, le *Su Nu King*, en nous expliquant à l'occidentale toute la subtilité de cet enseignement et de son importance pour la régénération du corps par l'alchimie spirituelle, qui inclut l'alchimie sexuelle, émotive et mentale. Les pratiques enseignées indiquent comment et où diriger les sensations sexuelles et l'énergie orgasmique des organes sexuels en tenant compte de leurs relations et de leurs projections dans les organes et les glandes internes pour les régénérer. Par exemple, les énergies ressenties dans la région haute du pénis, près du gland et à l'entrée du vagin, sont dirigées vers le cœur et les poumons pour les tonifier, car ces régions sont en correspondance avec ces organes.

Dans les derniers livres de Maître Chia sur la sexualité, écrits en collaboration avec Douglas A. Arava et Douglas, avec Rachel Abrams et avec William U. Wei, les projections et la réflexologie des organes et des glandes ont été modifiées et complétées. (Voir Chia, M., 1997, p. 75, fig. 7: *Réflexologie du pénis*, Chia, M., 2000 (2), p. 147, *Réflexologie du pénis et réflexologie vaginale*, et Chia, M., 2002 (2), p. 45 à 48, fig. 5. 15 à 5.21 et p. 110 fig. 9.1)

4- Les représentations des méridiens du corps sur les mains (Koryo Sooji Chim ou Koryo Hand Acupuncture)

Plusieurs styles d'acupuncture se sont développés en Asie depuis les derniers millénaires, mais l'acupuncture continue d'évoluer, comme en a fait foi l'acupuncture des mains, une approche du Dr Tae-Woo Yoo, en 1971, en Corée. Des mini-aiguilles sont insérées dans la peau des mains, dans les points en correspondance avec les points et les canaux d'énergie de tout le corps. Cette pratique utilise les mêmes bases théoriques que l'acupuncture de tout le corps: Yin/Yang, 5 éléments, 5 organes, 12 méridiens. Chaque main représente tout le corps. Les méridiens de tout le corps sont représentés en double, soit dans les mains droite et gauche, ce qui permet la puncture à l'opposé. La recherche des points sensibles et douloureux «Ah Shi» indique les parties sensibles correspondantes dans le corps.

5- Les projections des énergies des organes et des entrailles sur les trajets d'énergie sur le corps et à l'intérieur du corps, appelés canaux d'énergie ou méridiens

Dès l'âge de pierre, les outils de pierre furent utilisés pour le travail mais aussi pour soulager les souffrances. Cette technique était appelée «Bian», «ce qui signifie soigner une maladie avec le poinçon de pierre», remplacé par l'os et le bambou. L'âge de feu permit la moxibustion, et l'âge de bronze (XVIe –XIe siècle av. J. C.), la fabrication des aiguilles métalliques. L'effet de conduction permit par la poncture des points de découvrir graduellement les canaux d'énergie qui se manifestent à la surface de la peau et pénètrent en profondeur dans les organes et les entrailles. À partir du *Huan Di Su Wen Nei Jing* (*Le Classique de l'interne*), publié lors des Royaumes Combattants (770-221 av. J.-C.), il y a toujours eu des livres médicaux traitant de l'acupuncture et de la moxibustion et indiquant la physiologie et les pathologies. Il y a eu aussi des dessins en couleur et des statuettes de bronze reproduisant les points (365) et les trajets d'énergie de tout le corps, au nombre de douze. Ceux-ci représentent la voie par laquelle circulent l'énergie et le sang; ils relient l'interne et l'externe et régularisent tout l'organisme. Il y a douze méridiens principaux et huit méridiens curieux ou extraordinaires. Les «Luo», ou branches collatérales, relient les méridiens entre eux. «Répartis sur tout le corps humain, les méridiens et les branches collatérales jouent un rôle de liaison dans la relation réciproque entre les organes; les viscères creux et le revêtement cutané faisant ainsi de chaque partie du corps un tout.» (Voir *Académie de médecine traditionnelle chinoise*, 1977, p. 35) De plus, «Les méridiens possèdent la fonction de relier la superficie à l'intérieur et de faire circuler l'énergie et le sang» (*idem*, p. 314), d'où la possibilité d'utilisation de points distaux et le fait que la stimulation d'un point peut se répercuter sur les autres parties du corps.

L'énergie des méridiens suit le rythme horaire des douze heures chinoises et, par ce phénomène, elle est rattachée aux énergies terrestre et céleste (voir à ce sujet la figure 2-2: la chronobiologie chinoise).

6- Les projections des régions du cerveau sur le crâne ou les points du crâne, ou la crâniopuncture

Les points hors méridiens, dans lesquels on trouve des points curieux, des points nouveaux et des points spécifiques, sont localisés principalement dans les régions de la face et du nez, des mains, des pieds, des oreilles et du crâne.

La crâniopuncture fait partie de l'acupuncture et a été découverte il y a environ 60 ans par les Chinois. Elle consiste à planter des aiguilles sur certaines régions cutanées déterminées du crâne dans le but d'obtenir des effets thérapeutiques. Les Chinois reconnaissent 19 régions précises du crâne qui apparaissent dans la figure suivante. Il s'agit d'un traitement symptomatique, et c'est donc le symptôme qui détermine le choix de la région à stimuler. Les aiguilles sont implantées à la surface de la peau, soit en oblique, soit selon la technique d'aiguilles croisées sur les différentes régions. Le traitement consiste en 10 séances, à raison d'une par jour, entrecoupées de périodes de 3 à 5 jours.

La crâniopuncture est d'un grand intérêt pour le traitement des affections du système nerveux central, particulièrement pour :

1- les accidents vasculaires cérébraux qui se produisent à la suite de l'obstruction d'une artère due à une thrombose ou une embolie (surtout les séquelles motrices et visuelles);

2- les hémorragies cérébrales dues à une rupture d'une artère dans le parenchyme cérébral, à la suite d'athérosclérose diffuse et d'hypertension, à un traumatisme crânien, à une tumeur vasculaire du cerveau. Les traitements de crâniopuncture s'appliquent à la phase de stabilisation (hémiplégie) et se limitent à certaines régions : motrices et vasomotrices ;

3- les traumatismes crâniens ;

4- le parkinson ;

5- la maladie de Ménière. (Voir Nguyen Van Nghi, 1984, p. 538 à 548)

Chaque microcosme du corps contient le macrocosme du corps entier. Ainsi, tous les organes internes et toutes les glandes et les diverses parties du corps sont présents dans les oreilles, sur le visage, sur les mains, dans les organes sexuels et sur les points du crâne. Si chaque cellule contient tous les messages du corps, chaque partie du corps contient également toutes les autres.

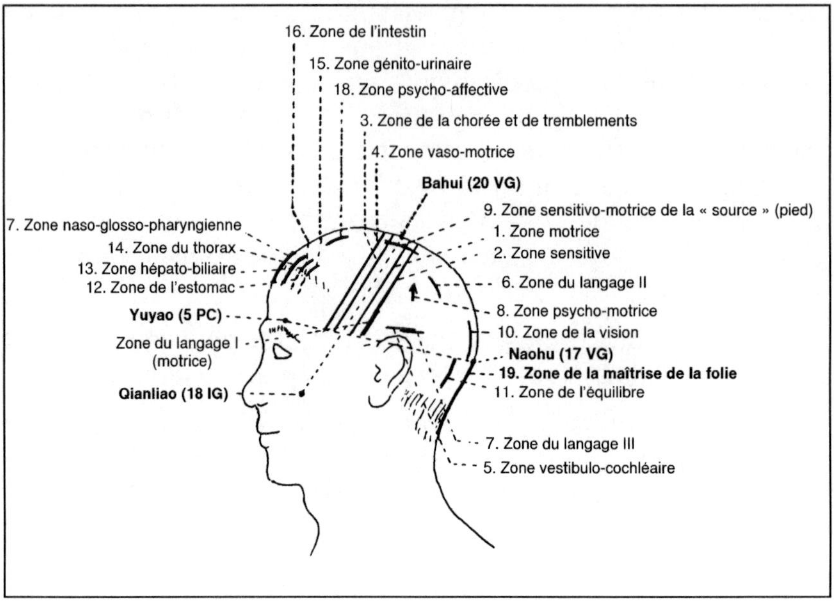

Figure 2-7 Les points du crâne, la crâniopuncture (tiré de Nguyen Van Nghi, 1984, p. 539, fig. 36)

Les méthodes de traitement des émotions par la mobilisation du Shen et la poncture de la peau

La mobilisation des points Shu/Shen du dos et des points Shu antiques dans les traitements d'acupuncture

Selon Nguyen Huy, il est nécessaire d'impliquer le patient dans le traitement d'acupuncture préventif et curatif, qui nécessite la mobilisation du Shen Qi (voir Nguyen Huy, 1999, p. 6-8). Qu'est-ce que le Shen Qi ?Le Shen Qi est l'énergie mentale liée à l'énergie du cœur.

Le cerveau

Le cerveau est le siège du mental. Le chapitre 25 de *Suwen* précise l'importance du mental dans la guérison : *«L'acupuncture consiste à appliquer les Cinq Règles Essentielles malheureusement souvent négligées à cause de la difficulté à en saisir le sens : – soigner le mental, – entretenir le corps...»* Il est prioritaire de développer la première règle essentielle, *«soigner le mental»*, dans une collaboration préventive entre le patient et le thérapeute. Le traitement préventif consiste pour l'acupuncteur à donner au patient une formation à l'autosoin et pour le patient à s'impliquer dans une participation active au traitement. Cette collaboration est indispensable à la mobilisation du Shen Qi ou de l'énergie mentale, soit par l'acupuncture, soit par la suggestion mentale ou en utilisant les deux à la fois, comme le préconise ici l'auteure.

Le Shen Qi

Le Shen Qi est formé de la quintessence et de l'énergie du cœur et se conserve dans le cœur. Le chapitre 9 du *Suwen* dit : *«Le Cœur est la source de la vie, le lieu de transformation de l'énergie mentale»*, et le chapitre 8 précise *«Le Cœur a la fonction de souverain, il est le siège du Shen»*.

Le Shen Qi a pour fonction de diriger la circulation énergico-sanguine. Lorsque le mental est absent ou faible, il est difficile de le mobiliser par l'acupuncture ou par la conscience pour activer cette double circulation énergétique et sanguine. La puncture des points d'énergie provoque l'activation du Shen Qi, ce qui a pour fonction d'activer la montée ou la descente de l'énergie pour régulariser les états pathologiques. C'est grâce à la présence du Shen Qi que les mouvements énergétiques, la direction et la focalisation de l'action thérapeutique peuvent avoir lieu. La présence du Shen Qi du patient est indispensable à la réussite du traitement d'acupuncture. Le chapitre 3 du *Suwen* précise l'importance d'évaluer le Shen Qi avant le traitement : *«Il faut, entre autres, apprécier l'état du Shen Qi du malade, dont la présence constitue un bon signe et l'absence un mauvais signe.»*

L'état mental ou l'état du Shen Qi est souvent la cause primordiale de la maladie ou le facteur de son aggravation. L'affolement,

le manque de confiance dans le traitement, le refus de se soigner ou de guérir indique un état mental qui complique ou aggrave la maladie. Le chapitre 11 du *Suwen* indique que l'état d'esprit du malade doit être pris en considération, car *«Pour traiter les maladies, il faut bien examiner la région basse (voie digestive et urinaire), bien distinguer les mouvements des pouls, bien observer l'état mental et les différents signes cliniques.*

Si le malade croit aux démons, on ne parle pas de traitement médical. Si le malade répugne aux piqûres, on ne parle pas d'acupuncture. Si le malade ne veut pas se soigner, la maladie sera difficile à guérir, bien qu'on lui impose un traitement».

L'absence du Shen Qi est une des causes de l'échec du traitement d'acupuncture qui nécessite la présence du Shen, du Qi et du Jing pour agir. Le chapitre 14 du *Suwen* explique la nécessité de cette conjonction des énergies dans le traitement. *«L'acupuncture a besoin du Jing (quintessence), du Shen (mental) et de l'énergie vitale (Ying Qi et Wei Qi) pour produire son effet. Sans ces énergies, le traitement reste inefficace.»*

Quand ces énergies sont épuisées et que la maladie atteint son stade critique, les traitements sont sans résultats, car l'énergie pure et l'énergie mentale ne peuvent plus répondre au traitement. La volonté se disperse, l'énergie nourricière (Rong ou Yong Qi) et l'énergie défensive (Wei Qi) sont difficiles à récupérer. Le chapitre 14 du *Suwen* précise que l'épuisement des énergies se produit *«parce que l'homme ignore les règles de l'eugénisme (Tao). Il a trop de désirs et de passions, trop de soucis et de misères».*

La poncture des points Shu et Shen du dos

En médecine occidentale, le système nerveux autonome possède une chaîne de ganglions qui prend racine dans les nerfs cervicaux, thoraciques et lombaires pour gérer le système sympathique autonome, qui agit au niveau des viscères. En Orient, les points Shu et les points Shen du dos, qui sont en relation avec ces régions, sont surtout utilisés pour régler les perturbations dues au manque d'énergie du Jing matériel.

La Médecine traditionnelle chinoise (MTC) a établi des correspondances entre les points Shu du dos (première chaîne de Vessie:

Zu Tai Yang) et les points Mu du devant et les organes et les entrailles internes dans leurs fonctions Yin et Yang (*Ling Shu*, chapitre 52, et *Suwen*, chapitres 59 et 24).

Ces points Shu et Mu (Lin Shi Shan & M. Dubuisson, 1997, p. 173) gèrent l'équilibre des viscères dans leurs fonctions Yang : action, accélération, extériorisation ; et dans leurs fonctions Yin : ralentissement, intériorisation. Par le fait même, ils peuvent agir sur le système nerveux autonome, sans contrôle volontaire, pour réguler l'excitation et la relaxation des muscles lisses.

La 67e difficulté du Nan Jing pose la question suivante : « Pourquoi les points Mu des organes (Zang) se trouvent-ils dans la partie Yin alors que les points Shu se situent dans la partie Yang ? Ces points sont placés ainsi parce qu'en cas d'affectations de type Yin, on prend les points de la partie Yang (dos), et inversement. » Ces points harmoniseraient les systèmes sympathiques et parasympathiques.

Les points Shu du dos (première chaîne de vessie) sont activés avec les moxas ; ils stimulent le manque de Jing de chaque organe et sont soutenus par les points source (Yuan) pour en renforcer l'effet.

Manque de Jing du Poumon : 13V (moxas) avec 9P en tonification.
Manque de Jing du Cœur : 15V (moxas) avec 7C en tonification.
Manque de Jing du Foie : 18 V (moxas) avec 3F en tonification.
Manque de Jing de la Rate : 20V (moxas) avec 3 Rt en tonification.
Manque de Jing des Reins : 23V (moxas) avec 3Rn en tonification.

Ces points sont aussi accompagnés des points qui stimulent l'énergie Rong (nutritive) afin d'augmenter le potentiel de l'énergie Jing à sa source, soit par les points du Réchauffeur Moyen (12VC) et (25E), soit par les points du Yang Ming (4GI, 11GI, 36E, 41E), qui activent la digestion et l'élimination.

Sur la deuxième chaîne de vessie se trouvent aussi les points Shen du dos, qui agissent sur les Shen correspondant aux organes. Ces points sont le point Shen du Poumon (42 V. Po Hu : porte du

Po), le point Shen du Cœur (44V. Shen Tang: Palais du Shen), le point Shen du Foie (47V. Hun Men: Porte du Hun), le point Shen de la Rate (49 V. Yi She: Demeure du Yi), et le point Shen du Rein (52 V. Zhi Shi: Chambre du Zhi). Ces points équilibrent les trois aspects des énergies physiques, émotives, mentales et spirituelles de chaque élément. Ces points sont importants dans les traitements des maladies psychiques, psychologiques, neurologiques et végétatives.

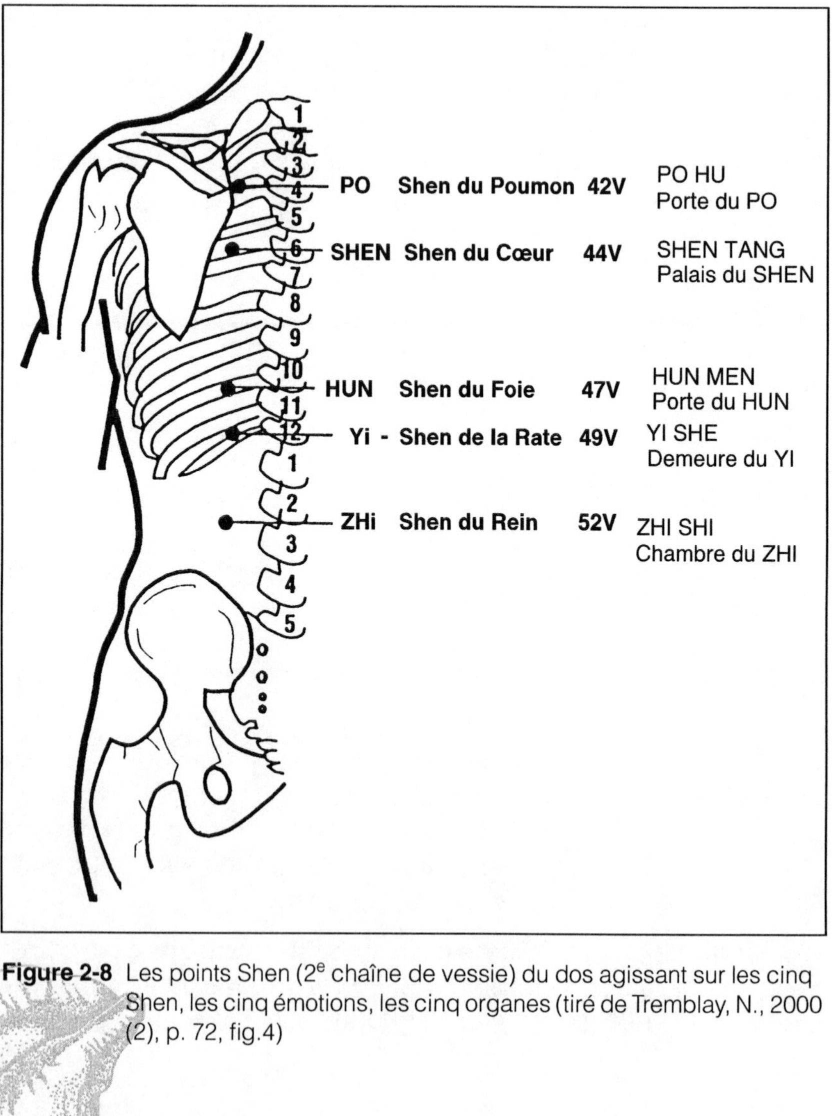

Figure 2-8 Les points Shen (2e chaîne de vessie) du dos agissant sur les cinq Shen, les cinq émotions, les cinq organes (tiré de Tremblay, N., 2000 (2), p. 72, fig.4)

Les points Shen du dos peuvent être utilisés avec précaution avec les moxas, le massage ou la méditation pour débloquer le psychisme et pour déloger les souvenirs du passé engrammés dans les divers niveaux du corps, pour aider à modifier le destin. Les traitements par ces points délient la cuirasse émotionnelle du corps telle que décrite par Wilhelm Reich (Reich, W., 1971) dans l'analyse du caractère et par Alexander Lowen (1977) dans la bioénergie. En libérant la cuirasse émotionnelle, les émotions, les comportements et les pensées souffrantes et négatives qui y étaient enfermés ou noués deviennent accessibles et peuvent être transformés pour en faire de l'énergie disponible pour l'action et les pensées positives, le chemin vers la guérison.

L'équilibration des émotions des cinq Shen par les points Shu antiques aux extrémités des mains et des pieds

Une partie d'un article rédigé par l'auteure (voir Tremblay, N., 1994) traite de l'équilibration des émotions des cinq Shen des organes par l'acupuncture des points Shu antiques choisis selon la loi d'inhibition et précise que les perturbations émotives et les troubles psychiques sont les manifestations du dérèglement du Jing immatériel.

Pour aider à calmer les émotions négatives des organes, il existe un traitement et une règle énergétique facile à appliquer: le traitement par le Jing Shen des organes. Celui-ci suit la règle d'inhibition selon la règle des cinq éléments dans le choix de deux points situés sur le méridien de l'organe concerné, pour calmer l'excès; à cela s'ajoute le point Shen correspondant à l'organe concerné sur la deuxième chaîne de vessie.

Chaque organe a son Jing Shen

Le Jing Shen du foie, c'est le Hun (âme végétative) qui se manifeste par la création, la stratégie.

Quand il est troublé, il se manifeste par la colère, la jalousie et un excès de colère, qui nuisent au foie. Pour calmer la colère, poncturer sur le méridien du foie, le point Ting (Bois) 1 Foie (Da Dun) en harmonisation (E) et le point King (Métal) 4 Foie (Zhong Feug) en tonification (T) pour inhiber la colère (1F(E) + 4F(T))[1].

Pour équilibrer le Hun, faire un moxa sur le point Hun Men (Porte du Hun) 47 Vessie, sur la deuxième chaîne de Vessie.

Le Jing Shen du cœur est le Shen (mental), qui régit les activités mentales et se manifeste par le rire, la joie dans l'expression des sentiments. L'excès de sentiments nuit au cœur.

Quand le mental est troublé, il y a excès d'émotions, excès de joie. Pour calmer les émotions excessives, poncturer sur le méridien du cœur, le point Iong (Feu) 8 Cœur (Shao Fu) en harmonisation, qui indique le sentiment psychique anormal, et le point He (Eau) 3 Cœur (Sha Hai) en tonification, pour inhiber le feu du cœur en excès par l'eau (8C(E) et 3C(T)).

Pour équilibrer le Shen, faire un moxa sur le point Shen Tang (Palais du Shen) 44 Vessie.

Le Jing Shen de la Rate, c'est le Yi (pensée) qui se manifeste par la réflexion. Lorsque la réflexion est excessive, il y a soucis, préoccupations, obsessions. Pour calmer cette hyperréflexion, il faut poncturer sur le méridien de la Rate, le point Shu (Terre) 3 Rate (Tai Bai) en harmonisation, qui correspond au sentiment excessif, et le point Jing ou Ting (Bois) 1 Rate (Yin Bai) en tonification pour inhiber l'excès de terre-réflexion et activer le bois-action, le bois-mise en mouvement (3Rte(E) + 1Rt(T)).

Pour équilibrer le Yi, faire un moxa au point Yi She (demeure du Yi) 49 Vessie.

Le Jing Shen du Poumon, c'est le Po, ou âme sensitive. L'excès de sensibilité se manifeste par la tristesse et les lamentations. Pour calmer l'excès de sensibilité, poncturer sur le méridien du Poumon, le point King (Métal) 8 Poumon (Jing Qu) en harmonisation, qui correspond à la tristesse, et le point Iong (Feu) 10 Poumon (Yu Ji) en tonification pour inhiber l'excès de Métal en tonifiant le Feu (8P(E) + 10P(T)).

1. Les lettres utilisées indiquent le travail avec les points d'acupuncture : T pour tonification, E pour harmonisation-équilibration, D pour dispersion.

Pour équilibrer le Po, on ajoute un moxa au point Po Hu (Porte du Po) 42 Vessie.

Le Jing Shen du Rein, c'est le Zhi, qui se manifeste par la volonté. Quand la volonté est troublée, les peurs et les frayeurs apparaissent. Pour traiter la peur, piquer sur le méridien du Rein, le point He (Eau) 10 Rein (Yin Gu) en poncture droite, et le point Shu (Terre) 3 Rein (Tai Xi) en tonification pour inhiber l'excès d'eau du Rein, car la Terre contrôle l'Eau (10R(E) et 3R(T)).

Pour équilibrer le Zhi, on ajoute un moxa au point Zhi Shi (Chambre du Zhi) 52 Vessie.

Le traitement du Jing Shen consiste donc à stimuler le sentiment inhibiteur du sentiment en excès, lequel détermine le choix du méridien : stimuler la tristesse (le métal) pour vaincre la colère (le bois) sur le méridien du Foie (bois); stimuler l'action pour vaincre les soucis sur le méridien de la Rate ; stimuler la volonté pour vaincre l'excès émotif sur le méridien du Cœur ; stimuler l'émotion pour vaincre l'excès de tristesse sur le méridien du Poumon. Pour compléter ce traitement dans les cas de blocage ou de stagnation, on peut ajouter le point 17 Vaisseau Conception (17VC) en dispersion pour retourner l'énergie dans les cinq organes.

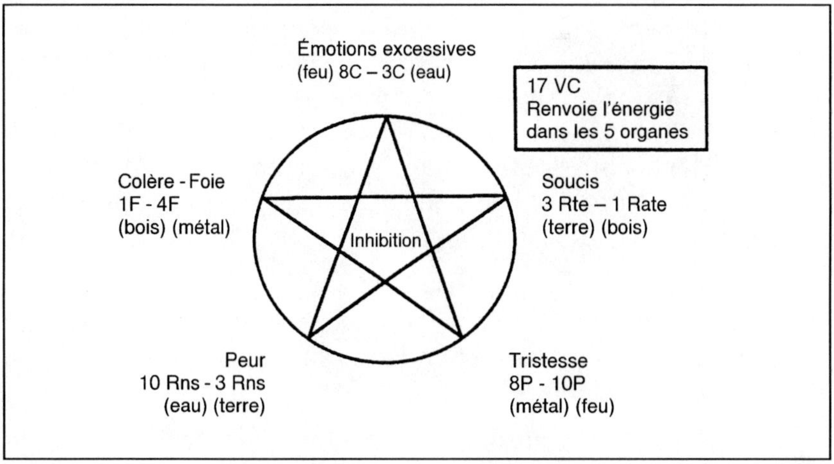

Figure 2-9 Traitement des émotions négatives (Jing Shen des organes) par la loi d'inhibition des cinq éléments (tiré de Tremblay, N., 1994, p. 177, fig. 2)

Truong Tan Trung (1999) a fait une distinction importante, qui aide à comprendre plus profondément le Jing. Il précise qu'il existe deux sortes de Jing, qui résultent de l'énergie Rong (nutritive), qui vient de l'air et des aliments (énergie céréale), se métabolise au Foyer Moyen et circule dans les méridiens, les organes et les entrailles, selon le cycle circardien de 24 heures. Le Jing Qi se divise en deux manifestations. Le Jing matériel, ou Jing des organes (énergie pure des organes), régit les fonctions anatomiques et sensorielles de chaque organe. Le Jing immatériel, ou Jing Shen, contrôle les fonctions psychiques de chaque organe. Lorsqu'il y a troubles psychiques, les Trois Énergies Précieuses Jing-Qi-Shen sont séparées.

Le manque d'énergie du Jing matériel se traite par la crânio-puncture et par la moxibustion des points Shu du dos (branche interne de Vessie) associés aux points Yuan ou point source pour renforcer l'effet. Par exemple :

> *« Un manque de Jing au niveau du Cœur nécessite de chauffer par moxa le Xin Shu (15 V) et de tonifier le point Yuan Shen Men (7C). »* (Truong Tan Trung, 1999, p. 69-75)

De plus, il est nécessaire de stimuler la formation de l'énergie Rong par la tonification du Réchauffeur Moyen (Zhong Jiao) et par la tonification du Yang Ming.

Le Jing Shen ou Jing immatériel possède des relations étroites avec les cinq organes, qui ont chacun un Jing Shen. Lorsque le Jing Shen d'un organe se perturbe, le traitement se fait par la chaîne d'inhibition selon la loi des cinq éléments sur le méridien principal de l'organe correspondant à l'émotion en excès. Poncturé en équilibration, le point Shu antique désigne le sentiment psychique anormal ; poncturé en tonification, le point Shu antique inhibe l'excès.

De plus, pour équilibrer, il est prescrit de faire des moxas sur les points sentiments correspondants, sur la branche externe du méridien de la Vessie.

Par exemple, un traitement des troubles du Hun et de la colère, qui correspond au Foie.

«On utilise Dadun (1F), Zhongfeng (4F) et (47V-Porte de l'âme végétative) en relation avec le foie» (*idem*) en relation avec le foie.

Conclusion

En Orient, le cœur et le mental sont considérés comme étant en liens constants. Aimer avec sa tête et comprendre avec son cœur, voici le Shen, le cœur/mental. Les caractères compris dans Shen sont Xin, qui signifie cœur, et Shen, qui signifie esprit. L'énergie qui anime le cœur et le cerveau est la même énergie. Aussi l'énergie qui anime le Tan Tien ou l'abdomen est la même que celle qui anime le cœur et le cerveau. Le Jing, le Qi et le Shen sont une continuité énergétique. Les trois Tan Tien sont comme les trois tripodes ou les trois centres alchimiques du corps où s'opèrent les transformations. Même si les Occidentaux ont reconnu depuis longtemps le rôle du cerveau dans la tête, ce n'est que très récemment qu'ils ont découvert le cerveau inférieur dans les intestins et le cerveau dans le cœur. Les Chinois considèrent le corps humain dans ses interactions constantes avec l'Univers terrestre et céleste et ont établi les correspondances énergétiques entre eux. Une vision du corps taoïste s'est développée et a été représentée sur une stèle de pierre qui comporte plusieurs symboles en rapport avec les cinq éléments, par exemple: l'eau dans la région des reins et la région sexuelle, le bois et la forêt dans la région du foie, le feu dans la région du cœur et de Ming Men, la terre en labours dans la région de la rate.

D'autres visions et perceptions du corps ont été exprimées par les projections des divers organes, entrailles, glandes et parties du corps sur la peau et sur différentes parties du corps, comme le nez, la face, les mains, les pieds, les oreilles, les organes sexuels, le crâne et les méridiens ou canaux d'énergie, sur toute la surface et la profondeur du corps. Cette fine compréhension des projections de l'intérieur du corps à la surface de la peau est à la base de l'acupuncture. De plus, les Chinois ont compris la relation entre les rythmes de l'Univers et les rythmes du corps humain en perpétuelle transformation. La chronobiologie est basée sur le calendrier sexagésimal chinois et les rythmes de l'énergie dans les douze méridiens suivent les douze heures chinoises. Les traitements d'acupuncture se font à la surface de la peau pour agir localement, à distance et en profondeur. Le Shen est indissociable du corps et joue un rôle dans les traitements d'acupuncture pour transformer et équilibrer les émotions, d'où l'élaboration de l'utilisation des points Shen du dos et les points Shu antiques, aux extrémités des mains et des pieds.

Chapitre 3

Le Shen et le Qi Cong

Introduction

En médecine occidentale, les pratiques de la psychanalyse et de l'hypnose sont celles qui se rapprochent le plus des méthodes de la médecine traditionnelle chinoise, dont font partie l'acupuncture et la psychologie chinoise. Ces deux médecines reconnaissent les émotions, le soignant, l'expérience cas par cas, la responsabilité personnelle, l'énergie et le mental comme des phénomènes importants. La psychologie et l'acupuncture sont complémentaires dans le traitement des dépendances, des dépressions et des maladies psychosomatiques, autoimmunes et psychoneuro-immunologiques. L'approche systémique utilisée en MTC permet d'exprimer les interactions impliquées dans les aspects organiques, émotifs, mentaux et spirituels, lesquels se manifestent dans l'expression des cinq Shen. Les Shen se manifestent aussi dans les six tempéraments chinois, qui peuvent être comparés aux caractères de Berger, aux distinctions psychosomatiques d'Alexander et aux stades freudiens. L'acupuncture traite les cinq Shen par les points Shu du dos, qui agissent en même temps sur les émotions et les fonctions organiques correspondantes. La psychologie chinoise intègre le corps et l'esprit par l'énergie dans les pratiques de Qi Cong et de méditation, lesquelles augmentent l'équilibre et la force du Shen, qui lui-même agit sur l'énergie et la matière. L'énergie est le lien entre le corps et l'esprit.

L'utilisation de la méditation pour accélérer le processus de guérison[2]

Dans cette partie, nous donnerons certaines définitions et explications de la méditation taoïste. Nous établirons aussi les liens entre la méditation taoïste et la médecine chinoise. Nous expliquerons également le rôle de l'Orbite microcosmique dans les pratiques de la méditation taoïste appliquée à la prévention et à la guérison.

La méditation taoïste: définition et explication

La méditation est appelée en Chine Ching Tsuo, ce qui signifie «s'asseoir en paix». Cette méthode de méditation taoïste a été décrite par maître Yin Si Zhi. (Voir Edde, G. 1983) La méditation taoïste est à la base des connaissances chinoises et asiatiques de l'acupuncture et des pratiques de «maîtrise de l'énergie» ou Qi Cong. Elle est utilisée par les maîtres taoïstes dans une première étape pour parfaire la santé et dans une deuxième étape pour atteindre l'éveil de la conscience, l'expansion de la conscience, l'illumination et même l'immortalité.

La méditation taoïste recherche le Wu Wei, le vide, le laisser-faire par l'observation de la nature et la coopération avec elle. L'homme, pour rester en santé, absorbe et conserve l'énergie du ciel (Yang) et de la terre (Yin), se met en harmonie avec l'Univers et reste attentif aux sensations et au corps comme instrument vivant et vibrant. Le Wu Wei est aussi la quiétude, l'inaction à la source de toute action.

Tchouang Tseu disait:

«L'inaction, le Ciel s'éclaircit, la Terre reste stable. Par la combinaison du Ciel et de la Terre et de l'inaction, toutes les choses

---

2. Ce texte a fait l'objet d'une conférence présentée au groupe du Transnational Network for the Study of Physical, Psychological and Spiritual Wellbeing, dans le cadre de la conférence «Body over Mind or mind over Body: Does it matter?» organisée par Michael M. Delmonte, Ph.D., Yukata Haruky, Ph.D., Mark Blows, M.A., tenue du lundi 12 août au jeudi 15 août 1996, au Manoir d'Youville, Châteauguay, Québec, Canada (voir Tremblay N., 1998).

agissent... se multiplient et croissent à partir de l'inaction.» (Voir Tchouang-Tseu, 1969)

La quiétude est le résultat de la méditation.

Faire taire le mental, non pas arrêter le flot incessant des pensées, mais prendre une distance face à ses pensées, laisser des intervalles entre les pensées, prendre une vision plus large en incluant la sensation de la respiration, les sensations corporelles, les sensations énergétiques et physiologiques, les impressions de tous les sens en même temps. La quiétude est le résultat de la «concentration» sans effort sur les sensations plutôt que sur le contrôle de la pensée. Dans le Grand Enseignement du Tao, il est dit:

> «Lorsque l'on sait arrêter les pensées, on nomme cela la concentration. Alors on atteint la quiétude, par la quiétude, on acquiert une grande paix, et par la paix, on atteint la sagesse.»

Concentrer toute son attention et observer est le travail de la méditation.

La méditation taoïste, c'est observer «ce qui est», à l'extérieur comme à l'intérieur (voir Fun-Chang, 1991). Il n'y a que «ce qui est», donc ni dualité, ni conflit, ni tourment de la pensée, ni jugement, ni comparaison. C'est l'observation globale, holistique de la vie, comme un tout complet et indivisible, l'observation du mouvement de la vie qui se transforme selon les lois de la nature, où l'homme et l'Univers vibrent à l'unisson et aux mêmes énergies que celles du ciel et de la terre. L'homme est dans «ce qui est» et utilise ce qu'il est. «Les individus sont des vibrations, ils ont choisi un corps, ils vivent dans cet instrument et l'utilisent.» (Fun-Chang, 1991, p. 31)

Krishnamurti, dans «La flamme de l'attention», parle aussi de la méditation, observation avec tous les sens: observer le mouvement de la pensée, l'ego, la conscience, le désir, le temps, la violence, la peur, l'image, le conflit, la croyance, la blessure, l'isolement, tout ce qui fait que nous sommes des humains conditionnés, pour arriver à la perception directe, à la pure observation hors du temps, des pensées et des souffrances, pour sortir des conditionnements et parvenir à l'intelligence – lumière – et à la compassion – amour.

«L'intelligence... c'est la qualité de la sensibilité qui voit immédiatement et agit.» (Krishnamurti, 1987, p. 154)

La méditation ou «s'asseoir en paix» serait un moyen de se libérer de ce qui entrave l'intelligence, la guérison et l'expression des lois naturelles.

La pensée taoïste a influencé l'Occident à travers Carl Gustav Jung et son «Commentaire sur le secret de la Fleur d'or», à travers la bioénergie de Wilhelm Reich et d'Alexander Lowen et la psychologie transpersonnelle de Stanislav Grof. Plusieurs autres méthodes modernes semblent avoir été inspirées par les pratiques de médecine et de méditation orientales, dont la sophrologie, le rêve éveillé, la méthode Feldenkreis ou la programmation neurolinguistique. Les thérapeutes occidentaux, comme Vittoz, placent aussi les sensations sur le plan physique comme une adhésion au présent sur le plan psychique.

On peut reconnaître trois niveaux de méditation.

1- La respiration-concentration, qui agit sur les émotions et les sensations. «Être dans ce qui est» (corporel).

2- Le silence des pensées, qui vise à sortir de la dualité, de la contradiction (mental).

3- L'éveil spirituel, qui donne accès à l'intelligence pure, à la guérison, aux lois naturelles (spirituel).

Ces trois niveaux de méditation, qui visent à parfaire la santé physique, psychologique et spirituelle, ne sont qu'une seule et même chose lorsque l'on se place du côté de l'énergie. L'énergie n'est ni bonne, ni mauvaise, ni physique, ni mentale, ni spirituelle; c'est toujours la même énergie qui prend différentes formes ou se manifeste de différentes façons. D'où l'importance primordiale du mental, car selon un aphorisme classique chinois: *«Le mental dirige l'énergie, l'énergie dirige le sang et le sang guérit.»* C'est pourquoi l'humain doté de la force mentale (Shen spirituel) peut donner à l'énergie une impulsion, une orientation, une qualité, une vertu qui agit sur la matière, signifiée par le sang (Xue). D'où l'importance accordée à la méditation dans les techniques thérapeutiques physiques et psychologiques en Asie.

Dans la médecine chinoise, les exercices physiques sont aussi accompagnés de respiration et de circulation des énergies ; c'est le Qi Cong, c'est-à-dire la maîtrise (Cong) de l'énergie (Qi). Les textes chinois anciens disent clairement que « l'acupuncture, c'est pour les ignorants » (*Su Wen Nei Jing*), c'est-à-dire pour ceux qui n'ont pas appris la maîtrise du Qi, soit par le Qi Cong, soit par la méditation, et qui doivent recourir à une aide extérieure (acupuncteur ou médecin) pour la guérison de leur être.

Le Qi Cong, ou maîtrise du Qi, comporte plusieurs étapes, soit la méditation assise, debout et en mouvement (Taï Chi), pour arriver à méditer en toutes circonstances ou à atteindre l'état de méditation. Dans les pratiques plus avancées, il s'agit d'atteindre l'illumination par des sorties du corps physique pour fabriquer les corps d'énergie et d'esprit qui réalimentent le corps physique en énergies subtiles. Les chercheurs du CNRS (Marseille, Unité de neurocybernétique cellulaire) ont pu percevoir, après injection de colorants fluorescents à l'aide dune caméra ultra-sensible d'astronomie fixée à un microscope, « des neurones qui brillent comme des étoiles ». L'objectif de la méditation est d'illuminer la matière.

La méditation sert à se connaître soi-même (soi, objet et sujet de l'expérience) pour atteindre l'harmonie, l'équilibre, l'évolution de son être, la conscience ou la capacité de voir sa dimension intérieure, celle qui sous-tend la matière, soit l'énergie. Pendant la méditation, les pensées remontent du subconscient ou de l'inconscient et apparaissent devant l'écran de la conscience qui les contemple avec une certaine indifférence, comme à distance, puis les laisse disparaître comme des fantômes du passé, sans prise sur le moment présent.

Pour arriver à l'intelligence au-delà des contradictions, des polémiques, des argumentations de l'ego, il est nécessaire de développer le mental conscient.

1- *Apprendre à penser, comment penser,* est le but de la méditation. Le développement des deux hémisphères du cerveau est primordial : le droit, qui laisse jaillir les idées nouvelles, l'imaginaire, l'intuition, le rêve, l'expérience directe et les relations harmonieuses, et le gauche, qui les organise, les structure, les gère, les administre, les analyse et les met en mots, calcule. Chez la plupart des gens, le cerveau droit est développé à 20 %, et le gauche, à 80 %. Comme la méditation contribue au développement du cerveau droit, c'est une pratique tout indiquée pour aider en ce sens.

2- *Apprendre à développer les ondes de détente profonde.* Lorsque l'on peut engendrer des ondes de détente profonde, c'est que l'équilibre des deux cerveaux est atteint, c'est-à-dire que la glande épiphyse (pinéale) et la glande hypophyse (pituitaire) donnent la force à l'œil spirituel (troisième œil) pour ouvrir et l'accès à la vision intérieure. Le travail est parachevé. Pour y arriver, il faut s'y appliquer et incarner le travail avec l'énergie au quotidien.

La pratique des exercices intérieurs de détente, de respiration et de méditation peut accroître nos capacités cérébrales et notre mémoire, et générer des endorphines, ou « hormones de plaisir », qui améliorent en retour la mémoire, la motivation et la vigilance et dissipent les pensées négatives. Les ondes de détente profonde sont des ondes delta. Les exercices de détente, de respiration et de méditation peuvent faire apparaître les mêmes ondes de régénération du cerveau que celles qui se manifestent pendant le sommeil (alpha : début de détente ; thêta : avant le sommeil ; delta : sommeil profond et rêve). C'est ce qui nous permet de dire qu'une heure de méditation profonde (effet delta) remplace deux heures de sommeil.

En Asie et pour la médecine traditionnelle chinoise, la question posée à la quatrième rencontre de l'Association internationale de psychiatrie spirituelle (A.I.P.S.) tenue à Paris en mars 1996, « La psychothérapie, la psychanalyse peuvent-elles mener à la spiritualité ? », est une question qui est depuis longtemps résolue. L'énergie est considérée comme le vecteur qui transporte toutes les données physiques, affectives, mentales et spirituelles de l'être. Intervenir à un niveau ou à un autre aura des effets sur les autres niveaux. Les pratiques de la méditation, il est vrai, font remonter des souvenirs, des fantasmes et des images intérieures refoulées. La pratique zen dit de « laisser passer les pensées comme des nuages et de ramener l'attention à la respiration en répétant intérieurement inspiration/expiration », tandis que les psychanalystes et la psychothérapie transpersonnelle, selon Marc-Alain

Deschamps, dit «de s'affronter aux fantasmes dans la réalité pour s'en libérer». (Deschamps, M.-A., 1996, p. 62)

Mais le Zen et le Tao disent la même chose: s'asseoir dans la douleur, ne pas la fuir, pour la traverser et l'identifier, mais aussi l'observer comme à distance... sans jugement ... et la «laisser passer comme un nuage». «S'asseoir en paix», c'est l'harmonie du Yin et du Yang, c'est le laisser-faire, le vide (Wu Wei), c'est l'observation et la coopération avec la nature pour maintenir la vie plutôt que de s'occuper de la mort et de l'au-delà.

Freud s'est consacré à développer les concepts de Moi, de Ça, de Surmoi, de Conscient et d'Inconscient, mais il a oublié le surconscient ou le subconscient, qui est le pôle de la réalisation positive, Amour – Beauté – Vérité, que nous avons à préserver de l'enfance. C'est cette résistance du moi qui est l'obstacle majeur de la guérison, car il voit de façon limitée, s'attache au connu, au passé et aux conditionnements anciens, aux schémas répétitifs. La distance entre le «je» et «l'image» que nous avons de nous-mêmes, l'image blessée du moi, est un renoncement au moi nécessaire pour atteindre la dimension intérieure, celle qui est énergie et valeur positive, où le moi n'existe pas, et qui nécessite une ouverture, une deuxième naissance de l'homme à son esprit.

Dans son livre *Psychologie transpersonnelle*, Stanislas Grof soutient que Freud et ses disciples n'auraient eu qu'une vision fragmentaire et superficielle de la nature humaine. Pour lui, la spiritualité et la confrontation du moi profond qui va au-delà du Moi freudien sont indispensables à la véritable thérapie de l'homme.

> «L'obstacle majeur dans un processus de guérison est la résistance du Moi, qui montre une tendance à défendre son concept de soi et sa vision du monde limitée, à s'attacher au familier et à craindre l'inconnu (...).» (Voir Grof, S., 1984)

Cette façon différente de voir la thérapie a aussi été amenée par la doctoresse Janine Fontaine dans ses livres publiés chez Robert Laffont. (Voir Fontaine, J., 1980, 1983 et 1986)

La pensée taoïste supprime les polémiques du moi, du ça, du surmoi, de l'inconscient, du subconscient et du surconscient pour parler de la division tripartite de l'homme corps/mental/esprit comme d'une structure quasi universelle où l'énergie sert de lien entre : – le corps : la matière, le physique, la sexualité ; – l'âme : l'énergie, les émotions, les sensations, les pensées dualistes ; – et l'esprit : le spirituel, les activités psychiques, la pensée relative. Dans le travail du développement spirituel, le passage du corps physique au corps de l'âme ou au corps d'énergie et au corps d'esprit nécessite chaque fois une nouvelle naissance.

Le thérapeute peut travailler à différents niveaux corps/mental/esprit à condition d'avoir lui-même marché et exploré les voies. Jung parlait de procédés alchimiques, de guerrier, comme du domaine du combat intérieur : « de s'affronter aux fantasmes dans la réalité ». La méditation taoïste parle de transformation, de magie, de non-intervention, de neutralité bienveillante, d'agir sans agir, de parler sans parole, de guider sans guider, c'est le propre du subtil, de l'énergie qui agit à un autre niveau, au-delà de la matière et des dualités.

L'évangile et la religion catholique disent que l'homme peut naître une deuxième fois par son âme. La méditation taoïste va plus loin, elle parle de deux renaissances : âme et esprit. À partir du corps physique fort et en santé se manifeste l'énergie. Par des exercices appropriés (Fusion et Kan et Li I), l'homme peut donner vie au corps d'énergie, et par des pratiques plus avancées (Kan et Li II et III), il peut faire naître le corps d'esprit. Cela nous ramène à la trilogie chrétienne : Père (corps physique, Dieu créa le ciel, la terre et l'homme), Fils (corps de l'âme, il a souffert et donné son cœur-pardon pour les péchés) et Esprit (l'être envoyé après le Christ), qui procède du Père et du Fils. Le corps physique est celui qui engendre d'autres humains et crée des œuvres ; le corps d'énergie est celui qui souffre, aime, hait, pardonne ; le corps d'esprit est celui qui transcende et contrôle la matière et l'énergie.

Dans l'énergie ou dans le corps de l'âme, l'émotion et la sensation sont encore présentes. C'est même la source reconnue de l'énergie, ce qui permet de muter, de transformer l'énergie négative en énergie positive et de parvenir ainsi au pardon et à l'amour véritable. En demeurant dans « je t'aime » parce que tu m'apportes des émotions ou sensations agréables, dans « je t'aime si... », je te hais car tu m'apportes des sensations et émotions désagréables ou négatives, nous restons dans le domaine du plan humain, du cœur physique, de la dualité. Dans le domaine du plan spirituel, du cœur spirituel, de l'amour inconditionnel, qui nécessite accueil, ouverture sans aucun jugement, il n'y a plus de «je t'aime parce que...». Cette expérience permet des transformations profondes, des réunifications grâce à un lâcher-prise de tensions mentales et physiques douloureuses parce qu'elle permet d'aimer et de pardonner à soi et aux autres, en dépassant la dualité, la contradiction, pour accéder à la pensée relative, paradoxale. Les valeurs humaines d'amour, de bonté, de douceur, d'acceptation, d'humilité, de discipline, lorsqu'elles sont pratiquées au quotidien, donnent des effets bénéfiques sur tous les plans de l'être.

Méditation, sexualité et spiritualité

Si dans la psychothérapie la sexualité est exclue, comme dans les religions, pour en faire un champ à part avec la sexologie, les taoïstes, eux, expliquent bien le lien entre sexualité (Jing Qi), émotions-aliments (Qi) et esprit (Shen), par une continuité et retour-amplification-regénération par la conservation de l'essence de vie (l'énergie du sperme et des ovaires).

Ce schéma correspond au petit cycle céleste que Maître Mantak Chia appelle également «Orbite Microcosmique» pour signifier que l'homme a le pouvoir de conserver son essence vitale et de la transformer en Qi, en Shen et augmenter ainsi son pouvoir spirituel, qui lui permet de diriger la force sexuelle pour se spiritualiser davantage, et ce, sans la sublimer ou la nier.

La sexualité n'est pas une activité purement physique ou pulsionnelle, mais une activité qui permet d'augmenter l'énergie des émotions positives et de les transformer en énergies mentales et spirituelles. Lorsque la sexualité est paisible, sous le contrôle de l'esprit et que le pratiquant sait «monter le tigre blanc», ce qui signifie arrêter l'éjaculation ou «dompter le dragon rouge», ce qui signifie arrêter les menstruations, lorsque les émotions sont positives et harmonieuses sous le contrôle de l'esprit et que le pratiquant sait «monter le dragon vert», c'est-à-dire est arrivé à la maîtrise des émotions et que l'esprit est lumineux, le sage peut s'asseoir en paix et vivre dans le présent, c'est-à-dire dans le réel.

Pour les taoïstes, l'homme est responsable de sa maladie et «si l'on peut se rendre malade, on peut se guérir» à l'aide des pratiques de transformation de la méditation. On peut transformer la peur en douceur et en calme grâce à la vibration du son Fuu et de la lumière bleue. Celle-ci ne distingue pas la peur de la douceur. Ces deux émotions vibrent à la même fréquence lumineuse, même si l'une est obscurcie par les émotions négatives et que l'autre est dans la clarté des émotions positives. C'est la qualité de l'énergie qui change : il s'agit de travailler à la transformation pour passer de l'obscurité à la lumière. L'homme perd alors l'idée qu'il ne peut « agir sur » et devient « actif », responsable de son changement intérieur supporté par la lumière. Le lot des émotions négatives est également la source de son énergie positive. La pure lumière source de vie est toujours présente comme les sept rayons de l'arc-en-ciel. Apprendre à utiliser tous les organes des sens et les mettre au service de son monde émotif logé dans les cinq organes internes, lesquels sont en relation avec le monde lumineux et rechargent l'énergie vitale, tel est le but de la méditation taoïste.

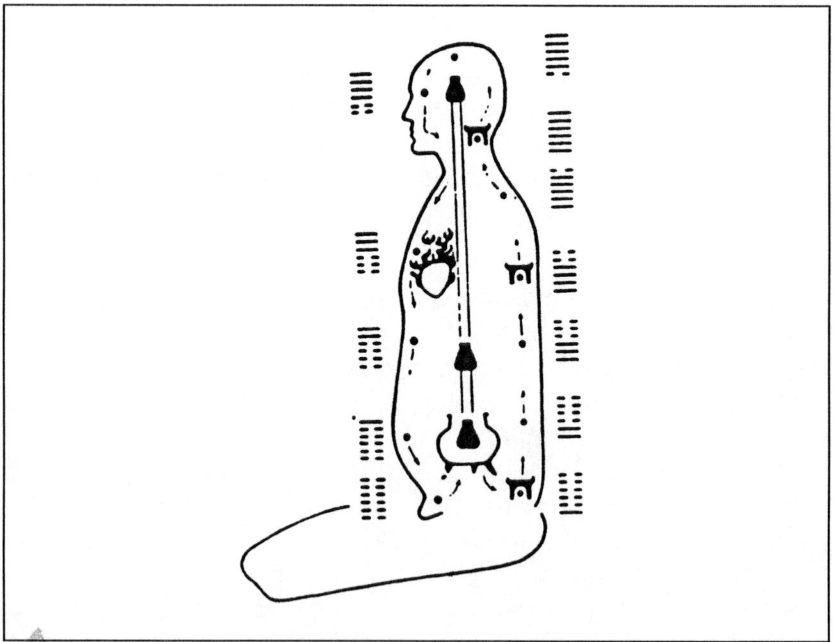

Figure 3-1 Le trajet d'énergie de l'Orbite Microcosmique (tiré de Edde G. 1983, p. 163)

Les psychothérapies occidentales s'intéressent souvent aux émotions et aux sensations comme une fin et non comme une étape dans l'évolution de l'être, d'où les retours dans le passé par l'ancien, par exemple par le *rebirth* ou la psychanalyse... et souvent en oubliant le présent

Être dans le présent avec tout son être sexuel, émotif, sensitif, sensuel, et vibrer sous l'effet de la lumière et des énergies qui nous entourent comme un «poisson dans l'eau». L'homme est un microcosme dans un macrocosme qui réagit aux mêmes vibrations subtiles et lumineuses que celles des étoiles, qui déversent leurs énergies dans les planètes et dans tout l'Univers comme dans l'homme. Par exemple, le son cosmique AHHH active les étoiles du sud, qui déversent la lumière rouge dans la planète Mars, qui retourne le feu et l'Amour universel, la lumière rouge dans tout ce qui est rouge dans l'Univers terrestre (rose rouge, rubis, etc.), la chaleur sur la terre et la saveur amère dans les plantes. Ces énergies sont captées dans l'homme par son cœur/intestin grêle, qui retourne cette lumière dans le sang. Quelques données de la théorie des correspondances utilisées dans la culture, l'acupuncture et la méditation taoïste sont exposées dans le tableau de la page suivante.

Pour les taoïstes, le bonheur est le résultat de la compassion et du pardon, eux-mêmes résultats de la combinaison de la joie et de l'amour, de l'ouverture et de l'équilibre, de la clarté et du courage, de la douceur et du calme, de la bonté et de la tendresse, de la conservation de l'essence vitale et sexuelle et de la spiritualisation de cette essence. Harmoniser les émotions permet d'atteindre la compassion et de l'amplifier par l'énergie orgasmique. Par les pratiques de méditation avec l'énergie sexuelle, l'adepte parvient à transférer l'énergie sexuelle au cerveau par des points d'énergie qui servent de filtres. Cette pratique est connue sous la formule: «Amener la Fleur d'or au sinciput.» Conserver l'essence pour transférer les énergies émotives et sexuelles permet de vivre à la fois sur les plans physique, mental et spirituel, comme si en même temps l'homme pouvait vivre dans trois corps vibrant à l'unisson et illuminés. Vivre l'aller-retour entre les trois mondes — le corps, le mental (âme) et l'esprit — nous permet de dire: «Le retour est le mouvement du Tao.» Pour cela, il faut discipliner le mental (Shen du cœur) et l'esprit (Shen spirituel), mettre les sens, les émotions et l'esprit qui nous habitent au service de la spiritualisation. Le Tao, c'est l'essence de vie, toujours réincarnée pour créer l'âme (l'énergie) et l'esprit dans un mouvement de réincarnation sans naissance et sans mort : c'est l'immortalité.

Tableau 4
Les correspondances en médecine chinoise (Tremblay, N., 1990)

Correspondances cosmiques					
Sons	SI	FU	SHU	AH	WHROO
Lumière	Blanche	Bleue	Verte	Rouge	Jaune
Étoiles	de l'Ouest	du Nord	de l'Est	du Sud	du Centre
Planètes	Vénus	Mercure	Jupiter	Mars	Saturne
Saisons	Automne	Hiver	Printemps	Été	Fin de l'été et des saisons
Énergies	Sécheresse	Froid	Vent	Chaleur	Humidité
Correspondances naturelles					
Saveurs	Piquant	Salé	Acide, aigre	Amer	Doux, sucré
Correspondances humaines					
Émotions négatives	Tristesse	Peur	Colère	Haine	Obsessions, soucis
Émotions positives	Courage	Douceur	Bonté	Amour	Ouverture
Sens	Toucher	Ouïe	Vue	Parole	Goût
Organes internes	Poumons	Reins	Foie	Cœur	Rate
Entrailles	Gros intestin	Vessie	Vésicule biliaire	Intestin grêle	Estomac

L'effet de ces pratiques amène aussi la réunion du Yin et du Yang. Une fois l'homme et la femme en nous réunis, il n'y a plus de séparation par la décision, plus d'abandon, mais plutôt la capacité de se sentir réunis au masculin et au féminin en chacun de nous et avec l'Univers. C'est l'individuation et le soi dont parle Jung.

La méditation taoïste nous apprend que lorsqu'on en a assez d'apprendre par la souffrance, on arrive à la sagesse d'apprendre par la joie. Dans le film *Little Bouddha*, on voit qu'à l'étape de l'illumination il y a arrêt de l'ascèse, s'asseoir sans manger ni bouger pendant de longues périodes, et manifestation de la joie de vivre dans des choses simples comme aller se baigner dans la rivière, «l'illumination c'est la joie». L'illumination est l'étape de l'âme (énergie lumineuse), l'immortalité est l'étape de l'esprit (énergie cristallisée, la lumière densifiée).

Après avoir traversé la maladie, le désir de suicide, la mort, des accidents physiques, des pertes affectives, des trahisons, des abandons ou des désespoirs, la lumière se manifeste dans un *insight*: «L'amour est en toi, il n'est pas dans celui qui passe à côté de toi. Cultive l'amour en toi.» Rester centré, illuminé, relié, enligné, équilibré, peu importe les difficultés de la vie: voilà le résultat de la pratique de la méditation.

Méditation taoïste et psychothérapie

La méditation s'intègre à la psychothérapie en aidant sans parole. La personne vient, parle de ses souffrances et de ses émotions négatives: tristesse, dépression, colère, rage, obsessions, pensées négatives, peurs. Le thérapeute peut l'écouter et faire venir par la méditation la lumière dont cette personne a besoin, pour la lui transmettre à proximité et observer le changement d'émotion et d'attitude se produire. Il peut aussi lui enseigner comment utiliser la méditation pour participer au travail de transformation personnelle. Ne pas dominer mais enseigner. Le but du travail avec la méditation taoïste est de responsabiliser la personne et de lui enseigner des pratiques de guérison pour se guérir. «Il vaut mieux enseigner à pêcher que de donner des poissons.»

La base pour aider dans ce sens est la connaissance des données d'acupuncture, qui permet de pratiquer la «psychoacupuncture», l'autohypnose ou le réveil de l'énergie sur un point ou sur un organe ou le Qi Cong pour obtenir l'effet de guérison. Bien connaître la théorie des correspondances – les cinq éléments, les six énergies – est à la base du travail thérapeutique intégrant la méditation taoïste.

Cette connaissance permet de choisir les bonnes suggestions, les bonnes visualisations, les bons points à tonifier par le mental, les bons exercices de Qi Cong selon les personnalités et les types de syndromes. Quelques exemples d'intégration de l'acupuncture, du Qi Cong et de la méditation ont été décrits dans une conférence donnée par l'auteure en novembre 1993, lors d'un séminaire de l'Association des acupuncteurs inscrits au registre de la C.P.M.Q, sous le titre : « Psychologie et MTC : utiliser le mental pour augmenter le pouvoir de guérison et maximiser les traitements d'acupuncture» (voir Tremblay, N., 1994). Cette idée de combiner l'acupuncture et la méditation a été reprise par Jeremy Ross dans un livre intitulé *Acupuncture points combinations,* où il précise : «... acupuncture can be readily combined with energy work and meditation». (Ross, J., 1995, p. 5)

Cela va dans le même sens que l'évolution de l'hypnose, qui consiste davantage à réveiller les personnes qu'à les endormir. Le but est de les «arracher à l'hypnose des pensées routinières qui les rend mécaniques et qui paralyse leurs facultés» et de les rendre plus indépendantes dans le processus de guérison ; «c'est le patient qui s'hypnotise lui-même et qui prend en charge sa douleur». (Dehin, R., 1994, p. 27-28)

Trouver le bonheur, le bien-être, être heureux : plusieurs personnes expriment ces attentes. Mais souvent, elles rejettent la source même de leur bonheur, c'est-à-dire leur malheur, leur malêtre, alors qu'elles n'auraient qu'à les explorer et à les considérer comme faisant partie de la vie, comme une seule réalité. Chaque pièce de monnaie a deux côtés, c'est la relativité et le paradoxe de la vie, loi indéfectible. Le bonheur serait alors dans la capacité à recevoir l'agréable sans s'y attarder et le déplaisant sans le condamner. Le bonheur permanent serait un but impossible dans les domaines dualistes matériel et émotif. Ce qui rend le plaisir possible est aussi la source de nos misères. La plupart des gens restent au niveau de la pensée dualiste, blanc ou noir, et ne sont pas arrivés au stade de la pensée relative : blanc et noir en même temps.

C'est cette pensée relative qui a permis à Einstein d'élaborer la formule $E = mc^2$ (Énergie = matière + vitesse de la lumière au carré). Les Chinois expriment cette compréhension de la loi de l'énergie par les caractères qui composent la calligraphie du son Qi, lequel s'écrit avec un grain de riz (matière) et avec le signe nuage (vapeur au-dessus du grain de riz), ce qui signifie dégagement de particules de matière, les gouttelettes d'eau de la vapeur du riz. Penser de façon relative serait-il habituel pour les Asiatiques entraînés à la double contradiction complémentaire du Yin /Yang, ce qui leur permettrait de relativiser aussi les émotions et les situations?

La recherche du plaisir, de la joie par les satisfactions sensorielles physiques et émotives n'a pas de fin, et personne n'y trouve le bonheur car elle entraîne le plaisir et le déplaisir, comme le plaisir de l'érection-éjaculation entraîne la dépression post-orgasmique, ou «petite mort». La loi de la relativité est partout présente, comme la loi de la mort est présente dans la vie; il n'y a pas de permanence dans les créatures vivantes. Personne ne peut rien y changer, si ce n'est que de changer d'attitude face à ces lois. Le malheur vient aussi du fait que nous nous plaçons dans notre propre perspective, incapables d'apprécier les choses du point de vue des autres autour de nous, ou de nous élever au-dessus du problème. Voir, observer les choses non comme une victime coupable ou comme en juge, mais comme un observateur intéressé. Peu importe ce qui arrive, l'important est la manière d'y réagir et l'attitude que l'on a face à l'événement.

La méditation taoïste et les liens avec la médecine chinoise

Le premier chapitre du *Suwen Nei Jing* (le classique de la médecine interne) énumère les conditions à respecter pour vivre jusqu'à cent ans selon le Tao:

- Mener une vie simple et paisible;
- Respecter la loi du yin et du yang;
- Garder en réserve toute son énergie; le corps ne pourra être attaqué par la maladie;
- Se garder des désirs (le cœur sera en paix);

- Ne pas fatiguer l'esprit ;
- Croire dans la simplicité et la quiétude.

Et Lao Tseu (le Jeune Vieux) disait : *« Toutes les choses retournent à leurs racines authentiques. Retourner aux racines se nomme la quiétude et provoque la régénération. »*

La régénération mentale, énergétique et physique est le résultat de la méditation taoïste. C'est donc la thérapie par excellence, une thérapeutique naturelle qui mène à la santé, à la longévité et à l'immortalité.

Dans la méditation basée sur l'observation-sensation, tout est objet de méditation. Les émotions, les sensations et la sexualité sont observées et utilisées pour renforcer l'intérieur afin de ne pas perdre d'énergie. Le but est de transformer les émotions, les sensations et les pensées pour régénérer, conserver et augmenter l'énergie. L'attitude d'observation s'applique à d'autres domaines que la méditation, entre autres aux pratiques de la médecine chinoise, comme l'acupuncture.

Le chapitre 14 du *Su Wen, L'art de l'acupuncture*, dit : *« L'acupuncture est un art dans lequel il faut concentrer toute son attention, bien observer les symptômes... »* (Chamfrault, A., 1981, p. 60)

Le chapitre 27 du *Suwen* parle de l'acupuncteur en ces termes : *« Le grand ouvrier sait observer tous les phénomènes de la nature ; il sait voir l'invisible. »* (Chamfrault, A., 1981, p. 107)

Le chapitre 9 du *Ling Shu*, intitulé « L'origine et la fin », parle de l'attitude de la méditation nécessaire au traitement. *« Quand l'acupuncteur est en train de puncturer, il doit concentrer toute son attention jusqu'au bout de son aiguille. Même s'il pique très peu, s'il arrive à saisir l'esprit du malade, il pourra attirer ou faire sortir son énergie. »* (Chamfrault, A., 1981, p. 356)

Le médecin acupuncteur doit avoir la même attitude mentale (observation et attention) que s'il méditait, et cela tant envers la personne qu'il traite pour prévenir ou guérir la maladie qu'avec la nature.

En Chine, plusieurs méthodes préventives et curatives ont été mises au point grâce au développement des pratiques de méditation taoïste.

- Le Qi Cong (Chi Kung)[3] : respiration et maîtrise de l'énergie.
- Le Tai Ji (Taï Chi) : réunion du ciel-terre, balancer les énergies.
- L'herboristerie et l'alimentation : équilibrer les cinq organes par les saveurs.
- La Sexualité taoïste : conserver et augmenter l'énergie vitale pour restaurer l'énergie et l'esprit.

Toutes ces pratiques taoïstes ont été élaborées pour garder le corps en santé et permettre de vivre une vie plus harmonieuse et équilibrée.

Tous les textes de médecine chinoise traitent des points importants à souligner et à développer par ces pratiques :

- la relation entre l'énergie et le corps, entre l'énergie et la sensation, entre l'énergie et le comportement, entre l'énergie et l'émotion, entre l'énergie et la pensée, entre l'énergie et la sensation ;
- l'interdépendance entre les organes et les émotions, entre le Shen, la vie intérieure (psychisme) et la vie biologique ;
- l'interrelation entre l'énergie et la matière, entre le corps, l'énergie et l'esprit.

L'énergie est le pont entre le corps, le mental et l'esprit. Par l'équilibre de l'énergie, on peut équilibrer et soigner les trois domaines. Le continuum entre les différents aspects de la vie, que les Chinois appellent Qi (Chi), et les Japonais Ki, peut être décrit comme l'émanation subtile de la matière, l'impondérable lumineux qui anime la matière.

Quand l'homme peut s'asseoir en paix et méditer, être attentif complètement à son monde intérieur et se maintenir équilibré, il a aussi accès au monde extérieur, sur lequel il peut agir, pour le garder en équilibre, que ce monde extérieur soit un autre être ou les forces de la nature.

3. Chi Kung et Qi Cong sont deux transcriptions des caractères chinois : *Chi Kung* est la transcription par la romanisation Wade d'Extrême Orient, et *Qi Cong*, la transcription en Pinyin.

Le chapitre 3 du *Suwen*, précise: «Dans l'Antiquité, les êtres parfaits pouvaient commander aux forces de la nature, harmoniser le yin et le yang, respirer la pure énergie, conserver le corps et l'esprit. Ces personnes vivaient selon le Tao, c'est pourquoi l'éternité s'ouvrait devant eux.»

Plusieurs études sur la méditation démontrent que les principaux effets en sont des réducteurs de stress:

- Diminution de la fréquence des battements cardiaques;
- Diminution de la respiration;
- Diminution de la consommation d'oxygène;
- Diminution de la pression sanguine;
- Diminution de la tension musculaire;
- Augmentation de production des ondes de type alpha et delta (ondes de détente et de sommeil profond) au cerveau.

De plus, la méditation «s'asseoir en paix», la pratique de l'Orbite Microcosmique, a des effets curatifs par l'effet de visualisation énergétique et de super-sommeil conscient qu'elle provoque, ce qui entraîne des effets de réparation, d'autoguérison et d'augmentation des facultés de l'esprit. Le principal effet est la réfection organique, qui augmente la vitesse de cicatrisation et de guérison. Car le mécanisme constructeur et réparateur des tissus, appelé anabolisme, est accéléré, comme pendant les périodes de sommeil profond. Le deuxième effet est la révision et la consolidation des mécanismes nerveux qui permettent la mémoire, l'apprentissage et l'harmonisation des fonctions nerveuses.

Pour certains maîtres, dont Lin Housheng, maître de Qi Cong et de relaxation de l'Institut de médecine traditionnelle, ces effets sont immédiats et ils peuvent même être augmentés. Ces maîtres peuvent aller jusqu'à émettre des ondes infrarouges de basse fréquence à dose détectable, comme des micro-particules de matière. Les études des chercheurs de l'Institut de recherche nucléaire de l'Académie des sciences de Chine, en 1977, et celles de l'Institut de médecine traditionnelle de Shangai ont donné lieu, à propos de ces phénomènes, aux conclusions suivantes:

- La méditation et les exercices de maîtrise ou de circulation de l'énergie peuvent guérir ou aider à la guérison de nombreuses maladies chroniques;
- Les maîtres des pratiques internes peuvent développer en eux des énergies qui peuvent être émises par des ondes thérapeutiques qui affectent les personnes malades.

En effet, on a observé que les ondes des pouls augmentent chez les patients recevant un traitement par ondes de Qi émises à distance. Des chercheurs roumains ont photographié les activités plus intenses d'électrons aux points d'acupunture. D'autres preuves ont été apportées par des chercheurs coréens, dont Khi Bon Han (1953), par l'injection de radio-isotopes (radioactifs) dans les points d'acupuncture. Il observa que les isotopes suivent le sens du méridien. (Voir Edde, G., 1988, p. 52-55)

On attribue généralement aux pratiquants de méditation taoïste et de Qi Cong des pouvoirs paranormaux et une longévité exceptionnelle. Dans plusieurs milieux médicaux chinois, on accepte l'idée qu'une énergie puisse être transmise aux malades à proximité et même à distance pour anesthésier une personne pendant une opération.

Ce pouvoir, s'il est difficile à démontrer, peut être perçu ou vu. J'ai vu de mes yeux, en entrant dans la salle de méditation dans les montagnes Castkill, dans l'État de New York, au cours d'une séance de méditation avec le sourire intérieur, maître Mantak Chia, après nous avoir dit: «Continuez à méditer, je vais vous aider», émettre la lumière d'or par son troisième œil. Cette lumière dorée sortait sous la forme d'un nuage d'or, comme une pulsation mouvante, et se répandait dans la salle jusqu'au-dessus de chaque personne pour la pénétrer, pour ensuite créer un champ de lumière d'or dans toute la salle.

Des recherches démontrent aussi que chaque personne, sans être un pratiquant de méditation, peut travailler à développer ses pouvoirs de guérison en se concentrant sur des points d'acupuncture. En Yougoslavie, Miomor Milovanovic (1981) a étudié comparativement les effets de la stimulation par l'aiguille du point Zusanli (36 Estomac) et par la stimulation mentale par la concentration (psychopuncture) sur le point pendant vingt-cinq minutes, pour conclure que dans les deux cas, le taux de leucocytes dans le sang augmente, mais de façon plus prononcée par la «psychopuncture». (Voir Edde, G., 1988, p. 56-59) Encore une fois, la science reconnaît la puissance de l'esprit sur la matière, ce qui laisse croire à la valeur de la méditation et de la direction de l'énergie Qi dans le corps.

Cela nous aide à comprendre le bien-fondé d'une méthode bien connue en Chine et conseillée par plusieurs médecins chinois depuis des siècles, «la petite circulation», laquelle consiste à visualiser et à respirer dans les points importants du Ren Mai (Vaisseau Conception) et du Du Mai (Vaisseau Gouverneur). Il s'agit de l'une des bases de la méditation taoïste et d'un exercice de guérison de premier recours, car il est utilisé pour prévenir et guérir toutes les maladies.

En Chine, le Nei Yang Gong, ou exercices des soins par l'intérieur par la respiration, et le Qiang Zhuang Gong, ou la petite respiration, ou méditation tonifiante, «la petite circulation», sont utilisés pour soigner la plupart des maladies et même les troubles chroniques d'ordre fonctionnel, et ce, dans les hôpitaux. Ces exercices issus des traditions taoïstes et bouddhistes ont été repris, consolidés et adaptés par le Dr Liu Gui Zhui, dans la province du Hebei. Celui-ci avait reçu son enseignement du maître Liu Du Zhou, qui l'autorisa à révéler les exercices, pour le plus grand bien des malades. Cette méthode thérapeutique du Qiang Zhuang Gong a été éditée par le Dr Zhuo Dahong, de la clinique Zhongshan, de l'Université de Guangzhou, en 1978. La méditation médicale existe en Chine.

Ces méthodes ont un effet inhibiteur sur le cerveau et amplifient les fonctions vitales, améliorent la constitution, prolongent la vie en prévenant les maladies chroniques et en augmentant l'immunité naturelle. Elles sont contre-indiquées dans les cas d'affectations pulmonaires ou nasales aiguës, de maladies infectieuses aiguës et de troubles mentaux importants (schizophrénie). À la suite des affaiblissements post-opératoires et du post-partum, il est indiqué d'attendre une semaine avant de commencer les pratiques. Le but de tous ces exercices de respiration et de méditation taoïste est de maintenir la vie le plus longtemps possible, d'augmenter la longévité et la santé et de parvenir à l'immortalité.

Le maître taoïste Hie-Tsai Yang (Taiwan-1981) dit: «Toutes les religions s'intéressent à la mort et à l'au-delà; le taoïsme ne s'occupe que d'essayer de maintenir en vie.» Selon lui, si les immortels ne peuvent vivre que jusqu'à deux cents ans, c'est à cause du «manque de pratique de la méditation et de la culture de l'énergie dans le monde actuel». Tout est interrelié. Le catholicisme dit: «On ne se perd, ni ne se sauve jamais seul.»

La méditation taoïste unifie le ciel et la terre. Lorsque le ciel et la terre se manifestent dans l'homme, il vit l'harmonie et l'équilibre du ciel et de la terre. Si son microcosme est en paix, le monde est en paix. Les bouddhistes disent cela en ces termes: *«Quand les ailes du papillon bougent, tout l'Univers bouge.»*

L'Orbite microcosmique: les exercices de méditation taoïstes appliqués à la prévention et à la guérison

L'Orbite microcosmique est aussi dénommée «la petite circulation», «la petite révolution céleste», «la rotation de la roue à eau» et «le Char du fleuve». Plusieurs textes chinois de médecine et de méditation parlent de l'Orbite microcosmique, la réunion du yang et du yin, du ciel et de la terre dans l'homme par les deux canaux principaux d'énergie, le canal de fonction (Ren Mai) (VC) et le canal gouverneur (Du Mai) (VG), à partir desquels, au niveau embryonnaire, toutes les glandes et les organes du corps se sont formés. Par l'activation de l'énergie dans ces deux canaux par la visualisation et la respiration sans perdre l'énergie ni en bas (par la région sexuelle) ni en haut (par le nez), toutes les glandes et les organes sont nourris, dynamisés, équilibrés, balancés, ce qui amène la santé et la longévité. Plusieurs auteurs décrivent cette circulation de l'énergie par la respiration et la direction de l'énergie dans les deux vaisseaux, qui forment une boucle continue.

Dans les approches plus récentes qui intègrent l'Orbite Microcosmique, Steven Aung, dans le texte «Les perles de l'acupuncture médicale: six procédures d'alignement des énergies (Qi) vitales», parle des points de l'orbite microcosmique comme des points d'alignement de la structure pour remettre en état d'équilibre la santé physique, mentale et spirituelle du patient. Il souligne que ces procédures d'alignement sont efficaces dans les cas de difficultés post-traumatiques. (Aung, S., 1995, p. 203-207) Nous suggérons d'utiliser ces points avec réserve pour l'acupuncture, et de s'en servir plutôt avec le mental et la respiration, vu leur rôle important dans la méditation.

Zhao Bichen, maître taoïste du début du xxe siècle, dans son traité d'alchimie et de physiologie taoïste, parle des effets de la petite révolution céleste en ces termes: *«L'enseignement prodigué (...) procure non seulement la longévité, mais il permet d'écarter les maladies, de résider longtemps en ce bas-monde, harmonisant la réalité quotidienne et le divin, vivant au fil des jours, à l'écoute du ciel afin d'assurer un cours paisible à son destin.»* (Despeux, C., 1979, p. 128)

Nous résumons ici un texte de Zhao Bichen, qui est une description de cette pratique en des termes ésotériques.

Le joyau véritable (l'énergie) traverse les trois passes: la passe du coccyx, la passe JiaJi et la passe de l'oreiller de jade, pour arriver au centre du sommet de la tête et redescendre au palais véritable du Xingu et du Ming, pour arriver à la passe du nez (sans expirer à l'extérieur) et descendre par le pont des pies supérieures, par la pagode aux douze étages, par le palais pourpre et finalement au champ de cinabre ou au point du souffle véritable pour l'entretenir. (Despeux, C., 1979, p. 131-133)

Selon Maître Mantak Chia, avant de commencer cette pratique, il est bon d'accumuler les vertus par les sons et le sourire intérieur, de pratiquer le contrôle de soi par l'observation et l'attention, l'endurance par la constance. Lorsque suffisamment d'énergie est accumulée derrière le nombril, appliquer un mouvement à l'énergie pour franchir les trois passes du dos (sacrum, taille, nuque) et ramener l'énergie au nombril. Il faut inspirer et expirer dans treize points d'énergie disposés en cercle autour du corps.

Ce type d'énergie amenée au nombril par la respiration embryonnaire ressemble à la respiration profonde du nouveau-né et même à celle de l'embryon dans le ventre de la mère. Le *Tai Shi Ching*, «traité classique de la respiration embryonnaire harmonieuse», décrit aussi l'harmonisation des canaux Ren Mai et Du Mai.

Le maître Yang Chi Chou dans le Zhen Jiu Da Cheng, l*e Livre des difficultés de la médecine chinoise*, à l'énoncé 134, appelé «Points du Ren Mai (VC) et leurs indications», et l'énoncé 135, «Points du Du Mai et leurs indications», rapporte la chanson sur les points du Ren Mai (VC) et la chanson sur les points du Du Mai (VG). Ce livre précise chacun des points du Vaisseau Gouverneur et du Vaisseau Conception et met ces points en relation avec le Ciel et la Terre, le dos et le devant, le yang et le yin, en disant qu'ils sont complémentaires et qu'ils forment un tout, tout en restant spécifiques.

«Il est important de savoir que la compréhension parfaite du Ren Mai et du Du Mai est indispensable à l'entretien de la santé... Ceux qui détiennent la connaissance appliquent la méthode d'activation (conduction) énergétique au niveau des deux vaisseaux. Agir ainsi, c'est consolider la base.

Cette méthode se décompose en plusieurs exercices:

- Faire le vide de l'esprit en évacuant soucis, désirs, passions;
- Acquérir la quiétude de l'âme;
- Conserver sans cesse la volonté sans se disperser;
- Concentrer l'attention sur la circulation de l'énergie vitale dans le Ren Mai (VC) et le Du Mai (VG);
- Faire d'abord circuler cette énergie de haut en bas, du nez jusqu'au Hui Yin (1 VC), sur tout le trajet du Ren Mai.
- Puis faire remonter cette énergie le long du dos en suivant le trajet du Du Mai. Par la pensée, on décrit ainsi une succession ininterrompue de cycles énergétiques qui tournent autour de l'axe vertical du corps...

La pratique de ces exercices permet d'entrevoir les mécanismes de la cybernétique chez l'homme. Pour atteindre le but visé, une volonté soutenue, inébranlable est indispensable.

L'exercice doit être quotidien, d'abord un quart d'heure, puis une heure pendant une période de 100 jours, puis une période de 10 mois.

Cet exercice quotidien appelé «exercice cyclique» est toujours répété à la même heure. Au terme de 100 jours, on atteint le stade dit d'«édification de la base», et au terme de 10 mois, on atteint le stade de la «délivrance».

Au stade supérieur, le corps et l'esprit entrent en harmonie avec le «néant»...

Parallèlement à ces exercices, il est essentiel de s'efforcer de supprimer les «6 vices» et de respecter les «10 modérations»...

Les 6 vices sont:

1.- Recherche des honneurs et des saveurs
2.- Passion de la musique et de la beauté féminine
3.- Envie de l'argent et des biens matériels
4.- Gourmandise
5.- Pensées déplacées
6.- Jalousie

Les 10 modérations sont:

1.- Modération dans la réflexion
2.- Modération dans la mémorisation
3.- Modération dans le rire
4.- Modération dans les paroles
5.- Modération dans le boire
6.- Modération dans la colère
7.- Modération dans la joie
8.- Modération dans la tristesse
9.- Modération dans les désirs
10.- Modération dans la ruse

La non-observation de ces règles a pour effet d'abattre l'Arbre de vie plus efficacement que la hache et le marteau. Il est donc indispensable pour le médecin qui s'intéresse à l'hygiène mentale et corporelle de connaître ces règles.» (Nguyen Van Nghi, 1989, p. 63-65)

Le maître Lu Tsou, dans *Le secret de la Fleur d'or*, livre de spiritualité taoïste mieux connu en Occident grâce aux travaux de Carl Gustav Jung, décrit l'orbite microcosmique ou la petite révolution du Ciel comme la méthode de la Rotation de la roue à eau. *«Lorsqu'au moment où l'énergie véritable s'est rassemblée en abondance, le disciple ne la laisse pas s'en aller tout droit vers l'extérieur, mais lui imprime une rotation rétrograde, c'est la méthode de rotation de la roue à eau. Si l'on continue à tourner, l'énergie véritable retourne goutte-à-goutte aux racines. Alors la roue à eau s'arrête, le corps est pur, l'énergie est fraîche.»* (Lu Tsou, 1969, p. 116)

Le maître Yin Si Zhi a écrit un manuel de méditation pour expliquer la méthode taoïste de méditation «s'asseoir en paix» (Ching Tsuo).

«Après avoir longtemps pratiqué la méditation (plus d'un mois au moins), on peut découvrir un phénomène de vibration (ou de pulsion) dans le ventre, sous le nombril: c'est la preuve de l'abondance de la force abdominale (de l'énergie abdominale; le qi interne)»...

> *«On doit conduire cette force (qi) motrice avec l'esprit (l'attention) pendant la méditation du sacrum vers la colonne vertébrale puis jusqu'au sommet de la tête (en suivant le méridien d'acupuncture dumo). Puis revenir vers l'avant en suivant le front, le visage, le cou, la région du cœur et enfin, en-dessous du nombril, le champ de cinabre inférieur (selon le trajet du méridien d'acupuncture jen mo) (...) Avec beaucoup de pratique, cette énergie (qi) peut automatiquement monter et descendre toute seule»...*
> (Edde, G., 1988, p. 149-150)

Plusieurs autres textes de maîtres taoïstes contemporains décrivent ce travail d'ouverture des canaux Ren Mai et Du Mai. Dang Ming Dao, dans son livre *The Wandering Taoïst* (cité dans Edde G., 1988, p. 162), précise: *«L'orbite microcosmique est une tentative de relier les deux méridiens centraux et de diriger mentalement l'énergie de telle façon que l'on exécute une révolution complète durant un cycle respiratoire (inspiration-expiration). Cette circulation permet alors d'envoyer l'énergie dans les douze méridiens et huit canaux psychiques. S'il réussit (si le disciple réussit), le corps sera purifié, les maladies seront guéries et il pourra apprendre à transmuter l'énergie en l'esprit, puis en calme.»*

Dans son livre *Énergie vitale et autoguérison*, Maître Mantak Chia a décrit l'orbite microcosmique, le travail avec l'énergie dans les deux canaux en donnant les détails sur les qualités de chaque point, selon qu'ils sont remplis ou vides d'énergie. Dans son livre *Éveillez l'énergie curative*, il dit: «La conception taoïste suit le modèle offert par la nature. Nous n'essayons pas de pousser les élèves à adopter une méthode plutôt qu'une autre. Au lieu de cela, nous leur proposons de nombreuses méthodes différentes s'adaptant à leur nature, leurs capacités et leurs besoins. Le but ultime est de se connaître soi-même, tels que nous sommes, et de revendiquer tous les aspects de notre individu, à tous les niveaux. Comme notre corps énergétique, notre réseau énergétique, est une partie de nous-mêmes, tous ces exercices taoïstes nous aident à découvrir et à ressentir le Qi comme faisant partie d'un continuum humain: l'énergie de notre corps, de celui des autres et de la nature tout autour de nous.»

Tout le système taoïste est basé sur l'apprentissage de cette respiration-visualisation de l'énergie dans l'orbite microcosmique. Cette pratique est utile dans la méditation assise «S'asseoir en

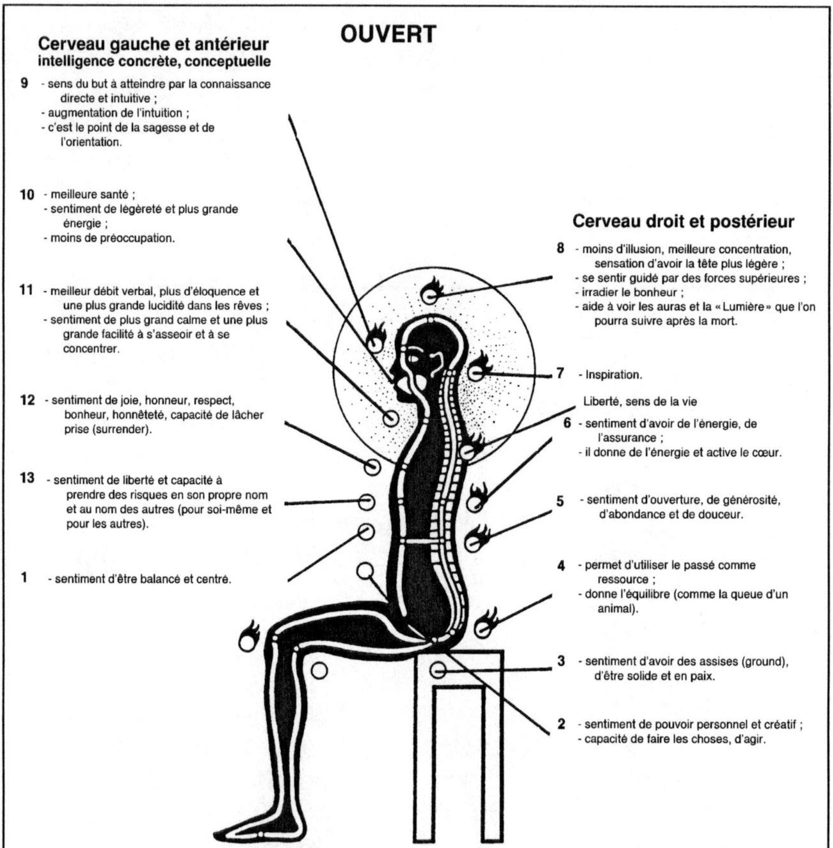

Figure 3-2 L'orbite microcosmique, les manifestations des points ouverts (tiré de Tremblay, N., 1988, p. 40-41)

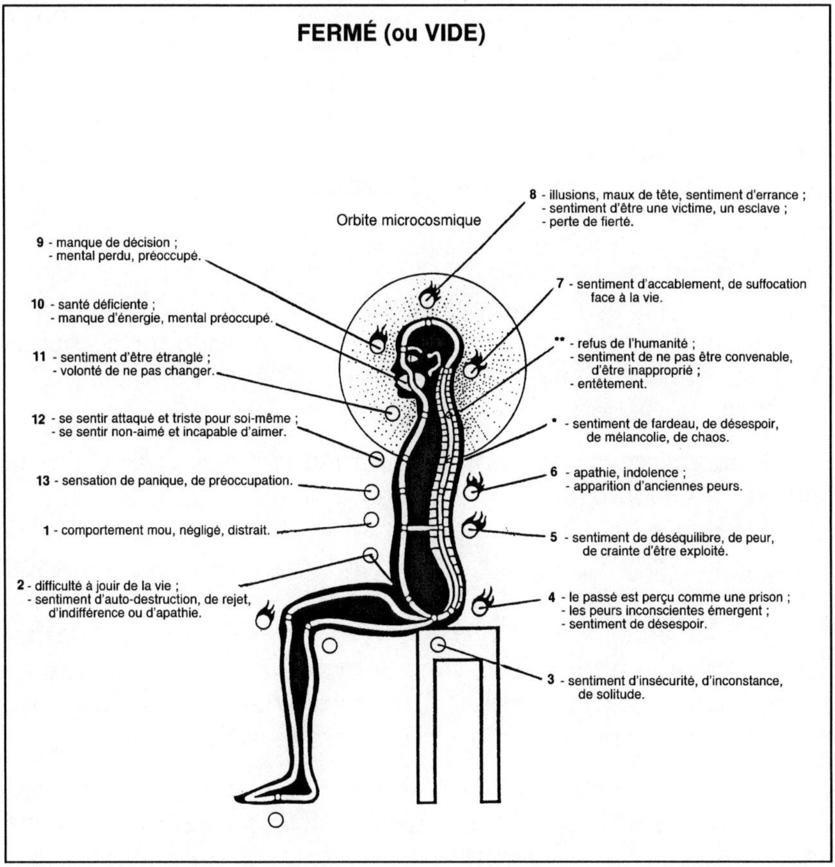

Figure 3-3 L'orbite microcosmique, les manifestations des points fermés (tiré de Tremblay, N., 1988, p. 40-41)

paix», dans la méditation debout, avec le Qi Cong, dans le Kung Fu, dans les exercices sexuels pour conserver l'énergie du sperme et des ovules, dans le Taï Chi pour respirer dans la colonne vertébrale et projeter l'énergie dans les mains, dans les pratiques de guérison et de massage, et dans les arts martiaux.

Ces pratiques, en plus de guérir plusieurs maladies, rendent les adeptes des arts martiaux et des autres arts plus alertes, plus énergiques et davantage capables de faire de rapides progrès, car ils sont moins fatigués, ils ont moins besoin de sommeil et ils ont plus de vigueur et de vitalité.

La méthode de méditation taoïste «s'asseoir en paix» apporte la paix de l'esprit, restaure la santé et développe une harmonisation intérieure. Elle est couramment pratiquée en Asie, sous plusieurs variantes. *«Elle constitue une approche non sectaire du calme mental, indépendamment de toute religion ou pratique rituelle»* (Edde, G., 1988, p. 134), ce qui est très important pour éviter les polémiques inutiles.

Jeremy Ross (1995) dans son livre *Acupuncture, points combination*, explique que l'acupuncture peut agir à trois niveaux : symptômes, syndromes et individuels. Cet auteur sélectionne les points d'acupuncture en combinaison entre eux et en combinaison avec le travail énergétique et la méditation.

Depuis bientôt treize ans, l'auteure fait un travail similaire en intégrant l'acupuncture, la méditation et les exercices énergétiques de Qi Cong et d'autres pratiques appelées «l'hypnose énergétique» ou la «psychopuncture», de manière à ce que le patient soit impliqué dans le traitement et devienne de plus en plus responsable de son autoguérison. Elle a développé une nouvelle approche : l'approche intégrative en psychothérapie. Les praticiens de psychothérapie occidentale peuvent facilement intégrer ces manières de faire, pourvu qu'ils reçoivent les entraînements requis.

Plusieurs interdictions ont été mises de l'avant par des personnes qui ignoraient le travail avec les deux vaisseaux et l'orbite microcosmique. Et plusieurs méthodes ont été pratiquées pour augmenter l'énergie véritable dans l'orbite microcosmique. Dans le Zhen Jiu Da Cheng de Yang Chi Chou, à l'énoncé 134: Points du Renmai (VC) et leurs indications, il est précisé :

> «... *Autrefois les bonzes, dans l'incapacité d'apprendre ces deux vaisseaux, agissaient selon leurs propres convictions. Ainsi ils appliquaient la méthode des interdits (interdiction de s'alimenter, interdiction de marcher, interdiction de parler...)*[4] *ils s'amputaient le bras, se faisaient brûler un doigt et allaient même jusqu'à s'immoler par le feu... La conséquence en était qu'ils étaient réduits à l'état de véritables cadavres vivants. Tout cela est bien déplorable!*

---

4. On pourrait ajouter interdiction de relations sexuelles, comme Siddharta dont on parle dans le film «Little Bouddha».

Finalement, les disciples du taoïsme envisagèrent de nombreuses méthodes de relaxation, de respiration, d'immobilisation, de concentration, d'aspiration de l'énergie solaire et d'assimilation de la fleur lunaire... dans le but de conserver et de renforcer l'énergie vitale. Tous ces moyens avaient pour objectif une action activatrice sur le Renmai (VC) et le Dumai (VG).

Il est important de savoir que la compréhension parfaite du Renmai et du Dumai est indispensable dans l'entretien de la santé (...).» (Nguyen, Van Nghi, 1989, p. 62-63)

La prévention par la respiration et la méditation

La MTC n'est pas séparée de la psychologie, qui a pour nom Yang Sheng, ou psychothérapie traditionnelle chinoise. Cette psychologie est basée sur les San Jiao (trois trésors) : Jing – Qi – Shen, appelés aussi les trois TanTien, qui mettent en action et en union les aspects somatopsychiques (Guan Neng Bing) et psychosomatiques (Xin Li Bing). Le soma est Yin, le psychologique est Yang.

Le Shen, c'est le sexe-cœur-mental réunis dans la conscience. Le Tchang Shi Lei King dit: «Le Shen provient du Jing et du Qi. Si nous pouvons maîtriser le Jing et le Qi, c'est que le Shen réside dans notre cœur.» (Nguyen, Van Nghi, 1984, p. 82)

Dans la tradition chinoise millénaire, le premier acte thérapeutique consistait à l'ouverture du cœur dans la discussion avec le patient. «L'écoute» de celui-ci nécessite de se mettre sur sa longueur d'onde pour lui permettre de «dire», «d'être entendu», «compris» et «ressenti». Les traitements du Shen agissent sur les désirs, les émotions, les pensées et l'ouverture spirituelle. Les traitements du Qi se font surtout par les aiguilles, la pharmacopée. Les organes des sens (yeux-oreilles) sont rattachés aux maladies mentales, la bouche et le nez aux maladies alimentaires, mais pour la médecine traditionnelle chinoise (MTC), la première cause des maladies internes vient des émotions générées dans les organes internes.

La psychologie chinoise utilise plusieurs moyens thérapeutiques: la rééducation du cœur, la rééducation de la conscience, l'action sur l'inconscient, la relaxation, le Qi Cong interne et externe, la méditation, les rêves, la musique, la prévention. Nous allons surtout traiter ici de la prévention par la respiration et la méditation, et nous présenterons aussi le Qi Cong.

La prévention de la maladie par la prévention des déséquilibres physiques, émotifs et mentaux est à la base de la psychothérapie chinoise (Yang Sheng). Les principales méthodes préventives consistent à garder le cœur ouvert par la joie, qui diffuse l'énergie dans tout le corps et enlève les tensions en utilisant les pratiques suivantes.

- Tourner l'esprit vers l'intérieur par la méditation avec le sourire.
- S'entraîner au sourire qui vient du cœur, manifester la joie qui vient du cœur, penser à des choses agréables.
- Voir les deux aspects de toute chose, le bon et le mauvais, mais le bon d'abord.
- Cultiver l'admiration et le contentement en appréciant les petites choses, multiplier la conscience des choses agréables.
- Utiliser ce qui est plutôt que de vouloir l'idéal.
- Avoir des occupations désintéressées, faire des choses que l'on aime et se consacrer à des activités créatrices.
- Avoir des amis et leur dire ce que l'on a sur le cœur, comme si c'était une deuxième famille.
- Ne pas oublier que le corps s'en va vers le bas et que l'esprit s'en va vers le haut, sa voie, le Tao.

Le Tao ajoute que le travail spirituel consiste à réunir les sept âmes Po (le corps) et les trois âmes Hun (l'esprit) et à retourner à la lumière, vers le haut sans passer par la mort ou la séparation du Hun et du Po.

La psychothérapie traditionnelle chinoise ou Yang Sheng et la méditation taoïste servent aussi à activer, à équilibrer le Shen et aussi à réunir et équilibrer le cœur et les reins (axe Shao Yin). Garder l'axe du Cœur et des Reins en équilibre, c'est la voie de l'équilibre du Shen (Cœur-Mental). La méditation taoïste comporte plusieurs exercices de respiration-concentration, dont le plus important est celui qui réunit par l'énergie les points du vaisseau gouverneur (VG) et du vaisseau conception (VC) dans une boucle sans fin pour balancer et équilibrer le Yin et le Yang de tout le corps. Cette méditation est aussi considérée comme l'art de guérir les «cent maladies».

Cette pratique de méditation est rapportée dans plusieurs livres spirituels et même médicaux, et ce, depuis plusieurs siècles.

Le maître taoïste contemporain Mantak Chia a expliqué plus en détail cette pratique qu'il nomme «Orbite Microcosmique» dans un livre intitulé *Énergie vitale et autoguérison*, rendant ainsi plus accessibles aux Occidentaux les explications ésotériques et symboliques anciennes (voir Chia, M., 1984). Il décrit les seize principaux points énergétiques en indiquant leurs manifestations énergétiques (émotives et mentales) selon la présence (ouverture) ou l'absence (fermeture) d'énergie dans ces points. Mais cela demeure la voie externe (voie Wai), la voie des livres. Le véritable enseignement, la voie interne (voie Nei), est celle du maître. Concernant l'Orbite Microcosmique, cette voie interne consiste à enseigner les secrets de la respiration rythmée. Maître Chia a mis aussi au point un système complet d'enseignement, ce qui rend accessibles des pratiques plus avancées, comme le Retour de la semence (Amour curatif), la Fusion des cinq éléments, la réunion des reins et du cœur par les pratiques Kan (Eau) et Li (Feu), et le Scellage des cinq sens. La pratique facilite la compréhension, pour les Occidentaux, des textes spirituels et de certains textes médicaux.

Cette pratique de l'Orbite Microcosmique est exposée par Chao Pi Ch'en (né en 1860) dans le texte *The Secrets of Cultivating Essential Nature and Eternel Life*, où il illustre les deux canaux et les trois chaudrons et le feu, appelés aussi les trois Tan Tien. (Voir Lu K'uan Yü, 1970, p. 9) Cette pratique de la réunion des deux vaisseaux pour la conservation de l'essence, de l'énergie et de l'esprit a été décrite en détail par Zhao Bichen au début du XXe siècle, dans son *Traité d'Alchimie et de Physiologie Taoïste*. (Despeux, C., 1979, p. 108)

Le livre spirituel *Le Secret de la Fleur d'or*, de Lu Tsou (1969), traduit par Richard Wilhelm et étudié par Carl Gustav Jung dans son Commentaire sur le Mystère de la Fleur d'or (1979), fait aussi état de cette pratique. Elle est appelée, pendant les premières étapes d'évolution de l'énergie, la «révolution céleste», la «révolution de la lumière» (Lu Tsou 1969, p. 47) et, à un stade plus avancé, la «méthode rétrograde» (*idem*, p. 64), ou «tourner la meule du moulin» (*idem*, p. 60), ou la «rotation de la roue à eau» (*idem*, p. 116). L'illustration du corps taoïste dont nous avons parlé au chapitre 2 réfère aussi à ces exercices de transport de l'énergie du bas (Eau-Sexualité) en énergie du haut (Cerveau-Montagnes-Shen).

Les textes chinois anciens des livres spirituels et médicaux reconnaissent l'importance du Shen et de la respiration en parlant du rythme des reins et du cœur. Dans *Le Secret de la Fleur d'or*, l'importance du lien reins-cœur est exprimé symboliquement dans cette phrase: «La poule peut couver ses œufs parce que son cœur écoute toujours.» (*Idem*, p. 80)

«Couver ses œufs» veut dire garder le germe de vie, la force vitale, «conserver la semence» (*idem*, p. 119), le Jing des reins, la réserve de vie à l'intérieur du corps.

«Le cœur» veut dire qu'à l'aide du cœur, l'adepte peut rythmer la respiration et conduire l'énergie de la chaleur à l'intérieur. En y mettant tout son cœur, il peut garder l'attention et la concentration pour diriger le souffle, l'énergie vers le centre.

«Écoute toujours», cette phrase «son cœur écoute toujours» met en relation le cœur et les reins. L'énergie des reins est impliquée dans l'attitude et la réalisation intérieure «couver ses œufs», ce qui permet de retourner l'essence vitale dans les reins, qui sont en relation avec les oreilles, pour donner l'écoute attentive, pour que la concentration de l'esprit ne soit pas interrompue.

C'est pourquoi il est dit «l'oreille écoute à l'intérieur» (*idem*, p. 83) et elle peut garder ainsi le cœur et l'énergie rassemblés par la respiration rythmée.

Nous voyons ici l'importance des énergies rassemblées du cœur, des reins et de la respiration pour obtenir un Shen équilibré. Le but est de «mettre le cœur et la respiration l'un avec l'autre.» (*Idem*, p. 84) Mais comment mettre le cœur et la respiration en relation? Par la méditation, répondent les maîtres du *Secret de la Fleur d'or*. L'état de méditation se manifeste quand le mental, l'esprit, l'intention juste et la pratique de l'attention et de la concentration sont accomplis et que l'on sait éviter l'indolence et la distraction, les deux défauts de la méditation. Le *Suwen* dit: «Le mental dirige l'énergie, l'énergie dirige le sang et le sang guérit.» La voie de réalisation intérieure parle d'objectivité obtenue par l'introspection, appelée «l'ouverture de l'œil du cœur». (Reich W., 1979, p. 108)

Le *Houei Ming King (Le Livre de la Conscience et de la vie)* qui suit le texte du *Secret de la Fleur d'or* parle aussi de l'art de rythmer la respiration et de la nécessité de ramener les cinq sens à l'intérieur pour que le cœur et la respiration soient mis en harmonie pendant la méditation, qui réunit les deux vaisseaux par la Révolution de la Lumière. La figure suivante indique cet art du rythme de la respiration, tel que décrit dans le *Secret de la Fleur d'or.* (Lu Tsou, 1969, p. 129)

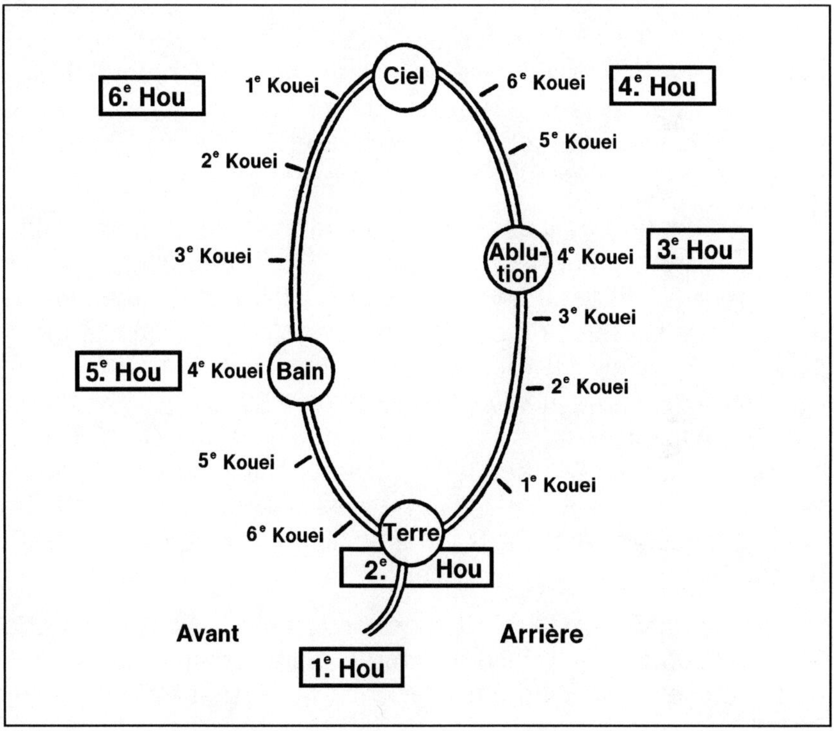

Figure 3-4 La révolution de la lumière et la respiration rythmée (tiré de *Lu Tsou*, 1969, p. 129, fig. 6)

De plus, les textes de la médecine traditionnelle chinoise confirment le lien entre les Reins, les moelles, le sang et le cœur. «Les Reins engendrent la moelle et les os». (Chapitre 23 du *Suwen*) Ce sont les Reins qui produisent les os, les moelles qui produisent à leur tour le sang. Le sang rouge vient de la moelle des os ronds, et le sang blanc, de celle des os plats, et génère la force du système immunitaire. «Le cœur est le siège de l'esprit, il régit les activités mentales» (Chapitre 23 du *Suwen*) L'importance du Shen et ses relations avec le Jing (essence), le Qi alimentaire (Rong) qui donne le sang rouge, le Qi défensif (Wei) qui donne le sang blanc et l'impact des émotions sur ces phénomènes est clairement exposée dans cette phrase: «Si l'essence est épuisé, les esprits en fuite, les deux éléments circulants (Rong et Wei) non récupérables, c'est parce que des désirs insatiables et des soucis incessants gaspillent l'essence, figent les Rong et bannissent les Wei; il s'ensuit la déroute des esprits et l'incurabilité de la maladie.» La MTC reconnaît que le mental peut donner le rythme du sang qui suit celui de la respiration (Qi de l'air, le souffle), que la respiration oxygène le sang et que le sang est régénéré dans les moelles des os.

La prévention est possible par la conservation et le maintien de l'équilibre des énergies. Cet équilibre peut être atteint, maintenu et consolidé par le mental, l'esprit et la force du Shen entretenue par la pratique de la réunion des deux vaisseaux. Dans le livre de médecine *Zhen Jiu Da Cheng (Condensé de la pratique de l'acupuncture et de la moxibustion)*, les énoncés 134 et 135 rapportent les chansons sur les points du Ren Mai (VC) et Du Mai (VG), et les disciples du taoïsme précisent que pour conserver et renforcer l'énergie vitale, il faut activer le vaisseau conception Ren Mai et le vaisseau gouverneur Du Mai (voir Nguyen Van Nghi, 1989, p. 62-94).

Cette pratique de la réunion des deux vaisseaux «consolide la base» ou donne une force qui vient de l'augmentation de la force du bas du corps, le Shen inférieur ou le Tan Tien inférieur.

«Il est important de savoir que la compréhension parfaite du Ren Mai et du Du Mai est indispensable dans l'entretien de la santé; lorsque Ren Mai est en détresse, on risque la disparition de l'énergie du rein. De ce fait, ceux qui détiennent la connaissance appliquent la méthode d'activation (conduction) énergétique au niveau de ces deux vaisseaux. Agir ainsi, c'est consolider la base.» (Voir Nguyen Van Nghi, 1984, p. 63) Dans *Le Secret de la Fleur d'or*, cette image de «consolider la base» est aussi évoquée en ces termes: «La révolution de la lumière peut être comparée au fondement de l'édifice. Si le fondement est solidement posé, comme on peut rapidement construire dessus!» (Lu Tsou, 1969, p.72)

Le Zhen Jiu Da Cheng précise que cette méthode de régénération se prépare par plusieurs étapes:

- «Faire le vide de l'esprit en évacuant soucis, désirs, passions;
- Acquérir la quiétude de l'âme;
- Concentrer l'attention sur la circulation de l'énergie vitale dans Ren Mai (VC) et Du Mai (VG);
- Faire circuler cette énergie du haut en bas, du nez jusqu'au Hui Yin (1 VC), sur tout le trajet du Ren Mai;
- Puis faire remonter cette énergie le long du dos en suivant le trajet du Du Mai.

Par la pensée, on décrit ainsi une succession ininterrompue de cycles énergétiques qui tournent autour de l'axe vertical du corps.» (Énoncé 134 Zhen Jiu Da Cheng, voir Nguyen Van Nghi, 1984, p. 63)

Le reste du texte précise les étapes de consolidation, de raffinement et de transformation du Jing, du Qi et du Shen par cet «exercice cyclique» et indique qu'il est essentiel parallèlement de supprimer les «six vices» et de respecter les «dix modérations». «Il est donc indispensable pour le médecin qui s'intéresse à l'hygiène mentale et corporelle de connaître ces règles.» (Énoncé 134 du Zhen Jiu Da Cheng, *idem*, p. 65)

Dans *Le Secret de la Fleur d'or*, Lu Tsou parle de ce même exercice, mais en le nommant différemment et de plusieurs vocables: «la méthode rétrograde», «la révolution de la lumière» et «la rotation de la roue à eau». Pourquoi ces termes différents? Cela signifie que le maître est rendu à un niveau plus avancé de pratique, qu'il sait conserver la semence et la retourner à son origine pour transformer le Jing (essence) en Qi (énergie) et en Shen (esprit). «Lorsqu'au moment de l'orgasme, on ne la *(l'énergie des reins, l'énergie sexuelle)* laisse pas s'écouler vers l'extérieur mais qu'on la ramène en arrière par la force de la pensée, de sorte qu'elle pénètre dans le creuset du créateur et rafraîchit et nourrit le cœur et le corps, cela est également la méthode rétrograde.» C'est pourquoi il est dit: «La Voie de la pilule d'or repose pleinement sur la méthode rétrograde.» (Lu Tsou 1969, p. 64) Cette pilule d'or est aussi appelée la «Fleur d'or» (*idem*, p. 104) ou la «perle d'essence de Yang Véritable». (Despeux, C., 1979, p. 124)

Plus loin, Lu Tsou ajoute: «Lorsqu'au moment où l'énergie véritable s'est rassemblée en abondance, le disciple ne la laisse pas s'en aller tout droit vers l'extérieur, mais lui imprime une direction rétrograde, c'est la lumière de la vie; on doit utiliser cette méthode de rotation de la roue à eau. Si l'on continue à tourner, l'énergie véritable retourne goutte-à-goutte aux racines.»... «C'est la sublimation de l'essence en énergie.» (Lu Tsou, 1969, p. 116) Pratiquer «la méthode rétrograde» ou «la rotation de la roue à eau», c'est savoir comment réutiliser l'énergie sexuelle (Jing) pour la retourner dans «la cavité originale de l'esprit», au centre du cerveau (Shen), et le régénérer pour qu'il laisse descendre en énergie (Qi) comme une chute bienfaisante qui coule dans le corps et conserver ainsi les Trois Trésors de l'Homme.

En Occident, House et Pansky (1960) (rapporté dans Grossman, S.P., 1967, p. 272) ont établi la relation entre l'hypothalamus et la glande antérieure, la pituitaire (hypophyse) et l'effet de retour des hormones dans le corps. En effet, cette glande a pour fonction de recharger à nouveau le corps en retournant les hormones dans les glandes endocrines (thyroïdes, surrénales, pancréas, testicules, ovaires) de même que dans le foie et la moelle des os. Cela confirme la justesse et l'importance toujours actuelle de cette pratique taoïste de l'Orbite Microcosmique pour conserver la santé, prévenir les maladies et se guérir. Actuellement, ne publie-t-on pas un produit pour stimuler la glande pituitaire et retrouver la jeunesse par la régénération du corps à partir de la stimulation de cette glande? Mais c'est encore la voie externe et on ne connaît pas les conséquences. La voie interne est sûre mais demande de la constance.

En MTC, les médecins devaient connaître cette pratique de la réunion des deux vaisseaux qui guérit les cent maladies. Ils savaient que «lorsque le Ren Mai (Vaisseau Conception, à l'avant) est en détresse, on risque la disparition de l'énergie du rein». (Zhen Jiu Da

Cheng, énoncé 134, p. 63) Donc, ils suivaient la voie du taoïsme avec de «nombreuses méthodes de relaxation, de respiration, d'immobilisation, de concentration, d'aspiration de l'énergie solaire et d'"assimilation de la fleur lunaire"... dans le but de conserver et de renforcer l'énergie vitale. Tous ces moyens avaient pour objectif une action activatrice sur le Ren Mai (VC) et le Du Mai (VG)» (voir Nguyen Van Nghi, 1984, p. 63). Ces méthodes consistaient à absorber les lumières cosmiques et l'air dans les organes, les entrailles, les glandes, les canaux lumineux du corps (dont font partie Ren Mai et Du Mai), dans les cellules pour illuminer et oxygéner la matière.

En MTC, il est clair que l'esprit guérit. En Occident, la guérison par «voie spirituelle» est appelée par Carl Gustav Jung la «voie non-matérielle». Il disait: «Je crois que l'art de guérir par la voie non-matérielle, au moyen de méthodes spirituelles, a des possibilités d'avenir insoupçonnées. Et je crois que son domaine va s'étendre peu à peu au-delà de ce que nous désignons par le terme fonctionnel et qu'il englobera tout ce qui est organique.» La «voie spirituelle» est de plus en plus admise et étudiée scientifiquement. Le Groupe médico-scientifique spécialisé (MWF), créé en Allemagne en 1992, étudie les possibilités de guérison par voie spirituelle à partir des enseignements de Bruno Gröning (1906-1959), qui répétait: «Aie confiance et crois, la force divine aide et guérit.» Selon lui, l'être humain est en mesure de se «mettre en réception du courant guérisseur». Tout le travail effectué par Chapra aux États-Unis va dans le même sens. Actuellement, les techniques chirurgicales utilisent les lumières artificielles (rayons X, laser) et se rapprochent de l'utilisation de la lumière subtile générée par les «médecins aux mains nues», qui opèrent avec la lumière.

Depuis peu, on parle en Occident de guérir par la lumière ou par photothérapie. La photothérapie connue en Égypte pour guérir les tumeurs cutanées se développe à nouveau et devient une alternative aux traitements du cancer.

> «Ce traitement fonctionne grâce à un colorant injecté dans le corps. Ce produit s'accumule dans la tumeur et, activé par une longueur d'onde lumineuse provenant d'un laser ou simplement du soleil, génère une réaction oxydante. La tumeur privée de sang meurt et disparaît. La guérison est très esthétique. Il n'existe pas de produit photosensible universel. Pour des

résultats optimaux, on doit trouver un produit pour chaque mal.» (Laroche, Y., p. 17)

Plusieurs méthodes de méditation travaillent avec la lumière comme moyen de guérison, de maintien de la santé et de développement spirituel, comme dans le taoïsme. En effet, dans les méthodes de méditation taoïste, on reconnaît que chaque organe et les régions du corps qui en dépendent énergétiquement viennent des sons, des notes et des lumières qui vibrent à la même fréquence, selon les données de la théorie des correspondances. Cette théorie, appelée aussi théorie des cinq éléments, indique que :

- les Poumons vibrent à la fréquence de la lumière blanche ;
- les Reins vibrent à la fréquence de la lumière bleue ;
- le Foie vibre à la fréquence de la lumière verte ;
- le Cœur vibre à la fréquence de la lumière rouge ;
- la Rate vibre à la fréquence de la lumière jaune.

Ce sont ces lumières colorées que l'on utilise avec les sons pour nourrir spirituellement les organes internes, prévenir et guérir les maladies par la méditation taoïste. Toutes les lumières colorées réunies donnent le blanc et harmonisent les Trois Foyers et tout le corps. Cela est signifié et représenté par le côté lumineux et blanc du signe du Tao, le côté noir exprimant l'aspect matériel. Mais d'où viennent ces lumières ? Pour les taoïstes, chaque ensemble de vingt-huit constellations sont rassemblées dans cinq constellations majeures qui émettent les cinq lumières :

- La constellation du Dragon Vert à l'Est ;
- La constellation du Faisan Rouge au Sud ;
- La constellation du Phœnix d'Or au Centre ;
- La constellation du Tigre Blanc à l'Ouest ;
- La constellation de la Grande tortue Bleue-noire au Nord.

L'analyse spectrale qui traduit en lumières les fréquences vibratoires n'a-t-elle pas démontré que les cellules du corps humain sont composées des mêmes particules biochimiques que les étoiles ? Hubert Reeves affirme : « Il y a des étoiles de toutes les couleurs. »

La comparaison des traitements par l'hypnose, le Qi Cong et la méditation

La réapparition de l'hypnose en Occident s'est appuyée sur le travail de plusieurs spécialistes. Parmi les études, quatre ouvrages ont particulièrement marqué ce renouvellement de la pratique de l'hypnose. Il s'agit de *Résurgence de l'hypnose, une bataille de deux cents ans* (voir Chertok, L., 1984), de *Erickson, Milton H. De l'hypnose clinique à la psychothérapie stratégique* (voir Malarewicz & Godin, 1989), de *La nouvelle hypnose. Vocabulaire, principes et méthode* (voir Godin, 1992) et de *L'hypnose orientale vers la solution, une approche ericksonienne* (voir O'Halan & Martin, 1995).

L'hypnose est apparue à la fin du XVIIIe siècle en Occident, avec la théorie du magnétisme animal et la suggestion mentale par la parole du thérapeute ou l'autosuggestion. Le patient, placé dans une posture assise ou couchée pour arriver à la relaxation profonde (transe hypnotique), reçoit des suggestions du thérapeute qui influencent le métabolisme, les performances motrices, les comportements et l'état mental ou psychologique. Il est de plus en plus admis en Occident que le mental contrôle le corps.

Voici les principales assertions concernant le rôle du mental sur le corps, avancées par les chercheurs et praticiens de l'hypnose et résumées dans un article de l'auteure intitulé « Psychologie et médecine traditionnelle chinoise » (voir Tremblay, N., 1994) :

- Milton Erickson (1989) : *Le mental est suggestible,* donc l'hypnose est un moyen utile pour traiter les douleurs et les processus physiologiques. Aux États-Unis, de plus en plus de recherches sont faites pour trouver des techniques pour guérir le SIDA et le cancer par l'hypnose.
- Théodore Barber (1984) : *Le mental conscient active le flux sanguin.* Lorsque le processus est répétitif, et la suggestion crédible, efficace et réalisable, l'effet se manifeste davantage.
- Gérard Epstein (1981) : *Le mental conscient peut, grâce à l'imagerie, agir sur le désordre physique.* Le mental est plus vaste que les émotions et les sensations, et a son propre pouvoir. Le mental et le SNC (système nerveux central) peuvent être entraînés

à modifier des réponses spécifiques et des processus spécifiques du corps.

- Robert Ader (1981) : *Le système immunitaire peut être influencé par ce qu'un organisme croit et par ce qui vient du cerveau.*

En Occident, l'hypnose et l'autohypnose impliquent surtout la concentration de l'attention, l'imagination, la relaxation assise ou allongée et la suggestion verbale par le thérapeute. Le rôle de la respiration et la posture sont négligées, et les suggestions sont le résultat de la créativité des thérapeutes et ne reposent pas sur une théorie globale.

La MTC utilise deux approches qui intègrent le rôle du corps (magnétisme et posture), le rôle du mental et le rôle de l'énergie : le Qi Cong externe, et le Qi Cong interne et la méditation.

Le Qi Cong externe, ou activation externe

Le Qi Cong externe ou la maîtrise de l'énergie par le maître ou le médecin nécessite une action sur le patient par le transfert d'énergie (Qi), qui peut être produit par différentes actions et comportements physiques, des sons, de la musique, des massages, de l'acupuncture ou un travail par projection d'énergie. Cela rend indispensable, pour celui qui pratique la MTC, de pratiquer lui-même le Qi Cong et la méditation pour augmenter son niveau vibratoire, son magnétisme et son pouvoir de suggestion et aussi augmenter son efficacité à produire des phénomènes biophysiques et énergétiques anticipés. Le Qi Cong externe est différent de l'hypnotisme occidental par suggestion verbale car il utilise l'action énergétique, qui consiste à donner de l'énergie (Qi) au patient qui s'attend à recevoir du Qi, lequel se manifeste dans différentes sensations subjectives. La suggestion est subtile et énergétique et se traduit par la sensation. La suggestion est corporelle et se traduit dans l'émotion et dans le mental.

> *« Consequently Chinese patients may enjoy a great mental satisfaction, produced by oriental pattern of suggestion through physical action, rather than the western pattern of suggestion in speech. »... « This was a great discovery in China and also a wonderful application of psychology by suggestion among oriental people. »* (Wang Weidong, 1998, p. 97)

Le Qi Cong interne ou activation interne

La MTC utilise aussi le Qi Cong interne ou la maîtrise de l'énergie (Qi) par le patient ou le pratiquant lui-même pour se guérir ou prévenir la maladie. Ce Qi Cong interne implique simultanément des postures (assis, debout, couché), des exercices physiques (Qi Cong dynamique ou Dao Yin), des respirations (travail sur le souffle interne) et des exercices de concentration mentale ou de méditation (Qi Cong statique), qui visent à diriger le Qi (souffle, oxygène) dans le corps selon les mêmes connaissances que la MTC (sur le sang (Xue), l'énergie (Qi), les points et les trajets d'énergie, les correspondances des cinq éléments), et à raffiner les sensations et les perceptions physiques et subtiles ou énergétiques. Le Qi Cong interne influence le physique (organes, vaisseaux, physiologie, structure), le psychologique (émotions, sensations, comportements), le mental (les pensées, les idées) et le spirituel (ouverture psychique, conscience et supra-conscience). Le corps et l'esprit sont réunis par l'énergie pendant les pratiques.

Le rôle du mental dans le Qi Cong

Le Qi Cong interne peut aussi être appelé méditation. Cette méditation implique de mobiliser l'énergie (Qi) par le mental, la respiration et aussi par la posture. Les exercices du mental ont toujours été considérés les plus importants et peuvent être considérés comme des exercices psychologiques par l'utilisation de l'imagination, de la concentration et de l'attention. Ces exercices du mental utilisent également les perceptions subtiles internes des couleurs, des lumières, des sensations et de l'énergie, qui amènent un état de délices naturel et une sensation de bien-être corporel. Ces exercices du mental exercent l'attention et la concentration en se dirigeant sur des points précis. Ainsi l'attention peut être concentrée sur un point, par exemple le Tan Tien inférieur, sous le nombril, pour augmenter la vitalité, ou sur le point de la Couronne (20 VG), pour faciliter le sommeil et la détente de tout le corps et vaincre la déprime, ou sur les points 1 Rein, sous les pieds, pour stimuler les reins et augmenter la force sexuelle. D'autres exercices d'attention et de concentration du mental visent à guider les sensations énergétiques et les lumières correspondantes vers les organes, dans les méridiens, ou vaisseaux, qui sont les canaux de lumières du corps. Par exemple, pendant une posture qui le relie à la terre, comme « Embrasser l'arbre », le pratiquant peut activer et tonifier les Reins en visualisant une lumière bleue qui pénètre par les pieds et se répand dans les Reins en suivant mentalement les trajets d'énergie qui partent des pieds et montent dans les jambes, dans la région sexuelle, et remontent dans les Reins. Les exercices de Qi Cong sont basés sur les connaissances de la MTC : le Qi, le sang, les points d'énergie, les méridiens, ou vaisseaux principaux (Zhen Mai) et extraordinaires (Qi Jing Ba Mai), et sur les correspondances des cinq éléments, incluant les énergies terrestres et célestes.

Les vaisseaux principaux, ou Zhen Mai, sont les douze méridiens ordinaires, qui entretiennent la vie par les fonctions de base nécessaires à la physiologie. Ils sont soumis aux saisons et à l'environnement.

Les vaisseaux extraordinaires, ou Qi Mai, sont les huit vaisseaux qui nous relient à la réalité d'origine ou d'avant la naissance et animent l'ordinaire. Ils nous relient à la source de toute vie et à l'infinité des formes. Ils utilisent les huit Souffles originels ou les huit Vents pour agir et occuper l'espace des huit Directions, et graduellement des douze vaisseaux ordinaires pour déployer le corps physique à partir de l'ovule. Vers l'âge de sept ans, ils se referment en partie mais restent en position de soutien et de réserve, ce qui dissocie graduellement les humains du « Grand Tout ».Ces grandes forces de vie originelle demeurent là pour guider les étapes majeures de changements (enfance, puberté, grossesse, accouchement, allaitement, cycle menstruel, ménopause, andropause, orgasmes...) et les prises de conscience lorsque l'on s'éloigne de l'essentiel dans notre vie ou lorsque l'on vit des circonstances extrêmes ou « extraordinaires ».

Ces huit vaisseaux extraordinaires ou Qi Mai peuvent aussi rester ouverts grâce à un travail conscient par le Qi Cong et la méditation. Ils sont à la source de la vie hormonale. Les deux vaisseaux de l'Orbite Microcosmique, le vaisseau conception et le vaisseau gouvernement, qui sont utilisés dans le Qi cong et le Taï Chi, sont des vaisseaux extraordinaires, qui rechargent les sept glandes et les cinq organes.

Ces connaissances de la MTC sont utilisées par les maîtres de Qi Cong pour créer et guider les exercices à prescrire ; pour détecter les sensations spécifiques dans le corps pendant les exercices ; et pour en expliquer les effets thérapeutiques. L'activation par le mental et la perception de la circulation du Qi et du sang par le Qi Cong amène des effets thérapeutiques indéniables, sur le plan physique, mais aussi mental et psychique. La mutation des énergies amène des changements dans le corps, lesquels peuvent être ressentis, entraîner la protection de la santé physique et mentale, et prolonger la vie ; c'est ce que les ancêtres chinois ont découvert par le Qi Cong. C'est pourquoi le Qi Cong s'est développé et a survécu depuis des milliers d'années et continue à être pratiqué par de plus en plus de personnes en Chine et dans le monde.

Le Qi Cong garde ouverts ou réouvrent les vaisseaux extraordinaires et aide à amplifier le pouvoir de transformation et de mutation des structures matérielles. C'est alors l'extraordinaire qui nourrit l'ordinaire. « L'ordinaire est alors nourri et conduit par l'extraordinaire.» (Migaud, M., 2002, p. 14)

C'est pourquoi la pratique du Qi Cong amène une conscience de plus en plus subtile du corps et une écoute des sensations qui ramène à l'essentiel en nous mettant en accord avec notre nature et donne un accès à une réalité plus vaste et plus fluide, qui fait vivre notre être spirituel dans l'infiniment vaste.

Ce changement de niveau de conscience amène divers phénomènes, comme l'accueil des sensations, le surgissement d'images et l'émergence de la parole et de l'action.

Selon une expression chère aux taoïstes, les sens se retournent vers l'intérieur. Les sens cessent graduellement de voir, sentir, entendre, goûter notre « paysage intérieur », pour laisser la circulation ou la mobilité du souffle ou du Qi créer et laisser surgir les sensations et des images toujours différentes car guidées par la mutation et la transformation de l'énergie, comme dans le rêve ou le sommeil profond, pour permettre une représentation différente du monde, qui s'exprime par la parole et l'action justes.

La posture statique debout ou assise suggère de se sentir comme une cloche de bronze tout au long des exercices ; pour cela, il convient de garder le dos droit, d'allonger la colonne vertébrale, de rentrer le sternum, de rentrer le menton, de relaxer et d'allonger les épaules, les coudes, les poignets et les mains pour activer les muscles et les tendons à partir de la colonne vertébrale. Selon Xue Lipong et Wang Weidong (1990), cette simple pratique de relaxation et d'élongation des tendons et des muscles entraîne quatre bénéfices : 1- l'augmentation des vaisseaux capillaires dans les muscles et l'accélération de la circulation dans les petits vaisseaux capillaires ; 2- l'activation du métabolisme cellulaire et physiologique ; 3- la stimulation des échanges gazeux dans les muscles et les tissus ; 4- l'augmentation de l'approvisionnement et de la consommation d'oxygène. (Rapporté dans Wang W., 1998, p. 99)

La plupart des exercices de Qi Cong mental impliquent la relaxation et l'élongation des muscles et des tendons en même temps que le travail mental d'autohypnose, d'où sa différence avec l'hypnose occidentale, qui est surtout une activité mentale sans implication de la posture, sauf la posture allongée, et qui, de plus, nécessite la présence d'un thérapeute.

Le rôle de la respiration dans le Qi Cong

Les principales respirations utilisées sont : la respiration abdominale, la respiration abdominale inversée, la respiration embryonnaire et la direction de la respiration dans différentes parties du corps. Elles permettent de réunir et de conserver les énergies sexuelles (Jing), les énergies émotives (Qi) et les énergies mentales (Shen) pour garder l'équilibre et la santé dans une boucle sans fin appelée la Révolution de la Lumière ou l'Orbite Microcosmique. Ces respirations pendant le Qi Cong augmentent le péristaltisme des intestins et de l'estomac, stimulent la force vitale et massent les organes internes, ce qui équilibre les fonctions respiratoires, digestives et végétatives du système nerveux. Pendant ces respirations, le pratiquant répète une courte phrase lue ou apprise pour garder le mental en état de suppression ou d'inhibition, pour ralentir le cortex cérébral. Le mental et le physique travaillent ensemble à activer l'intérieur du pratiquant.

Le Qi Cong interne crée un jeu d'interactions continues entre le Jing (la vitalité), le Qi (l'énergie) et le Shen (le cœur-mental) du pratiquant lui-même, ce qui amène l'autorégénération. De plus, le pratiquant de Qi Cong externe ou interne n'est pas isolé mais se met en relation constante avec l'énergie terrestre (magnétisme terrestre) et l'énergie céleste (magnétisme céleste), qui agissent sur tous les aspects de sa personne (microcosme) en relation avec le macrocosme. Et chaque aspect de sa personne est relié à tous les autres aspects dans les mouvements et les rythmes continus de la vie.

Les explications du chapitre V du Grand Commentaire (Ta Tchouan) du *Yi King, le Livre des Transformations*, dit au sujet de l'homme noble: «L'homme, grâce à une extrême concentration, élève et affermit sa nature intérieure au point qu'il émane de lui des courants de force objectives et mystérieuses; ainsi les effets qu'il produit proviennent de son subconscient et agissent mystérieusement sur le subconscient des autres, si bien que l'on atteint une ampleur et une profondeur d'influence qui transcendent le plan individuel et entrent dans le domaine des phénomènes cosmiques.» (Wilhelm, R., 1973, p. 376)

L'énergie céleste agit en même temps sur le spirituel, le mental, les émotions-sensations, le physiologique, la motricité et la sexualité; de même le magnétisme terrestre agit simultanément sur la sexualité, le physiologique, la motricité, les émotions-sensations, le mental et le spirituel dans une boucle d'interactions sans fin; c'est ce qui assure la vie.

Le Qi Cong dynamique et statique ou le Dao Yin (Tao Yin)

Le Qi Cong est différent de la gymnastique occidentale, qui ne nécessite ni l'apport de l'attention et de la concentration, ni l'apport de la respiration interne sans expiration pendant les exercices, ni les postures statiques en combinaison avec des exercices dynamiques. En Occident, l'hypnose utilise la respiration profonde pour la relaxation mentale principalement. Dans le Dao Yin, l'attention et la concentration vont être utilisées pour se diriger soit sur un point ou une substance, soit sur un arbre ou un membre, soit sur une image abstraite comme «étendre les ailes de la grue». La respiration est aussi utilisée en même temps que l'exercice dans le Qi Cong dynamique, mais avec moins d'emphase que dans le Qi Cong statique. Pendant les exercices dynamiques, la coordination de la relaxation et les mouvements d'une partie ou d'un membre sont sous le contrôle du mental concentré; c'est un entraînement psychologique, qui équilibre les activités mentales en même temps que les fonctions et les comportements des organes internes.

Ces interactions sont exprimées dans les schémas de la figure suivante.

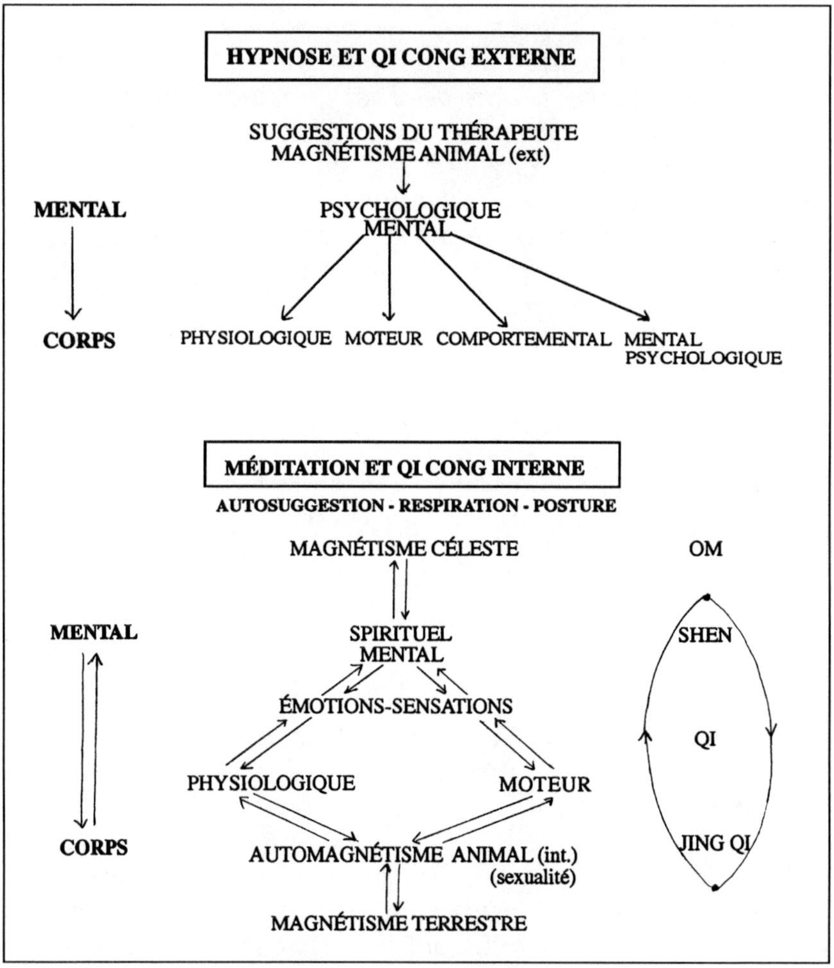

Figure 3-5 Hypnose et Qi Cong externe et Méditation et Qi Cong interne (tiré de Tremblay, N., 2000 (2), p. 67, fig. 1)

Il y a plusieurs sortes de Qi Cong internes. Il est plus important de connaître un Qi Cong et de le pratiquer chaque jour que d'en connaître plusieurs intellectuellement et de ne pas les pratiquer.

Le Qi Cong donne la force et la souplesse physique, de même que la concentration mentale ; il équilibre le corps et l'esprit. Je vais présenter ici les avantages de la pratique du Chi Kung de la chemise de fer.

Les avantages de la pratique du Chi Kung (Qi Cong) de la chemise de fer de Maître Mantak Chia[5]

Avant d'apprendre le Chi Kung (Qi Cong) de la chemise de fer, qui se pratique debout, il est important d'apprendre le Chi Kung assis ou la méditation assise. Les six sons de la santé et le sourire intérieur sont des méditations assises pour transformer les émotions négatives en énergies positives. La méditation dans l'orbite microcosmique sert à relier et balancer les principaux points d'énergie, lesquels sont en relation avec les divers organes et glandes du corps pour se maintenir en santé et «guérir les cent maladies». Connaître la respiration embryonnaire dans l'orbite microcosmique est indispensable à la pratique du Chi Kung de la chemise de fer. Les pratiques sexuelles pour apprendre à conserver la quintessence (arrêt de l'éjaculation et des menstruations pour augmenter le pouvoir orgasmique) et à retourner cette précieuse énergie vitale dans les glandes et les organes intègrent aussi les pratiques du Qi Cong de la chemise de fer.

Qu'est-ce que le Chi Kung (Qi Cong) de la chemise de fer?

C'est la maîtrise (Kung ou Cong) de l'énergie (Chi ou Qi) par le mental. La « chemise de fer » suggère une façon d'augmenter le pouvoir du corps par l'énergie et le mental. Ce n'est pas seulement de l'imagination ou de la visualisation, c'est aussi une sensation réelle, qui découle de la respiration et du travail du Qi dans les organes, les fascias, les tendons, les muscles et les os, ce qui donne une plus

5. D'après l'article de l'auteure, *The benefits of the practice of Iron Shirt Chi Kung (Qi Cong) of Master Mantak Chia*, publié en anglais dans le journal *Transnational Network For Study of Physical, Psychological & Spiritual Wellbeing*, June, 2000, Vol.8, n° 3, p. 21-28.

grande résistance physique et mentale. C'est l'énergie, le Qi, qui établit le lien entre le mental-spirituel et le corps. Il y a différentes sortes de Qi : le Qi de l'air, de la nourriture, de la sexualité, des émotions, des pensées, le Qi de la terre et le Qi cosmique.

La tradition du Tao dit :

« Le mental active l'énergie,
l'énergie active le sang,
le sang active les muscles,
les muscles activent les os. »

Dans le Chi Kung de la chemise de fer, le but est d'utiliser le mental pour guider le flux de Qi, le souffle, dans des postures statiques qui stimulent les tendons et les muscles, et de recharger les organes et les vaisseaux d'énergie, ce qui permet d'exercer tout le corps sans perte d'énergie.

Pourquoi pratiquer le Chi Kung de la chemise de fer ?

- Pour augmenter la force interne et améliorer la constitution ;
- Pour augmenter la santé et s'autoguérir ;
- Pour maintenir la jeunesse et prolonger la vie ;
- Pour parfaire les facultés mentales ;
- Pour augmenter les pouvoirs spirituels.

Explications en neuf points des effets bénéfiques de la pratique quotidienne du Chi Kung de la chemise de fer de Maître Chia.

1- La pratique du Chi Kung augmente la pression interne du Chi et la circulation du Chi.

2- La pratique du Chi Kung purifie, fortifie et protège les organes.

3- La pratique du Chi Kung brûle les graisses emmagasinées dans les fascias, les organes et la moelle des os.

4- La pratique du Chi Kung nettoie les émotions négatives emmagasinées dans les muscles.

5- La pratique du Chi Kung nettoie et régénère la moelle des os et le sang.

6- La pratique de Chi Kung, en état de méditation, génère plus d'énergie, qui s'emmagasine au nombril (Tan Tien).

7- La pratique du Chi Kung permet de s'enraciner à la terre.

8- La pratique du Chi Kung permet d'aligner et de fortifier la structure osseuse.

9- La pratique du Chi Kung augmente la pression et la tension interne du Chi, sans stress.

Voici, présentés de façon plus détaillée, ces neuf bénéfices :

1- *La pratique du Chi Kung augmente la pression interne du Chi et la circulation du Chi* dans les organes et les cavités du corps, ce qui active tous les systèmes (circulatoire, lymphatique, nerveux, glandulaire), et entraîne une amélioration de la circulation du sang, des fluides médullaires et des hormones. Cela a pour conséquence de reposer le cœur et de rendre capable de supporter plus de pression et de tension externes, sans les effets négatifs du stress.

- Elle utilise au maximum la respiration pour fortifier les organes.
- Elle augmente la force vitale et l'équilibre du corps.
- Elle aligne la structure du corps en corrigeant les mauvaises habitudes posturales.
- Elle maintient le corps à un haut niveau de performance, ce qui permet d'augmenter la qualité et la quantité des exercices physiques, sans effort.
- Elle crée un sentiment de bien-être.
- Elle produit plus d'énergie sexuelle et créatrice.
- Elle augmente la chaleur dans les pieds, les mains et dans tout le corps.

2- *La pratique du Chi Kung purifie, fortifie et protège les organes :*

- En augmentant la respiration dans l'abdomen et dans les organes internes (foie-rate-estomac-reins), elle favorise une meilleure circulation dans l'abdomen, ce qui protège le cœur ;
- En augmentant la pression du Chi dans les organes et dans l'abdomen, elle force l'élimination des toxines et sédiments accumulés dans les organes, ce qui aide la circulation du Chi,

du sang, des fluides lymphatiques et en accélère le flux tout en reposant le cœur;

- En chargeant d'énergie les diverses couches des fascias, pour former ainsi des coussins de protection ou d'air autour des organes, elle rafraîchit les organes;
- En créant plus d'espace pour emmagasiner l'énergie et en prévenir la fuite par l'augmentation de la force des ouvertures comme le nombril, les organes sexuels et l'anus.

3- *La pratique du Chi Kung brûle les graisses emmagasinées dans les fascias, les organes et la moelle des os:*

- En créant plus de Chi et d'espace pour conserver l'énergie des émotions positives et l'énergie sexuelle dans les organes et dans les os;
- En libérant les os du gras pour faire croître la moelle qui régénère le sang;
- En renforçant la structure des os, qui en retour produisent plus d'énergie et plus de moelle osseuse;
- En augmentant l'énergie qui fait fondre les gras;
- En activant l'énergie dans la moelle des os, dans les organes pour faire fondre les gras.

4- *La pratique du Chi Kung nettoie les émotions négatives emmagasinées dans les muscles:*

- En éliminant à mesure les toxines, les sédiments, les déchets et les émotions négatives accumulés dans les organes pour empêcher que ceux-ci aillent se loger dans les muscles et provoquent ainsi des tensions et du stress. Car les muscles sont là pour absorber les surplus de tensions de chaque organe. Une fois les émotions négatives éliminées, les émotions positives ont plus d'espace pour se loger et relaxer et détendre les muscles;
- En développant la force musculaire sans fatiguer les muscles, en stimulant les tendons et en les enroulant autour des os;

- En pratiquant l'exercice de force du Chi Kung et du Nei Kung, ou l'exercice de tension dynamique, qui libère les muscles de leurs émotions négatives pour créer de l'espace et les laisser se remplir des émotions positives associées. (Voir Chia, M., 1993 (1), p. 146-151)

5- *La pratique du Chi Kung nettoie et régénère la moelle des os et le sang*:

- En absorbant plus de Chi dans les os, car l'énergie circule plus librement dans les os et le sang, ce qui permet de transporter les éléments nutritifs et l'oxygène nécessaires, et de diminuer la tension dans les muscles;
- En rendant les os de plus en plus forts et sains par l'augmentation de la production de la mœlle, des cellules blanches et rouges du sang, de l'hémoglobine et des plaquettes sanguines;
- En renforçant la structure des os en produisant plus d'énergie et plus de moelle osseuse pour tonifier les os fragiles et prévenir l'ostéoporose.

  (Cas: exercices de Chi Kung donnés à une fillette de 11 ans qui souffrait de thrombocitopénie et qui a été guérie après deux mois de pratique.)

6- *La pratique de Chi Kung, en état de méditation, génère plus d'énergie qui s'emmagasine au nombril (Tan Tien)*:

- En augmentant la durée de la respiration dans l'abdomen et dans les organes internes, elle favorise la circulation du sang dans l'abdomen et les organes internes (foie-rate-reins-poumons-estomac), ce qui repose le cœur plutôt que de l'hypertrophier;
- En augmentant la pression du Chi dans les organes et dans l'abdomen, elle force l'élimination des toxines et sédiments accumulés dans les organes. Une augmentation de la pression du Chi dans la cavité abdominale facilite le déplacement de l'énergie, du sang et des fluides lymphatiques et en augmente le flux et la circulation sans affecter la pression sanguine, ni augmenter la chaleur interne comme la course, l'aérobic ou les sports violents (si les sports violents sont si

bons pour la santé, pourquoi les athlètes meurent-ils en piste?);

- En créant de l'espace d'emmagasinage pour l'énergie et en scellant les ouvertures, elle prévient les fuites ou les pertes d'énergie, ce qui permet de condenser l'énergie dans une boule de Chi ou une réserve de Chi au nombril (Tan Tien). C'est cette énergie de réserve qui peut être dirigée par le mental dans d'autres parties du corps (pour se guérir, à un premier niveau) ou dans le corps d'énergie (pour se spiritualiser, dans des pratiques de méditation de niveaux plus avancés).

7- *La pratique du Chi Kung permet de s'enraciner à la terre:*

- En développant un contact plus étroit avec la terre, ce qui permet de se sentir plus équilibré, plus centré, moins éparpillé, plus enraciné, plus stable;
- En tonifiant le périnée pour absorber plus d'énergie de la terre dans les jambes, dans les organes internes, dans les diaphragmes pelvien et urogénital;
- En développant la capacité d'aspirer l'énergie de la terre et de l'amener dans les canaux d'énergie pour développer plus d'énergie dans le corps physique et aider à la croissance du corps d'énergie et du corps d'esprit;
- En attirant et en dirigeant la force gravitationnelle terrestre et son pouvoir de transformation et de guérison à travers la structure osseuse;
- En augmentant sa propre force d'attraction.

8- *La pratique du Chi Kung permet d'aligner et de fortifier la structure osseuse:*

- En renforçant la musculature et les tendons qui soutiennent les os;
- En augmentant la production d'énergie et en emmagasinant plus de Chi dans les organes, les muscles et les os;
- En reliant les différentes parties de la structure osseuse et les articulations pour sentir le corps comme une seule force liée, qui bouge avec l'énergie;

- En fortifiant les organes internes pour développer l'énergie afin de soutenir la colonne vertébrale, car si les organes sont faibles, cela entraîne une faiblesse de la colonne vertébrale et si la colonne vertébrale est faible, cela entraîne de mauvaises postures, des problèmes respiratoires et des organes faibles, c'est un cercle vicieux;
- En fortifiant la structure osseuse et principalement la colonne vertébrale, et en faisant monter le Chi dans la colonne vertébrale, ce qui renforce le système nerveux et le cerveau;
- En activant la pompe crânienne pour favoriser la respiration crânienne, qui stimule la production et la circulation du fluide cérébro-spinal entourant le cerveau, la moelle et le système nerveux. Cela a pour effet de soulager les symptômes suivants: maux de tête, problèmes de sinus, perturbations oculaires, problèmes de cou ou de nuque.

9- *La pratique du Chi Kung augmente la pression et la tension interne du Chi, sans stress:*

- En fortifiant les muscles, les tendons et les os en les soumettant progressivement à une tension grandissante;
- En rechargeant les organes, les fascias, les méridiens principaux, tendino-musculaires et «curieux» ou «extraordinaires»;
- En détendant les régions d'anciennes tensions;
- En donnant un état de bien-être, de confiance en soi, de tranquillité;
- En donnant une meilleure posture;
- En permettant de se sentir centré et enraciné;
- En réunissant toutes les parties du corps par l'effet pneumatique du Chi;
- En reposant le cœur.

Quelles sortes de maladies sont susceptibles d'être prévenues ou soulagées par le Chi Kung de la chemise de fer?

Les maladies reliées aux muscles et aux tendons, comme les tendinites, l'arthrite, l'arthrose, la sclérose en plaques, les faiblesses des membres et des articulations.

Les maladies reliées aux déficiences de production du sang, comme l'anémie ou la thrombopénie (idiopathique), ou de circulation du sang: thrombophlébite, thromboses cérébrales.

Les maladies reliées au système nerveux, comme les tics, les paralysies, le stress, l'anxiété, l'insomnie.

Les maladies reliées aux os, faiblesse, fragilité, fracture, ostéoporose.

Les maladies reliées au cœur et aux reins, sur les plans physique et émotif.

Les maladies reliées au système immunitaire.

À qui s'adressent les pratiques du Chi Kung de la chemise de fer?

Aux personnes qui recherchent une meilleure santé et une croissance spirituelle.

Aux athlètes et à ceux qui s'intéressent aux arts martiaux, au Taï Chi (Tai Ji).

Aux artistes, qui peuvent apprendre à augmenter leur force intérieure et améliorer leurs performances, comme les acteurs, les chanteurs, les musiciens, les danseurs, les acrobates.

Aux directeurs d'entreprises, aux professionnels, pour être capables de supporter davantage de stress et de pressions extérieures, en augmentant leur «pression» interne.

Aux soignants, pour éviter l'épuisement professionnel.

Aux personnes de cinquante ans et plus, pour permettre de conserver et développer la forme physique sans dépenses d'énergie, par la pratique d'exercices statiques.

Aux personnes qui ont subi des accidents ou des opérations. Elles peuvent même pratiquer ces exercices couchées, mentalement, dans un premier temps.

Les huit postures du Chi Kung de la chemise de fer de Maître Mantak Chia

Ces postures statiques synthétisent une cinquantaine de postures de Chi Kung. Elles ont pour but principal de faire circuler et d'augmenter l'énergie dans les méridiens principaux, tendino-musculaires et extra-ordinaires, et de régénérer ainsi les tendons, les muscles, les os et le sang. Ces huit postures sont : 1-embrasser l'arbre, 2-porter l'urne d'or (position Yang), 3- porter l'urne d'or (position Yin), 4- le phœnix d'or déploie ses ailes, 5- le pont de fer, 6-la tortue d'or, 7- le buffle d'eau, 8- la barre de fer. Ces différentes postures sont décrites en détail dans le livre *Le Chi Kung de la Chemise de Fer*, de Maître Mantak Chia. (Voir Chia, M., 1993 (1))

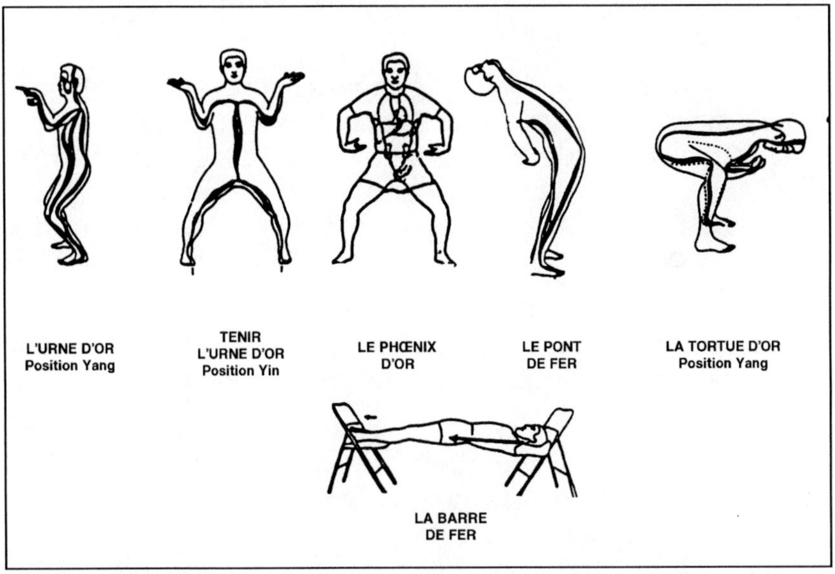

Figure 3-6 Illustrations des huit postures du Chi Kung de la chemise de fer (montage d'après les figures tirées de Chia M., 1993 (1), p. 91-202, fig. 3-8, 3-40, 3-89, 3-93, 3-98, 3-104, 3-107, 3-110)

Ces huit postures peuvent être pratiquées chaque jour, le matin au réveil, pour activer les énergies du corps et recharger le corps afin d'effectuer les activités de la journée sans fatigue. Effectuer la série des huit postures avec la respiration et la direction mentale des énergies prend environ dix minutes.

Le QiCong de la chemise de fer appliquée aux musiciens: la respiration et la direction de l'énergie pour maximiser les performances

Nous vivons souvent du stress, de l'anxiété, de l'inquiétude face au travail, à l'argent, aux changements. Le stress se manifeste souvent par des difficultés, des tensions nerveuses, des douleurs ou des émotions vives qui rendent difficile l'expression de soi sans censure ou sans blocage. Pour l'artiste, monter sur scène, sortir des coulisses et jouer ou exécuter une œuvre demande de donner le meilleur de lui-même.

Harmoniser et régulariser l'énergie (Qi ou Chi) par le Qi Cong aide à vaincre le stress provoqué par la peur d'affronter la vie, par l'inquiétude de ne pas être assez prêt pour tel ou tel événement artistique, par l'impatience face à son environnement physique et humain, qui en retour provoque la crainte de perdre les appuis si nécessaires de son conjoint, de sa famille et de son milieu au moment où leur aide est indispensable.

Le Qi Cong utilise l'enracinement, la circulation, l'imagination, la respiration taoïstes pour maximiser notre vie.

Les exercices d'enracinement, d'imagination et de respiration taoïstes aident à équilibrer, à relaxer et à remplir d'énergie le système nerveux, les organes internes et les membres. La pratique de ces exercices donne plus d'assurance et de courage pour affronter les situations stressantes de préparation et d'exécution d'une activité artistique. Ces exercices permettent d'atteindre la sensation de plénitude, de contrôle et de sensibilité qui se manifeste dans la relaxation et l'intensité d'exécution.

Pour pratiquer ces exercices avec plus d'efficacité, il est nécessaire de libérer les tensions, le stress et les blocages dans les organes internes qui se transmettent dans les muscles, les tendons et le système nerveux et réduisent le pouvoir du jeu et peuvent même le rendre impossible. Certaines autres pratiques, comme le sourire intérieur dans les organes internes et les six sons de la santé, sont désignées à cet effet.

Le corps aussi vibre comme un instrument de musique. Le corps est comme le tronc et les branches, l'instrument est comme la feuille ou le fruit, le prolongement de la vitalité de l'arbre. Pour que le corps vibre et vive, l'enracinement, la circulation, la respiration, l'absorption, la conservation et la projection de l'énergie sont importants. Pour ces deux premiers aspects, voici quelques exercices simples.

L'enracinement : *le corps est comme un arbre solide soutenu par les racines*

Les pieds sont en contact avec le sol ; les cinq orteils, les côtés des pieds, les talons sont fermement appuyés au sol, bien ancrés. Vous imaginez que des racines grandissent dans le sol, qui vous supporte et vous nourrit. Par ces racines formées par votre énergie projetée dans la terre, vous pouvez aussi attirer l'énergie de la terre en vous. Quand vous vous assoyez ou que vous êtes debout, immobile, soyez conscient de votre posture et de vos pieds en contact avec la terre.

Exercice : Placez les pieds à la largeur des épaules, appuyez les cinq orteils, les côtés des pieds et les talons au sol, et sentez l'énergie de la terre sous vos pieds. Laissez cette énergie monter et se répandre dans vos pieds. Ouvrez la plante des pieds et attirez l'énergie de la terre en vous comme à travers des racines, et projetez-la à nouveau dans la terre, au moins trois fois. Prenez le temps de sentir les effets en vous.

La circulation : *l'arbre est bien solide, il a de bonnes racines. La vie circule, la sève s'élève*

Dans votre corps, c'est la même chose. Quand votre corps est solide, que l'énergie est disponible, vous la sentez circuler en vous. Quand vos pieds sont bien enracinés au sol, que votre dos est très droit, sans tension, l'énergie monte dans les jambes, les cuisses et la colonne vertébrale, elle nourrit le cerveau et les organes des sens et se répand dans les bras, jusqu'au bout des doigts et jusqu'au bout des pieds, dans les orteils. Vous vous sentez vivant et vibrant. La circulation s'effectue librement dans les jambes, dans le dos, dans la tête, dans les bras et de la terre vers le ciel.

La circulation dans les jambes

Exercice. Imaginez votre corps comme un arbre bien enraciné, un arbre avec un tronc solide, fort, bien droit. Vous pouvez aussi utiliser un exercice physique pour aider la montée de l'énergie dans le corps. Cet exercice consiste à contracter le périnée, l'espace entre les organes sexuels et le sacrum, que l'on appelle aussi le plancher pelvien. Contractez et relâchez le périnée à plusieurs reprises, jusqu'à ce que vous sentiez une force, une vibration dans cette région. Pendant que vous contractez le périnée, tirez l'énergie de la terre, vous ressentirez une sensation à l'intérieur des pieds, des jambes, des genoux et des cuisses, et jusqu'au périnée. Gardez la contraction du périnée quelques instants, maintenez votre attention sur la région du périnée et relâchez lentement la contraction. Laissez couler la sensation à l'intérieur des cuisses, des jambes, des pieds et jusque dans la terre, sous les pieds. Recommencez trois fois, pour bien sentir cette circulation. La sensation, c'est l'énergie (Qi ou Chi) qui circule.

Ces exercices demandent à être répétés chaque jour et ne doivent pas être faits très longtemps à chaque session. Vous pouvez maintenant obtenir la sensation de la circulation de l'énergie de la terre dans les pieds, les jambes et les cuisses grâce à la contraction du périnée et à la concentration sur ce que vous faites. Par le mental, vous guidez l'énergie, la sensation.

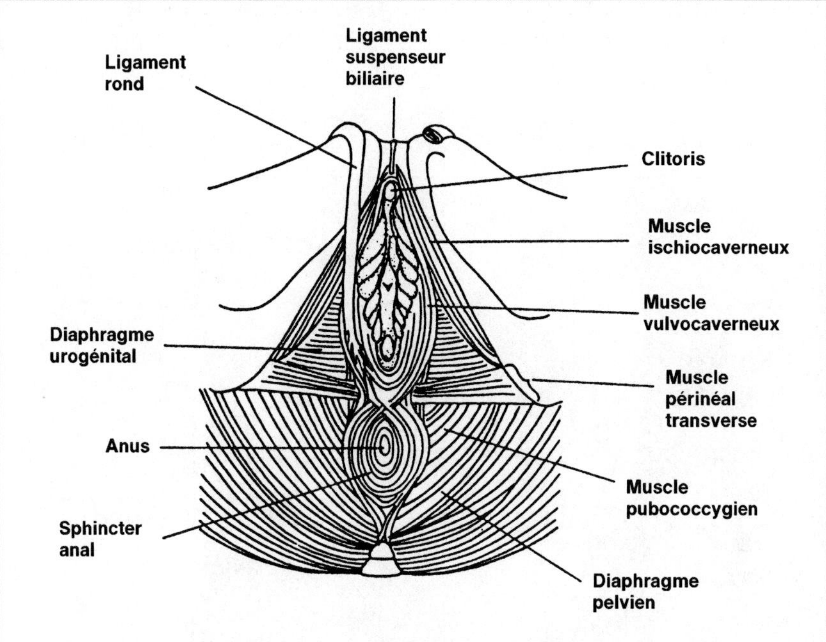

Figure 3-7 Le périnée, le plancher pelvien (tiré de Chia, M., 1991 (2), p. 174)

La circulation dans le dos

Maintenant, nous allons décrire les exercices pour améliorer la circulation dans le dos et la colonne vertébrale, qui peuvent être comparés au tronc de l'arbre. L'énergie doit monter dans le tronc de l'arbre avant de se diriger dans les branches (les bras) et la cime (la tête, le cerveau).

Pour exercer le dos à être parfaitement droit, vous vous adossez sur le coin d'un cadre de porte et vous essayez de diminuer l'espace entre votre dos et l'encoignure de la porte, en vous appuyant sur le cadre. Pour vous aider, basculez le bassin vers l'avant et rentrez l'abdomen, le sternum et le menton pour dégager la nuque, ou ouvrir la base du crâne.

En faisant cet exercice, vous pensez en même temps à allonger la colonne vertébrale, en tirant la partie au-dessus de la taille vers le haut, comme si un fil vous tenait au sommet de la tête, et la partie du bassin et du sacrum vers le bas, comme si un crochet vous tirait vers le bas. Cela empêche le tassement des vertèbres et renforce le dos.

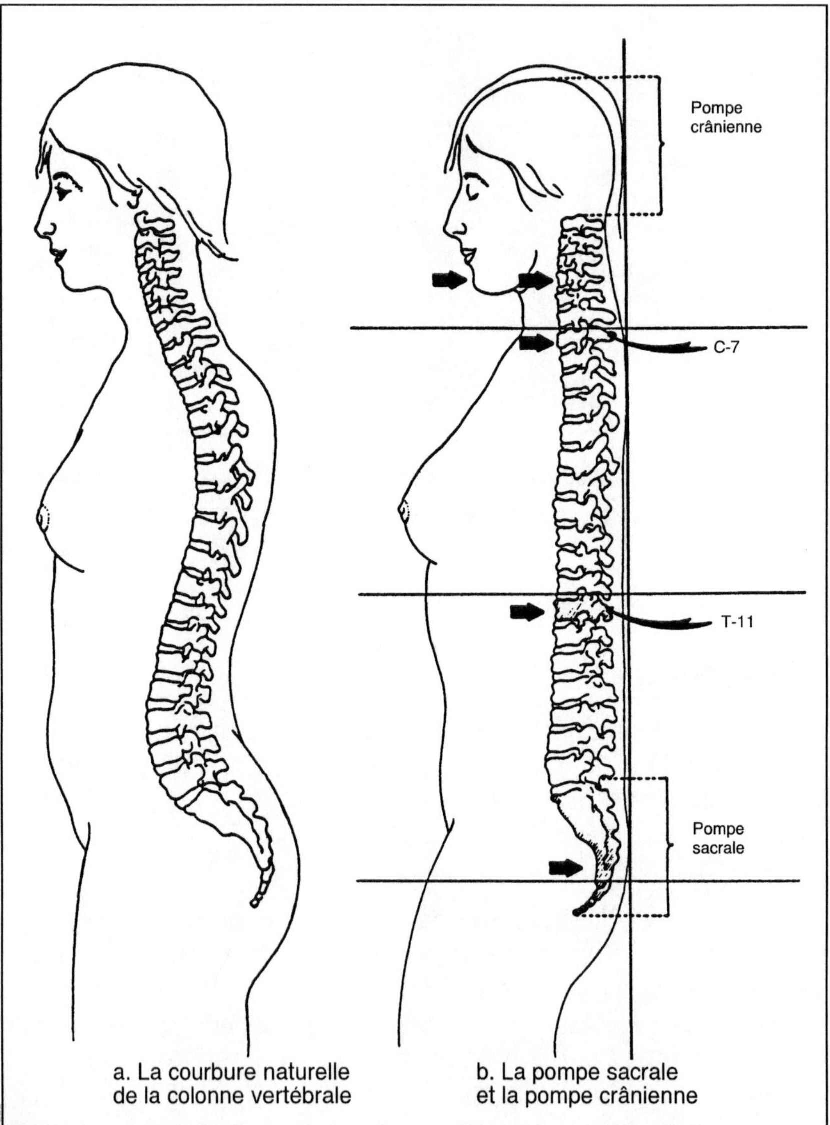

Figure 3-8 L'alignement du dos au mur (tiré de Chia, M., 1993 (2), p. 82, fig. 5.4)

La circulation de la terre vers le ciel

Pour compléter cet exercice sans vous appuyer au mur, vous gardez le dos droit en étant debout les pieds à la largeur des épaules, légèrement fléchis, et vous refaites l'exercice : vous basculez légèrement le bassin, qui est parfaitement centré, ni trop en avant ni trop en arrière, vous rentrez le nombril, vous ouvrez les aines, vous rentrez le plexus solaire, vous rentrez le menton, vous contractez le périnée et vous inspirez par les pieds. Dans un premier temps, laissez monter la sensation dans la colonne vertébrale, laissez-la se répandre d'abord dans les bras jusqu'au bout des doigts et, ensuite, laissez monter la sensation jusqu'au sommet de la tête, dans le cerveau. Dans un deuxième temps, relâchez, laissez redescendre la sensation dans la tête, les bras, dans le dos, la colonne vertébrale, dans le bassin, dans les jambes, dans les

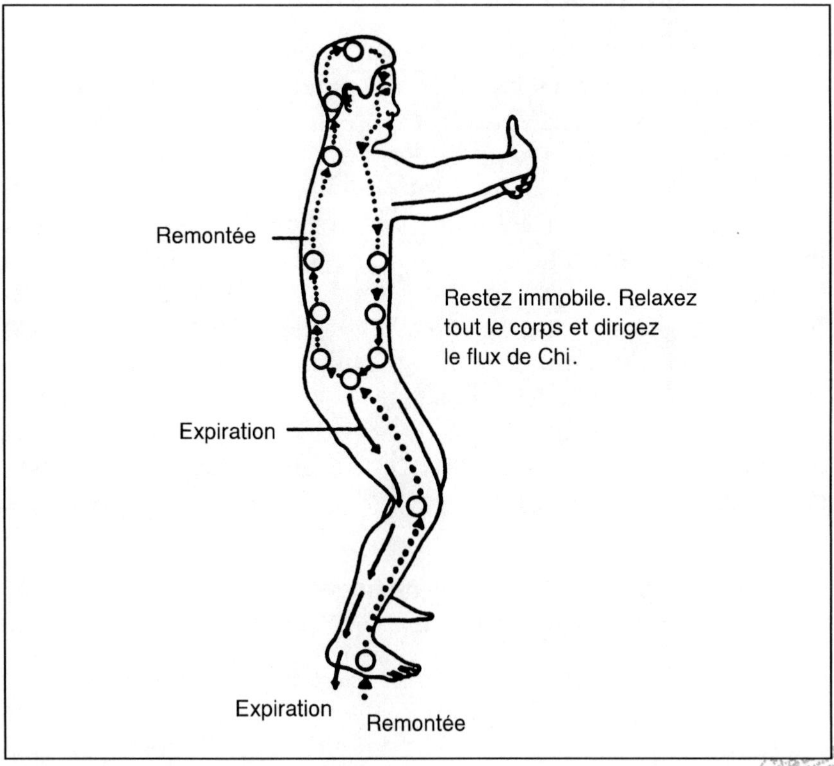

Figure 3-9 Dirigez le flux et la circulation du Chi dans le corps (tiré de Chia, M., 1993 (1), p.122, fig. 3.36)

pieds et jusque dans la terre. Répétez trois fois cet exercice en laissant monter à travers vous l'énergie de la terre vers le ciel et en laissant descendre à travers vous l'énergie du ciel vers la terre.

Vous savez maintenant comment faire circuler l'énergie de la terre et du ciel dans les jambes, le dos, la tête, les bras. Cela vous permet de vous sentir équilibré, centré, solide et en paix, tout en étant capable de générer de plus en plus d'énergie et d'obtenir une détente plus profonde. Le Chi, en circulant dans votre corps, augmente sur le plan physique votre force et votre souplesse, votre dynamisme et votre énergie vitale, votre tonus général, il amplifie votre attention, votre concentration, votre mémoire et votre clarté mentale, et élève votre sensibilité et votre niveau vibratoire.

La respiration: une boucle sans fin

Il a toujours été important de savoir respirer. Tout le monde sait que c'est un outil indispensable à la détente, à la concentration, à la relaxation, à la vitalité du corps. Respirer, mais comment? D'autres questions sont importantes: par où et où? Respirer comme l'arbre? Respirez par les racines de votre corps, c'est-à-dire vos pieds et vos orteils, par les feuilles ou vos mains et vos doigts, par le tronc ou le centre du corps, par l'écorce ou par la peau. C'est bien la meilleure façon de respirer par tout le corps. Généralement, on croit que l'on ne peut respirer que par le nez et que dans les poumons. C'est vrai, c'est la voie physiologique mécanique normale. Mais on peut aussi, après avoir développé un centre d'énergie puissant et fort au centre du corps, en respirant derrière le nombril et un peu en-dessous (centre de vitalité ou Tan Tien), développer la force respiratoire dans les diverses parties du corps.

1re étape: Respiration par le nez avec centration sur l'abdomen et le nombril

Cette première étape de respiration est très importante. Amener l'air dans les poumons pour les oxygéner et expirer à partir des poumons pour rejeter le gaz carbonique, laisse l'énergie dans la partie haute du corps et peut surcharger la région du cœur et amener du stress. Il est important aussi d'apprendre à respirer der-

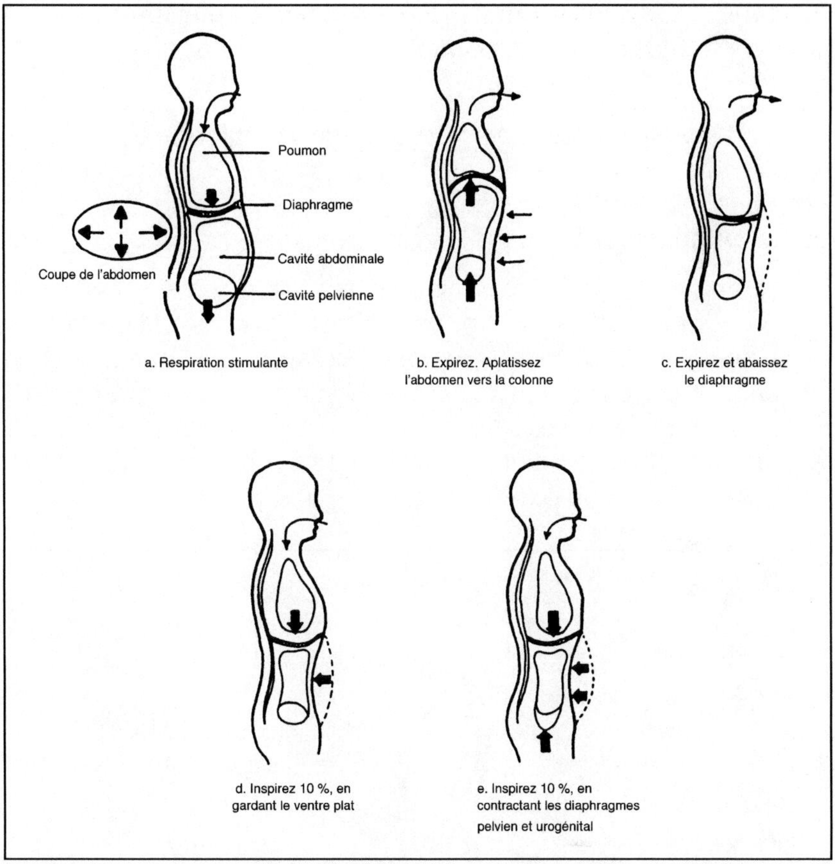

Figure 3-10 La respiration abdominale au nombril (tiré de Chia, M., 1993 (1), p. 46, fig. 2.8)

rière le nombril, la région centrale du corps, pour équilibrer le haut et le bas et reposer le cœur.

Exercice: Fermez les yeux et répétez intérieurement «j'inspire» en amenant l'air derrière le nombril, et «j'expire» en laissant l'air sortir doucement par le nez. S'il vous vient d'autres idées, laissez-les passer comme des nuages et ramenez toute votre attention à la respiration en répétant lentement «j'inspire et j'expire», au moins trois fois.

2e étape : Respiration dans la région des diaphragmes pelvien et urogénital

Cette deuxième étape de la respiration vous met en contact plus profond avec les sources de votre énergie, la région sexuelle. Cette respiration active aussi les diaphragmes pelvien et urogénital et vous permet d'être en contact avec votre force vitale, de l'activer et d'éliminer les blocages d'énergie sexuelle.

Exercice: En inspirant, vous amenez l'air directement dans la région sexuelle en la gonflant (comme si c'était le seul endroit où vous pouviez respirer) et vous expirez lentement par le nez en dégonflant cette région (trois fois). Ensuite, vous inspirez à nouveau dans la région sexuelle et vous continuez à inspirer dans la région basse pour activer les diaphragmes pelvien et urogénital, qui sont présents au périnée.

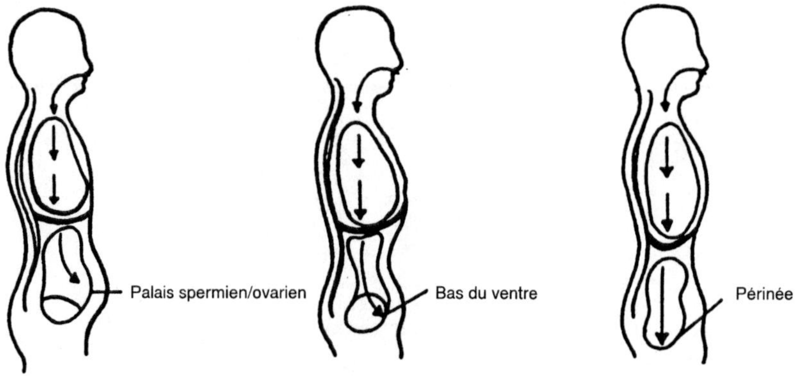

Figure 3-11 Inspiration profonde dans la région pelvienne et le périnée (tiré de Chia, M., 1993 (1), p. 49, fig. 2.8)

3e étape : Respiration basse avec contraction du périnée

Le périnée est la région basse du corps qui possède des muscles extrêmement puissants. Il faut exercer ceux-ci en les contractant et en les relâchant dans les trois régions : avant (près de la région sexuelle), au milieu (vis-à-vis de la prostate, ou entre le vagin et l'anus) et à l'arrière (incluant l'anus). Cette force est importante, car elle vous permet d'attirer à vous les énergies de la terre et de nourrir l'énergie des organes du corps. De plus, cette respiration permet d'augmenter la charge interne des organes et de soutenir le haut du corps, elle empêche l'affaissement des organes internes, c'est pourquoi le périnée est aussi appelé le plancher pelvien, car il soutient les organes internes, comme un plancher soutient les meubles.

Exercice: Contractez sans relâcher l'avant (près de la région sexuelle), le milieu (vis-à-vis de la prostate, ou entre le vagin et l'anus) et l'arrière du périnée (incluant l'anus) et gardez la contraction au moins 10 secondes, en augmentant graduellement la durée et la force. Relâchez lentement l'arrière, le milieu et l'avant du périnée (trois fois).

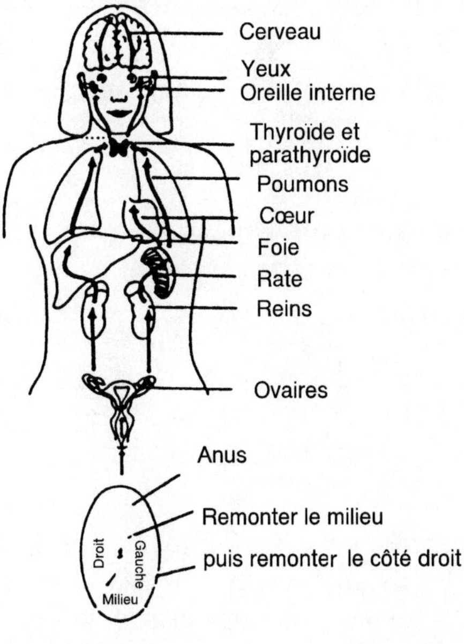

Figure 3-12 Contracter le périnée et entraîner le mental à diriger le Chi dans les organes et les glandes (Chia, M., 1993 (1), p. 74, fig. 2.24)

4e étape : Les inspirations pour franchir les sept points d'énergie Yang du dos

Les autres étapes consistent à amener le souffle à divers points de la colonne vertébrale et dans le cerveau, en inspirant de façon continue pour augmenter la pression de Qi dans : 1- le sacrum, 2- la taille ou Ming Men (porte de la Vie), 3- le point vis-à-vis des surrénales (11e Dorsale), 4- le point à la jonction des épaules et de la colonne vertébrale (7e Cervicale), 5- la base du crâne, 6- le sommet du crâne (la Couronne), 7- le troisième œil, ou la glande pituitaire.

5e étape : Les expirations internes pour descendre dans les cinq points Yin du devant

Une fois au troisième œil, placez la langue au palais derrière les dents du haut et suivez la salive (élixir d'or) et le souffle en expirant à l'intérieur, dans : 1- la bouche, 2- la gorge, 3- le cœur, 4- le plexus solaire, 5- le nombril, le lieu de conservation, de mise en réserve de l'énergie, et enroulez l'énergie pour la conserver.

Cette respiration interne active, équilibre, régénère et augmente le Qi et le distribue dans les glandes et les organes du corps.

L'absorption de l'énergie ambiante par les os et la projection de l'énergie interne

L'arbre sans nœud est vivant et peut produire la vie et les fruits.

Si vous savez activer l'énergie en vous et vous mettre en contact avec l'énergie ambiante, vous pourrez retrouver en vous la force qui s'active d'elle-même et vous aidera à maximiser votre performance.

Exercice: Branchez-vous les pieds au sol, le dos bien droit, sans aucune rigidité. Inspirez par les pieds, laissez monter l'énergie dans les pieds, les jambes, les cuisses, le périnée, inspirez et amenez l'énergie dans la colonne vertébrale, jusqu'à C-7 (espace où se réunissent les bras (épaule) et la colonne vertébrale), et laissez se répandre l'énergie dans vos bras et dans vos mains, jusqu'au bout des doigts.

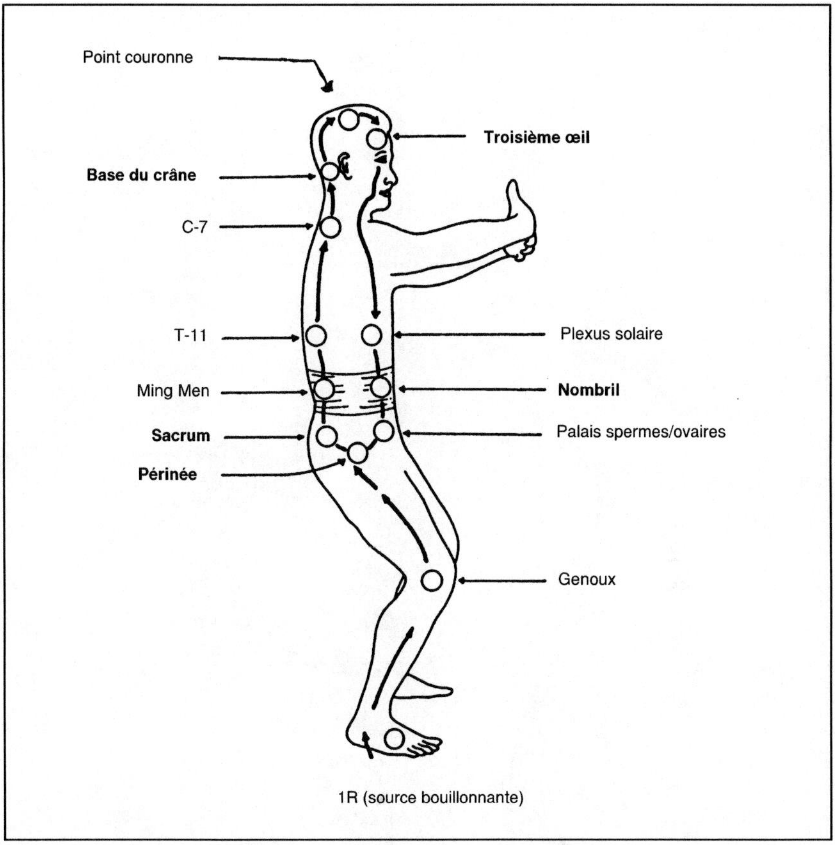

Figure 3-13 Les inspirations et les expirations internes dans Embrasser l'arbre (tiré de Chia, M., 1993 (1), p. 155, fig. 3-64)

La 7e vertèbre cervicale réunit les énergies qui viennent du bas (terre) et du haut (ciel), et qui les mélange à ce point de réunion avant de les répandre dans les bras et les mains.

Absorbez l'énergie ambiante par le bout des doigts et le bout des pieds et par les os saillants du corps, et laissez-la circuler dans les os et dans tout le corps.

Pratiquez l'automassage de l'énergie ou/et le fouettement avec le fouet de métal pour activer les os, ouvrir les pores de la peau et des os. Cette pratique libère les énergies bloquées au nombril et

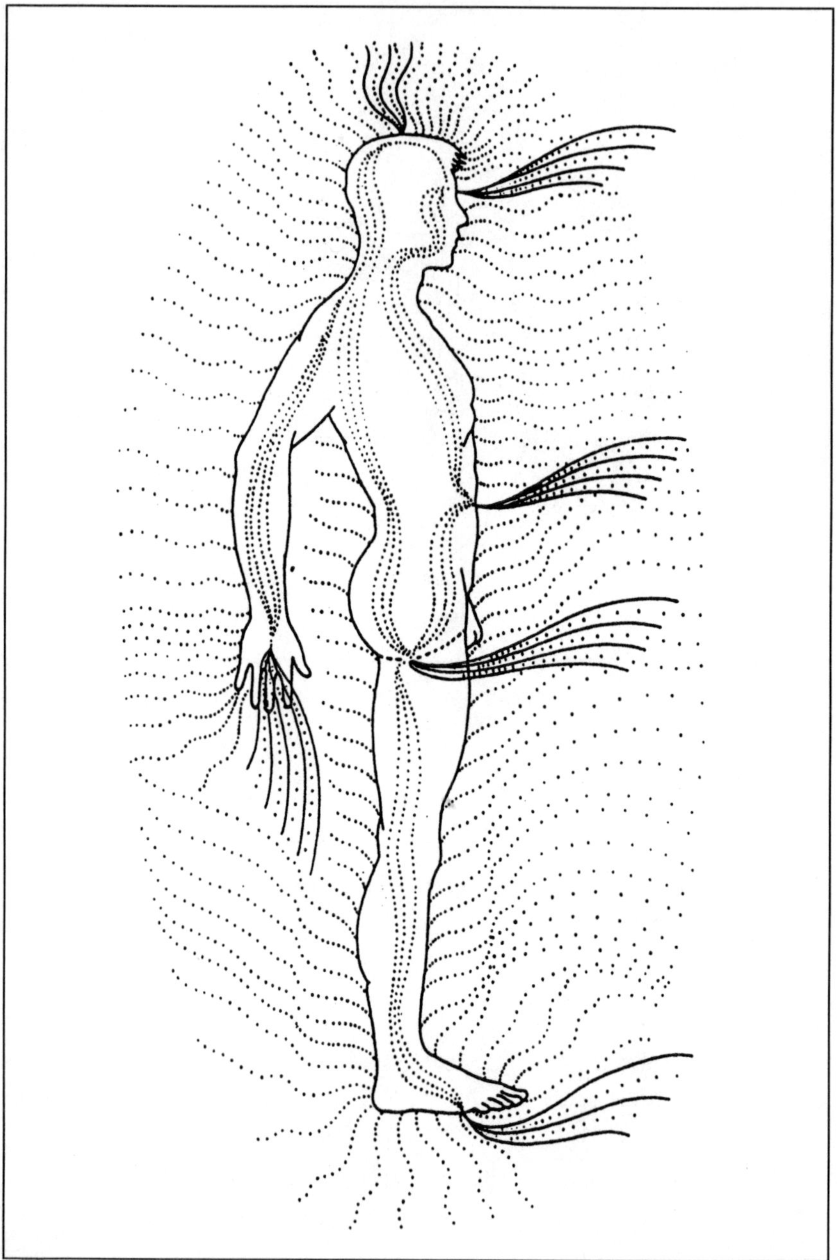

Figure 3-14 Pratiquez la respiration dans les os et dans tout le corps (tiré de Chia, M., 1991 (2), p. 141, fig. 4.5)

à Ming Men (point des reins) et libère les toxines dans les articulations internes des coudes et des genoux. Reposez-vous et pratiquez la respiration dans les os, en utilisant la force de votre pensée pour absorber l'énergie dans les os et dans tout le corps.

En conclusion, nous pouvons dire que ces exercices taoïstes qui font partie du Qi Cong de la chemise de fer et du Nei Cong de la moelle des os sont complets et efficaces. En faisant circuler l'énergie simultanément par le mental et la respiration dans tout le corps et en rechargeant les os, il est possible de libérer le stress profond et de le remplacer par la force vitale. De plus, en vous reliant au ciel et à la terre, vous êtes supporté par l'énergie cosmique.

Jouez avec tout votre corps. Chantez avec tout votre corps. Tel est le secret de la puissance du jeu. La relaxation donne la détente nécessaire, mais la respiration profonde et la culture de l'énergie procurent le pouvoir et la qualité de l'expression.

Pour plus d'information et obtenir le support pour l'apprentissage, vous pouvez contacter l'auteure pour prendre un rendez-vous individuel ou participer à des sessions de groupe.

Le Qi Cong du périnée[6]

En accord avec la psychologie, la bioénergie et le biofeedback occidental, l'utilisation des muscles et du pouvoir mental peut traiter les maladies du plancher pelvien. En Asie, le Qi Cong médical, branche de la médecine traditionnelle chinoise, transmet cette connaissance et ces pratiques qui augmentent la force du plancher pelvien pour prévenir et guérir les effets de la faiblesse ou du blocage des énergies aux niveaux physique et psychique. En Occident, on reconnaît que les dysfonctions du plancher pelvien ont un impact sur diverses parties et systèmes du corps : urinaire, anal, génital, sexuel, gynécologique, dorsal, nerveux, neurologique et psychologique (dépression).

---

6. Ce texte a été présenté en anglais sous le titre : *Pelvic Floor: Biofeedback and Qi Cong Training à Second international Conference on the Pelvic Floor*, Oxford, England, Septembre 2000.

Le périnée ou le plancher pelvien est aussi identifié par le point Hui Yin, qui signifie Le Pont de Qi ou La porte de la vie et de la mort et est situé au centre du périnée. Cette région du corps fonctionne comme une pompe énergétique pour restaurer la vitalité des centres supérieurs et pour supporter la portion inférieure du corps. Le Qi Cong utilise simultanément quatre principales techniques pour tonifier le plancher pelvien :

- position relaxée ou tendue assise ou debout ;
- contraction/relaxation de différents muscles ;
- respiration profonde (oxygénation);
- imagerie ou autohypnose pour guider et diriger la circulation du Qi.

S'il y a quelques recherches occidentales publiées sur le biofeedback et le plancher pelvien, il n'y avait pas encore en l'an 2000 de recherches publiées sur le Qi Cong et le plancher pelvien, ni sur le Qi Cong et le biofeedback. Les quelques recherches occidentales démontrent que la contraction des muscles, l'hypnose ou le biofeedback, même utilisés séparément, sont efficaces sans l'utilisation de médicaments pour le traitement des syndromes du plancher pelvien. Le Qi Cong utilise ces méthodes simultanément.

Le pouvoir du périnée et le Qi Cong

Le Qi Cong utilise des postures d'enracinement, debout ou assis, avec suggestions hypnotiques pour guider l'énergie. Cette énergie est l'air inspiré et expiré et/ou les hormones sexuelles qui circulent dans le corps, guidées par le pouvoir du mental (autohypnose en état d'éveil) dans les parties déterminées. Dans le Qi Cong, les postures, les suggestions mentales, la respiration/oxygénation et la contraction/relaxation des muscles sont utilisées ensemble pour activer et régénérer les différentes parties du corps. Dans le Qi Cong du périnée, le principal endroit du corps visé est le centre du périnée, le point Hui Yin (1 VC), et l'ensemble du périnée, qui va des organes sexuels à l'anus. Cet endroit s'appelle le plancher pelvien car, comme un plancher, il doit supporter et contenir tous les organes, entrailles et glandes à l'intérieur du corps et ne doit pas laisser s'échapper l'énergie des régions sexuelles, urinaires ou anales.

Pour développer le pouvoir du périnée, les maîtres de Qi Cong, dans la lignée des maîtres taoïstes et de l'acupuncture, ont mis au point des exercices puissants pour prévenir et guérir les symptômes dans cette région du corps, dans tout le corps et pour protéger ainsi les parties supérieures et le cerveau. Ils ont compris l'importance de tonifier la base pour supporter le haut, ce qu'ils expriment simplement ainsi : « En haut, comme en bas. » Le périnée ou le plancher pelvien dans les pratiques de Qi Cong est la région incluant les organes sexuels, le point Hui Yin et l'anus ; il agit comme une pompe puissante pour y amener l'énergie et pour restaurer la vitalité des organes sexuels, des organes internes, des glandes et de l'anus. La région du périnée inclut aussi le diaphragme inférieur ou urogénital qui agit aussi comme une pompe. Quand la respiration et les hormones sexuelles remplissent cette région du périnée d'énergie, le vagin, le pénis et l'anus commencent à vibrer presque immédiatement, et cette sensation, cette force vitale est dirigée vers la colonne vertébrale dans les pratiques taoïstes. C'est l'activation du mouvement rétrograde.

Il est primordial de pratiquer, en utilisant ou non le biofeedback, ces exercices ou n'importe quels autres développés pour contrôler les muscles du périnée. Ces muscles sont : le muscle PC, les muscles du diaphragme pelvien et urogénital, le muscle du sphincter de l'anus et plusieurs autres involontaires, situés dans la région du périnée, qui sont impliqués dans l'action de pomper, d'attirer vers le haut l'énergie de la terre et de supporter le périnée et l'interne.

Les principales pratiques de Qi Cong qui préviennent et guérissent différents problèmes de santé reliés à la faiblesse du périnée et à la perte d'énergie vers le bas du corps sont :

1) L'exercice des muscles barrés ;
2) Le verrouillage de puissance ;
3) L'exercice des trois parties du plancher pelvien (avant, milieu, arrière);
4) La contraction du plancher pelvien et de l'anus, pour former quatre colonnes de Qi ;
5) Les exercices du diaphragme pelvien et urogénital ;

6) Les exercices du vagin, avec l'œuf, et du pénis, avec la levée du poids.

Exercice 1 : Le pouvoir des muscles barrés

Cet exercice attire l'énergie de la terre dans les pieds, dans les jambes, dans les cuisses, dans les organes sexuels, au sacrum, et jusqu'au sommet de la tête par la contraction du périnée et la contraction progressive et soutenue de tous les muscles du corps. En position de Qi Cong, inspirez et contractez les muscles des pieds, des jambes, des cuisses et du périnée, et conservez la contraction. Inspirez, enroulez et contractez les muscles, les poings serrés, des avant-bras, des bras et du dos, et conservez la contraction. Barrez le cou en rentrant le menton. Serrez les dents, regardez vers le haut, poussez le milieu de la langue au palais pour amener plus d'énergie dans la tête, ouvrir les os du crâne et oxygéner le cerveau. Le crâne attire l'énergie du bas comme une pompe. Expirez et relaxez graduellement toutes les parties du corps, de la tête jusqu'aux doigts et de la tête jusqu'au bout des pieds.

Exercice 2 : Le pouvoir sexuel barré ou le verrouillage de puissance

Cette pratique est un exercice de base pour monter et pomper l'énergie orgasmique des hommes et des femmes jusqu'au cerveau dans les glandes (pinéale et pituitaire) et pour la retourner à son origine dans les autres glandes et les organes du corps.

Pour pomper l'énergie sexuelle, amenez l'énergie de l'air par une série de trois petites inspirations accompagnées de trois contractions à chaque point de l'Orbite microcosmique, surtout dans la région du périnée. Les hommes peuvent appuyer sur le point Hui Yin (1 VC), vis-à-vis de la prostate et de l'urètre.

Procéder ainsi augmente du tiers la force énergétique à chaque pratique et aide à augmenter la force vitale, la santé, et permet d'obtenir des orgasmes multiples.

Exercice 3 : L'exercice des trois parties du plancher pelvien (avant, milieu, arrière)

Pour garder l'énergie dans le bas du corps et le renforcer, il est important d'augmenter la force des muscles du plancher pelvien tout le long des organes sexuels, de la région génitale, du diaphragme pelvien et de l'anus.

- Contractez la première partie, pour les hommes, derrière les testicules, pour les femmes, dans la région urogénitale, en même temps que vous inspirez dans cette région. Conservez la contraction.
- Contractez la deuxième partie, la droite, la gauche et le centre du point Hui Yin (1 VC) et en même temps inspirez dans cette région. Conservez la contraction et l'air inspiré et continuez.
- Contractez la troisième partie, l'arrière, incluant l'anus et ses cinq parties (avant, gauche, arrière, droite, milieu), et simultanément, inspirez dans cette région et conservez la contraction et l'air pendant quelque temps.
- Relâchez graduellement la contraction et l'air. Répétez trois fois.

Exercice 4 : La contraction du plancher pelvien et de l'anus pour former quatre colonnes de Qi

Chaque organe et cavité du corps peut conserver le Qi pour le mettre en réserve plutôt que de le perdre et ainsi relier les diverses parties du corps par l'énergie. Inspirez de petites quantités d'air à chaque étape pour atteindre la cavité du crâne sans expirer. Contractez chacune des cinq parties du plancher pelvien à tour de rôle, en augmentant la contraction à chaque niveau et en amenant l'attention, la conscience et l'air inspiré (Qi) dans chaque région du corps.

- Contractez la partie avant du plancher pelvien et dirigez la contraction et l'air inspiré à chaque niveau : organes sexuels, aorte et veine cave, estomac, cœur, glande thyroïde, langue, glande pituitaire. Conservez l'énergie dans cette partie du cerveau.

- Contractez la partie droite du plancher pelvien et dirigez la contraction et l'air inspiré à chaque niveau : testicule et ovaire droit, gros intestin, rein droit, surrénale, foie et vésicule biliaire, poumon droit, hémisphère droit du cerveau. Conservez l'énergie dans cette partie du cerveau.
- Contractez la partie gauche du plancher pelvien et dirigez la contraction et l'air inspiré à chaque niveau : testicule et ovaire gauche, gros intestin, rein gauche, glande surrénale, poumon gauche, hémisphère gauche du cerveau. Conservez l'énergie dans cette partie du cerveau.
- Contractez la partie arrière du plancher pelvien et dirigez la contraction et l'air inspiré à chaque niveau : anus, base du sacrum, arrière du crâne (cervelet). Conservez l'énergie dans cette partie du cerveau.
- Graduellement, laissez descendre l'énergie à l'intérieur à chaque niveau, et relaxez.

Reprenez l'exercice en contractant chaque partie du plancher pelvien et en faisant tourner l'énergie (la contraction et l'air) dans chaque organe pour augmenter la pression interne et conserver le Qi.

Exercice 5 : L'exercice du diaphragme pelvien et urogénital

Formez une balle de Qi dans la gorge, inspirez 3 à 6 fois dans la gorge en conservant l'énergie et inspirez davantage en poussant la boule de Qi vers les organes sexuels, vers le diaphragme urogénital pour gonfler cette région et la garder gonflée. Contractez le plancher pelvien à l'avant, au milieu et à l'arrière pour amener le Qi, en continuant à inspirer, vers le dos : base du sacrum, T11, C7, base du crâne, et jusqu'au cerveau, à la glande pinéale.

Il est remarquable que les Chinois aient découvert que le haut tient le bas. Le point 20 VG, qui correspond à l'emplacement de la glande pinéale, est puncturé dans les cas d'hémorroïdes et pour empêcher les descentes d'organes.

Exercice 6 : Les exercices du vagin avec l'œuf et du pénis avec la levée du poids

Ces exercices augmentent le pouvoir vital et renforcent le plancher pelvien et les organes sexuels. Ils aident à retourner l'énergie vitale et la quintessence du sperme et des ovaires dans le corps : les glandes, les organes, le cerveau, et permettent de guérir les maladies.

Ces pratiques avancées nécessitent d'avoir appris la méditation taoïste des Six Sons de guérison et du Sourire Intérieur pour transformer les émotions négatives en émotions positives, et l'Orbite microcosmique pour raffiner et distribuer ces énergies dans le corps et conserver un équilibre affectif. De plus, il est conseillé de stimuler physiquement ou mentalement l'énergie sexuelle (sexe mental ou *Brain Sex*) jusqu'à la sensation d'orgasme, avant la pratique avec l'œuf ou le poids.

Les femmes peuvent expérimenter la stimulation de la région sexuelle par la stimulation des glandes par le massage des mamelons et la stimulation des organes internes par le massage circulaire des seins, et retourner ces sensations dans la région sexuelle.

La pratique sans l'œuf consiste à contracter les muscles du canal vaginal en distinguant trois régions : le bas, le milieu et le haut, et de décontracter graduellement ces trois régions et de répéter au moins trois fois.

La pratique avec l'œuf de jade consiste à insérer l'œuf dans la partie inférieure du vagin, à contracter à relâcher le vagin inférieur quelques fois avant de pratiquer des contractions-aspirations pour faire monter l'œuf dans la partie moyenne. Contractez et relâchez le vagin moyen quelques fois avant de pratiquer des contractions-aspirations pour faire monter l'œuf dans la partie haute de l'utérus, près de l'utérus, et contractez et relâchez le vagin supérieur quelques fois. Ensuite, décontractez chaque partie en commençant par le haut et poussez l'œuf vers le bas et recommencez la montée et la descente trois fois. Le Qi sexuel est stimulé par la montée et la descente de l'œuf dans le vagin.

Des exercices taoïstes plus avancés (Nei Kung de la moelle des os) consistent à insérer une corde dans l'œuf déjà percé et à y attacher un poids pour augmenter le pouvoir du vagin, du périnée et des glandes et des organes internes, de façon à contrecarrer la descente vers le bas. La levée et le balancement du poids avec l'œuf génèrent plus d'énergie, qui sera retournée dans les glandes, les organes et le cerveau par le trajet de l'Orbite microcosmique.

Maître Mantak Chia a mis au point une variante de ces techniques, qui consiste à masser les seins 200 fois chaque jour. Voici comment l'on procède. Insérer l'œuf pour ensuite tirer sur la corde en se penchant vers l'avant. En même temps, absorber l'air par succion, par la gorge, en faisant le son Haaaa, en rentrant l'abdomen et en tirant la langue. Répéter trois fois dans les cinq régions de l'abdomen; pratiquer la succion de Qi en faisant le son du dragon et du tigre.

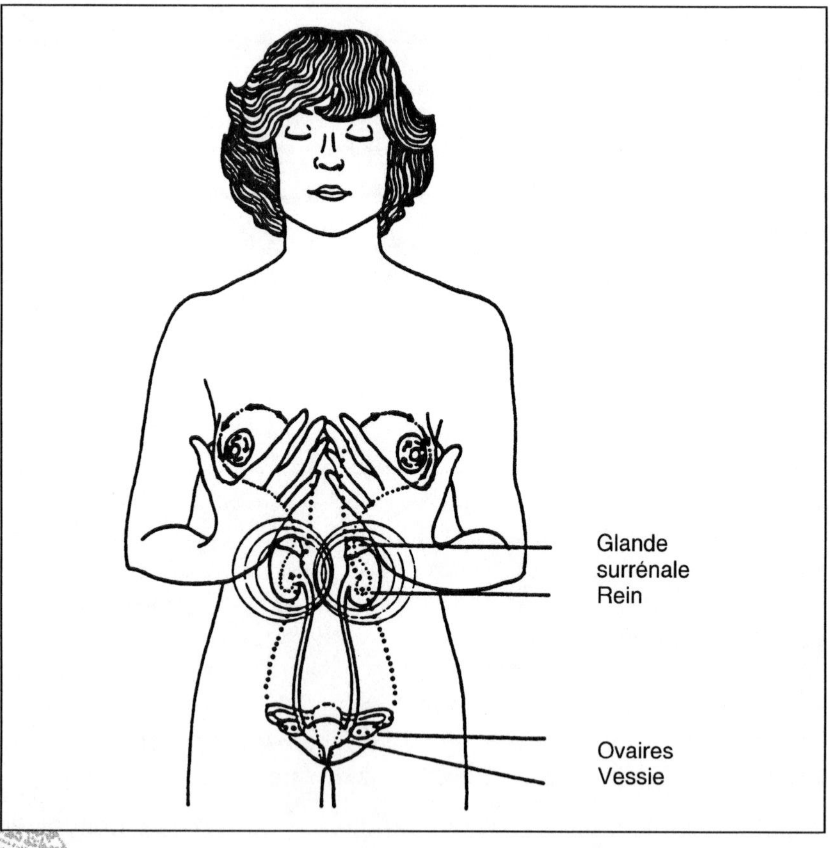

Figure 3-15 Le massage des seins et l'activation des ovaires (tiré de Chia, M., 1993 (2), p. 174, fig. 3-18)

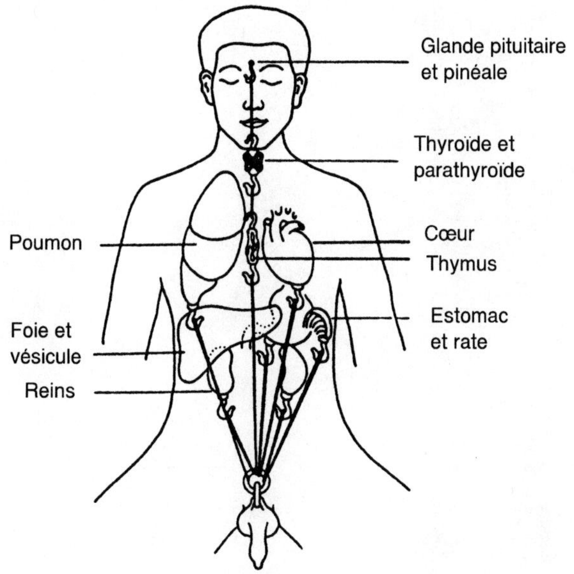

Figure 3-16 La liaison entre les organes sexuels et les organes, glandes, tendons et muscles (tiré de Chia, M., 1991 (2), p. 175, fig. 5-2)

L'homme active et masse les testicules et le pénis et il tire le pénis et les testicules vers le bas en même temps qu'il tire l'énergie vers le haut, à partir des organes internes.

Il plie un foulard de soie auquel il attache un support et un poids, en commençant par un poids léger. Il noue le foulard autour des testicules et du pénis de façon à faire balancer le poids, pour stimuler et ramener le Qi en contractant le périnée puis dirige le Qi successivement dans les organes internes, les reins, le foie et la rate, les poumons et le cœur, dans les glandes thymus et pinéale, puis dans le canal du dos et dans le cerveau. Par cette pratique, l'homme active et tonifie le pouvoir de support interne et le rend plus puissant.

Maître Chia a mis au point une version simplifiée de ces exercices. L'homme prend la posture de Qi Cong debout, il contracte l'abdomen en inhalant l'air par la gorge, en faisant le son Haaa, dans un mouvement de succion, et en même temps il tire avec les

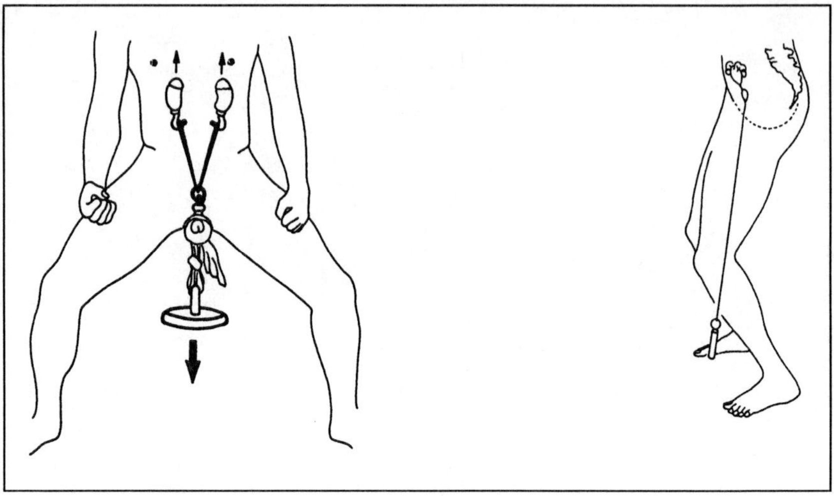

Figure 3-17 La levée de poids par les organes sexuels et la tonification interne (tiré de Chia, M., 1991 (2), p. 180 et 203, fig. 5-25 et 5-6)

mains sur le pénis et les testicules dans les cinq directions. Cette posture et ces contractions internes avec succion aident à diriger le Qi dans le dos et au cerveau.

Ces exercices stimulent plus d'hormones sexuelles et lorsque celles-ci sont retournées au cerveau, elles le régénèrent ; cela ralentit le processus de vieillissement en augmentant le pouvoir et la force du plancher pelvien et du cerveau.

Lors du congrès d'Oxford (2000), portant sur le plancher pelvien, un présentateur a illustré clairement, par des études du cerveau, que les contractions de l'anus se manifestent au cerveau, dans la région centrale du sommet de la tête, soit au même emplacement que le point 20 VG.

Ainsi il devient clair que, pour empêcher les descentes et le non-fonctionnement organique et glandulaire, il faut aussi stimuler et tonifier les centres supérieurs donc le cerveau. Tonifier le plancher pelvien, c'est aussi tonifier le cerveau. Pour les taoïstes, le crâne agit comme une pompe, pour attirer l'énergie vers le haut.

Conclusion

Le Shen est la force du cœur et du mental réunis. Il est utilisé par les pratiques de méditation, de guérison et de Qi Cong, durant lesquelles il se développe et s'équilibre en dirigeant l'énergie.

La méditation est un outil privilégié pour assurer l'équilibre et la santé. Par la méditation, l'adepte peut atteindre un état de haute fréquence vibratoire corporelle, qui se traduira par une baisse de fréquence des ondes du cerveau. Plus les ondes du cerveau sont basses, plus le corps se régénère. L'hypnose et la méditation peuvent donner les mêmes résultats, c'est-à-dire atteindre l'état de sommeil éveillé où les cellules se renouvellent. Le Qi Cong combine la méditation, la respiration et la direction du Qi par le mental, dans des postures qui tonifient le corps physique, le Qi et le mental. C'est pourquoi les pratiques de méditation et de Qi Cong réunies ne sont pas seulement bénéfiques dans le domaine de la santé, mais aussi dans les domaines artistiques et tous ceux où le stress est important. Le Qi Cong de la chemise de fer de Maître Chia présente plusieurs avantages, dont principalement l'alignement de la structure, le renforcement des tendons, des muscles et des os, la densification de la moelle des os et l'augmentation des globules rouges et blancs du sang. De plus, le Qi Cong permet la libération des émotions négatives accumulées dans les muscles et celle des gras amassés dans la moelle et les organes internes et, surtout, il fait circuler le sang dans tout le corps en reposant le cœur. Il augmente aussi la concentration. Après 50 ans, il est fortement recommandé de pratiquer le Qi Cong et le Taï Chi, une forme de Qi Cong en mouvement pour reposer le cœur. Si le sport et les exercices violents semblent sans danger, alors pourquoi les athlètes et des personnes entraînées meurent-elles de crises cardiaques pendant ou à la suite de leurs activités sportives ? Le Qi Cong est une activité bénéfique pour les athlètes et les artistes et tous ceux qui ont à affronter des stress dans leurs activités professionnelles. Car le Qi Cong augmente, par l'air inspiré et gardé à l'intérieur, la pression interne, qui est un antidote à la pression externe. Le Qi Gong de la chemise de fer est aussi basé sur l'importance de renforcer la base, soit le plancher pelvien ou le périnée. Il est reconnu que la force du plancher pelvien a des effets bénéfiques sur diverses parties et systèmes du corps : urinaire, anal, génital, sexuel, gynécologique, dorsal, nerveux, neurologique et psychologique. Augmenter le pouvoir du périnée permet de prévenir et de guérir plusieurs symptômes dans cette partie du corps, dans les organes internes et le cerveau.

Chapitre 4

La psychoénergie: le rapprochement Occident/Orient

Introduction

La psychoénergie est un mot qui indique le rapprochement entre la médecine et la psychologie occidentale et la méditation. La combinaison de la médecine traditionnelle chinoise et des modes de thérapie occidentales est particulièrement indiquée dans les traitements des dépendances et des maladies psychosomatiques. Ce sont des médecines complémentaires qui, lorsque utilisées simultanément, vont aider à la libération musculaire et à la plus grande conscience des émotions et au changement de patterns comportementaux. Le traitement d'acupuncture permet de ressentir la détente profonde et aussi une plus grande vitalité. L'hypnose occidentale et les méditations zen et taoïste comportent plusieurs aspects similaires et aussi des différences. Les principales ressemblances sont : les réactions physiologiques, les changements dans les notions de temps et d'espace, la sensation de l'unité corps/esprit, la perception de la réalité humaine (douleur, émotion et sensation) comme une construction mentale. Les différences sont surtout le travail accompagné en hypnose et le travail solitaire en méditation. La nouvelle hypnose se rapproche davantage de la méditation et cesse de parler de « sommeil » pour introduire la notion d'« éveil » et d'orientation vers la solution. Les effets produits par le thérapeute et les pouvoirs obtenus par la méditation sont étudiés en rapport avec les ondes cérébrales et les niveaux de conscience. La méditation guidée des taoïstes utilise la connaissance des correspondances et des projections d'organes de la médecine traditionnelle chinoise. L'hypnose occidentale aurait intérêt à utiliser ces connaissances et à les intégrer dans les suggestions faites aux patients pour accélérer la guérison. L'auteure propose une méthode de travail : l'approche intégrative qui associe l'hypnose et les correspondances de la médecine chinoise qu'elle expose succinctement par des exemples de traitement dans un cas de fracture de la jambe et dans un cas de peur.

L'approche intégrative sera exposée avec plus de détails au chapitre 5. Les effets du Qi Cong interne sont aussi mis en relation avec la méditation et l'hypnose. De plus, la méditation taoïste peut servir à stimuler divers centres du cerveau en opérant l'alchimie interne. Les pratiques de méditation taoïste ont anticipé plusieurs des découvertes scientifiques modernes dans les effets des thérapies par le mental en utilisant le sourire, le mental conscient, l'autosuggestion positive, la présence à ce qui est et le ressenti, l'infiniment petit et l'infiniment grand, la conscience viscérale, émotive et viscérale combinées, le contrôle des pensées par le positif, les effets tonifiants et libérateurs des postures de Qi Cong et du Taï Chi.

La psychologie occidentale et la médecine traditionnelle chinoise

Il existe plusieurs similarités entre la médecine traditionnelle chinoise (MTC) et la psychologie occidentale. D'abord, toutes deux reconnaissent l'importance:

- du rôle des émotions et du stress sur le physique;
- du rôle du soignant qui, par sa présence, permet le transfert d'émotions (psychanalyse) et d'énergie (acupuncture, Qi Cong);
- des connaissances «expérientielles», qui permettent d'étudier un cas unique, une personne globalement;
- de la responsabilité de l'individu sur sa santé et sa maladie;
- et, plus particulièrement en MTC, de la notion d'énergie, qui réunit le mental et le corps.

Les deux médecines reconnaissent l'importance et le rôle des émotions et du stress (Selye, H., 1974) dans le processus des maladies. La réunion des connaissances de la psychosomatique (Alexander, F., 1967) et de la psychoneuroimmunologie (Ader, R., 1981) crée les bases d'une science interdisciplinaire occidentale impliquant une approche globale de l'être humain. La MTC a reconnu depuis plus de 2000 ans de solides correspondances entre l'esprit, le mental, les émotions et les effets physiques et psychosomatiques qui en découlent, ce que la médecine et la psychologie occidentales s'efforcent d'établir depuis seulement un siècle.

Le rôle du soignant est aussi considéré comme nécessaire. En psychanalyse, par sa présence, le soignant permet la communication d'émotions par le transfert et le contre-transfert. Pendant les traitements d'acupuncture et de Qi Cong, le soignant permet et peut effectuer le transfert d'énergie au patient, dans un premier temps.

Les connaissances sont basées sur le ressenti du thérapeute et la perception de l'expression de chaque cas, tant en psychanalyse qu'en acupuncture. L'étude du cas par cas est reconnue en psychanalyse et en hypnose, et des critères d'observation en psychologie clinique (méthode idéographique) ont été élaborés par plusieurs auteurs, dont notamment Nadon, R., et Laurence, J.R. (1991). Ces méthodes de recherches cliniques occidentales auraient intérêt à être appliquées aux études de cas en acupuncture (médecine élaborée comme une approche globale de l'individu, basée sur le ressenti) plutôt que de se limiter aux études scientifiques basées sur le grand nombre, utilisé pour prouver l'effet de l'acupuncture.

Le pouvoir d'autoguérison est reconnu par les deux médecines. Selon les écrits taoïstes, si l'individu peut se rendre malade, il peut se guérir. Pour la MTC, les émotions négatives (énergies perverses internes) sont les premières causes des maladies. Cette médecine affirme dans le *Suwen* (Le Classique de la Médecine Interne) que «le mental dirige l'énergie, l'énergie dirige le sang, et le sang guérit» et ajoute que «l'acupuncture est pour les ignorants», c'est-à-dire ceux qui n'ont pas développé leur pouvoir mental pour agir sur la matière. Il a été prouvé que la stimulation mentale d'un point d'acupuncture (psychopuncture) exerce une action aussi forte que la puncture de ce point avec une aiguille (Edde, G., 1988, p. 57). Selon Miamor Milovanovic (1981), la stimulation mentale du point 36 estomac (Susanli) produit plus de leucocytes que la puncture de ce point, pendant la même durée.

En Occident, le rôle du mental inconscient et/ou conscient est de plus en plus reconnu par ceux qui utilisent la psychanalyse, l'hypnose ou d'autres techniques de suggestion comme l'imagerie, la visualisation, le rêve éveillé et la méditation. Les émotions, l'attitude mentale d'un individu peuvent le soigner ou le rendre malade.

La notion d'énergie est à la base de la culture chinoise, qui voit tous les phénomènes comme des manifestations d'un principe unique : l'énergie, qui donne les rythmes à tous les phénomènes de l'Univers, en perpétuel mouvement et transformation, l'humain étant un microcosme dans ce macrocosme. L'humain fait un lien entre l'Univers terrestre et l'Univers céleste, comme il en fait un entre ses Univers physique, mental et spirituel par l'énergie. L'énergie est mutable, c'est une loi de la physique. L'être humain a le pouvoir de modifier l'énergie : transformer les émotions négatives en émotions positives, transformer les pensées négatives en pensées constructives, transformer l'énergie sexuelle en Qi et en énergie spirituelle, transformer les aliments en sang et en énergie, etc.

L'énergie humaine est constituée des énergies sexuelles (Yuan Qi : énergie primordiale et Jing Qi : essence vitale) des énergies émotives, alimentaires et de l'air (Qi), et de l'énergie mentale et spirituelle (Shen). La conservation des énergies sexuelles permet d'augmenter la vitalité, de générer du Qi ou de l'énergie, de se régénérer, de se guérir et de se développer spirituellement, en transférant l'énergie sexuelle au cerveau pour augmenter le pouvoir du mental (Shen) et la force énergétique globale (voir Chia, M., 1991 (2)). Cette énergie est difficilement mesurable par la technologie chimique ou électronique, mais elle peut être perçue, sentie et évaluée par les qualités des pouls et le niveau énergétique de l'individu. Un niveau d'énergie élevé entraîne une capacité de perception et de ressenti plus grande et une force magnétique plus puissante, ce qui rend plus apte à détecter les perturbations énergétiques et à agir positivement sur le malade ou sur soi-même.

Pour la MTC, cette énergie ou ce magnétisme serait lié à la conservation de l'énergie primordiale (Yuan Qi), et de l'essence vitale (Jing Qi), et le don de magnétisme pourrait se cultiver. Il serait l'art de conserver l'énergie primordiale et l'essence sexuelle et de retourner la quintessence au cerveau pour augmenter la force du mental (Shen) et ainsi régénérer tout le corps et le rendre plus vibrant.

En Occident, Einstein a compris le phénomène d'énergie quand il a émis l'équation $E = mc^2$ (l'énergie égale la matière fois la vitesse de la lumière au carré) et nous amène d'emblée dans la pensée relative. C'est cette pensée relative, qui va au-delà de la dualité en incluant les contraires complémentaires, qui est la base de la culture et de la médecine chinoise.

En Occident, le rôle de l'énergie est exprimé dans le domaine de la psychanalyse et de l'hypnose par la notion de « magnétisme animal » de Mesmer (fin du XVIIIe siècle). Celui-ci reconnaît dans la crise magnétique le rôle d'un fluide du corps du magnétiseur qui fait céder les blocages internes et provoque la guérison. Il cherche à provoquer et à utiliser des états et des conduites dites « surnaturelles ». Les débuts de l'hypnose ont été particulièrement difficiles en Europe. Mesmer, médecin viennois, est venu à Paris en 1779. Cinq ans plus tard, le rapport de la commission Franklin remis au roi relate les risques d'épidémie sociale et les dangers pour les mœurs et interdit la pratique magnétique aux médecins.

Cette notion de magnétisme a été reprise et développée par Schopenhauer (1969), qui parle du « don de magnétiser » comme d'une fonction naturelle de l'organisme et du psychisme inconscient. Cette notion est complétée par Ferenczi (1975), qui reconnaît que l'énergie hypnotique est étroitement liée à la sexualité. Ce concept d'énergie est réapparu dans le monde médical occidental avec le concept de « libido » et d'« hystérie » de Freud, dans les années 1900 (voir Freud 1968), et avec le concept d'« orgone » de Reich (1979). Nous connaissons le sort qui a été réservé à Reich pour faire mourir cette idée d'énergie vitale ou d'« orgone » dans le monde médical : emprisonnement et mort. Le concept d'énergie a repris vie et a continué à se développer avec la « bioénergie » d'Alexander Lowen (1977) et de Pierrakos (1990).

En Orient, les pratiques de méditation ont toujours été encouragées et le sont encore. Il n'y a pas eu cette rupture entre le monde médical, le monde physique et le monde spirituel ou « surnaturel » dans la méditation zen, la méditation taoïste et la méditation bouddhiste, excepté pendant la révolution culturelle chinoise, où il y a eu une période d'interdiction des pratiques anciennes comme l'acupuncture, le Qi Cong et la méditation.

La complémentarité de l'acupuncture et de la psychologie

La pratique de l'acupuncture m'a amenée à modifier mon approche psychologique et à utiliser différemment les approches occidentales centrées sur l'énergie et reconnaissant le lien corps-esprit, comme la psychanalyse, l'hypnose, la gestalt, la bioénergie et la psychosomatique. Plusieurs ont observé que, pendant une psychanalyse freudienne ou jungienne, les résistances, les mécanismes de défenses, les blocages affectifs ou mentaux qui se manifestent dans le corps, les pensées et les comportements demeurent difficilement accessibles parce qu'ils sont «inconscients» et par le fait même très longs et très pénibles à modifier pour amener la «guérison». Bien que le but de la psychanalyse soit de guérir les névroses, celle-ci continue de garder le patient dans les symptômes (anxiété, panique, dépression, somatisation, dépendance, troubles de la personnalité), et ce, malgré de nombreuses séances assidues, souvent pendant de nombreuses années. Les pensées, les rêves, les images négatives sont installés à demeure dans le corps et d'autant plus profondément lorsqu'elles pénètrent dans les organes d'excrétion ou les entrailles, selon leurs niveaux d'inconscience.

Avec l'aide de la MTC et particulièrement de l'acupuncture, j'ai pu constater, comme certains autres praticiens (Hammer, L., 1990, p.18, Smith, M., 1997) et collègues acupuncteurs, que les traitements d'acupuncture dégagent les tensions musculaires, les stress et, par le fait même, la rigidité mentale, émotionnelle et physique, ce qui engendre, facilite et accélère l'émergence de la conscience. Ces prises de conscience entraînent des modifications de comportements indésirables, supportent physiquement les patients et les aident à poursuivre leur thérapie avec une conscience élargie, nécessaire pour évacuer ou transformer le négatif.

L'acupuncture facilite la relaxation musculaire et nerveuse. Elle libère donc rapidement les muscles, les tendons, les nerfs et les organes-entrailles et, par le fait même, les émotions, les pensées, les mémoires, les images douloureuses et les rêves enfouis dans le corps, lieu de l'inconscient. L'auteure a souvent constaté qu'avec l'acupuncture, les changements sont rapides, et les «patterns» de comportements, modifiés facilement et de façon durable et, souvent, sans autre intervention.

La MTC a reconnu depuis longtemps que le somatique et le psychique sont indissociables et retentissent l'un sur l'autre en permanence par le biais de l'énergie. Donc, en rétablissant l'équilibre de l'énergie, les symptômes disparaissent.

Souvent, les gens qui viennent consulter pour des douleurs, des problèmes physiques, s'ouvrent à leurs sensations et pensées profondes encore imprimées ou inconnues, par un « insight », une catharsis. Une patiente dit: «Après le TMT, j'ai eu un flash, j'ai revécu une émotion-sensation enfouie et pénible: j'ai senti le froid et la solitude de l'enfant qui gèle dans son lit, car la mère alcoolique n'était pas en état de répondre.» Grâce à l'introduction des aiguilles qui induit la détente, la personne devient plus consciente des tensions présentes dans son corps et de la façon dont elle les a créées avec ses pensées et ses actions, de même que de ses résistances à se sentir bien et de sa façon de se mettre dans un état de malaise. La vie revient dans le corps et la personne devient donc plus sensible à la nourriture, aux sons, à l'air, à l'ambiance émotionnelle; cela la rend apte à mieux s'occuper d'elle-même et à se guérir, et à utiliser ses ressources intérieures et les moyens mis à sa disposition.

Les patients rapportent rapidement un sentiment de vitalité, d'équilibre, d'énergie pour faire face aux difficultés de la vie. L'acupuncture a des effets rapides chez ceux qui contrecarrent les mécanismes de déni, qui sont moins conscients ou qui s'expriment par des manifestations émotives aiguës: panique, drogue, alcool. La personnalité « toxique » devient plus « nutritive » et accepte plus facilement l'aide thérapeutique et s'implique dans un suivi. La racine de vie est alors activée, ce qui permet de mettre en branle la quintessence, la vitalité profonde du Jing; les émotions, la respiration, la nourriture s'équilibrent et donnent le Qi ou l'énergie; le cœur-mental devient plus conscient et le Shen se manifeste.

Nous verrons, à la lecture de la figure suivante (Figure 4-1, Les cinq étapes de la thérapie dans les dépendances), l'importance d'associer l'acupuncture à diverses thérapies, particulièrement dans les cas de dépendance aux drogues. Les points des oreilles accomplissent simultanément un travail de fond et réactivent les fonctions vitales du système nerveux sympathique, du mental, du foie, des poumons et des reins. Ces cinq points des oreilles ont été utilisés avec succès dans un programme de désintoxication à New York. Pour en savoir davantage, vous pouvez consulter le livre de Ellinor R. Mitchell (Mitchell, E.R., 1995).

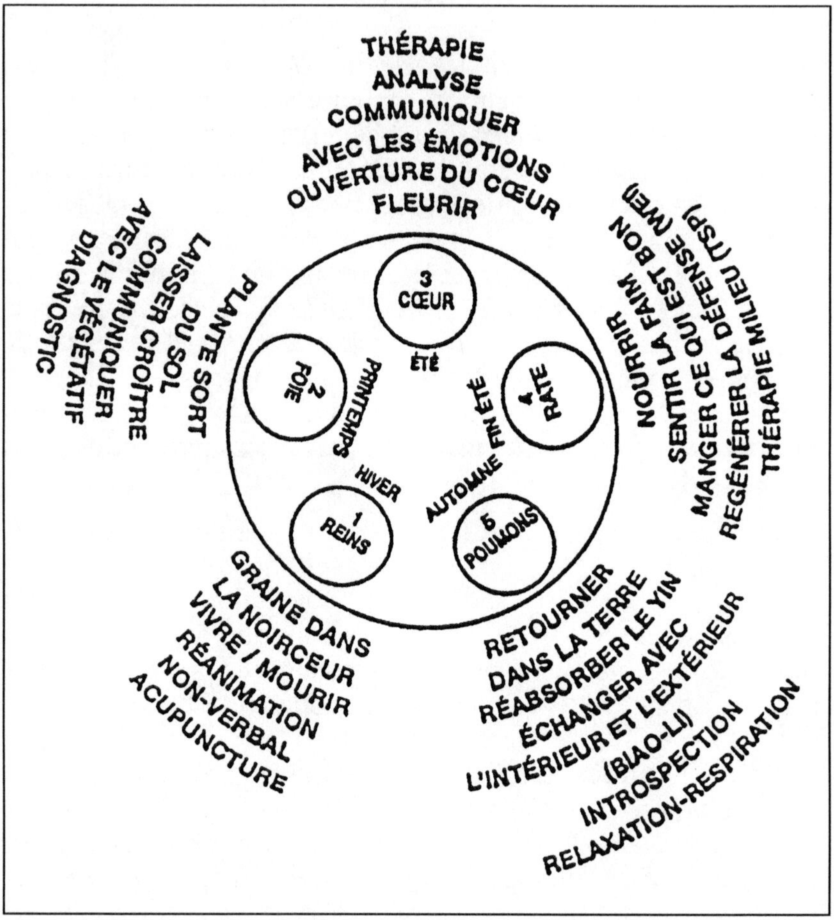

Figure 4-1 Les cinq étapes de la thérapie dans les dépendances (tiré de Tremblay, N., 2000 (2), p. 68)

Première étape

Cette figure montre que dans les cas de dépendances, le travail de l'acupuncteur devrait être premier dans la panoplie des thérapies. En effet, l'acupuncteur dispose d'un type d'intervention qui permet d'obtenir un effet particulier: activer par la stimulation du Jing des reins l'essence vitale, l'instinct de vie. La graine de vie enfouie au fond de l'être, dans l'obscurité, peut être restimulée par l'acupuncture pour redonner le goût à la vie. L'attrait pour la mort, la dualité vivre/mourir peuvent être contrebalancés par la puncture du point Reins dans les oreilles. Les oreilles étant la manifestation embryonnaire des reins, il faut se limiter à la puncture de ce point jusqu'à ce qu'il agisse sur la source vitale et redonne le goût de vivre. C'est que peut être ajouté le point S.N. sympathique dans les oreilles, car le système nerveux est une extension énergétique du cerveau et des reins. À ce stade, le rôle particulier de l'acupuncteur consiste à travailler sans intervention verbale et sans contact physique, le patient restant assis et vêtu, en présence des autres patients ou non, et reçoit son traitement dans les oreilles.

Deuxième étape

Lorsque la vitalité profonde se restaure, que la plante commence à émerger du sol, la personne se relève et commence à croître, et il faut continuer à lui prodiguer des soins et établir le diagnostic. L'ajout du point Foie dans les oreilles est alors conseillé pour faciliter l'émergence, la croissance de l'énergie vitale, encore fragile, comme une pousse au printemps que l'on doit laisser se développer. Cela s'effectue grâce à la fonction du Hun, la porte de sortie vers l'extérieur.

Troisième étape

Lorsque la personne s'épanouit davantage, que l'on a accès à la maturité de l'énergie, à l'énergie du cœur, il devient approprié de communiquer par la parole et d'entreprendre l'analyse et le travail psychothérapeutique. Pour aider ce processus, on peut ajouter la puncture du point Shenmen (la pointe du Shen) dans les oreilles et les moxas sur les points Shen du dos, correspondant au

Shen du cœur (44 V) Shen Tang, Palais du Shen, pour aider l'ouverture du cœur, première étape dans la rééducation du cœur dans la psychothérapie chinoise Yang Sheng.

À la quatrième étape, l'acupuncture aide à l'augmentation de l'énergie nourricière et défensive. Pour soutenir cette action, il est bon d'utiliser les points 36 Estomac (Susanli) et 4 Gros Intestin (Hegu), de même que les points Shu du dos, en relation avec la rate (20V, Pi Shu), l'estomac (21 V, Wei Shu) et le gros intestin (25V Da Chang Shu). Lorsque l'énergie se manifeste au niveau nutritif, la personne est plus apte à se défendre et à s'affirmer, et son énergie Wei (Oé) défensive est plus active; elle peut alors faire des choix au niveau de l'alimentation, de l'environnement et de son milieu de vie, tout en étant moins influençable et moins vulnérable. C'est ici que le travailleur social peut entrer en ligne de compte et aider à l'adaptation et à l'intégration sociale.

La cinquième étape est reliée à la capacité de se prendre en charge, de pratiquer la respiration et l'introspection et d'établir des relations avec l'extérieur, tout en gardant sa force intérieure. Pour ce faire, le point Poumons dans les oreilles aide la respiration, en établissant la relation intérieur/extérieur (Biao-Li) pour aider à mettre en équilibre le système végétatif et faciliter l'oxygénation et l'élimination par la peau, comme chez les plantes. Cela s'effectue grâce à la fonction du Po (la porte qui s'ouvre vers l'intérieur), qui s'équilibre avec le Hun (la porte qui s'ouvre vers l'extérieur). C'est pourquoi on ajoute le point Shen du Poumon 42 V (Po Hu), appelé «porte du Po».

La MTC, dont fait partie l'acupuncture, a un rôle primordial dans les thérapies par son action sur le Jing (essence vitale) et le Qi (énergie) grâce à l'électromagnétisme stimulé par les aiguilles. L'acupuncture active l'énergie, et ce, sans avoir besoin du mental (croyance, imaginaire, attention, etc.) pour stimuler les fonctions végétatives et animales. En effet, si l'acupuncture accélère la croissance des plantes et sert à guérir les animaux, elle contribue aussi à équilibrer tous les systèmes du corps humain et n'agit pas seulement sur une partie de celui-ci. L'acupuncture est importante, car elle agit sur les mécanismes vitaux de base: respiration, survie, réanimation, revitalisation. Elle reconnaît qu'avant le diagnostic, la parole ou la thérapie, il est important de survivre, de stimuler les processus vitaux, préverbaux. C'est pourquoi le premier travail dans le traitement des dépendances (drogue, alcool, inceste, dépression, désir suicidaire) s'effectue au niveau des oreilles pour activer les racines vitales des organes et rétablir les mécanismes fondamentaux de la vie : sentir la vie, croître, communiquer, se nourrir, respirer. Cela s'exprime et s'effectue par la stimulation du Jing ou l'énergie vitale des organes.

Les similitudes entre l'hypnose occidentale, la méditation zen et la méditation taoïste

La comparaison de l'hypnose occidentale, de la méditation zen et de la méditation taoïste est fréquente. L'hypnose et la méditation sont même perçues comme équivalentes par certains. (Voir Finn E., 2001) Selon Robert Bissonnette, il serait plus approprié de comparer leurs ressemblances et leurs différences. (Bissonnette, R., 2003, p. 3-6) Nous allons reprendre certaines ressemblances pour compléter cette étude comparative de l'hypnose et du zen en ajoutant les ressemblances et les différences avec la méditation taoïste.

Les principales ressemblances sont, pour Bissonnette : 1- l'adoption d'une posture, 2- la concentration, 3- les réactions physiologiques concomitantes, 4- la distorsion de la notion de temps, 5- la reconnaissance du dynamisme mental, 6- l'unité corps-esprit et 7- la conception de la réalité, comme construction, tandis que les différences sont : 1- la finalité, 2- l'attitude fondamentale. Nous y ajoutons : 3- les moyens utilisés.

Les ressemblances

1- Les postures

Pendant une séance d'hypnose clinique, la personne est souvent assise confortablement ou allongée et immobile. L'immobilité est considérée comme un signe d'entrée en transe.

Dans la méditation zen, la posture assis au sol, les jambes repliées et le dos droit, et le centre de gravité bas, est le plus souvent adoptée lors des retraites. L'immobilité est aussi requise. «La posture du zazen se révèle très importante... elle permet au pratiquant de demeurer dans la situation présente de sa vie et de devenir conscient.» (Michaud, M.-A., 2001, p. 13) À des niveaux plus avancés, l'adepte peut pratiquer debout, en marchant, en psalmodiant, en répétant un mantra, ou en utilisant un koan, c'est-à-dire une question qui entraîne une réponse d'éveil. Cette pratique s'élargit par le regard porté sur les contingences de la vie quotidienne.

Dans la méditation taoïste, la posture assis sur l'extrémité d'une chaise, les pieds au sol, le dos droit, le menton rentré, la langue au palais, les mains jointes vis-à-vis du nombril et l'immobilité, sont la posture. À des niveaux plus avancés, la méditation se fait en posture de Qi Cong, debout, ou en faisant du Taï Chi, en mouvement, et en conservant l'état de méditation dans la vie courante (état d'éveil (bêta) et état de sommeil ou méditation (alpha et thêta) simultanés), soit 24 heures.

2- La concentration

L'hypnose et la transe hypnotique amènent toujours un rétrécissement du champ de conscience et une grande concentration. Cette concentration résulte du phénomène connu comme une «dépotentialisation de la conscience» en hypnose éricksonnienne. Ce résultat est obtenu par diverses techniques comme : la métaphore de l'hémisphère droit, l'opposition conscient-inconscient, la prévalence de l'inconscient, le paradoxe et la confusion. «Ces divers procédés ont pour résultat une neutralisation suffisante des processus secondaires propres à la pensée logique, séquentielle, etc., pour laisser libre cours aux processus primaires (Freud, S., 1968) sous-jacents à l'élaboration des fantaisies et des rêves (pensée non causale, libérée des contraintes spatio-temporelles.» (Bissonnette, R., 2003, p. 3)

La méditation zen obtient des résultats similaires en demandant de concentrer l'attention sur la posture, de suivre la respiration au bas-ventre, d'observer les pensées sans s'y attarder, de s'absorber dans un mantra ou de percer la signification d'un koan. Ces moyens favorisent aussi la dépotentialisation de la conscience et la créativité. Selon Maître Low, c'est l'observation du conflit, de la contradiction fondamentale au fond de notre cœur qui est importante et qui a pour effet la souffrance ou la créativité. «Cette contradiction est une fente en nous.» (Michaud, M.-A., 2001, p. 11) Quand notre centre est en sécurité, cette fente n'est pas perçue comme une menace; quand notre centre est menacé, cette fente est un piège où nous pouvons tomber, et c'est cela, l'enfer, selon Albert Low.

La méditation taoïste stimule aussi l'attention et la concentration par la méditation guidée, qui comporte des suggestions positives utilisant les lumières colorées et les vertus positives cosmiques en relation avec les organes internes et les glandes. Les déplacements et les transformations alchimiques dans le corps physique et énergétique, incluant la respiration et la circulation psychique, entraînent le mental à la concentration. Le mental conscient ou inconscient est suggestible. Voici un exemple de suggestion utilisant la lumière cosmique dans la méditation du sourire. Laissez la lumière dorée remplie de joie et d'amour pénétrer dans vos yeux, dans les glandes pituitaire et pinéale, laissez irradier cette lumière dans votre cerveau. Ces suggestions font aussi appel au cerveau droit, à l'imaginaire, à l'absence de liens spatio-temporels, qui dépotentialisent la conscience. Le taoïsme souligne que c'est par l'expérience immédiate que l'on peut saisir la nature de la réalité. Cette réalité est spirituelle; c'est l'unité inexprimable, l'harmonie sous-jacente de la réalité. C'est la réalité de l'homme qui voit «le visage qui était le sien avant sa naissance». Il y a ouverture de l'esprit par l'abolition du principe de contradiction, par la non-discrimination et la négation de la négation. C'est la voie du milieu, où l'homme illuminé mène la vie d'un homme ordinaire, dans «une attitude d'adaptation appropriée, procédant de la plus haute sérénité intérieure, atteinte par la transformation de l'être tout entier». (Chang, Chung-Yuan, 1971, p.120)

3- Les réactions physiologiques

Plusieurs chercheurs ont déjà établi les bienfaits et les modifications physiologiques radicales de la méditation sur l'activité cérébrale, la fréquence cardiaque, la consommation d'oxygène, l'activité des glandes sudoripares et la pression artérielle. (Voir Huffman, K.V.,

1995, chapitre 6: La conscience) Ce n'est que tout récemment qu'une recherche utilisant la résonance magnétique a pu établir que la transe peut être distinguée de l'état de veille ordinaire. Pendant la méditation taoïste, l'activité cérébrale de l'état de sommeil (delta) est maintenue pendant une activité courante (bêta), dans un laps de temps allant de 24 heures et plus, tandis que dans les autres pratiques et méthodes de méditation (comme le Chanting ou le Mantra), cet état de détente profonde s'interrompt avec la pratique elle-même.

4- La distorsion de la notion de temps

Pendant l'état d'hypnose ou la méditation, les personnes expérimentent la même distorsion de la notion de temps. Dans la transe hypnotique, après avoir dissipé les repères coutumiers, la personne a accès à une utilisation créatrice de la notion de temps. Dans la régression ou la progression en âge, le temps se transforme en un vécu subjectif sans contrainte, où la personne se meut librement dans les dimensions du temps, en fonction de ses besoins.

Dans le zen, lorsque la pratique de la méditation s'approfondit et dépasse les inconforts physiques liés à la posture, la conscience du temps s'amenuise. Dans une méditation de groupe, entre le début et la fin de la méditation signalée par une cloche, le méditant peut avoir l'impression d'avoir tout juste commencé quand c'est déjà fini. La conscience du temps s'estompe, jusqu'à le percevoir dans le jaillissement de l'instant, dans un présent sans cesse renouvelé.

Dans la méditation taoïste, la conscience du temps est indissociable de l'espace. Cette conscience est modifiée pour accéder à l'intemporel et au-delà de l'espace. Le voyage s'accomplit d'abord dans le corps physique, comme paysage ou lieu alchimique, pour s'effectuer ensuite à l'aide du corps d'énergie, dans les espaces célestes et terrestres et jusqu'aux espaces lumineux d'avant la naissance. Les périodes de méditation peuvent durer longtemps, parfois des mois et des années. C'est ce qui a permis aux maîtres taoïstes de connaître l'infiniment grand et l'infiniment petit, le macrocosme et le microcosme et ses lois, et de constater que «Tout l'Univers est dans un grain de sable».

5- La reconnaissance du dynamisme mental

L'hypnotiseur utilise les pensées, les sentiments, les comportements, les intentions ou les symptômes présentés par le sujet, selon le principe d'utilisation, mais il doit aussi tenir compte du fait que c'est l'inconscient qui commande. L'inconscient est créateur, spontané, dynamique, et ses contenus s'imposent d'eux-mêmes, tant à l'hypnotiseur qu'à l'hypnotisé. «C'est le rôle de l'hypnothérapeute de solliciter, de favoriser et, au besoin, de stimuler ce mouvement vers des solutions créatrices» (Bissonnette, R., 2003, p. 4) et, pourrait-on ajouter, «de l'inconscient».

La méditation zen dit d'observer ce qui est. Elle accueille les contenus et les formes du mental: pensées, sensations, émotions, sentiments, etc., sans s'y identifier, et les laisse passer en devenant l'observateur ou en retournant à la concentration sur la posture, la respiration ou un koan. Il s'agit d'accueillir les formes sans s'y identifier, sans ego.

La méditation taoïste dit d'observer ce qui est sans juger, sans tenter de le transformer ou de le conserver. Les contenus et les formes du mental: pensées, fantaisies, images, rêves, sensations, émotions, sentiments, etc., sont des énergies mutables, transformables en pure énergie, tout comme les aliments et l'air se transforment en énergie (Qi). Les émotions, les sensations sont transformables en pure énergie, d'où le non-attachement aux formes du mental inconscient ou conscient, puisque tout change, se transforme. Vouloir saisir un moment et s'y arrêter, c'est vouloir empêcher la transformation, le mouvement de la vie.

6- L'unité corps/esprit

Le dualisme cartésien est refusé dans l'hypnose éricksonnienne, qui reconnaît le lien et l'unité corps/esprit par l'inconscient. Cet «inconscient» est différent de l'inconscient fermé et pathogène. L'inconscient créateur, ou le supra conscient, ou l'intelligence active non réfléchie, est en action dans chaque cellule et dans le fonctionnement global du cerveau. Dans la méditation zen, le corps et l'esprit ne forment qu'Un, au-delà du physique et du psychique. Cet Un, «qui n'est pas une chose mais qui n'est pas rien non plus». (Voir Low, A., 2000) «Cet Un dynamique qui est deux constitue l'ambiguïté fondamentale de l'expérience humaine.» (Bissonnette, R., 2003, p. 4) C'est cet Un qui se manifeste dans les productions psychiques et les processus corporels et qui maintient le paradoxe et la pensée relative créatrice utilisés dans l'hypnose et dans la méditation zen. Selon Roustang, «nous voulons oublier que l'invisible ne peut pas être détaché du visible, que la psyché ne peut pas être sans corps... que pensées, représentations, émotions et sentiments, sous leur mode d'expression subjective, ne font rien d'autre qu'exprimer par le corps un aspect de notre rapport au monde». (Roustang, F., 2000, Chapitre III : *Comment changer ou en finir avec la psychologie*)

La méditation zen reconnaît aussi le lien corps/esprit. Pour les maîtres Zen, l'éveil n'est possible que s'il est voulu par toutes les cellules du corps.

La méditation taoïste reconnaît le lien corps/esprit par l'énergie. C'est la même énergie qui se transforme et se modifie qui se retrouve dans les diverses parties du corps que l'on appelle les six énergies (12 méridiens), les cinq organes et les cinq éléments, les trois Tan Tien (sexuel, émotif, mental/spirituel). Ce sont ces énergies qui maintiennent la vie en relation avec le macrocosme ou les énergies lumineuses externes, accessibles pendant la méditation. «Cet Un qui n'est pas une chose mais qui n'est pas rien non plus» est connu sous le nom du Vide et du Tao. Dans le *Tao Te King* de Lao Tseu, le Tao est décrit ainsi au chapitre 14: «Il appartient au royaume des sans-chose. Il est la forme sans la forme et l'image sans image.» Il réfère au Yin et au Yang, aux contraires complémentaires. La méditation taoïste utilise les rayons de lumières (Lao Tseu, chap. 52), domine le souffle vital par l'esprit (Lao Tseu, chap. 55) ou pratique le non-être, le non-agir et le non-ego pour parvenir à l'unité, la vacuité, la quiétude et le constant.

7- La reconnaissance de la réalité comme construction

L'hypnose n'est possible que parce que la réalité humaine n'est qu'une construction. Tout n'est qu'expérience subjective : douleurs, émotions, sensations. Selon Erickson, l'accès à ces expériences subjectives donne à l'hypnothérapeute des opportunités pour le traitement de la douleur physique ou morale.

De même pour Piaget, la réalité pour l'homme n'existe que par la construction qu'il en fait. La psychologie cognitive a démontré que le développement de la notion d'objet permanent et l'acquisition des notions de conservation de matière, de poids et de volume étaient des constructions élaborées tout au long du développement de l'intelligence. (Piaget, J., 1937) Car l'expérience humaine est une construction mentale, et cette construction est rigidifiée par l'effort de maintenir statique une réalité, comme dans la douleur physique ou morale, en s'y identifiant. L'hypnose nouvelle devient efficace quand elle permet d'aider à trouver des côtés positifs, à découvrir des solutions et des habiletés nouvelles à appliquer aux situations traumatiques et aux problèmes perçus jusque-là comme insolubles.

Dans la méditation zen, la réalité est aussi perçue comme une construction. La source jaillissante du zen est le vide, qui est la racine et la nature profonde de la réalité. Un vide, pour les maîtres zen, est une unité dynamique qui n'a rien d'impersonnel, d'abstrait ou de désincarné et qui est transpersonnelle, amour-intelligence, force créatrice, et va au-delà de tous les vocables. C'est un mystère que la pensée ne peut contenir mais qu'il faut penser pour l'atteindre (penser l'impensable) (Bissonnette, R., 2003, p. 5). Savoir cela, c'est relativiser le réel, le voir comme une construction sans s'y attacher.

Dans la méditation taoïste, le réel n'est que le reflet du vide. Tout n'est qu'illusion et reflet. Le vide, c'est le plein. « L'Univers et moi sommes nés ensemble et nous ne formons qu'un, toutes les choses et moi.» (Tiré de Kiecel, A., 1985, p. 130) Lorsque le corps est plein d'énergie, sans blocage et sans rigidité, sans douleur physique ou morale, il atteint la plénitude du vide et est libéré des constructions mentales et physiques. Tout se transforme par l'énergie, toujours en mutation. Rien n'est stable, rien n'est opposé, rien ne sert de discriminer, c'est le point de vue du Tao. « Qui saisit l'axe du Tao, se trouve aussitôt placé au centre du cercle, et peut répondre aux mutations incessantes.» (Tchouang Tseu, chap. 2) Lorsque l'énergie s'arrête ou est bloquée, par des causes internes (émotives ou mentales) ou externes (climats, traumatismes), le corps se rigidifie et crée la douleur, d'où l'importance d'activer la matière par l'énergie, soit mentalement, par la méditation, soit physiquement, par l'acupuncture, soit par les deux à la fois, ou encore par le Qi Cong et le Taï Chi.

Les différences

1- La finalité

L'hypnose éricksonnienne est basée sur la permissivité et l'indirectivité et vise à activer les ressources de l'inconscient créateur pour favoriser une restructuration du mental dans le ressenti, la pensée et l'action. Le travail se situe toujours dans les limites du mental pour remplacer des formes inadéquates par des formes plus adéquates, tant dans les processus mentaux que dans leurs produits. Transformer le mental est le but de l'hypnose.

Le but de la méditation zen propose d'atteindre le vide, la conscience pure, d'aller au-delà du mental et, pour cela, de dépasser les formes. Le Sûtra du Cœur de la parfaite Sagesse précise: «Le vide ne contient ni forme, ni sentiment, pensée ou choix, ni n'a de soi la conscience.» (Low, A., 1996, p. 294) Le zen par la Voie du Bouddha vise la libération complète de la souffrance par le non-attachement aux formes, la libération de toute illusion, sans les craintes qu'elles engendrent, pour atteindre le Nirvâna. C'est pour atteindre cette réalité ultime omniprésente, omnipotente et omnisciente, cet Un, notre vraie nature, que la pratique de la méditation zen est toujours active.

Le but de la méditation taoïste est d'atteindre le Un par la connaissance du deux. Ce Un qui est deux, comme le symbolise le signe du Tao, maintient cette tension, ce paradoxe permanent qui est la source de la créativité, mais aussi de la violence comme échec de la créativité. Voir l'unité dans la multiplicité, comprendre la présence de l'immuable au sein de ce qui se transforme sont des manières de comprendre la créativité et d'atteindre l'illumination. L'homme «illuminé» voit les dix mille choses comme si elles ne faisaient qu'un.

2- L'attitude fondamentale

L'hypnose requiert une attitude de base de l'hypnotisé: relaxation, écoute, disponibilité, rapport et présence avec l'hypnotiseur, intervention de l'hypnotiseur. L'hynotisé est généralement assis confortablement ou allongé et amené dans un état de relaxation et d'abandon corporel. Il est disponible et se met à l'écoute des paroles du thérapeute-hypnotiseur. C'est un moment de grande présence entre deux personnes. Cette posture relâchée facilite l'adhésion au mouvement naturel et aux formes du mental dites «inconscientes» pendant la transe: sensations, images, sentiments, mémoires, etc., lesquels sont utilisés spontanément par l'hypnotiseur à des fins thérapeutiques.

Le méditant zen reçoit des consignes différentes: tenir le dos droit, sans appui, dans un état de tension maximale, ramener la stabilité de la posture dans le centre de gravité, sous le nombril, les jambes croisées en lotus, ce qui amène aussi dans un état de transe. Mais cette transe qui s'obtient par la pratique de la respiration ou de la concentration sur un mantra ou un koan a plutôt pour but de faire le vide du mental en évitant la dérive dans l'imaginaire, la fantaisie, la rêverie, la pensée, l'émotion, les soucis ou toute autre forme du mental. En même temps, les formes du mental ne sont pas niées ou refoulées, elles sont observées. Le méditant demeure avec l'affect, il «entre dans le braisier» pour en observer les détails et la fine mécanique. C'est le mental observateur qui crée une distance, qui amène la désidentification et la rupture avec l'ego, qui permet l'accès au vide intrinsèque.

La méditation taoïste utilise une combinaison des deux attitudes. S'asseoir en paix, sur l'extrémité d'une chaise, le dos droit, les pieds au sol, le menton rentré, la langue au palais, les mains au nombril, et garder la posture pendant la méditation guidée. Le maître, le professeur ou le méditant suggère des états positifs (sourire, émotions positives, lumières colorées, pratiques de circulation d'énergie ou de transformation alchimique) pour transformer le négatif en positif et recharger le corps et le mental avec les énergies humaine, terrestre et céleste. Ces énergies accumulées, conservées et condensées permettent d'atteindre l'illumination, le vide, l'immortalité. La méditation taoïste diffère du zen et du yoga indien, car, dans un premier temps, le corps, avec ses sensations, ses émotions et ses plaisirs, y est vu comme un contenant précieux de l'énergie, et non comme une illusion. Le plaisir physique n'est pas transcendé au départ, mais cultivé, épuré, utilisé et amplifié pour engendrer plus d'énergie, pour la transcender dans les stages finaux de développement spirituel.

3- Les moyens utilisés

Le timbre de la voix, la lenteur d'expression, les suggestions proposées, les tournures de phrases sont des moyens utilisés pour créer l'état d'hypnose. Les images et sensations suggérées peuvent comprendre des lumières colorées, des néons, des fils et des tubes, des commutateurs pour irradier dans le corps les lumières artificielles pour agir sur le corps.

Pendant la méditation zen, le silence, l'immobilité et la concentration sur la posture ou la respiration, un mantra ou un koan qui sont utilisés pour atteindre l'éveil, le «retour dans sa vraie demeure».

Dans la méditation taoïste, qui est une méditation guidée, les mêmes moyens que ceux utilisés pour créer l'état d'hypnose servent à créer l'état de méditation. Les images et sensations suggérées utilisent les lumières des astres, les méridiens ou canaux d'énergie et indiquent par la théorie des correspondances les relations entre le microcosme et le macrocosme pour activer les diverses énergies du corps. Le mental est aussi utilisé, en état d'attention, pour rester concentré, sentir, percevoir et développer la perception du subtil (clairaudience, clairvoyance, connaissance directe). La vision intérieure se développe et augmente le pouvoir du mental et de l'esprit pour atteindre l'illumination et l'immortalité, qui sont les buts de la méditation taoïste.

La nouvelle hypnose, ou l'éveil énergétique[7]

Les effets de la nouvelle hypnose et de la méditation par les suggestions sur le mental et sur le corps, dans le processus de traitement et d'effort vers la guérison, sont encore mal connus. L'étude des manifestations et des perceptions extrasensorielles sous hypnose et en méditation permet de connaître principalement :

- les effets produits par le « thérapeute » qui utilise l'hypnose ;
- les pouvoirs obtenus par la méditation taoïste.

L'auteure n'essayera pas ici de définir l'énergie, la vibration, le désir, l'impulsion, la pulsion de vie, la vitalité, les ondes, mais utilisera ces termes dans le contexte du sujet. Cet exposé n'a pas pour but de valider l'acupuncture, car celle-ci est validée par diverses recherches pour les traitements de plusieurs douleurs (voir Thompson, D., 1997, p. 65) et le traitement de la dépression (voir *Psychology Today*, 1999, p. 28).

La connaissance des lois, des correspondances et des projections d'organes dans la méditation taoïste et la médecine traditionnelle chinoise est importante, car celles-ci peuvent être utilisées avec les méthodes d'hypnose. Un rapprochement Orient-Occident, méditation-hypnose, aidera à l'éveil énergétique et de la conscience.

Les effets de la nouvelle hypnose et de la méditation

La nouvelle hypnose s'éloigne de la transe et de l'inconscient et se rapproche de la méditation guidée avec suggestions et de la méditation avec autosuggestion, et ce, de plusieurs façons :

1- En parlant d'éveil plutôt que de sommeil ;

2- En augmentant le pouvoir de concentration ;

3- En faisant de plus en plus appel au conscient et à l'état modifié de conscience ;

---

7. Ce texte a fait l'objet d'une conférence donnée par l'auteure au Congrès de la Société Québécoise d'Hypnose, novembre 1997, non publiée.

4- En recherchant la solution plutôt que de s'attarder au problème ;

5- En proposant de nouveaux apprentissages par induction indirecte ;

6- En utilisant la créativité et la prise en charge du patient.

De plus en plus, on reconnaît que l'hypnose est un état d'éveil. Selon le psychiatre américain Herbert Spiegel, l'hypnose se définit plutôt comme un «état d'éveil et d'hyperconcentration modifiée.» (Voir Dehin, R., 1994) En méditation taoïste, Mantak Chia a écrit en 1983 un livre intitulé *Awaken Healing Energy through the Tao* (Chia, M., 1983 (2)). Ce livre, traduit et publié en français en 1984, sous le titre de *Énergie vitale et autoguérison*, parle déjà d'éveil d'énergie par la méditation. Namgyal Rimpoche parle aussi de la méditation comme d'«un sentier vers l'éveil». (Rimpoche, N., 1991) Le docteur en psychologie Jean-Roch Laurence, à la suite de ses recherches sur l'hypnose, dit que «l'hypnose moderne met en doute la conception freudienne de l'inconscient et soulève de troublantes questions sur la fidélité de notre mémoire». (Dehin, R., 1994, p. 25)

Pour se guérir, pour aider les autres à se guérir, pour atténuer la souffrance et la douleur, le mental doit être suggestible, capable de concentration et d'attention ; les suggestions ou les images doivent stimuler l'imagination, être plausibles et positives. En ce sens, la nouvelle hypnose ou l'éveil énergétique, en Occident, et la psychopuncture ou la maîtrise de l'énergie par le Chi Kung (Qi Cong) interne, en Orient, sont du même ordre. Ce sont des moyens, des passages vers la guérison. Toutefois, la nouvelle hypnose se différencie de la méditation abstraite, qui est sans discours extérieur ou intérieur (silence).

En effet, il a été prouvé par Milovanovic (1981) que la pratique de la concentration sur le point 36 estomac (Susanli), pendant 25 minutes, était plus efficace que l'acupuncture sur le même point pendant la même durée. Le taux de leucocytes reste plus élevé que la moyenne dans les deux cas, mais il est encore plus élevé chez tous les sujets soumis à la psychopuncture. «La stimulation mentale exerce une action plus forte que celle de l'aiguille.» (Edde, G., 1988, p. 57)

Le rôle du mental conscient/inconscient est remarquable, tant dans le processus de la maladie que dans celui de la guérison. Selon la pensée taoïste, si on peut se rendre malade, on a le pouvoir de se guérir. Le mental conscient concentré et l'attention, où tout le cœur et tout le mental sont réunis, ont un effet indéniable sur la matière physique, sur l'énergie et sur le mental, et peuvent modifier le senti, que celui-ci soit douloureux ou agréable.

Selon Milton Erikson, «l'hypnose, c'est une certaine façon de se concentrer qui suspend provisoirement et volontairement certaines fonctions psychiques». (Malarewick, J.-A., 1989, p. 138)

Selon Edde, «la méditation serait une sorte de super-sommeil conscient où la réparation (le processus d'autoguérison) et le repos seraient conscients et où l'esprit verrait ses facultés décuplées». (Edde, G., 1988, p. 65)

Selon l'auteur, l'hypnose ericksonnienne se rapproche de la méditation de diverses façons:

1- Quand elle rend au patient son pouvoir de guérison, lorsque le thérapeute dit: «C'est vous qui avez en vous tous les apprentissages nécessaires»;

2- Quand elle devient phénomène naturel, survient quand on ne fait rien, quand on se tourne à l'intérieur de soi-même... ou quand on se met à rêver;

3- Quand elle fait appel à l'inconscient, à l'image, au «laisser venir», au «ne pas contrarier», à l'esprit qui vagabonde, tout en faisant attention aux idées et aux images quand elles se présentent;

4- Quand elle induit certaines manifestations physiologiques (grande respiration et bien-être; yeux qui se ferment; rythme respiratoire lent et profond; rythme cardiaque ralenti; visage détendu) et qu'elle permet de retrouver des sensations, mouvements, souvenirs, images agréables;

5- Quand elle réveille les capacités inconscientes de façon à trouver des solutions nouvelles aux problèmes, des façons nouvelles de résoudre les difficultés;

6- Quand elle permet de comprendre le «pouvoir agir» par soi-même sur la douleur;

7- Quand elle apprend à utiliser et à développer la créativité;

8- Quand elle permet d'entrer dans un état de concentration mentale, un état modifié de conscience, qui augmente la perception des images et des intérieurs et diminue la perception du monde environnant extérieur. (Résumé de Malarewick, J.-A., 1989, p. 32-37 et 139-143)

L'hypnose se rapproche de plus en plus de la méditation, qui produit sensiblement les mêmes effets, comme augmenter les possibilités du cerveau droit, celui qui est non verbal, hors du temps et de l'espace, intuitif, spontané, global, diffus, imaginaire et créatif. La différence, c'est que l'hypnose réfère à ces phénomènes en termes d'inconscient et dans le cadre d'une collaboration active, une relation interpersonnelle et thérapeutique entre deux personnes. La méditation aborde ces mêmes phénomènes consciemment et en parlant d'une décision consciente et personnelle de pratiquer la méditation guidée avec objets pour augmenter les pouvoirs du cerveau droit (non verbal, hors de l'espace-temps, intuitif, spontané, synthétique, imaginatif, subjectif, simultané...) (d'après Wells, 1989, p. 8, cité par Springer, S.P., 1981), ou même pour parvenir au supra-conscient par la méditation abstraite.

Selon le travail d'Erickson, la spécialisation des hémisphères cérébraux (voir Malarewick, J.-A., 1989, p. 40) serait une hypothèse explicative de l'hypnose. «Dans un premier temps, il (l'hypnose) dépotentialise le cerveau gauche, le cerveau conscient, ce qui permet l'activation, pendant la transe, du cerveau droit, le cerveau inconscient. Dans un second temps, le cerveau gauche est de nouveau sollicité pour effectuer une synthèse du travail accompli précédemment.» (Erickson, M.H., 1981, p. 191) Dans ce cas, l'hypnose a pour but de faire taire le négatif et le rationnel pour ouvrir à des nouvelles alternatives. Les principaux indicateurs physiologiques et psychiques de l'état d'hypnose sont variables selon les individus.

Selon Malarewick et Godin (1989), les principaux indicateurs d'état d'hypnose reconnus par Erickson sont:

1- «Les indicateurs physiologiques généraux:

- la modification du tonus musculaire,
- l'immobilité corporelle,

- en général, l'augmentation des temps de latence,
- l'économie de mouvements,
- le ralentissement de la respiration et des pouls,
- la réorientation corporelle au cours de la séance.

2- Les indicateurs physiologiques limités:
- le changement de la voix,
- l'aplatissement des traits du visage,
- le retardement ou la perte de réflexes au niveau des paupières ou de la déglutition,
- les changements pupillaires, dilatation ou rétrécissement,
- les réponses psychosomatiques.

3- Les phénomènes spécifiques d'apparition spontanée:
- l'amnésie,
- l'anesthésie,
- la catalepsie,
- la régression,
- la distorsion du temps.

4- Les phénomènes psychiques ou subjectifs:
- le littéralisme,
- l'impression de confort, de relaxation, de lointain, de lourdeur, de dissociation.» (Malarewick, J.A., 1989, p. 40)

Erickson fait lui-même un rapprochement avec la méditation quand il dit au patient, après une induction permettant de passer par tous ces stades: «Vous allez en quelque sorte vous réveiller de cette curieuse méditation.» (*Idem*, p. 143)

Dans le même sens, la méditation taoïste a pour effet de développer le cerveau droit, mais vise aussi au développement du cerveau gauche de façon équivalente pour parvenir à l'équilibre, à l'harmonie et à la paix qui résultent de l'ouverture du Troisième œil, ou de la vision intérieure. La dualité du cerveau droit/gauche, conscient/inconscient et la contradiction amour/haine, colère/bonté, douleur/plaisir sont alors dépassées, et la communication à plusieurs devient alors possible, tant sur les plans intra-psychique qu'extra-psychique, pour aller au-delà du paradoxe et de la contradiction, dans l'espace du vide, par la méditation abstraite.

La méditation a pour but d'augmenter les niveaux de conscience, d'augmenter les fréquences, les vibrations, les énergies pour se mettre en contact avec de hauts niveaux d'énergies. Plus les ondes du cerveau sont basses, plus la relaxation et la méditation sont profondes, plus le potentiel du cerveau est activé, plus la perception et la connaissance directes deviennent accessibles, de même que la régénération physiologique et mentale. Le tableau suivant indique les fréquences des diverses ondes du cerveau et leurs activités correspondantes.

Tableau 5
Les ondes du cerveau et les activités correspondantes

Ondes bêta (14 à 35 Hz) (Activités quotidiennes)	Activités diurnes: Activités physiques Émotions, sensations, pensées, stress
Ondes alpha (8 à 13,5 Hz) (Relaxation)	Corps relaxé et pensées calmes: Détente, relaxation corporelle, yoga, méditation, hypnose: facilite la guérison psychosomatique, créativité, mémoire, perception extrasensorielle (PES), état orgasmique (8 Hz)
Ondes thêta (4 à 7,5 Hz) (Rêve éveillé, visualisation, hypnose)	Corps inerte, rêve subconscient, accès à l'intemporel: sommeil léger, rêves éveillés-lucides, méditation avec objets Développe le cerveau droit (intuitif) Synchronicité des deux hémisphères Régénération nerveuse Visualisation hors du temps, tridimensionnelle Idées nouvelles et relations harmonieuses
Ondes delta (0,5 à 3,5 Hz) (Méditation abstraite)	Sommeil profond (ondes lentes), ni temps ni forme: Perception et connaissance directe, relation à l'Universel Régénération physiologique et mentale Détente totale du cerveau Augmentation des sécrétions de la glande pituitaire

Il est facile de constater à cette lecture que plus le niveau de conscience est bas, plus la fréquence vibratoire du corps est basse, plus les ondes du cerveau sont élevées (près de bêta). Cela amène plus d'attachement aux vieilles formes et habitudes, plus de souffrances, plus d'émotions et de sensations négatives, plus de pertes de germes de vie. Il y a en même temps plus d'attachement à l'ego, au pouvoir, à la possession et à la haute technologie, plus de rapport à la matière, au mental et par conséquent plus de stress.

Au niveau de conscience intermédiaire, le cerveau génère des ondes alpha, induites par la détente, la relaxation ou l'hypnose. Ce niveau favorise la guérison psychosomatique et augmente la créativité, la mémoire et les perceptions extrasensorielles (PES), comme la télépathie, la clairvoyance, la prémonition et la somatisation.

À un niveau de conscience plus élevé, les ondes thêta apparaissent. Ces ondes sont associées au sommeil léger, à la détente profonde et à la méditation avec autosuggestion (avec objet), et favorisent la régénération du système nerveux, la visualisation hors du temps ou tridimensionnelle. Elles activent surtout le cerveau droit, intuitif, favorisent les idées nouvelles et les relations harmonieuses, activent les rêves subconscients ou supraconscients, synchronisent les hémisphères droit et gauche. Cette synchronisation des deux hémisphères permettrait l'ouverture du troisième œil et par le fait même la vision hors du temps.

À un niveau de conscience encore plus élevé, la personne peut générer des ondes du cerveau basses (près de delta). La fréquence vibratoire du corps s'élève encore plus, et la personne peut être active à l'extérieur et en même temps très calme à l'intérieur. Ces ondes delta peuvent être émises volontairement pendant la méditation. À ce niveau avancé, la personne recherche des milieux de vie naturels, la paix intérieure et l'harmonie universelle, la conscience immortelle et le divin, et le cœur et la conscience sont détachés des limites matérielles. Les capacités à se mettre en contact avec la pure lumière, à se nourrir d'énergie subtile par la respiration, à lire les pensées et à transmettre par la pensée, à vivre hors de l'espace, du temps et de la matière, augmentent. Il y a davantage d'aptitude à être en contact avec le monde du hasard, de la coïncidence et de l'inspiration, appelé « synchronicité » par C.G. Jung.

Ce niveau de conscience augmente l'aptitude à transmuter la matière en pure lumière et transparence, à « illuminer la matière » et à entrer en contact avec une énergie plus subtile que celle des pensées, par la perception directe et la relation à l'universel. Plus la conscience s'élève, moins il y a de maladie, de manipulation par les autres et de limites matérielles. La détente totale du cerveau et l'augmentation des sécrétions de la glande pituitaire agissent sur le développement du cerveau droit et sur la sécrétion des hormones de croissance et sexuelles, qui contribuent en retour à la régénération physiologique et mentale.

Les exercices de méditation avec objets permettent d'atteindre le niveau d'ondes thêta au cerveau et d'élever le niveau vibratoire du corps. Le niveau d'ondes thêta est plus bas que celui induit par l'hypnose lorsque celle-ci produit des ondes alpha. Les ondes thêta combinées avec une vibration élevée du corps aident à la régénération du système nerveux et du système immunitaire et à la guérison psychosomatique. Car plus la vibration du corps est élevée, plus tous les systèmes corporels sont forts, plus la personne peut se défendre contre l'extérieur.

Il serait important pour les humains de faire un pas de plus vers l'hypnose-éveil-méditation pour sortir de la dualité conscience/inconscience, de la contradiction et du paradoxe, pour arriver à la dimension de conscience la plus élevée. Ce niveau de conscience très élevée génère des niveaux vibratoires plus élevés dans le corps physique et abaisse la fréquence vibratoire du cerveau pour se rapprocher des ondes de régénération, les ondes delta, qui peuvent non seulement guérir mais aussi prévenir les maladies physiques, énergétiques mentales et spirituelles.

Les manifestations et les perceptions extrasensorielles

Les recherches du XIXe siècle en hypnose se sont intéressées aux phénomènes de suggestion mentale, de perception de la pensée et des sensations d'autrui, de clairvoyance, de télépathie, d'action à distance, de perception extrasensorielle de patients en état d'hypnose. Même si ce champ de recherche a été négligé pendant quelques décennies, cela n'enlève pas la pertinence de s'y consacrer à nouveau en étudiant le monde des correspondances et de la force vitale ou de l'énergie qui se dégage de l'humain, tels qu'enseigné par la psychologie chinoise (Yang Sheng Fa : Méthode pour nourrir la vie), qui est une branche de la Médecine traditionnelle chinoise.

Selon Christian Moreau, dans un article intitulé « Hypnose et télépathie » (Moreau, C., 1984, p. 137-148), l'état hypnotique serait un état mental facilitateur des phénomènes de perceptions extrasensorielles, comme la télépathie et la clairvoyance, chez certaines personnes. Ces phénomènes extrasensoriels se manifestent de diverses manières, entre autres par :

- la communauté de sensation
  ce phénomène se produit quand la personne hypnotisée peut ressentir la plupart des sensations ressenties par la personne qui l'a endormie, que ce soit par le toucher, le goût, la vue ;
- la suggestion mentale
  la personne hypnotisée peut percevoir la pensée d'autrui, même à distance ;
- la clairvoyance
  la personne hypnotisée peut identifier des images, des cartes, les yeux bandés, ou même percevoir un événement qui se produit à distance, comme un incendie dans une autre ville ;
- l'hypnose à distance
  le sommeil et le réveil peuvent être provoqués à distance.

Les recherches anciennes démontrent une augmentation des perceptions extrasensorielles sous hypnose. Les recherches modernes de divination de cartes, Fahler et Cadonet (1958), et Fahler et Osis (1966), arrivent aux mêmes résultats, de même que les recherches avec verbalisation libre des images mentales hypnotiques : Honorton et Stump (1969), Moreau et Rogez (1977), Ullman, Krippner et Vaughan (1974). Moreau, C. (1984) conclut : « Les recherches expérimentales modernes conduites selon les critères les plus stricts persistent à confirmer l'existence de ces faits. » (Moreau, C., 1984, p. 40) Les phénomènes de perception extrasensorielle, comme la télépathie ou la clairvoyance, sont favorisés par l'hypnose. Selon lui, ce qui reste difficile à comprendre, c'est « le processus responsable de la facilitation des effets paranormaux. » (*Idem*, p. 144) Deux chercheurs ont tenté d'expliquer ces processus. Lecron (1961) suggère la profondeur de la transe, et

Honorton (1972) propose la capacité de modifier subjectivement le niveau de conscience, la capacité accrue de se fixer sur la tâche télépathique, la distanciation par rapport aux processus logiques pour réduire les résistances intellectuelles et affectives, et la relation développée avec l'hypnotiseur.

Selon nous, ces perceptions extrasensorielles seraient aussi liées au pouvoir du thérapeute ou à l'accès de son pouvoir interne, de même qu'à l'énergie du sujet et à sa capacité de générer des ondes alpha et thêta. Si le thérapeute peut générer des ondes de basse fréquence au cerveau, par magnétisme, le patient pourrait y avoir accès en état d'hypnose ou de méditation.

Les effets produits par le «thérapeute» qui utilise l'hypnose

Le rôle de l'intervenant ne peut être négligé, car ses sensations, ses pensées, ses vibrations peuvent être perçues par la personne en état d'hypnose ou dans d'autres états modifiés de conscience, comme la méditation. Il est primordial que le corps du thérapeute soit à un niveau vibratoire élevé, qu'il ait des sensations, des émotions, des pensées positives, et qu'il n'ait pas seulement des mots à dire ou des suggestions positives à faire. Il doit pouvoir générer lui-même des ondes de basse fréquence au cerveau.

L'hypnose, la méditation, la relaxation, la privation sensorielle, les rêves et les états psychédéliques sont des états modifiés de conscience, qui aident à la manifestation de phénomènes paranormaux (communauté de sensation, suggestion mentale, clairvoyance, clairaudience, action à distance), des moyens qui agissent tous au niveau du cerveau droit. Ils activent, développent et potentialisent cette partie du cerveau pour la rendre plus apte à se manifester, sans la censure du cerveau gauche. Le sujet pourrait aussi devenir, par les pratiques avancées de méditation ou même spontanément, capable de percevoir hors du temps, hors de l'espace, de percevoir la lumière, de capter les pensées et la musique, d'avoir accès à la pure conscience, sans les limites matérielles, émotives, affectives et rationnelles.

La foi, la croyance, la réalité et l'expérience subjectives du chercheur spirituel font aussi appel au cerveau droit et placent d'emblée le prêtre, le guérisseur, le médecin, l'hypnotiseur ou le maître spirituel entre le monde de la technique et celui de la magie. L'hypnoptiseur doit développer en lui les divers aspects de sa croissance personnelle: le roi, le guerrier, le guérisseur, le magicien et l'amoureux. (Voir Moore, R., 1990) Ce sont des étapes de développement pour en arriver à la mise au diapason de son cœur et du cœur de chaque homme et percevoir au niveau extrasensoriel.

Si le rôle de l'hypnotiseur peut être déterminant, il ne faut pas oublier le rôle de l'hypnotisé, car entre deux personnes présentes ou même absentes, il peut exister un lien, un rapport subtil. Mesmer (1734-1815) parlait d'un fluide universel, «il englobait, baignait, traversait tous les humains... il était magnétique, c'est-à-dire capable de rendre compte de l'attraction aussi bien que de la répulsion des humains entre eux». (Oughourlian, J.-M., 1984, p. 192) Même si le fluide magnétique dont parle Mesmer ne se mesure pas physiquement, il existe bel et bien subtilement, et ce, de la même façon que les fréquences, les vibrations, les ondes et les énergies.

L'énergie dont parle la médecine chinoise revêt les mêmes caractéristiques que le fluide magnétique de Mesmer. Dans le Qi Cong externe, l'énergie est produite par les actions et les comportements du thérapeute. Celui-ci utilise l'acupuncture, le massage, les sons ou la musique. Dans le Qi Cong interne, l'énergie vient du patient lui-même, qui pratique l'autosuggestion, la respiration et les postures. L'énergie n'est ni bonne ni mauvaise dans la dimension du non-manifesté, mais lorsqu'elle se manifeste sur le plan humain, l'énergie peut se teinter de haine ou d'amour, d'admiration ou de ressentiment, d'attraction ou de répulsion. Sur le plan humain émotif et physique, il y a dualité, distinction, séparation du bon et du mauvais; c'est la pensée rationnelle, dualiste de Newton, qui est active, et l'énergie du cerveau vibre à la fréquence bêta. Et lorsque l'homme est capable de retourner à la synthèse des dualités, d'aller au-delà des contradictions pour revenir à la pure énergie, au «fluide», à cette force unique qui réunit le double mouvement, il a accès à la pensée relative d'Einstein. L'énergie du cerveau vibrerait alors à la fréquence thêta. Le magnétisme ferait aussi appel à ces énergies supérieures, qui se manifestent au cerveau par les ondes de basse fréquence.

Lorsque le cerveau gauche (rationnel) est développé au maximum et que le cerveau droit (imaginaire) a atteint le même niveau, soit environ 80 % de son développement, l'équilibre des énergies se manifeste par l'harmonie, la capacité à percevoir et à entendre en «stéréo»; cela devient un signe d'ouverture aux perceptions d'énergies subtiles, souvent manifestée par l'ouverture du troisième œil. Cette ouverture qui permet les perceptions subtiles est sous-tendue par l'augmentation de la force des énergies des glandes pinéale (épiphyse) et pituitaire (hypophyse).

Dans le champ de la méditation, lorsque chez une personne les capacités à percevoir, à recevoir les énergies et les ondes subtiles sont développées, nous la désignons de «médium». Lorsque les capacités à émettre, à transférer les énergies, les ondes pensées et la lumière sont activées, cette personne est nommée «guérisseuse». Lorsque les capacités sont encore plus grandes, elle devient capable de modifier les champs énergétiques humains et naturels, et est qualifiée de «magicienne».

La qualité des suggestions, des émotions, des sensations, du développement personnel et spirituel du thérapeute est importante dans la pratique de l'hypnose ou de la méditation, dans le travail avec les patients. Cet aspect est considéré dans la médecine traditionnelle chinoise, qui inclut la psychologie (Yang Sheng Fa), laquelle, au-delà de la résolution des problèmes, donne un sens à la vie en n'excluant pas le spirituel de la thérapeutique.

Les pouvoirs thérapeutiques obtenus par la méditation taoïste

Avec l'évolution psychique, la conscience de l'unité, du vide, grandit. Le Tao signifie l'Univers indifférencié duquel tout émerge, «sans nom, il représente l'origine de l'Univers». (Lao Tseu, 1967, p. 57) Lao Tseu exprime cette idée ainsi: «Le Tao engendre Un. Un engendre Deux. Deux engendre Trois. Trois engendre tous les êtres du monde.» (*Idem*, p. 123)

La méditation taoïste est à la base de la médecine et de la psychologie chinoise. Le taoïsme est une science précise de la nature et de culture de l'énergie subtile du corps, ou du Chi (Qi) pour équilibrer et guérir le corps, le mental et l'esprit. Les pratiques et l'alchimie interne basées sur les textes anciens et la transmission orale des maîtres, depuis plus de 3 000 ans, et ce, jusqu'à maintenant, sont des pratiques sûres et éprouvées pour atteindre, entre autres, la santé, le rajeunissement, le prolongement de la vie, l'illumination et même l'immortalité. Le taoïsme voit le monde et toute chose en lui comme un courant ininterrompu de mouvements, de changements et de transformations. Ce qui semble être des entités séparées, personnes, animaux, événements, pensées sont seulement des «patterns» temporaires et des vagues dans un flux dynamique.

Selon Mantak Chia, «Le but de la pratique spirituelle taoïste est de reconnaître et de cultiver ce flux, inhérent à toute situation dynamique ou relation : entre soi-même et la Terre, entre soi et les autres, et entre soi-même et les émotions et les énergies. La poursuite de l'harmonie intérieure est l'accomplissement spirituel pour certains, la tranquillité et la paix de l'esprit pour d'autres, le développement des pouvoirs supranaturels (en vue du bien ou du mal) pour d'autres... Les yogi taoïstes ont toujours eu la réputation de voir dans les pensées des autres, de contrôler la température, et de manipuler ou soigner les autres à distance». Ces pouvoirs avancés sont obtenus par les pratiques de base de la méditation : le sourire intérieur, les sons de la guérison, l'Orbite microcosmique, le Chi Kung ou Qi Cong, le Taï Chi et les pratiques d'alchimie interne : la Fusion des cinq éléments, le renversement de l'Eau et du Feu ou Kan et Li. Ces deux dernières pratiques permettent de passer de cinq à deux énergies, puis à une seule énergie, le retour, à l'unité. Le Scellage des cinq sens et le Congrès du Ciel et de la Terre sont deux autres pratiques avancées pour réunir le Yin et le Yang et les deux entités mâles et femelles dans le corps de l'adepte.

La méditation taoïste, comme nous l'avons déjà spécifié, diffère du yoga indien, car dans un premier temps, le taoïste voit le corps, avec les sensations, les émotions et les plaisirs, comme un contenant précieux pour l'énergie, et non comme une illusion. Le plaisir physique n'est pas transcendé au départ mais cultivé, épuré, utilisé et amplifié pour engendrer plus d'énergie, pour la transcender dans les stages finaux de développement. Les énergies subtiles des lumières, des sons, de la respiration sont utilisées pour réveiller des énergies plus subtiles et plus puissantes, comme l'énergie sexuelle, l'énergie orgasmique et l'énergie de compassion, qui seront à leur tour combinées et réutilisées pour générer des énergies encore plus puissantes et plus subtiles, plus raffinées, avant de les transférer dans le cerveau. Dans le yoga indien, les énergies sexuelles sont transférées à l'état brut par des mantras et des visualisations, ce qui peut entraîner des syndromes de Kundalini (voir Young L. 1980). Dans le Taoïsme, l'éveil de l'énergie spirituelle n'est pas conditionnel à la grâce, au pouvoir du maître, à la dévotion, à l'alliance, à la présence ou à la proximité du maître, comme dans le yoga indien ou dans le bouddhisme. L'éveil taoïste est plutôt basé sur la rencontre du maître taoïste pour recevoir les instructions sur le « comment faire » pour développer par lui-même, par la pratique, son propre potentiel d'énergie latente. Le maître taoïste ne donne pas d'énergie à l'étudiant, il lui enseigne plutôt comment la développer, la conserver, et obtenir la maîtrise de l'énergie interne et externe, pour l'indépendance affective et personnelle.

Grâce à l'apprentissage de l'Orbite Microcosmique, le chercheur spirituel n'a pas à craindre les dangers de la Kundalini. En plus d'apprendre à utiliser et à équilibrer ses forces sensitives, émotives, sexuelles, mentales, il réunit en lui les énergies célestes par la couronne, et les énergies terrestres par le périnée, pour combiner le spirituel subtil et le matériel dense afin d'équilibrer parfaitement ces deux composantes en lui-même. « Le corps physique est le seul véhicule disponible pour générer l'expérience spirituelle dans un premier temps. » (Chia, M., 1986, p. 44, trad. libre) Ces pratiques spirituelles permettent d'augmenter la fréquence vibratoire du corps en abaissant les ondes du cerveau, ce qui donne plus d'énergie et de magnétisme.

Si Mesmer (1971) a reconnu le rôle du corps dans l'hypnose en parlant de « magnétisme animal », cette notion a été reprise et développée par Schopenhauer (1969), qui parle du « don de magnétiser » comme d'une fonction naturelle du psychisme inconscient et de l'organisme. Cette force vitale serait à mi-chemin du biologique et du spirituel et serait active tant chez l'hypnotiseur que chez l'hypnotisé, tous deux guidés par l'inconscient. Ferenczi (1975) complète cette idée en ajoutant que l'énergie hypnotique est étroitement liée à la sexualité. Mantak Chia (1991 (1)) souligne le même phénomène en expliquant comment conserver l'essence sexuelle en évitant les pertes du sperme et des ovules pour augmenter la force vitale, pour se régénérer, se guérir, se développer spirituellement. Dans la médecine traditionnelle chinoise, il est question de conserver l'énergie primordiale, le Yuan Qi, qui se manifeste dans l'essence sexuelle : le Jing Chi. Le don du magnétisme serait le résultat de la capacité à conserver l'énergie primordiale et l'essence sexuelle. C'est l'art de retourner la quintessence (l'essence des cinq organes) au cerveau, de faire tourner la roue à eau. C'est aussi l'art de ramener la Fleur d'or au sinciput.

Les discussions scientifiques sur les indicateurs de l'état d'hypnose nous rapprochent étrangement des phénomènes physiques et psychiques décrits précédemment et observés pendant la méditation, par exemple : la diminution du rythme cardiaque, du rythme respiratoire, de la pression sanguine et de la tension musculaire ; l'augmentation de la production d'ondes alpha et thêta dans le développement de potentiels subséquents, comme les phénomènes de perceptions et de pouvoirs extrasensoriels, résultats des ondes thêta. Il y a plusieurs liens et recherches à faire en ce qui concerne l'EEG Biofeedback, les ondes du cerveau alpha et thêta, et les suggestions hypnotiques. D'ailleurs, la médecine reconnaît de plus en plus la méditation en tant que traitement. C'est une discipline qui dirige l'attention ; elle agit sur les régions du cerveau qui traitent les émotions et influencent la respiration. Selon le Dr Barrie Casselith, sociologue médical, « la méditation n'est pas invasive, elle n'a pas d'effets secondaires, elle produit plusieurs bénéfices, et c'est quelque chose que les patients peuvent faire par eux-mêmes, donc, qui n'occasionne pas de frais ». (Berger, L., 1999, trad. libre)

Les pratiques de méditation taoïste et de Chi Kung (Qi Cong) aident au développement des pouvoirs supranormaux qui se manifestent dans une force énergétique. Celle-ci génère une onde thérapeutique transmise aux malades à distance pour guérir ou aider à la guérison, et qui peut aussi servir à modifier les pouls ou à anesthésier le malade pendant une opération. Cette plus grande force énergétique permet également une longévité accrue. Ces phénomènes ont fait l'objet de plusieurs recherches par l'Institut de médecine traditionnelle de Shanghai (voir Edde, G., 1988, p. 51-55) et ont pu être mesurés grâce au dégagement de radiations infrarouges de basse fréquence en doses importantes, à l'émission de microparticules et à une activité intense d'électrons autour des points d'énergie. Les pratiquants peuvent aussi générer les ondes delta pendant la méditation abstraite, pour stimuler les ondes du sommeil ou l'état d'éveil, et se régénérer à la fois physiologiquement et mentalement.

L'utilisation des correspondances et projections d'organes dans la méditation et la médecine chinoise

La méditation taoïste nécessite la connaissance des correspondances de la médecine chinoise, médecine énergétique qui se place d'emblée du côté de l'énergie, de la lumière et de la conscience. Ces correspondances, du domaine de la haute magie, font référence aux correspondances spirituelles (lumineuses), naturelles (nature) et humaines (mentales, spirituelles, émotives, organiques). (Tremblay, N., 1990 (1), *Les correspondances par cinq du Suwen*, p. 183-444)

Tableau 6
Les correspondances énergétiques

Correspondances cosmiques					
Éléments symboliques	Métal	Eau	Bois	Feu	Terre
Sons	SI	FU	SHU	AH	WHROO
Lumière	Blanche	Bleue	Verte	Rouge	Jaune
Symboles animaliers	Tigre blanc	Tortue noire	Dragon	Faisan	Phénix
Étoiles	de l'Ouest	du Nord	de l'Est	du Sud	du Centre
Planètes	Vénus	Mercure	Jupiter	Mars	Saturne
Saisons	Automne	Hiver	Printemps	Été	Fin de l'été et des saisons
Énergies célestes	Sécheresse	Froid	Vent	Chaleur	Humidité
Caractères	Collecteur	Solidité	Éparpillement	Souplesse	Modération

Évolutions	Déclin	Repos	Naissance	Croissance	Transformation
Temps (Cosmos)	Soir	Nuit	Aurore	Midi	Après-midi
Vertus	Justice	Sagesse	Charité	Mysticisme	Fidélité
Correspondances naturelles					
Notes	CHANG (Sol)	YU (Ré)	KYU (La)	TCHI (Do)	KONG (Fa)
Métaux	Fer	Plomb	Étain	Mercure	Cuivre
Cristaux	Diamant	Saphir	Émeraude	Rubis	Citrine
Odeurs	Chair crue, âcre	Pourri	Rance	Brûlé, roussi	Parfumé, suave
Saveurs	Piquant	Salé	Acide, aigre	Amer	Doux, sucré
Légumes	Oignons	Aubergine	Laitue	Betterave	Carottes
Céréales	Avoine	Haricots, pois	Blé	Riz	Maïs
Fruits	Poires	Prunes	Oranges, citrons	Framboises	Pommes
Viandes	Poulet	Poisson	Cheval	Mouton	Bœuf
Animal	Carapace	Écailles	Poils	Plumes	Nu
Correspondances humaines					
Mental	PRO (Po)	ZHI	HUN	SHEN	I (Yi)
Psychisme	Esprits, animaux	Volonté, ambition	Âme, facultés spirituelles	Conscience	Idées, opinions
Intellectuel	Mémoire du passé	Maturation des idées	Imagination spiritualité	Circulation des idées	Production des idées
Tempérament	Sanguin Passif Réceptif	Nerveux Énergique	Bilieux Optimiste Actif	Émotif Actif Susceptible	Lymphatique Flegmatique
Relation aux autres	Recevoir Sentir Intériorisation	Repli Se cache Solitude	Aller vers Mouvement vers	Expansion Mouvement parmi	

Attitudes	Allongé	Debout	Marche	Observation	Assis
Expressions	Sanglots	Tremblements	Clameur	Rire	Chant
Voix	Geignarde, pleurnicharde	Soupirante, gémissante	Forte, criarde	Riante	Chantante
Personnalité	Fermeté	Mouvement	Paix	Activité	Tranquillité
Liquides organiques	Crachat	Urine	Larmes	Sueur	Salive
Émotions négatives	Tristesse	Peur	Colère	Haine	Obsessions, soucis
Émotions positives	Courage	Douceur	Bonté	Amour	Ouverture
Réactions aux changements	Toux	Frissons	Saisissement	Tristesse	Jaunissement
Sens	Toucher	Ouïe	Vue	Parole	Goût
Organes des sens	Nez	Oreilles	Yeux	Langue	Bouche
Organes internes	Poumons	Reins	Foie	Cœur	Rate
Fonctions spécialisées	Énergie (air-Chi), respiration	Volonté, os, cérébral	Système nerveux	Circulation	Digestion, forme physique
Entrailles	Gros intestin	Vessie	Vésicule biliaire	Intestin grêle	Estomac
Tissus	Poils, peau	Cheveux, os, dents	Muscles, ongles, tendons, veines	Artères, sang, teint	Chair, lèvres, muqueuses

Ce système de correspondances s'applique aussi aux projections dans diverses parties du corps. Tout ce qui vibre à la même fréquence émet la même lumière, est relié dans le plan énergétique et subtil et peut être perçu par ceux qui ont développé certains pouvoirs extrasensoriels. Ainsi nous retrouvons les projections des différents organes et entrailles dans diverses parties du corps, comme les projections de l'énergie de la vésicule biliaire (méridiens ou canaux) sur le corps et sur la main ; les projections de l'énergie des organes internes, des organes des sens, des glandes et des membres aux oreilles ; et les projections de l'énergie des organes des sens, des organes internes et des glandes, dans la main, le visage et les pieds.

En médecine occidentale, nous reconnaissons facilement les projections des parties du corps au cerveau (par exemple, l'homonculus de Penfield et Rasmusen, 1950), lorsqu'on parle de la projection au cerveau. Tout le corps est représenté au cerveau : les organes des sens, les mains, les pieds, les glandes, etc. Dans la médecine chinoise, le substratum de projections est énergétique plutôt qu'organique. Cependant, dans les deux cas, les projections sont organisées selon le même principe. Ainsi, chaque organe interne, chaque organe des sens, est projeté dans les mains, les pieds, les oreilles et le visage. Cela explique pourquoi on peut développer des perceptions subtiles. Cela nous permettrait de comprendre comment un aveugle peut voir avec ses mains. Cela nous permet également de mieux expliquer le phénomène de « synesthésie » (Tremblay, N., 2002 (2)) qui se développe naturellement chez certains artistes. Ce phénomène est la capacité de transférer un sens particulier à un autre sens, par exemple, voir ce qu'on entend. Ainsi un musicien virtuose « verrait » sa musique, ou un mélomane, en entendant de la musique, percevrait des images ou des odeurs.

Ces projections sont expliquées dans la théorie des correspondances et sont utilisées en médecine traditionnelle chinoise dans différentes techniques de massage, de poncture et de méditation. Par exemple, on peut les utiliser dans le contact physique et dans des suggestions en Chi Kung (Qi Cong) externe ou dans l'autosuggestion mentale en Chi Kung (Qi Cong) interne. L'aphorisme énoncé dans le *Yuang Di Suwen Nei King*, le classique de la médecine interne, résume bien comment on peut travailler avec les correspondances, par projections : « Le mental dirige l'énergie, l'énergie dirige le sang et le sang guérit. » (Voir Chamfrault, A., 1981) Le rôle du mental revêt la même importance qu'en hypnose.

La médecine chinoise représente le corps humain dans différents organes du corps, entre autres, dans les oreilles, où tout le corps est projeté, et ce, de la même façon qu'un embryon inversé. Les différentes parties du corps sont reproduites dans les différentes parties de l'oreille. On travaille surtout avec celle-ci pour les problèmes du système nerveux et d'énergie vitale. Tout comme l'embryologie s'intéresse aux stades de développement de l'embryon, la médecine chinoise reconnaît l'ordre de développement des organes, qui serait le suivant : les reins, le foie, le cœur, la rate, l'estomac et les poumons ; ce qui donne le cycle de production ou d'engendrement. Ces stades successifs du développement expliqueraient pourquoi un enfant prématuré aurait des faiblesses des systèmes respiratoire et digestif, souvent tout au long de sa vie, compte tenu que ces systèmes sont « incomplets » à la naissance.

La gamétogenèse, l'union des gamètes mâles et des gamètes femelles, nous aide aussi à comprendre que le plus grand est contenu dans le plus petit ; de la même manière que l'on dit que tout l'Univers est contenu dans un grain de sable. Chaque partie du tout égale le tout, et c'est ce qui explique, par exemple, que dans une goutte de sang, un cheveu ou une cellule de la peau, on peut identifier une personne par les tests d'A.D.N. Chaque partie du corps est en quelque sorte un cerveau. Chaque cellule du corps contient toutes les informations. C'est pourquoi nous pouvons, lorsque nous connaissons les correspondances, changer les réalités perçues et ainsi agir sur le bon organe en lui envoyant les bonnes suggestions.

L'approche intégrative de la psychologie, de l'acupuncture et de l'hypnose/méditation : exemples de suggestions élaborées par l'auteure, intégrant les correspondances et les projections de la médecine traditionnelle chinoise (MTC) pour faciliter la guérison d'une fracture à la jambe et pour faciliter l'élimination de la peur

L'auteure de ce livre a mis au point et utilise depuis bientôt dix ans une approche intégrative de la psychologie par l'hypnose, de l'acupuncture et de la méditation par l'utilisation de la théorie des correspondances. Voici, en résumé, sa méthode.

Elle utilise les symboles, les métaphores de la médecine énergétique chinoise pour aider à formuler les suggestions hypnotiques en ce qui a trait aux phénomènes d'anesthésie et de douleurs, et de transformation des douleurs, des émotions et des sensations en énergie guérissante. Les thérapeutes occidentaux qui pratiquent l'hypnose formulent des suggestions ou des métaphores qui utilisent les fils électriques et les commutateurs gradués pour faire circuler des lumières de différentes couleurs associées à différentes parties du corps, ce qui se rapproche des métaphores (correspondances et projections) de la médecine traditionnelle chinoise.

Il est important de toujours vérifier et d'agir médicalement si nécessaire avant d'intervenir avec l'hypnose. Il est recommandé d'informer le client et d'obtenir son consentement avant d'utiliser l'hypnose.

Avant de faire des suggestions, il est presque toujours nécessaire d'induire l'état d'hypnose ou de méditation. Nous obtenons cet état par une détente guidée appelée relaxation énergétique, qui entraîne la détente de tout le corps, de la tête jusqu'aux pieds, du Yang vers le Yin. Cette relaxation énergétique mise au point par l'auteure est enseignée au cours des premières séances, au moment adéquat. Elle est disponible aussi sur cassette audio.

Voici quelques exemples d'application de l'approche intégrative.

Premier exemple: la peur et les reins. Si l'on considère qu'une incapacité à se mettre en action due à la peur entraîne des manifestations de phobie et de paranoïa, nous pouvons établir le lien peur/Reins et identifier un blocage ou un manque d'énergie du système reins. Si l'on se réfère au tableau des correspondances, nous constatons que l'énergie des reins est en relation avec l'eau, la lumière bleue, le froid, etc. Nous pourrons donc travailler avec la couleur bleue et l'image de l'eau pour régénérer les reins et redonner de la vitalité à tout l'organisme. Nous suggérons d'imaginer de laisser couler l'eau comme une chute, calmement, de la tête vers les pieds; de faire descendre le Yang vers le Yin tout le long de la colonne vertébrale, pour éviter la rigidité mentale, la rigidité du dos et aider à une plus grande souplesse physique et mentale. Il serait suggéré aussi d'établir l'équilibre Reins et Cœur en activant le Cœur/chaleur/amour et la lumière rouge, et de faire descendre ces énergies dans les reins.

Second exemple: les os et les reins. Comment aider concrètement quelqu'un qui se casse une jambe à guérir plus vite? D'abord, il s'agit de regarder quelles parties et quels organes du corps sont impliqués: les os, les vaisseaux sanguins, les tendons, les muscles et la peau. On aidera à accélérer le processus de guérison et à contrôler la douleur en amenant la personne à un état de relaxation, de détente et d'hypnose, et en lui donnant les bonnes suggestions ou en la laissant élaborer ses autosuggestions à partir des correspondances énergétiques. À partir de l'idée que, par le magnétisme, nous sommes reliés au ciel et à la terre, nous commençons par relier la personne:

- À l'énergie de la terre (matérielle), en suggérant de faire pénétrer de la lumière bleue par le bout des orteils, et de la faire monter des pieds vers la cheville, jusqu'à la blessure. Laisser la lumière bleue de la terre s'enrouler autour des os blessés, laisser la lumière pénétrer jusqu'à la moelle osseuse pour l'activer. Imaginer cette lumière bleue comme un fil qui relie et soude les portions des os fracturés;
- À l'énergie du ciel (subtile), en suggérant de laisser entrer la lumière bleue céleste par le sommet de la tête dans les reins, qui génèrent les os. Les os et les reins vibrent à la même fréquence que la lumière bleue de l'Univers. Diriger cette lumière bleue dans les reins, et ensuite vers la cassure. Ces premières suggestions permettent de travailler avec la lumière dans les deux sens, c'est-à-dire à partir des énergies magnétiques de la terre et du ciel en les dirigeant vers la blessure.

Une fois rechargé, l'os redonne l'énergie aux tendons et aux muscles, ainsi qu'au système nerveux qui l'entoure. Afin d'aider à régénérer le système nerveux, travailler avec la lumière verte, qui est l'énergie de la croissance. Le vert des arbres est la manifestation de la lumière verte dans l'Univers terrestre, et cette énergie lumineuse régénère et nourrit le foie, qui lui-même recharge les muscles et les tendons.

Pour bien aider la guérison, il faut activer la circulation et régénérer les vaisseaux sanguins en faisant des exercices qui impliquent la lumière rouge provenant du cœur. Acheminer la lumière rouge du cœur vers la région blessée, pour aider à évacuer les cellules mortes. L'énergie du cœur, c'est la chaleur ; on pense à l'énergie du soleil ou à une flamme en la projetant dans le cœur et les vaisseaux sanguins et en la faisant circuler du centre vers l'extérieur ou vers l'extrémité des membres blessés.

Finalement, aider à restaurer la peau qui a été également atteinte, en imaginant une lumière blanche et fraîche qui irradie dans les poumons et se manifeste sur la peau. Nous pouvons aussi imaginer que cette lumière blanche entre par le biais des poils, qui sont en quelque sorte comme des antennes qui la captent, pour oxygéner et restaurer la peau.

Ce ne sont que quelques exemples de suggestions utilisées par l'auteure et pouvant aider à accélérer le processus de guérison. Souvent, pendant ces séances d'hypnose/méditation, l'auteure utilise aussi l'acupuncture et le massage, de même que la musique thérapeutique. Le «bon» thérapeute est celui qui aide le patient à prévenir la maladie et à devenir actif dans son processus de guérison. En enregistrant des cassettes et en donnant des exercices mentaux à répéter au patient, celui-ci s'implique et devient actif. Ce dernier devient alors responsable de sa propre guérison et il peut répéter par lui-même ces exercices d'autohypnose et d'autoguérison en créant par lui-même l'état d'hypnose ou de méditation.

Cette nouvelle façon de faire a été confirmée par la présentation de D. Corydon Hammond, Ph. D., lors de sa conférence au congrès de l'Association Québecoise d'Hypnose, le 22 novembre 1997. Il a utilisé plusieurs fois les relations aux ondes du cerveau pour expliquer la profondeur de la transe. Il nous a montré à utiliser des lunettes qui émettent de la lumière et des sons pour augmenter la profondeur de la transe. Il nous a fait vivre une expérience de transe méditative selon les approches de Meares (Australia) et de Kleinhaus, Moris, publiée par l'*Internal Journal of Clinical Hypnosis*. Pendant ces expériences, je me suis dit : «Pourquoi ne pas utiliser la force de l'imaginaire et du mental au repos pour percevoir ces lumières intérieurement et produire les sons soi-même, comme dans la méditation taoïste, plutôt que d'utiliser des moyens extérieurs ?»

L'alchimie interne du Tao : les effets de la stimulation de divers centres du cerveau par la méditation

Dans la tradition taoïste, les centres supérieurs du cerveau sont appelés la « Couronne ». C'est elle qui reçoit la lumière et les images, comme l'image du soleil ou d'un serpent. La Couronne est aussi le point de correspondance pour l'Esprit et pour l'Âme ou le corps d'énergie. Le Chi forme une spirale à travers la Couronne et le Troisième œil pour atteindre la « Chambre de cristal », afin de soutenir l'existence et nourrir l'Esprit.

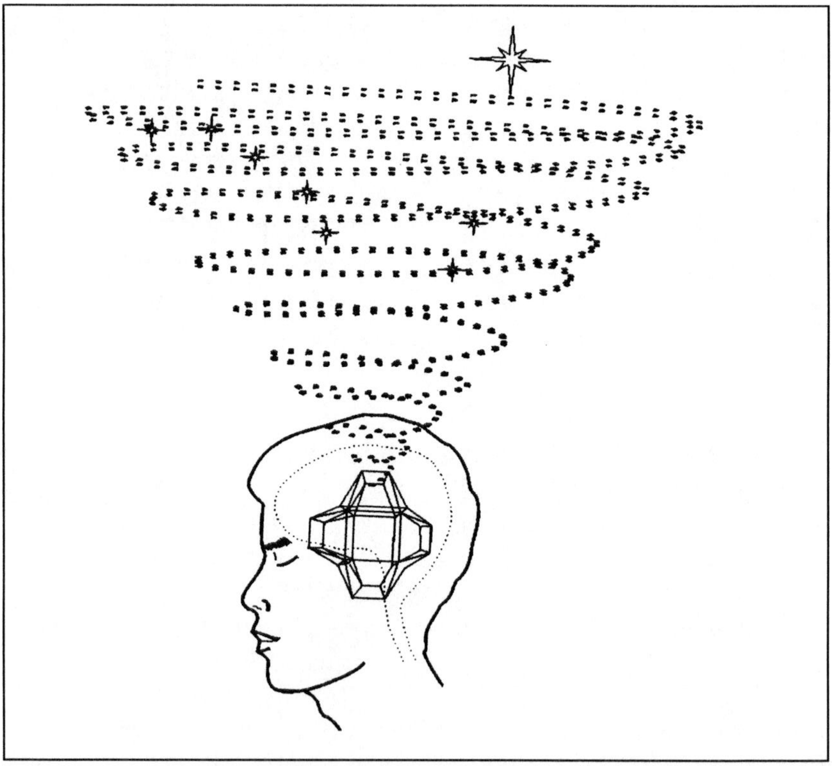

Figure 4-2 La Couronne et la Chambre de cristal (tiré de Chia, M., 2002 (1), p. 21, fig. 15)

La Couronne est en relation avec la glande pinéale ou l'épiphyse, cette glande qui permet la communication avec les plans supérieurs. Le Troisième Œil est en relation avec la glande pituitaire ou l'hypophyse, qui permet l'intégration du soi, ou la personnalité. L'ouverture du Troisième Œil résulte de la réunion et de l'activation des forces vibratoires de la glande pinéale et de la glande pituitaire. Cette harmonisation des glandes par la méditation et/ou la relaxation crée un champ vibratoire suffisamment fort pour activer les pôles positifs et négatifs et stimuler «la lumière dans la tête». La glande pinéale devient vibrante et vivante, et le corps d'énergie peut communiquer avec les dimensions subtiles et manifester les réalisations lumineuses de la conscience dans le corps humain.

Plusieurs pratiques de méditation taoïste sont en relation directe avec la croissance de ces glandes majeures pour le développement spirituel : les pratiques sexuelles, avec la Grande montée orgasmique qui ramène l'énergie sexuelle au cerveau, appelé aussi le Tan Tien Supérieur ; les pratiques de Kan et Li, qui stimulent le processus de vapeur dans les organes et les glandes et pour réactiver les glandes pinéale et le thymus ; les pratiques de Kan et Li, qui s'effectuent dans la caverne ou la «Chambre noire» pour régénérer ces glandes pinéales et pituitaire.

Maître Chia exprime de la façon suivante ces phénomènes de conscience élevée : «En soutirant la lumière inconsciente des glandes surrénales, elles-mêmes chargées de l'énergie sexuelle primordiale, le cerveau produit la "rosée sucrée", voit la lumière, et les oreilles internes entendent la vibration cosmique, tant dans le corps/mental que dans la Terre Mère. Mystérieusement, la cave de la terre, la cave du cerveau (le Palais de Cristal) et les creux à l'intérieur des os se répondent les uns les autres, rendant la vibration cosmique visiblement significative pour la conscience.» (Chia M., 2002 (1), p. 19, trad. libre)

Les taoïstes reconnaissent depuis très longtemps le rôle des lobes temporaux et des os des tempes dans la méditation. Selon eux, lorsque le sacrum est chargé de Chi, principalement de l'énergie de compassion (Cœur et Feu-Li) et de l'énergie orgasmique (Reins et Eau-Kan), ces énergies combinées montent dans la colonne vertébrale et vont se loger dans les tempes, dans le centre du cerveau, appelé la Chambre de Cristal, et à la base du crâne, appelé le Miroir Cosmique. Ce Miroir Cosmique a le pouvoir de refléter tout l'Univers (Tremblay, N., 2002 (3)). Ce reflet de l'Univers au troisième œil active la vision subtile et les autres perceptions subtiles, qui rendent possible le diagnostic de guérison et développent la capacité à vivre totalement dans le présent, en état de sécurité et d'amour.

Selon la neurologie, les lobes temporaux gouvernent toute la sensitivité auditive, somatique et motrice.

Ces phénomènes peuvent être activés naturellement par la sécrétion des hormones par les glandes du cerveau, selon des horaires précis et par les pratiques adéquates. Pour les taoïstes, l'avant-midi correspond à la montée de l'énergie Yang, à l'activité, et la soirée et la nuit, à la montée du Yin. C'est pourquoi ils suggèrent de pratiquer l'avant-midi les exercices plus physiques (Yang), comme le Taï Chi, le Chi Kung (Qi Cong) et les arts martiaux, et de pratiquer le soir et la nuit les exercices plus mentaux (Yin), comme la méditation et la respiration dans les os et la moelle des os, et les pratiques d'alchimie interne : Fusion des cinq éléments et Kan et Li.

La science actuelle démontre que l'avant-midi, de 6 h à 12 h, le corps sécrète plus d'adrénaline et est en relation avec le pancréas pour produire les fibres musculaires et les tendons ; que le soir, de 21 h à 23 h, le corps produit plus de cortisone ; et que la nuit, de 23 h à 3 h, le corps produit plus d'énergie sexuelle et de mélanine, ce qui active la glande pituitaire et la glande thyroïde et entraîne la croissance et le renouvellement cellulaire, et la régénérescence des os et de la moelle. La production de mélanine est encore accentuée de 3 h à 6 h du matin.

Les taoïstes considèrent que l'heure chinoise de 23 h à 1 h correspond à l'activité de la vésicule biliaire (VB), et que, de 1 h à 3 h, c'est l'heure du foie. La science moderne reconnaît aussi que le foie est l'organe principal impliqué dans la régulation de la sécrétion hormonale et que l'alcool consommé en petite quantité après 22 h 30 accroît la production de mélanine.

La production d'adrénaline serait Yang, la production de mélanine serait Yin.

Selon le Tao, si nous respectons les rythmes énergétiques et les horaires d'énergie dans notre style de vie, nous pouvons améliorer la qualité et la durée de notre vie. Mais généralement, les gens ne respectent pas ces horaires ; ils stimulent les glandes supérieures par le stress et des émotions pendant le jour et stimulent les glandes inférieures en mangeant tard, en demeurant sous les lumières artificielles, en regardant la télévision, en utilisant l'ordinateur et en ayant des rapports sexuels à des heures tardives. Pour contrer ce processus de vieillissement, accéléré par le non-respect des rythmes des énergies, les taoïstes ont conseillé de suivre les rythmes naturels et de pratiquer la méditation. Les anciens taoïstes ont aussi mis au point des pratiques de méditation dans des cavernes et des chambres noires pour atteindre cet état lumineux : « De l'obscurité naît la lumière. » Fermer les lumières tôt et se coucher tôt permet aux glandes supérieures du cerveau d'être actives et de régénérer les cellules du corps.

Depuis peu, les scientifiques ont pu démontrer que le corps peut sécréter la mélanine, elle-même impliquée dans la protection et la création des cellules souches localisées dans la moelle épinière et dans le cerveau. Ceci a aussi pour effet d'activer jusqu'à 200 % le système immunitaire. Un haut niveau de mélanine permet d'atteindre un état altéré de conscience, c'est-à-dire de rêver ou d'être éveillé et d'émettre en même temps des ondes delta. Cet état peut également être obtenu par un état profond de méditation, appelé l'extase.

Les médicaments antianxiolitiques comme le valium, le Zanax, l'aspirine et le Novalgin font décroître la production de mélanine. Certains antidépresseurs moyens entraînent la relaxation en stimulant des productions subites de mélanine. Les antidépresseurs plus puissants, comme le Prozac, font décroître la mélanine et stimulent les surrénales et les autres glandes. (Tao Garden, tiré de Inner Alchimy : a physical explanation, non daté, non paginé, reproduit dans Chia, M., 2002 (1), p. 49-53)

Les taoïstes parlent aussi des neuf pierres précieuses qui distillent l'essence. Ce qui signifie le transfert de l'essence sexuelle au cerveau et dans les autres glandes pour la raffiner et la redistribuer dans le corps, afin de ralentir le vieillissement et d'atteindre des niveaux supérieurs de développement spirituel. Les Occidentaux ont découvert récemment que la glande pinéale active le processus de formation des ovules et du sperme, et que la glande pituitaire active le renouvellement cellulaire.

Les taoïstes indiquent qu'ils pratiquent la méditation pour créer leur médecine interne. Ils suggèrent aussi de bien s'alimenter en choisissant des aliments riches en nourriture pour les reins, tels que les algues, les poissons, les produits de la mer, les noix, les légumineuses, les fruits et les légumes bleus ou violets, et les œufs. Ils conseillent d'éviter les stimulations externes par les drogues ou les herbes, car le but des pratiques est de développer et de stimuler sa propre médecine interne en activant naturellement l'activité des glandes, des organes et de toutes les fonctions du corps. Même si une herbe est parfaite en elle-même, cela ne signifie pas qu'elle soit valable pour votre corps. Quand vous pratiquez la méditation, votre corps devient plus subtil, plus précis, plus raffiné et plus sensitif. Il faut alors éviter les excès et les stimulations externes pour activer les phénomènes internes et gagner et conserver plus d'énergie.

La science actuelle nous apprend que certaines drogues externes stimulent la sécrétion de mélanine. Le tryptophan, la sérotonine, le calcium, le magnésium et la marijuana sont des suppléments alimentaires et des drogues qui activent plus de 2000 fois la sécrétion de mélatonine. La science reconnaît qu'après cette production élevée d'hormones provoquée, la réaction qui suit peut entraîner un «down», ou sentiment de dépression. Pour les taoïstes, il y aurait une baisse d'énergie à la suite d'une surstimulation.

La science actuelle indique aussi que les aliments riches en mélanine peuvent être consommés régulièrement pour maintenir la sécrétion de mélanine à un niveau normal. Les principaux aliments qui activent la production de mélanine sont, selon le Tao Garden, les aliments riches en tryptophan : les algues, le soya (tofu, lait, yogourt, fèves), les poissons et autres produits de la mer, les amandes, les noix et les arachides, les graines de melon d'eau, les bananes, les dattes, les figues, le riz brun, le lait et ses produits, les légumes, la levure de bière et les protéines animales, soit le bœuf, la dinde et le poulet. Les autres aliments riches en mélanine sont: l'avoine, le maïs, le riz brun, le gingembre, les tomates mûres, le persil, les algues, les huîtres, le soya, le fromage cottage, les foies de poulet, les citrouilles et les graines de citrouilles, la dinde, le tofu, le melon d'eau, les pépins de pommes, les amandes, les arachides, la levure et les fruits secs, qui contiennent la vitamine B_3, les graines de tournesol, le saumon et l'espadon, la vitamine B_6, contenue dans les carottes, les lentilles, l'avocat et les crevettes. (Chia, M., 2002 (1), p. 52-53) Cette liste comporte plusieurs aliments déjà connus des taoïstes et utilisés pour tonifier les reins.

Le lobe pariétal, le lobe temporal et la conscience humaine

Des recherches récentes menées par le Dr Andy Newberg, radiologiste, indiquent que l'inhibition du lobe pariétal est impliquée dans la conscience humaine et l'expansion de la conscience. Il a observé le cerveau du Dr Baine, à l'aide d'un tomographe, pendant la méditation et il se produit différents phénomènes : sollicitation du lobe frontal pendant la phase d'attention, action sur le thalamus, qui agit sur le cortex visuel, car le mantra est ici visuel, action sur le système limbaire, qui fait entrer les émotions en jeu, entrée en action de l'hippocampe et de l'hypothalamus, qui commencent à inhiber l'activité du lobe pariétal, responsable de la perception de notre corps et de notre relation avec l'environnement. Résultat : la sensation de flotter et de ne faire qu'un... Pour le Dr Michael Baine, qui pratique la méditation bouddhiste, il est clair que « lorsqu'il y a relaxation, qu'on abandonne cette frontière, on laisse entrer l'Univers en nous ». (Voir Rochon, M., 2002)

De plus, le neurologue Vilayanur Ramachandran, de l'Université de Californie, à San Diego, a étudié le lien entre les crises d'épilepsie provenant des lobes temporaux avec les auras religieuses, avec les expériences intenses de rencontres avec Dieu ou un dieu personnel, ou avec la sensation diffuse de ne faire qu'un avec le cosmos. Les chercheurs se demandent encore : « Pourquoi ses patients ont-ils des expériences religieuses intenses quand ils ont des crises ? » Même si l'on sait que les régions sensorielles des lobes temporaux et le centre limbique des émotions sont en connexion et donnent la signification émotive des choses, cela n'explique pas encore pourquoi « Un grain de sable, un tronc d'arbre, une algue, tout cela prend pour eux une grande signification». (Rochon, M., 2002)

Le lobe temporal serait-il le siège de la religiosité, ce que les chercheurs appellent «le point de Dieu»? La science ne peut répondre à cette question. Selon le neuropsychologue Michael Persinger, la seule chose que les chercheurs peuvent faire, c'est de stimuler le lobe temporal et de provoquer des expériences religieuses. Le journaliste Michel Rochon a vécu cette expérience de stimulation de ses lobes temporaux par un champ électromagnétique très faible, pendant vingt minutes. Voici son expérience.

«La première partie était très visuelle. J'ai également perdu la sensation de mon corps. Je sentais que je flottais. La première chose que j'ai vue a été une éclatante spirale violette au centre de mon champ visuel. Elle est devenue très intense et très lumineuse. Et de son centre est soudainement apparu le visage d'un enfant. Je ne sais pas combien de temps cela a duré, mais c'était simplement le visage d'un enfant qui me souriait. Et puis il a disparu. J'ai été terriblement impressionné.» (Rochon, M., 2002)

Par la méditation, nous pouvons recréer ces états. D'ailleurs, dans la méditation taoïste, il y a trois pratiques connues qui utilisent les tempes comme lieu de méditation ou de points de conservation d'énergie.

1- Dans la méditation La Petite Illumination Kan et Li (I), il y a un moment où Maître Chia dit: «Quand les os des tempes sont pleins d'énergie, ceci éloigne le mauvais sort, transforme les mauvais sorts en bienfaits.» (Voir Tremblay, N., 1990 (2))

2- Dans la méditation La Suprême Illumination de Kan et Li (III), Maître Chia associe chacune des sept étoiles de la Grande Ourse à des os du crâne et attire les énergies de ces étoiles pour recharger les os. La troisième étoile (phedra: la rotation du ciel) est associée à la tempe droite, à l'os de la joue droite, à la terre et à samedi. La quatrième étoile (Merkee: la lumière «leveline») est associée à la tempe gauche, à l'os de la joue gauche, au centre, au mercure et au mercredi (*idem*).

3- Dans la méditation le Scellage des cinq sens, plusieurs pratiques consistent à ramener toutes les énergies des glandes et des organes au cerveau pour les combiner aux énergies du soleil et de la lune en utilisant les deux yeux. Ensuite, il y a combinaison des yeux, du soleil et de la lune au troisième œil, et, à partir de là, diffusion de ces énergies combinées dans les deux tempes et traversée au centre du cerveau par la glande pinéale ou épiphyse, en formant un triangle qui recharge les deux tempes. (Voir Tremblay, N., 1998 (2))

4- Dans la méditation Dark Room (Kan et Li I), les pratiques relient la plante des pieds, le point 1 Reins (la fontaine bouillonnante) avec le sacrum et les reins, et aussi le sacrum avec les os des tempes. Lorsque le liquide cérébrospinal est activé par l'énergie et remplit le cerveau, les os des tempes commencent à respirer et à pulser, et le Troisième Œil s'ouvre. (Voir Tremblay, N., 2003)

Pour les taoïstes, les reins ont leur correspondance localisée dans le cerveau et aussi dans les tempes et dans les oreilles. Quand les reins sont vibrants de Chi, cette énergie circule librement dans le cerveau, dans les tempes, les oreilles et au nombril. De plus, les énergies de compassion et d'immobilité intérieure se manifestent dans un état de total présent ; le cœur reste calme, sans attachement interne ou externe, et le pouvoir de guérison se manifeste. L'énergie des yeux et des tempes augmente et entraîne une réduction de l'activité du système gastrointestinal, ce qui diminue l'appétit. (Trad. et extraits du courriel « Darkroom Meditation Background » du Universal Tao Center, Thaïland, reçu le 15 oct. 2001)

L'institut de recherches de biocybernétiques feedback (IBF) de Vienne, en Autriche, a démontré l'existence de l'énergie vitale, du Chi, grâce à des recherches effectuées sur Maître Mantak Chia le 25 octobre 1996. Les chercheurs ont utilisé les mesures UPL (ultralents potentiels) pour étudier le cerveau. Ces mesures sont en corrélation étroite avec le flot d'énergie dans le corps. Cette circulation d'énergie démontre la clarté, l'efficacité, la santé, l'habileté à la concentration, l'habileté à réagir, les expériences sexuelles et les autres activités mentales. Ces mesures ont été prises par un appareil de biofeedback développé par le IBF et appelé le PCE-scanner. Les mesures démontrent que Maître Chia pouvait activer l'énergie en lui et indiquent le niveau d'activation toujours grandissant qu'il pouvait atteindre en pratiquant divers exercices de méditation taoïste: le sourire intérieur, l'orbite microcosmique et le multi-orgasme, tout en parlant et en répondant aux questions des chercheurs.

De plus, ces mesures permettent de constater que cette énergie demeure dans le corps même après les sessions de pratique du Tao et reste disponible pour d'autres activités longtemps après. Cette énergie continue à augmenter pendant les vingt prochaines minutes et reste à un niveau élevé pour les quinze prochaines heures. Cela est différent des mantras et du chanting, dont les effets atteignent des niveaux élevés mais redescendent rapidement et ne restent pas dans le mental ou le corps après les pratiques.

Ces tests démontrent aussi la connexion entre les organes, la région abdominale et le cerveau. Le Tao a découvert depuis fort longtemps qu'il était plus facile de créer, de conserver, de concentrer et de contrôler l'abdomen que le cerveau. Plusieurs exercices de méditation taoïstes consistent à ramener l'énergie de diverses parties du corps dans l'abdomen, au Tan Tien Inférieur. Les maîtres taoïstes ont constaté que chaque organe peut absorber et conserver l'énergie générée pendant les pratiques et les condenser au Tan Tien Inférieur. L'énergie activée de maître Chia venait principalement des organes et non du cerveau. C'est ce qui lui permettait de parler et répondre aux questions et de continuer à augmenter et à maintenir l'énergie élevée malgré les pauses. Durant toute la durée des pratiques et du test, il est resté détendu, et les pouls et la tension musculaire sont demeurés stables.

De plus, maître Chia a expliqué qu'à un certain niveau d'énergie élevée, différents changements physiques apparaissent dans le cerveau: de nouveaux synapses se produisent, le cerveau est activé (Tao Garden, 14 janvier 1997). Les cellules du cerveau sont renouvelables.

L'alchimie interne du Tao

Les taoïstes ne parlent pas de réincarnation ou de vie antérieure. Car vivre dans le Tao dissout toutes les divisions entre le passé et le futur dans un moment présent qui est sans cesse renouvelé par le mariage du ciel et de la terre, de l'orgasme et de la compassion.

Chaque humain possède en lui l'énergie sexuelle et l'énergie du cœur et peut les réunir (Kan et Li) pour recréer sans cesse l'énergie et de nouvelles cellules.

Avec les connaissances scientifiques récentes sur la tomographie du cerveau, la différenciation cellulaire, l'analyse spectrale des particules stellaires et des cellules du corps, nous constatons de plus en plus les liens entre les diverses parties et éléments de notre organisme et aussi avec l'Univers.

La cellule souche (*stem cell*) se différencie et se multiplie en diverses cellules, telles les cellules des muscles, les cellules nerveuses, les cellules du foie (Gorman C. 2000, p. 42-43), et celles du pancréas. (Golden F., 2001, p. 32-34) De plus, Freda Miller (2001), de l'Institut neurologique de Montréal, a découvert que les cellules de la peau des souris peuvent être utilisées comme cellules souches et se reproduire et se différencier pour recréer des cellules spécialisées, « capables de se reproduire et de se transformer en une multitude de cellules spécialisées, comme celles du foie, du cerveau, du pancréas ou des tissus cardiaques ». (Trudel, J., 2002, p. 28-29)

Les taoïstes ont exprimé cette multiplicité qui s'étend à tous les êtres par la formule suivante de Lao Tseu, au chapitre 42 du *Livre de la Voie et de la Vertu* : « Le Tao engendre Un, Un engendre Deux, Deux engendre Trois, Trois engendre tous les êtres du monde.» (Lao Tseu, 1967, p. 123) Dans l'être humain, la peau est l'expression de cette multiplicité. Et tout se qui se déploie dans l'infiniment grand peut revenir à l'infiniment petit. Les Asiatiques ont résumé cette réalité cosmique par cette phrase : « Tout l'Univers est dans un grain de sable.» En pratiquant Kan et Li (la réunion de l'Eau et du Feu) par des exercices avancés d'alchimie interne taoïstes, lesquels consistent à accoupler l'énergie sexuelle en état de vibration orgasmique et l'énergie émotive en état de compassion, l'embryon spirituel se manifeste et donne naissance à des dimensions subtiles de l'être, il régénère les cellules et crée de nouvelles cellules. À ce moment, les particules cosmiques, qui ont les mêmes structures cellulaires que les cellules humaines, comme le démontrent les études spectrales, sont attirées à nous magnétiquement et amplifient les vibrations cellulaires. Nous pouvons voir le passé et le futur en même temps que nous sommes dans le présent. Vivre dans le Tao dissout toute division entre le passé et le futur dans un moment présent qui se réincarne, toujours nouveau et frais, fruit de l'accouplement du Ciel et de la Terre. Il n'y a pas de vies passées, mais seulement une multiplicité de vies parallèles dans le moment présent.

Traditionnellement, les taoïstes ont utilisé les cavernes et les caves pour pratiquer les niveaux supérieurs de pratiques d'alchimie interne. Le Tao dit : « Dans l'extrême noirceur, la lumière apparaît. »

Lorsque les pratiques de Kan et Li I, II, et III se font dans le noir (caverne, chambre noire, *Dark Room*), des phénomènes biochimiques se produisent et influencent les diverses glandes du cerveau : pinéale, pituitaire, thalamus et hypothalamus, ce qui permet de percevoir la lumière dans le noir. En combinant l'énergie sexuelle en état d'orgasme avec l'énergie de compassion, une nouvelle chimie et une nouvelle vibration apparaissent dans le corps. Cette vibration spéciale se rapproche des ondes alpha qui vibrent à 8 Hz et c'est pendant cet état vibratoire d'amour, de compassion et d'orgasme intérieur obtenu par la réunion et le renversement des énergies de l'Eau (Reins et énergie sexuelle) et du Feu (Cœur et compassion) que les cellules donnent naissance à de nouvelles cellules, en suivant la chaîne d'ADN. Quand cette vibration amoureuse touche la glande pinéale, une nouvelle hormone est produite, ce qui en retour donne le phénomène de conductivité dans tout le corps. « C'est seulement quand vous ressentez les vagues de la vibration orgasmique et de l'amour inconditionnel pour vous-même et les autres que ce processus peut être activé et que l'essence du travail dans le noir peut être magnifié. » (Universal Tao, February 2002, publicity)

Sur le plan subtil, cela signifie que l'homme a le pouvoir de donner naissance à de nouvelles cellules, sans passer par les manipulations cellulaires, ou sans recourir aux « Stem Cells » génitales, organiques, cutanées ou même neuronales. Cela élimine plusieurs débats éthiques. Les effets profonds de ces pratiques taoïstes sur le renouvellement cellulaire sont corroborés par ces recherches modernes sur les cellules souches.

De plus, les recherches modernes en neurobiologie sur les rats (Joseph Altman, 1960), les oiseaux (Dr Fernando Nottebohm) et plus récemment sur les singes (Dre Elizabeth Gould) confirment que **les cellules du cerveau sont renouvelables, ce qui n'était pas reconnu auparavant.** Les cellules du cerveau se renouvellent particulièrement dans l'hippocampe, responsable de la mémoire à long terme, et ce, même à l'âge adulte et surtout en état de détente. En état de stress, de dépression récurrente ou de choc post-traumatique, l'hippocampe diminue et produit moins de nouvelles cellules. Les cellules du cerveau se renouvellent-elles dans d'autres endroits du cerveau? Comment le taux de régénération des cellules nerveuses change-t-il avec le vieillissement? demande le Dr Ronald McKay. Pouvons-nous avoir un nouvel espoir pour les personnes souffrant de désordres neurologiques, de «thrombose», de lésions au cerveau, de traumatisme crânien ou de dégénérescence crânienne, comme dans le cas de l'Alzheimer? Il y a si longtemps que les scientifiques croient que «quand une cellule nerveuse est détruite, elle ne peut être remplacée» que les résultats des recherches sur les cerveaux des singes sont «fabuleusement intéressantes» (Article de journal par Kolata, Gina, intitulé «Studies Find Brain Grows New», non daté, lieu non précisé).

L'auteure de ce livre a subi un anévrisme au cerveau en 1979, à la naissance de sa fille, mais elle a induit la croyance que les cellules du cerveau pouvaient se refaire, se développer, se renouveler à nouveau. Elle avait la claire conviction que le cerveau est sous-utilisé et qu'elle pouvait le régénérer; c'est pourquoi elle s'est inscrite à des cours et s'est mise sérieusement au travail: lecture, écriture, activités physiques, méditation. Aujourd'hui, elle se sent plus forte qu'avant cet accident cérébrovasculaire.

Le cervelet ou le cerveau reptilien

André Parent, neurobiologiste québécois, vient de gagner le prix Wilder-Penfield. S'intéressant à l'évolution des cerveaux, il s'est penché sur le cerveau reptilien et ses ganglions en étudiant le cerveau des vertébrés primitifs, une structure vieille de 400 millions d'années. Il a démontré que cette partie du cerveau, le cervelet, avec les ganglions de la base, ne s'hypertrophie pas chez les humains, mais qu'elle se fragilise et cause ainsi des dérèglements et des processus dégénératifs. Selon lui, «C'est là que l'on situe certaines maladies comme le Parkinson, le Huntingdon, l'Alzheimer, et peut-être la schizophrénie.» (Lemieux, L., 2002, D 3) De plus, le Docteur Parent a démontré aussi que **dans l'hippocampe, les cellules se renouvellent tout au long de la vie,** «comme si le cerveau produisait lui-même ses cellules souches». Cette deuxième découverte fait tomber une autre certitude scientifique, selon laquelle les cellules du cerveau cessent de se reproduire à partir de la naissance.

Nous savons que les drogues que l'on donne aux schizophrènes affectent la neurogénèse. Selon André Parent, la maladie mentale ne serait-elle pas un défaut dans le développement de nouveaux neurones, dans l'hippocampe?

N'est-il pas surprenant et même merveilleux de faire le lien suivant avec la médecine traditionnelle chinoise, selon laquelle, pour traiter la schizophrénie, il est important de dégager la base du crâne par les points situés à la base et vis-à-vis du cervelet (9V, 10V, 20VG et 14 VG en dispersion).

Dans les exercices de Chi Kung, il est recommandé de délier la région de la nuque, la base du crâne et la région de la septième vertèbre cervicale (la jonction des épaules et de la colonne vertébrale), qui correspond au point 14 VG, et d'ouvrir la base du crâne, appelée «Oreiller de Jade», en pratiquant les exercices de la tortue et du héron, pour activer l'ouverture à la base de la nuque en amenant plus de Chi dans cette région en respirant dans les points 9V, de chaque côté de l'arrière de la nuque. Tout cela dans le but d'empêcher les blocages d'énergie qui causent la rigidité mentale, une des caractéristiques de la schizophrénie.

Les cellules du cerveau sont renouvelables

Mon humble expérience va dans ce sens; après une embolie cérébrale «thrombose» à l'accouchement, en 1979, j'ai perdu le sens de l'équilibre, la mémoire et la vision du côté droit (hémianopsie homolatérale droite). Le neurophtalmologiste m'a prescrit des pilules que je devais prendre à vie; il m'a suggéré d'éviter le stress et les sports violents, et m'a interdit de conduire une voiture en me soustrayant mon permis de conduire. À 34 ans, c'est assez dramatique. Mais j'ai cru en mon pouvoir de guérison. J'ai cru que les cellules du cerveau étaient renouvelables et que je pouvais arriver à créer de nouveaux circuits de neurones en stimulant les diverses fonctions du cerveau.

Pour ce faire, je suis retournée aux études, j'ai suivi des traitements d'acupuncture, j'ai pratiqué la méditation zen, j'ai étudié l'acupuncture, j'ai ouvert un bureau de psychologie, j'ai étudié et pratiqué la méditation taoïste avec maître Mantak Chia et j'ai commencé à enseigner ces pratiques. Les pratiques du sourire intérieur, des sons de la santé, de l'orbite microcosmique et de l'amour curatif et du Chi Kung de la chemise de fer et du Taï Chi Chi Kung ont permis ma guérison. Je conduis la voiture et je n'ai plus de déficit visuel. Depuis 1983, j'ai une clinique intégrative de psychologie, d'acupuncture et de méditation où je reçois en moyenne 35 clients par semaine. J'enseigne, je voyage, j'écris et je donne des conférences. J'ai choisi de vivre au maximum. Serait-ce que j'aurais réussi à régénérer mes cellules du cerveau endommagées? Je crois sincèrement que oui, comme les champs visuels l'indiquent.

La méthode de guérison taoïste

Depuis plus de vingt ans que je pratique la méditation taoïste, il est facile pour moi de comprendre les différences importantes entre les pratiques psychologiques occidentales avec les pratiques taoïstes de transformation. En Occident, les psychothérapeutes et les psychanalystes essaient d'amener le patient à retourner dans le passé, à raconter les misères, les maux, les souffrances et les douleurs, à exprimer les émotions négatives, à trouver les causes émotives, parentales ou à rechercher dans la vie embryonnaire, le rebirth ou les vies antérieures, les causes des maladies physiques et psychosomatiques. Pour les psychothérapeutes occidentaux, la voie la plus utilisée est celle de l'histoire des malheurs et la complainte, En Orient, le bouddhisme travaille aussi dans ce sens, on y recherche les causes et effets, les karmas et on amène la personne à prier Bouddha, à construire des temples et à retourner dans la roue des renaissances.

Le Taoïsme va dans une autre direction. Pour les taoïstes, les émotions existeront toujours, qu'elles soient positives ou négatives. Les raconter, en parler, c'est amplifier, stimuler les émotions et leur donner de l'importance plutôt que de les transformer en pure énergie. La voie taoïste consiste à transformer les émotions par diverses pratiques spirituelles à différents niveaux : le sourire intérieur, le sourire cosmique, les six sons de la santé, les sons cosmiques, l'orbite microcosmique et l'orbite cosmique, qui raffinent les énergies, la fusion des cinq éléments et l'ouverture des canaux psychiques par la vapeur intérieure, les pratiques de Kan et Li I-II-III, qui amènent l'illumination des organes internes par l'exposition aux lumières cosmiques par les sorties astrales. Pour les taoïstes, plus la lumière intérieure est puissante et illumine par les lumières correspondantes chaque organe interne et chaque cellule, moins il y a d'espace pour les émotions négatives, car l'espace intérieur est alors occupé par l'énergie, le Chi, la lumière qui apporte les pensées positives, la santé, la vitalité et la longévité.

La science moderne nous dit : « Une cellule bien oxygénée ne meurt pas. » Le taoïsme a mis au point une série d'exercices de respiration qui indiquent d'inspirer plusieurs fois à l'intérieur dans différents organes et endroits du corps pour augmenter la pression interne de l'air sans expirer, et par la suite d'expirer à l'intérieur pour oxygéner les cellules du corps. (Voir les exercices de Chi Kung (Qi Cong), les exercices sexuels du Tao de maître Chia.)

La longévité et la respiration interne

Dans le Qi Cong, on apprend que l'air inspiré doit circuler, doit être accumulé, gardé et « compacté ». Il est reconnu que diminuer le souffle ou l'air expiré augmente la durée de la vie, sans quoi le souffle se perd vers l'extérieur. En Occident (Velan, 1963, p. 65), Velan nous apprend que l'air inspiré contient 20 % d'oxygène et que l'air expiré exhale 16 % d'oxygène. Donc, il ne reste que 4 % d'oxygène retenu pour nourrir l'organisme. Et, sur ce, le sang distribue seulement 20 % du 4 % aux tissus, le cerveau s'étant servi au préalable.

Nous nous retrouvons devant la loi des proportions inverses. La durée de la vie est inversement proportionnelle au rythme respiratoire (voir Govindan M., 1991, p 150). Abaisser le rythme respiratoire augmente la durée de la vie : 15 respirations par minute nous permettrait de vivre 120 ans, 18 respirations par minute, 96 ans, et 30 respirations par minute, 60 ans. C'est pourquoi le Chi

Cong est si important : il nous apprend l'autocontrôle du souffle, il nous apprend à abaisser le rythme respiratoire. La grande tortue de mer respire 5 à 6 fois par minute et vit plus de 300 ans, ce qui en fait le symbole de la longévité pour les Chinois. Pour les adeptes taoïstes, la conservation et la régulation du souffle interne fournissent le Chi (souffle) au cerveau, aux nerfs, magnétisent le fer et produisent l'aura, qui permet d'augmenter la force du système immunitaire.

La respiration interne amène l'air dans les cellules, dans les tissus, dans les canaux d'énergie et dans les centres subtils, comme les glandes du cerveau. Pour les taoïstes, les glandes du cerveau (pinéale, pituitaire et hypothalamus) sont appelées « glandes mystiques », « l'air sans fin » ou la « semence suprême », et se manifestent au troisième œil.

La respiration avec expiration externe entraîne une perte d'énergie tandis que cette technique de respiration interne est un gain d'énergie. Le contrôle intelligent du souffle prolonge la vie, augmente la vigueur, recharge et transforme les cellules et illumine la matière. Cette technique du souffle prolonge les effets des pratiques de méditation taoïste.

Les émotions et les réactions musculaires se manifestent au cerveau

Selon Andreas Bartels, un neurologue de Londres, voir l'image de quelqu'un qu'on aime et penser à cette personne allume les cellules du cerveau comme un feu d'artifice, surtout dans les régions du cortex antérieur. Le système limbique (siège des émotions et des pulsions) est activé, tandis que le néocortex (siège de la pensée abstraite) est inhibé. Cela ne se manifeste pas en voyant la photo d'un(e) simple ami(e). (Voir *Le Soleil*, 19 novembre 2002, p. B.2 et *L'actualité*, janvier 2001, p. 43)

Voir quelqu'un sourire entraîne des réactions lumineuses dans le cerveau et particulièrement dans l'amygdale, région associée aux réponses émotionnelles. Il y a plus de réactions lumineuses dans le cerveau des personnes extraverties que dans ceux des personnes introverties. (Reuters, Discovery News, 21 june (no year indicated) « Some Brains Glow at Smiling Faces », Turhan

Canli, psychologist and neuroscientist, for the State University of New York and Stanford University of California)

Contracter l'anus se manifeste au sommet du crâne par l'apparition d'une lumière (présentation visuelle, Second International Conference on the Pelvic Floor, Oxford, England, 2000). En acupuncture, nous savons que cet endroit correspond au point 20 VG (point de la Couronne), qui est associé à l'anus et est utilisé en acupuncture pour empêcher les relâchements de l'anus et guérir les hémorroïdes. Ce point 20 VG (point de la Couronne) correspond aussi au point de la glande pinéale (épiphyse), point utilisé pour ramener l'énergie sexuelle au cerveau et régénérer cette glande. Pendant la méditation taoïste, ce point est aussi utilisé pour projeter le corps d'énergie à l'extérieur du corps physique, le suivre pendant le voyage astral et le ramener dans le corps par la force d'attraction de cette glande et du Tan Tien Inférieur. Le point 20 VG (Paaé Roé) est aussi stimulé par l'acupuncture et la méditation pour favoriser la détente et le sommeil, car ce point active la glande pinéale, qui stimule la sécrétion de mélatonine et favorise donc le calme.

Les affirmations de la science occidentale et leur utilisation dans la méditation taoïste

Dans les chapitres qui précèdent, plusieurs éléments et preuves démontrent la validité des pratiques taoïstes élaborées à travers les âges depuis plus de cinq mille ans. Il devient approprié de faire les rapprochements des pratiques taoïstes avec diverses recherches sur les pratiques mentales occidentales rapportées au chapitre 1.

En Occident, on reconnaît :

- que la douleur est une construction mentale ;
- que le mental agit sur le corps ;
- que la suggestion positive ou négative agit sur notre santé et les maladies psychosomatiques ;
- que l'autosuggestion est efficace dans la guérison ;
- que la relaxation est une phase nécessaire à l'hypnose ;

- que les patterns musculaires de joie ou de tristesse influencent les émotions.

Le contrôle de la douleur

« Le phénomène douloureux est donc essentiellement un complexe neuropsychophysiologique caractérisé par les diverses interprétations de la personne qui souffre.» (Amadou, R., *et al.*, 1977, p. 279)

C'est parce que le phénomène de douleur est une construction mentale qu'elle est dans la majorité des cas contrôlable par des techniques diverses de relaxation, d'hypnose, de sophrologie ou par de nombreux procédés qui utilisent la suggestion, comme le démontrent les études de Milton Erickson. Le mental agit sur le corps par la suggestion. Les méthodes de suggestion directe, indirecte et amnésique peuvent être utilisées pour le contrôle de la douleur.

Les pratiques taoïstes de méditation induisent depuis des milliers d'années cette même approche suggestive. Elles suggèrent de sourire à la douleur, à la sensation ou à l'émotion négative pour en diminuer l'impact. Cette diversion mentale développe un pattern positif devant l'expérience jugée négative et en atténue les effets négatifs. En état de méditation et de relaxation, où le cerveau émet les ondes alpha, l'imagerie mentale est plus active, et si l'imagerie est positive, elle atténue la douleur. De plus, les pratiques plus avancées suggèrent de laisser aller le négatif et le positif, de ne pas s'y attacher, de le transformer en pure énergie (Fusion) et d'effectuer un renversement de l'énergie du cœur (compassion) et des reins (orgasme) pour dissoudre par la vapeur émise les émotions et les sensations négatives (Kan et Li). Les pratiques de Kan et Li permettent aussi de sortir du corps de matière et de former le corps d'énergie, de le tenir à distance, de le recharger du pur Qi cosmique et de lumière, et de projeter cette lumière dans le corps de matière pour aider la guérison.

Les maladies psychosomatiques et le mental conscient

Il demeure vrai que nos représentations mentales nous façonnent plus que nous les façonnons. Notre imagination et le pouvoir des images et des mots utilisés méthodiquement, répétitivement et positivement auront ainsi des effets bénéfiques sur notre santé et notre vie.

Pour la médecine traditionnelle chinoise et la méditation taoïste, les maladies psychosomatiques sont des maladies énergétiques. L'énergie est le pont entre le mental et le corps. Le mental peut agir sur l'énergie de différentes façons: transformer, faire circuler, modifier la qualité, conserver l'énergie et ainsi permettre la guérison. Les pratiques taoïstes de méditation sont des méditations guidées, utilisant des suggestions positives, des mises en relations avec les lumières subtiles et universelles qui animent la vie. Le fait de méditer chaque jour, soit en utilisant les cassettes, les livres ou les vidéos qui répètent ces pratiques, soit en se répétant par soi-même ces exercices, active les énergies qui maintiennent la santé et peuvent libérer le corps de la maladie. Les taoïstes disent que c'est parce que l'on s'est rendus malades que l'on peut se guérir.

La suggestion

Theodore Barber est arrivé au constat qu'il y avait une voie directe pour influencer le corps: la pensée. *«You do not need to be hypnotized to use your mind to move your body.»* Il s'agit de programmer son esprit à changer, pour que les conditions du corps changent partiellement ou totalement.

Selon Barber, *le pouvoir du mental conscient consiste à pouvoir agir sur le corps de façon délibérée et intentionnelle et de le faire changer selon son désir.*

La pensée et le mental ont un pouvoir encore insoupçonné. Les taoïstes ont développé ce pouvoir et utilisent «la voie directe» pour influencer le corps et augmenter la conscience. Programmer son esprit à changer revient dans toutes les méditations guidées. Transformer est le leitmotiv des taoïstes depuis au moins 5 000 ans, comme le démontre le *Livre des Transformations, le I Ching*. Transformer les émotions négatives en positives en utilisant les sons et les lumières cosmiques correspondantes est une pratique de base en méditation taoïste. Cette pratique a pour but d'agir sur le corps, et particulièrement sur les organes internes impliqués dans la génération des émotions négatives causant les maladies. Décider de méditer et d'agir sur les émotions pour les transformer en positif, est délibéré et intentionnel, et demande un certain niveau de conscience.

L'autosuggestion

Émile Coué, pharmacien du début du XIXe siècle, voulait *faire participer le patient au processus de guérison en entretenant chez lui une attitude confiante et pleine d'espoir.* En séances de groupe, il renforçait la confiance des patients en leurs propres pouvoirs d'autoguérison, utilisait la relaxation par la concentration et prescrivait à ses patients des devoirs, comme de répéter chez eux des formules positives: *«Je vais, de jour en jour et à tous points de vue, toujours de mieux en mieux.»*

Les taoïstes ont compris depuis longtemps l'importance et le rôle du «patient» dans la maladie. C'est pourquoi ils ont mis au point des pratiques de méditation et des exercices préventifs, comme le Qi Cong et le Taï Chi. Plusieurs autres exercices sont enseignés aux étudiants et aux patients pour activer le processus d'autoguérison, comme le sourire intérieur, les sons de guérison et l'automassage profond dans les organes internes (Chi Nei Tsang). Dans ce cas, la responsabilité de la personne est de répéter chaque jour les diverses pratiques et les exercices pour garder ou retrouver la forme physique et mentale et pour développer son pouvoir spirituel.

La relaxation

Jacobson a mis au point une méthode de relaxation dont le but était de provoquer une détente mentale en supprimant toutes les tensions musculaires. Selon Jacobson, *relaxer le corps entraîne la détente du mental.*

Cette technique de relaxation utilise la suggestion dirigée. Elle permet d'avoir foi en soi-même plutôt qu'en quelqu'un d'autre et de développer la détermination et la coopération. Cette relaxation est consciente.

Selon Schultz, *la relaxation est une phase indispensable à l'atteinte de l'état d'hypnose.* L'hypnose est plus qu'un phénomène psychologique ou qu'une simple suggestion, «c'est *un véritable changement de tout l'organisme*». Schultz a observé qu'en état de transe hypnotique, deux phénomènes qui s'observent aussi au cours du sommeil se manifestent: une sensation de pesanteur, qui indique la décontraction musculaire, et une sensation de chaleur, qui signifie une vasodilatation.

Le psychotraining autogène est original et efficace par sa *combinaison de deux méthodes: la relaxation par la concentration et l'autosuggestion.* Les suggestions par les mots provoquent des actions psychosomatiques au-delà de la relaxation.

Comme la lourdeur et la chaleur sont des états ressentis spontanément par les sujets en état d'hypnose, Schultz a pensé induire l'état hypnotique par la suggestion de l'état de lourdeur et de chaleur: le sujet se répète mentalement que les diverses parties de son corps sont lourdes et chaudes. Il a par ailleurs remarqué que la contemplation d'images intérieures positives suggérées, en s'abstenant de tout effort, permettait de réduire presque totalement les tensions affectives. Cela entraîne une diminution des résonances corporelles des émotions et une détente mentale bénéfique.

Ces techniques vont de l'observation à la contemplation pour se poursuivre dans la méditation passive et active, et aussi dans la prière.

La méditation taoïste est basée sur le même phénomène, le ressenti, le feeling de l'énergie qui, lorsqu'elle circule, crée cet effet de lourdeur et de chaleur, ou de fraîcheur ou de légèreté, selon ce que l'on veut obtenir. Cette chaleur est souvent désirée et suggérée dans le Tan Tien ou dans l'abdomen. L'intention est importante. Dans les diverses méditations, le fait de suggérer des images mentales, comme les lumières colorées, les émotions positives, comme la joie, l'amour, l'ouverture, le courage, la force, le calme, la sécurité, la bonté et la tendresse, et les sensations d'énergie, comme la chaleur ou la fraîcheur, selon le besoin, réduit les difficultés et les tensions affectives, et diminue les manifestations physiques ou psychologiques. La méditation taoïste est une méditation guidée qui suggère des images intérieures positives, comme les images de la nature dans la Fusion, pour créer une forme à huit côtés (BaGua), composée des huit énergies de l'Univers : Feu, Terre, Vapeur (Lac), Ciel, Eau, Montagne, Tonnerre et Vent. La création, par la suggestion, d'extensions de soi-même dans des enfants remplis de vertus positives et des animaux protecteurs, pour attirer davantage de ces diverses énergies positives, en est un exemple.

Le biofeedback ou la rétroaction biologique

En 1976, Gary Schwartz a constaté que «les muscles de la face sont responsables de l'expression externe des émotions internes. Quand nous sommes tristes, les sourcils se plissent et les coins de la bouche descendent. Quand nous sommes heureux, d'autres patterns musculaires sont impliqués... les coins externes de la bouche se relèvent en signe de sourire. En général, *ces contractions musculaires sont des signes externes de notre état mental interne.*»

Schwartz a ainsi confirmé que les humeurs se reflètent dans des patterns de tension musculaire spécifiques. Nous nous sentons heureux ou déprimés parce que ces émotions accompagnent certains changements faciaux ou posturaux.

Schwartz a par ailleurs fait la preuve qu'*«En stimulant au cerveau des patterns musculaires caractéristiques de la joie, le cerveau génère ou prolonge des sensations internes de joie, de bonheur.»* (Restak, Richard, 1979, p. 280, trad. libre)

Les taoïstes ont compris l'importance de pratiquer le sourire qui induit la joie pour combattre la tristesse, la déprime et les autres émotions négatives. Ils ont mis au point des pratiques de méditation appelées le *Sourire intérieur* et le *Sourire intérieur cosmique* (Voir Chia, M., 1990 (1) et 2002 (1)), qui transforment par le sourire rempli de joie, d'amour et de lumière dorée les émotions négatives en émotions positives. Sourire aux émotions négatives, à la douleur, aux difficultés est une pratique de transformation intérieure puissante. La lumière dorée est comme un soleil qui fait fondre le négatif et le dissipe pour laisser la place au positif, à la joie et à l'amour dans tous les organes internes, ce qui se répercute dans tout le corps. La pratique du Sourire intérieur transforme le négatif en amplifiant le positif pour dissoudre le négatif sans y accorder d'importance

Dans les années 1980, je me rappelle les polémiques tenues par des psychologues et des personnes « psychologisées », qui refusaient complètement ce point de vue de Maître Chia, qui consiste à augmenter le positif et à éviter de mettre l'accent sur le négatif en en parlant, en revivant le négatif par la parole ou la pensée, comme le suggère la majorité des approches psychologiques. Pratiquer la joie et l'amour en stimulant le sourire « en relevant réellement les coins de la bouche » a un effet bénéfique sur la santé. Cette pratique active la lumière dorée, cela transforme et fait « fondre » le négatif logé dans les divers organes du corps et active des circuits positifs dans le cerveau.

La confirmation expérimentale de l'inaccessibilité de l'autorégulation du cerveau vient des études des tracés des EEG (ondes du cerveau). En état de relaxation, le sujet génère normalement un pattern EEG d'une fréquence de *8 à 13 ondes par seconde, le rythme alpha*. Par le biofeedback, le sujet peut augmenter ou diminuer ses ondes alpha, sans être conscient des modifications dans son cerveau. L'état orgasmique, stimulé pendant les méditations Kan et Li pour harmoniser l'Eau-énergie sexuelle et le Feu-énergie émotive, crée aussi cet état alpha (8 hertz par seconde), qui peut être amplifié. Faire l'amour, et vivre et stimuler cet état d'orgasme est bénéfique pour la santé.

Dans une autre recherche, le Dr Brown a activé une lumière bleue sans égard au fait que les ondes du cerveau des sujets entraient ou non en état de relaxation calme (état alpha). Les sujets pouvaient regarder cette lumière bleue qui croissait et décroissait avec leur rythme alpha. Après quelques sessions seulement, la plupart des sujets ont doublé et même triplé leurs fréquences alpha. Cela amena le Dr Brown à formuler le concept de biofeedback.

Le Taoïsme connaît depuis longtemps le rôle de la lumière bleue sur la détente et son effet bénéfique sur les reins, qui amène le calme et la sécurité (d'après la théorie des correspondances).

Dans une étude de Schwartz, un phénomène inattendu se produisit. Lorsque les deux changements, de rythme cardiaque et de pression sanguine, furent contrôlés par biofeedback, l'apprentissage viscéral se produisit plus rapidement et amena des changements plus larges. Les sujets rapportèrent également des sensations subjectives de relaxation et de calme émotionnel. Schwartz nomma ce phénomène «pattern biofeedback», une réponse clé du cerveau qui nous ramène à l'axiome suivant: «Le tout est plus grand que la somme de ses parties.» Cela a contribué aux recherches systémiques modernes et aux théories des modèles, les plus importants «insights» du xxe siècle, lesquels ont donné les modèles explicatifs. (Voir Restak, R., 1979, p. 292-293)

Malgré le succès de ces expériences de biofeedback, il demeure que *la médecine ne peut expliquer ce qui se produit dans les maladies psychosomatiques.*

«Notre santé est contrôlée par notre cerveau.» Selon Schwartz, «la prémisse de base du modèle de "disregulation" est que le cerveau a la première responsabilité de maintenir sa propre santé et celle de son corps, et son succès dans cette tâche est obtenu en se changeant et en se régularisant lui-même pour rencontrer les besoins des organes spécifiques». (Restak R., 1979, p. 294)

Dans la médecine chinoise et dans la méditation taoïste, les modèles et l'approche systémique sont depuis longtemps utilisés. La théorie des cinq éléments avec ses lois de production et d'équilibration (régulation) en est un exemple connu depuis la dynastie des Han et même auparavant. De plus, cette théorie est exprimée de façon circulaire, ce qui permet de saisir directement les interactions des phénomènes impliqués dans un processus permanent et changeant. La théorie des correspondances des phénomènes interreliés est utilisée avec ce modèle théorique.

Le cerveau, par les suggestions positives utilisées par la méditation taoïste, devient maître de diriger l'énergie. Dans le Chi Kung, le souffle interne, le Chi ou l'énergie sont sous le contrôle du mental. C'est le mental qui active et dirige la respiration, le souffle dans les endroits appropriés du corps. Le mental indique combien de fois respirer et entraîne le corps à suivre le rythme et la quantité d'air demandée dans tel ou tel organe donné ou dans telle partie du corps. Le mental arrive même, à force d'exercer le corps, avec des respirations de plus en plus longues, à le faire respirer par les poils et par les pores de la peau. Le mental arrive aussi à diriger le corps subtil ou le corps d'énergie à l'extérieur du corps, pour des périodes de plus en plus longues, et à la ramener dans le corps physique.

Le réel, l'imaginaire et les manifestations au cerveau, étudiées par les méthodes modernes

Les résultats à l'EEG démontrent que l'expérience d'«imaginer» est identique à l'expérience réelle de voir la lumière clignoter ou de taper avec ses doigts. (Restak, R., 1979, p. 298) Voir ou imaginer une pomme aurait le même effet sur le cerveau.

Les expériences d'imagerie mentale avec la tomographie d'émission à positons (TEP) ont démontré que «***...la reconstruction mentale d'une représentation d'un objet activerait l'ensemble des régions cérébrales impliquées dans la perception visuelle de cet objet, et ce, de façon paradoxalement plus intense que ne le fait la perception passive***». (Botez, M.I., 1996, p. 135)

Si vous vous imaginez en train de faire une activité agréable, comme de skier ou de nager, votre cerveau libère depuis l'hypothalamus et la glande pituitaire des influx nerveux, des substances chimiques et des hormones qui affectent chacune de vos cellules. Un flux de substances calmantes naturelles ralentit votre rythme cardiaque et respiratoire, atténue l'anxiété et stimule le système immunitaire.

Les maîtres taoïstes connaissent l'importance de faire place aux pensées et aux émotions positives pour la santé et le développement spirituel. Si je me rappelle une émotion ou un événement négatif, j'accentue cette pensée ou cette émotion et j'amplifie son impact sur le corps et sur le cerveau, d'où l'importance de s'orienter vers les émotions, les pensées positives, la lumière. Se rappeler, se répéter ou répéter à autrui le négatif, que ce soit celui des émotions, des sensations ou des douleurs, est considéré comme inutile, non souhaitable et même dommageable, selon les taoïstes. L'important est de concentrer son attention sur les pratiques de méditation et de transformer le négatif, l'obscurité ou la matière en positif et en lumière, et de développer en soi les perceptions subtiles et les pouvoirs supérieurs. L'approche spirituelle taoïste, même si elle est très ancienne, est en accord avec les recherches les plus récentes sur les effets de la pensée et de la visualisation sur le cerveau. L'ancienne pratique du Sourire Intérieur, qui consiste à sourire et penser au sourire d'un enfant ou au sourire de quelqu'un que l'on aime pour attirer à soi, au troisième œil, la lumière dorée de la joie et de l'amour pour la faire circuler dans les organes des sens, les organes internes, le cerveau et la moelle épinière, amplifie cette énergie au cerveau et dans tout le corps, lesquels en gardent une mémoire. Cette mémoire positive de joie et d'amour est réactivée et amplifiée à chaque pratique et elle devient ce qui prend la place et peut transformer et dissoudre le négatif. Le négatif ne peut plus se loger dans le cerveau ou dans le corps, car il n'y a plus d'espace pour le recevoir. De plus, ce négatif est transformé au seul contact du positif et de la lumière dorée. Le sourire commence par le sourire aux yeux et aux glandes pinéale et pituitaire, ce qui active les hormones et les substances chimiques qui rechargent tout le corps.

L'imagerie mentale, le rêve éveillé et la visualisation

Le Dr Simonton faisait imaginer au patient des globules blancs très robustes qui attaquaient les cellules cancéreuses faibles et désorganisées pour stimuler l'activité du système immunitaire, et voici le résultat.

«Les patients de cette étude qui utilisaient la visualisation créatrice en conjonction avec leur traitement médical ont vécu deux fois plus longtemps que ceux qui ne recevaient que le seul traitement médical.» (Voir chapitre 1)

Selon le psychiatre Gerald Epstein, si le mental conscient agit sur le corps, il est possible d'utiliser le mental pour réparer les désordres physiques et émotifs du corps. La méthode la plus importante de cette médecine pour guérir le corps est le mental utilisant des images.

Epstein a reconnu la possibilité de traiter le présent non seulement par l'analyse du passé (attribuer le présent aux causes du passé), mais aussi par l'imagination d'un futur qui peut aider à modifier le présent. L'imagerie a pour effet de changer le comportement en utilisant l'imagination pour envisager de nouvelles possibilités, ce qui amène des changements relativement rapides et faciles. L'expérience imaginaire altérerait la signification des événements passés et créerait de nouvelles façons de permettre aux expériences de survenir.

Il prescrit principalement des exercices d'imageries qu'il élabore ou qu'il demande au patient de créer, et de faire un certain nombre de fois, pendant un certain nombre de jours.

Selon Epstein, peu importe la cause psychologique (émotionnelle et sociale), le mental conscient peut, grâce à l'imagerie, agir sur le désordre physique, ce qui ne l'empêche pas de reconnaître le rôle des émotions et du social dans les maladies. Une maladie peut avoir ou non des composantes émotionnelles et sociales. Mais *le mental est plus que les émotions et les sensations, et possède son propre pouvoir.*

Le mental (le cerveau, le système nerveux central) peut être entraîné à modifier des réponses spécifiques et des processus du corps. Aucun système du corps n'est autonome ou indépendant du mental. Le mental éveillé fait ses propres choix. Et nous pouvons ajouter qu'aucun système du corps n'est indépendant des autres systèmes.

Pendant les pratiques taoïstes, les organes internes sont imaginés et perçus lumineux et remplis de vertus positives. Chaque système du corps est activé par la pensée et la conscience en état de méditation et d'éveil – le système sanguin, le système lymphatique, le système gastro-intestinal, le système nerveux, le système glandulaires, etc. –, et ce, par différents exercices de méditation, à différents niveaux : le sourire, la Fusion des cinq éléments, le mariage de l'Eau et du Feu dans le Kan et Li par l'activation de la vapeur, pour épurer et recharger tous les systèmes du corps. En plus d'imaginer des globules blancs très robustes pour stimuler le système immunitaire et lymphatique, comme le propose le Dr Simonton, pendant les pratiques taoïstes, tous les systèmes du corps sont activés pour prévenir et, le cas échéant, combattre la maladie.

L'approche du psychiatre Epstein est très similaire à la pratique taoïste. Le Tao dit que nous pouvons vivre en état de méditation, soit méditer 24 heures par jour, c'est-à-dire utiliser le mental conscient pour agir sur le corps de façon constante, par la double, la triple ou même la multiple concentration. Dans le bouddhisme, cette capacité est exprimée symboliquement par des déités à plusieurs bras ou à plusieurs têtes.

Le taoïsme est orienté vers le futur positif et utilise le présent par l'imagination d'un présent et d'un futur qui peut aider à modifier le présent. Il n'est pas orienté vers l'analyse du passé et n'essaye pas d'attribuer le présent aux causes du passé, comme en psychanalyse. Il ne tente pas non plus de rechercher les causes psychologiques, émotionnelles ou sociales, il agit sur ce qui est. Le but est d'être dans ce qui est avec le mental conscient. Le présent ou le passé, s'il est obscur et négatif, est utilisé pour être transformé en lumière et en positif par différentes pratiques qui amènent des changements relativement rapides, faciles et efficaces. Ces pratiques guidées déjà élaborées comportent des imageries positives basées sur la théorie des cinq éléments et leurs correspondances. Elles peuvent être modifiées par la personne qui les utilise et sont répétées chaque jour jusqu'à en atteindre la maîtrise avant de changer de pratiques. Plusieurs pratiques peuvent aussi être maîtrisées en parallèle.

Les pratiques sont orientées vers la recherche du positif et la transformation du négatif en positif pour en faire de l'énergie et l'amplifier. La transformation des énergies est possible car l'énergie est mutable. Et toute la connaissance taoïste est basée sur ce phénomène, la transformation. Le mal est le bien en puissance. Il n'y a pas de mal, il n'y a que le travail de transformation de l'homme, qui n'est pas accompli.

Selon Epstein, le mental est davantage que les émotions et les sensations, et possède son propre pouvoir. Pour la médecine traditionnelle chinoise, le mental s'appelle le Shen (le cœur/mental), lequel est le résultat de la réunion des énergies sexuelles, émotives et sensorielles rassemblées, d'où l'importance de leur action conjuguée sur le corps et la santé.

Le mental (le cerveau, le système nerveux central) peut être entraîné à modifier des réponses spécifiques et des processus du corps, une vérité démontrée par Epstein. Ce phénomène a été observé plusieurs fois lorsque les recherches modernes étudient les réactions physiologiques des moines ou des pratiquants de la méditation ou les effets de l'hypnose sur le corps.

Aucun système du corps n'est autonome ou indépendant du mental. Cela s'explique par les différentes manifestations au cerveau des activités du corps et du cerveau à la fois. Ainsi, en pratiquant l'Orbite Microcosmique (exercice de méditation taoïste connu depuis le livre le Huang Di Suwen Nei Jing), tous les systèmes du corps sont activés et réunis pour retourner l'énergie au cerveau et régénérer le corps. C'est l'autoroute où se rassemblent tous les canaux d'énergie du corps.

Le mental éveillé fait ses propres choix. En effet, la méditation est un exercice d'éveil du mental. Le méditant ne dort pas, il est éveillé, ou il dort tout en étant éveillé. Il produit à la fois des ondes de sommeil ou ondes alpha, et des ondes thêta et delta, qui stimulent la créativité, l'insight, l'intuition, la guérison et l'expression de la maîtrise en se rattachant au subconscient, selon Anna Wise. (Voir Wise, A. 2002, p. 17) La maîtrise signifie parvenir à l'état de conscience dans un état de méditation intérieure qui permet de mettre les éléments ensemble et d'expérimenter l'état d'éveil, les ondes delta.

Cette constatation de la présence des différentes ondes du cerveau pendant la méditation et l'état d'éveil a été faite en 1996, par des psychologues de Los Angeles qui ont testé maître Chia avec des EEG pendant qu'il pratiquait certaines techniques de méditation taoïstes. «Son cerveau ne produisait pas seulement des ondes bêta, caractéristiques de l'état d'éveil, mais aussi des ondes alpha et thêta, qui normalement ne se produisent que durant la méditation profonde ou le sommeil profond, et ce, pendant qu'il parlait avec animation avec les chercheurs.» (Esotera, Through the power of the Inner Smile, 8-1997, p. 1, trad. libre) Il semblerait, d'après cette étude surprenante, qu'il soit possible d'être éveillé tout en étant endormi, certaines parties du cerveau émettant des ondes d'éveil bêta, et d'autres régions, des ondes de profond sommeil alpha.

L'exercice physique et ses effets physiques et psychologiques

Les recherches démontrent que l'exercice physique réduit les tensions musculaires et l'anxiété et prévient la dépression. Il peut aussi atténuer la dépression légère ou moyenne, au même titre que la psychothérapie ou la médication, surtout au début de cet état.

1- Si vous êtes déprimé ou mélancolique, les exercices sont préconisés le matin, car c'est le moment de la journée où la déprime se fait le plus sentir.

2- Si vous souffrez d'anxiété, 15 à 20 minutes d'exercices légers d'aérobie, de musculation vers la fin de la journée ou en début de soirée peuvent aider à détendre les muscles et à calmer le système sympathique.

3- Si vous dormez mal, des exercices rythmiques, comme la marche, le vélo, la natation, le jogging ou le ski de fond, pratiqués vers la fin de l'après-midi, augmenteront l'activité des ondes alpha associées au bien-être, à la détente.

L'Occident commence à reconnaître l'effet du corps sur le mental et l'effet des horaires des énergies sur les émotions et le corps, ce que les maîtres taoïstes pratiquent et utilisent depuis cinq mille ans (arts martiaux, Chi Cong, Taï Chi, Tao Yin, etc.) en combinant la connaissance de la chronobiologie. Par exemple la fin de l'après-midi (17 h à 19 h) est associée à l'horaire de l'activité des reins, lesquels sont en relation avec le cerveau, qui stimule les ondes alpha préparant au sommeil. Faire des exercices le matin pour contrer la déprime signifie pour les taoïstes stimuler les poumons par des exercices de respiration et stimuler l'élimination/digestion, dont le temps d'activité est de 5 h à 7 h et de 7 h à 9 h. Lorsque les intestins et les poumons sont activés, les émotions négatives associées aux poumons/gros intestin, comme la dépression et la fatigue, sont libérées.

Hypnose et rêve

Comme nous l'avons dit au début de ce livre, le présupposé voulant que le sommeil soit indispensable à l'hypnose et que l'hypnose soit l'équivalent du sommeil a beaucoup nui à l'hypnotisme. Car les sujets dorment rarement au sens réel de dormir. Certains disent «Je dormais tout éveillé» ou encore «Je dormais sans dormir».

Sommeil est un terme conventionnel, et il serait plus juste de parler d'« état de suggestibilité ». Dans cet état, on peut dire au sujet de « dormir », et il dormira ; sans quoi, il ne dormira pas.

L'hypnose, comme la méditation, n'endort pas, elle crée un état d'éveil, de stimulation du métabolisme ou des cellules endormies ou inactives, par des mécanismes psychiques, émotifs ou physiques qu'il n'est pas nécessaire de connaître pour qu'ils agissent sur les diverses régions ou processus humains et induisent des effets de guérison et d'équilibration.

L'hypnose et le rêve

Dans l'état actuel de nos connaissances, nous savons que l'hypnose, l'imagerie, la visualisation, la suggestion et le rêve éveillé sont autant de moyens pour aider à développer la capacité « à rêver », ce qui permet aussi de rester dans l'état dit « névrotique » pour stimuler l'imaginaire, pour développer le cerveau droit, pour sortir d'une réalité pénible, stressante, et permettre de libérer le corps des maladies psychosomatiques.

La méditation comme l'hypnose et l'état de rêve permettent d'atteindre des états de sommeil conscient, notamment dans l'hypnose profonde, où les ondes du cerveau descendent jusqu'à des ondes thêta (4 à 7,5 hertz/seconde). La méditation sans objet permet de toucher des états plus profonds ou des états de sommeil profond et d'inspiration qui se manifestent par des ondes delta (0,5 à 3,5 hertz/seconde). Dans cet état de méditation, le pratiquant est éveillé ; il demeure alerte et peut continuer à répondre aux questions posées.

La prière et la méditation

Nous résumons ici les données déjà exposées au chapitre 1 : Le mental dans la thérapie. « Prier est excellent pour la santé », selon le docteur Andrew Newberg. David Larson, épidémiologiste, dit pour sa part que « ne croire en rien semble prédire une mortalité précoce aussi sûrement que par une consommation excessive d'alcool ».

Le Dr Herbert Benson, pionnier des recherches du pouvoir de l'esprit sur le corps en Amérique et qui a fondé le Mind/Body

Medical Institute à Havard, atteste que «les effets bénéfiques de la spiritualité ont une explication scientifique». La prière ou la méditation s'accompagne de changements physiologiques anti-stress, appelés «réponse de relaxation», comme la diminution du rythme cardiaque, l'abaissement de la pression artérielle et le ralentissement de la respiration. Pour lui, *«la chirurgie et les pilules sont deux piliers indispensables au traitement médical. Mais sans le soin de l'âme et de l'esprit, la médecine est bancale».*

D'après le psychiatre Jean-Charles Crombez, le yoga et la musique douce ont des effets similaires à ceux de la spiritualité. L'important selon lui *«est l'intériorité qu'on y met qui procure un bien-être parfois suffisamment puissant pour mettre en branle le processus de guérison».* Il reconnaît que la spiritualité donne en plus un sens à l'existence et donne espoir. Croire apporterait à l'humain une sérénité suffisante pour réduire le niveau de stress et de l'anxiété, déclencheurs de maladies.

Le président de l'Association des neurologues du Québec, François Delisle, reconnaît que «les gens qui ont une drive, une force intérieure, sécrètent davantage d'hormones bienfaisantes». Pour lui, que cette force positive vienne de leur foi en Dieu ou d'eux-mêmes n'a pas d'importance. Et il ajoute «si un patient se déclare d'emblée croyant, la spiritualité peut être un moyen aussi valable qu'un autre de surmonter un blocage psychologique».

Le Dr Michel Copti précise que les études sur les liens entre la santé et la spiritualité n'en sont qu'à leurs débuts. «L'exploration des mystérieux pouvoirs de l'âme et de l'esprit sur le corps sera sans doute l'une des tâches de la médecine du troisième millénaire.» Le rapport de la commission scientifique Franklin, en 1784, qui a été instaurée pour contrer le travail de Mesmer en France, aura retardé l'intégration des dimensions spirituelle et sexuelle à la médecine occidentale.

La médecine traditionnelle chinoise et sa panoplie de moyens, méditation, Qi Cong, Taï Chi, nécessitent comme la prière de ralentir, de répéter, de pratiquer la concentration. De plus, la méditation et la prière permettent de passer à l'action, d'agir, de persévérer et de croire. Ce sont aussi des façons de développer la sensibilité et l'expansion de la conscience.

La pratique du Qi Cong et du Taï Chi permet de pratiquer la méditation en mouvement et en même temps de recevoir les effets bénéfiques de la méditation (augmenter le calme, la sérénité et la concentration) et les effets bénéfiques de l'exercice fait avec persévérance (tonifier les systèmes musculosquelettique, cardiorespiratoire et nerveux), et de mettre en branle la force du Qi, capable de mettre en œuvre les mécanismes d'autoguérison, d'entretien de la santé et de longévité.

Le psychanalyste François Roustang émet l'opinion que de se raconter de façon interminable et décortiquer sans cesse son passé n'aurait pas les effets thérapeutiques supposés par la psychanalyse et la psychologie clinique. Selon lui, la plainte et la complainte ne font que prolonger le malaise. On se plaint pour garder son chagrin intact ; c'est une forme de refus de la réalité, une forme de négation de ce qui a pu déranger sa vie, plutôt que de l'affronter. Parler du négatif ne sert à rien. «Si parler consiste à ruminer son histoire séance après séance, rien ne changera vraiment dans la vie du patient. Et ce n'est pas non plus l'interprétation du psy qui améliorera quoi que ce soit.» (Éthier, C., 2000, p. 80)

Il suggère comme solution d'être présent à l'acte, à la plénitude de chaque acte, à la présence tout entière dans l'acte. Comme dans la calligraphie chinoise, où tout est centré sur l'art de mouvoir le pinceau, il s'agit donc d'*être dans ce qui est* plutôt que de mettre l'accent sur les sentiments, les ressentis ou les pensées.

En utilisant l'hypnose comme un outil d'éveil, Roustang a trouvé un moyen concret de changer la vie des gens, en sollicitant les ressources personnelles du patient, en créant un déplacement de l'attention par lequel il peut recréer son Univers, sa vie de tous les jours, et voir les choses différemment.

Un autre moyen est l'arrêt de pensée : « Maintenant, ne pensez plus.» Arrêter de parler et passer à l'action pour vivre sa vie et affronter le présent est aussi thérapeutique. Pour François Roustang, «l'accent mis sur le sentir marque à la fois la fin de la psychologie, donc la fin de la plainte, et la restauration de la psyché.» (Roustang, F., 2000, p. 68)

Cette façon de penser, de concentrer l'attention sur la solution, de regarder vers le futur, n'est pas seulement utilisée en hypnose, mais aussi dans la méditation taoïste. Plus récemment, le psychanalyste François Roustang a aussi prôné ce changement thérapeutique.

« La tradition chinoise se borne à distinguer avec constance le corps vivant et le cadavre. Rien d'étonnant que ses poètes sachent dire et transmettre l'immédiateté des impressions fugitives, les petites et grandes sensations par quoi l'homme se fait écho des montagnes, des fleuves, des nuages et du vent et devient l'hôte d'un Univers de correspondances. Lorsque les poètes chinois parlent du sentiment de la nature… c'est pour exprimer une participation et une réciprocité, parce que leur sentiment est autant le leur que celui de la nature.» (Roustang, F., 2000, p. 68)

Dans ces vers de poètes anciens, l'immédiateté est le secret et donne l'existence en soi des choses reflétées :

« Autour de l'étang, pousse l'herbe d'avril… »
(Tao Chien (373-427))

« Sous la poutre, le nid d'hirondelle est vide
Un peu d'argile en tombe… » (Ling Yun (385-433))

« Au printemps, lorsque toutes les fleurs sont épanouies,
La rivière, dans le soir, semble lisse et immobile.
Soudain, le courant apporte le reflet brillant des étoiles
Et les vaguelettes refluantes emportent l'image de la lune.
(Yang Kwang)

(Tiré de Chang Chung-Yuan, 1971, p. 161 et 162)

La médecine traditionnelle chinoise est aussi une science basée sur le Tao et le senti. La MTC a mis au point des méthodes de senti pour maîtriser le Qi, le renforcer, l'accroître, l'épurer, l'équilibrer et le faire circuler dans le corps, le mental et l'esprit. Maîtriser le Qi signifie de contrôler le corps, la respiration et la pensée. Percevoir le Qi signifie de le sentir et de le diriger dans les glandes et les organes du corps, dans les trajets d'énergie, dans toutes les cellules du corps et même à l'extérieur du corps. Accroître le Qi signifie de pouvoir absorber aussi les énergies de la terre, du ciel et de la nature. Ce sont ces énergies rassemblées dans une grande maîtrise qui peuvent servir dans les pratiques de guérison, dans les arts martiaux, et dans l'augmentation de la résistance physique hors du commun. La pratique de toute forme de Qi Cong a été interdite en Chine par le régime communiste. Grâce à la connaissance profonde du Qi des maîtres taoïstes, ces pratiques ont été maintenues vivantes et peuvent encore être apprises dans leurs dimensions spirituelles, martiales et médicales. La Chine actuelle fait aujourd'hui la promotion des exercices de Qi Cong de santé auprès de la population et dans les hôpitaux, et reconnaît la valeur de la médecine traditionnelle chinoise (MTC) comme d'une partie intégrale de sa culture.

Conclusion

La psychoénergie signifie la possibilité d'intégrer les pratiques de la médecine traditionnelle chinoise avec les pratiques de la médecine et de la psychologie occidentale. L'exposé des différents concepts démontre les principaux aspects qui peuvent être utilisés simultanément et qui ont des effets similaires. Le pouvoir d'autoguérison, le rôle du mental conscient ou inconscient, la suggestion positive, les émotions et les pensées positives peuvent soigner l'individu. En plus de reconnaître ces phénomènes, la médecine traditionnelle chinoise reconnaît le rôle du macrocosme sur l'énergie humaine et la capacité de l'homme, comme microcosme, de vibrer et d'être en contact avec les énergies universelles. L'acupuncture, qui est un outil de stimulation des énergies personnelles de l'individu, attire aussi les énergies cosmiques pendant le traitement. La méditation taoïste est basée sur la capacité qu'a le mental de pratiquer l'attention, la concentration, de mouvoir l'énergie et le sang dans le corps et de recevoir les énergies cosmiques pour les diriger et les y conserver, et augmenter ainsi le pouvoir de guérison et la force spirituelle. Les Taoïstes créent leur médecine interne en activant par la méditation les centres du cerveau et les glandes impliqués : la pinéale « couronne », la pituitaire « troisième œil », les tempes et le centre du cerveau, appelé la « chambre de cristal », et la base du crâne « oreiller de jade », pour activer l'expansion de la conscience et le renouvellement cellulaire. Des recherches scientifiques récentes ont démontré que la stimulation de certains centres et glandes du cerveau provoquait des états d'expansion de conscience et activait le renouvellement cellulaire au cerveau. Toutes ces études permettent de faire des liens, d'établir des ponts entre l'Orient et l'Occident et de démontrer que la connaissance sensitive, en portant attention à la vie, est un pont avec l'Univers des correspondances.

Chapitre 5

L'acupuncture et le Shen: l'approche intégrative corps/mental/esprit

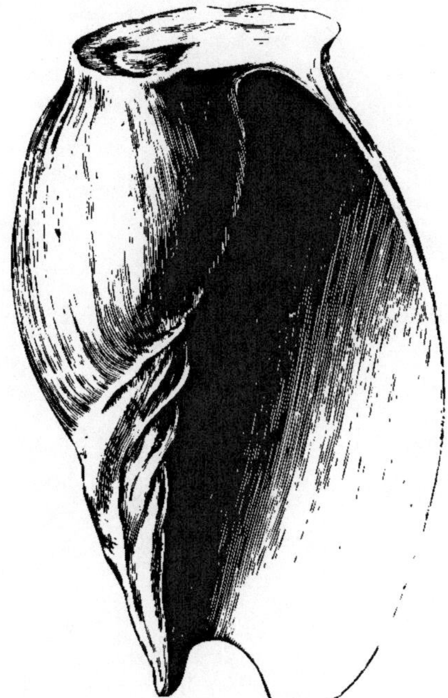

Introduction

L'approche intégrative a été élaborée graduellement à partir des connaissances et de la pratique de diverses méthodes thérapeutiques : la psychanalyse, la bioénergie, la relaxation, le rêve éveillé, l'art thérapie, les massages, l'acupuncture, la méditation, l'hypnose et l'expérience de la vie. L'implication de la personne est fondamentale. Car le but n'est pas de la soigner ou de la guérir, mais de lui enseigner et de la supporter dans l'apprentissage et la pratique des moyens variés qui lui seront bénéfiques. Plusieurs conditions sont préalables de la part du thérapeute voulant pratiquer cette approche qui nécessite d'écouter, d'observer, de palper et d'évaluer l'état énergétique, physique, émotif et mental de la personne, mais aussi d'agir, d'intervenir par différents moyens thérapeutiques : relaxation, acupuncture, hypnose, Qi Cong, méditation. Il s'agit aussi de créer et d'inventer des solutions de transformation, de se fier à son senti et à ses perceptions en se situant dans le présent, sans négliger le passé ni le futur. Changer le présent change le passé et le futur. Cette approche intégrative comprend, à chaque séance, trois étapes :

- l'exposé de la situation, des émotions et des symptômes par la personne qui consulte ;
- l'utilisation de l'énergie par la prise des pouls, l'acupuncture, le massage, les conseils alimentaires, la prescription d'herbes ;
- l'utilisation du mental/spirituel par la relaxation, la méditation, la visualisation, l'hypnose, la musique.

Nous avons tenté de donner plus de détails sur cette approche intégrative en thérapie en présentant quelques exemples de traitements pour différentes problématiques : le stress, l'arrêt de fumer, la dépression et les phobies multiples, les troubles neurologiques et les douleurs permanentes à la suite d'un accident de voiture, les difficultés sexuelles chez une femme abusée sexuellement, l'éjaculation précoce, le côlon irritable, la dépression, les règles abondantes et la phobie de la voiture, la fybromialgie et les suites compliquées d'une hystérectomie.

L'acupuncture et la psychologie (hypnose/méditation) combinées servent à augmenter le pouvoir de guérison en réunissant le corps et le mental par l'énergie. L'énergie est doublement activée par l'acupuncture et par le mental, et cette pratique est appelée *psychologie intégrative.*

La psychologie intégrative

La D^re^ Tremblay est une pionnière dans la pratique intégrée de l'énergie de la guérison et de la santé, un mélange de psychothérapie et de travail énergétique, incluant la psychanalyse, la bioénergie, la relaxation et l'hypnose, l'acupuncture, le massage et le toucher thérapeutique, l'alimentation, le Qi Cong et la méditation. Cette pratique intégrée répond aux besoins du corps, du mental et de l'esprit, approfondit et accélère la guérison et conserve la santé.

L'auteure, grâce aux connaissances acquises et aux pratiques depuis 1983 en psychologie, en psychanalyse, en hypnose, en massage, en acupuncture et en méditations zen et taoïste, est à même, après l'écoute des symptômes et celle des pouls et de la langue, de déterminer un traitement avec les aiguilles et d'élaborer un traitement verbal appuyant et complétant le traitement énergétique effectué avec les aiguilles. La personne est impliquée dans le traitement. Dans un premier temps, il y a entrevue face à face, où la personne expose sa réalité. Dans un deuxième temps, la personne est allongée, en état de détente et de relaxation. Cette relaxation doit être opérée du haut vers le bas, de la tête vers les bras, les mains, les doigts, les pieds, et non comme le préconisent habituellement les méthodes occidentales, soit du bas vers le haut, car il s'agit plutôt de dégager les tensions, de vider la tête. Pendant le traitement, la personne écoute, en état de détente (hypnose/méditation), les suggestions de l'acupuncteur/hypnologue et active son énergie par le mental. Entre les traitements, elle a la responsabilité de répéter ces suggestions, ces visualisations, ces activations d'énergie par le mental chaque jour avant le sommeil et/ou au réveil. Les suggestions, les visualisations et les respirations guidées créées pour chaque personne à chaque séance sont enregistrées sur cassettes audio et remises au client. Nous donnerons plusieurs exemples d'interventions thérapeutiques.

La psychologie intégrative nécessite de la part du thérapeute des connaissances variées, des formations diversifiées, l'acquisition de plusieurs techniques et un apprentissage permanent dans plusieurs domaines et dans plusieurs cultures.

Les éléments mis en présence lors du déroulement d'une rencontre en psychothérapie intégrative sont les suivants.

1- Laisser la personne ouvrir son cœur : elle parle, elle raconte, elle explique. Il s'agit d'écouter l'histoire et la description des symptômes par le patient, généralement pendant la première rencontre et, ensuite, au début de chaque rencontre, pendant 20 à 30 minutes.

2- Écouter, observer, sentir en même temps que la langue, le teint, le timbre de la voix, la texture de la peau, l'odeur, la posture, prendre les pouls et palper, et questionner, afin de connaître le problème énergétique sous-jacent au problème physique et psychologique. La prise des pouls est importante car elle permet de confirmer la personne dans ses sentis et ses perceptions, lesquels sont conformes aux manifestations des pouls.

3- Tenir compte des spécificités de la personne, de sa famille, de son milieu, de sa culture.

   Impliquer la personne dans le diagnostic et le traitement, c'est un échange d'opinions ; le thérapeute apprend par le patient, lequel est informé et coopère parce qu'il comprend le problème et le traitement.

4- Agir, intervenir par la parole (relaxation, hypnose, méditation), par l'énergie, l'acupuncture, le massage, le Qi Cong, l'alimentation, la théorie des correspondances, et par l'art : le collage, le dessin, la musique, le mouvement. Ne pas laisser partir la personne en détresse, désespérée face au passé, mais lui faire voir la réalité et le futur possible.

5- Créer et réinventer, pour chaque personne et à chaque rencontre, une solution, une ouverture, demande les qualités suivantes : improvisation, ingéniosité, savoir-faire, expérience. Le thérapeute développe aussi les capacités fondamentales d'avoir des intuitions, de sentir, de se laisser inspirer, d'oser essayer.

Les aptitudes thérapeutiques à développer dans l'approche intégrative sont :

- Oser accueillir quelqu'un avec tout ce qu'il est sans savoir qui il est, et prendre le risque d'essayer de l'aider à se transformer. Plonger dans l'inconnu avec tous ses sens, toutes ses impressions, et avec confiance.
- Se fier à son senti, à ses perceptions.
  « Prenez le temps de sentir ce qui se passe en vous » est la consigne de base de la psychologie intégrative. Il faut aussi apprendre à sentir ce qui se passe en l'autre, par la température, les émotions, les expressions et les humeurs. Observer la couleur, la texture, des différentes régions du corps, les taches brunes, rouges, les changements de couleurs. Ressentir les différents pouls (trois emplacements à chaque poignet), ce qui demande une grande sensitivité pour distinguer les 38 qualités de chaque pouls, afin de poser un diagnostic et de traiter adéquatement la personne.
- Se mouvoir librement dans l'espace thérapeutique comme dans un lieu de création, un environnement où le monde sensible se déploie dans l'équilibre de l'espace et du temps, avec une attention fine aux sons, aux couleurs, aux goûts, aux rythmes et aux sensations tactiles. Dans les traitements d'acupuncture, il faut suivre l'énergie pas à pas et même la devancer pour prévenir. Les points et les fonctions des points indiqués et le sens du traitement dépendent du but à atteindre, de l'état de l'énergie au moment du traitement et de la personne à soigner.
- Utiliser le continuum passé futur sans négliger le présent.
  Sortir de la causalité linéaire qui va du passé au présent, et qui cherche la cause dans le passé.
  Sortir de la causalité circulaire ; la cause produit un effet qui influence la cause par rétroaction.

Changer le présent transforme le passé et le futur. Modifier le symptôme entraîne un réaménagement de la mémoire (passé / présent / futur) selon la théorie des interférences. (Halfon, Y., 2002, p. 6)

Exemples d'intervention thérapeutique avec l'approche intégrative du corps/mental/esprit

Nous utiliserons indifféremment les moyens suivants, Shen (relaxation-hypnose-méditation), acupuncture, massage, Qi Cong et conseils alimentaires, en respectant les trois étapes suivantes et en les intégrant à chaque séance ou d'une séance à l'autre.

1re étape : Ouvrir le cœur (exposé de la situation, des émotions, des symptômes).

2e étape : Utiliser l'énergie (prise des pouls, acupuncture, massage, Qi Cong, conseils alimentaires, herbes).

3e étape : Utiliser le mental/spirituel (relaxation, visualisation, méditation, musique, hypnose).

Après avoir constaté à plusieurs reprises que de raconter les symptômes, les rêves, les événements, ou de rechercher les causes du problème dans leur histoire personnelle n'aidait pas les patients à « aller mieux », j'ai ressenti le besoin de faire quelque chose d'efficace dans le cadre du travail thérapeutique. Ce qui m'a décidée à cesser d'utiliser uniquement l'approche analytique est de fait une série d'événements entourant la thérapie avec une patiente. Celle-ci était venue pour diarrhée chronique et voulait comprendre les raisons de ce mal incurable pour pouvoir s'en libérer. Elle a raconté son enfance, les difficultés relationnelles avec son père, dont elle avait peur, ses difficultés avec ses amies, dont elle n'acceptait pas les remarques, ayant l'impression de ne pas être aimée. Elle avait tendance à se remémorer ce qu'on lui disait et à y réfléchir longuement, ce qui empoisonnait sa vie. Après un certain temps, elle eut un rêve : c'était l'heure du repas, et elle venait de descendre de sa chambre pour aller au sous-sol, et elle a vu l'eau qui montait jusqu'au niveau du siège des chaises, placées dans un coin de la pièce. Elle a remonté à l'étage pour le repas, mais n'a pas parlé de l'eau. Dans la période qui suivit, soit pendant au moins cinq séances, elle a continué d'avoir ces rêves de l'eau qui envahit la maison, jusqu'à ce que la maison soit emportée jusqu'à la mer. Étant formée à l'approche psychanalytique et à la psychanalyse jungienne par la psychologie, j'ai formulé les interprétations psychanalytiques d'usage. Ayant aussi étudié l'acupuncture pendant quatre ans, j'ai commencé à centrer mon attention sur les symboles énergétiques de ses rêves. L'eau envahit la Terre (la maison). Les reins ou l'eau empiètent sur la rate ou la terre ou la maison, ce qui a pour effet de détruire la Terre ou la Rate. La Terre est envahie par l'eau, d'où la rate (Terre) ne peut contenir les Reins (l'Eau), ce qui entraîne la diarrhée et les autres symptômes de vide de rate : fatigue, amaigrissement, troubles digestifs, difficultés de concentration.

Je lui ai demandé si je pouvais prendre ses pouls des énergies aux poignets, et j'ai alors constaté qu'il y avait vide de Rate, Poumon actif, vide de Cœur et de foie et Reins faibles. Je lui ai fait l'interprétation énergétique des rêves et des symptômes et je lui ai suggéré de la traiter en acupuncture en complétant le traitement par des exercices de relaxation et d'hypnose. J'ai pris les pouls, qui confirmaient le vide de Rate : pouls lent, faible, profond, ralenti, mou, et j'ai expliqué à la personne sa typologie et les liens avec ses symptômes. Voilà les faits. Comment les modifier et agir positivement ? Voilà la thérapie. Augmenter la force de la Rate et du Gros Intestin avec l'acupuncture et le travail mental d'activation des points d'énergie. Après deux traitements, ses rêves avaient disparus et, après dix traitements, ses symptômes avaient disparu. Elle a alors ressenti un changement immédiat ; elle était moins préoccupée, elle avait plus de mémoire et de concentration, elle était moins rigide et la diarrhée qui l'empêchait de sortir est disparue. L'énergie a agi en elle et a transformé le corps et le mental tout en ouvrant de nouvelles voies, et en procurant, par le biais de l'ouverture du thérapeute, l'occasion de nouvelles expériences. Elle a intégré rapidement le travail thérapeutique fait antérieurement pendant une dizaine de séances.

Cet événement m'a amenée à choisir ma méthode de travail, qui n'a depuis cessé de se développer grâce à des apprentissages nouveaux : méditation, Qi Cong, Taï Chi, hypnose, art thérapie, etc.

La musique thérapeutique

Dans les années 1980, des recherches ont été effectuées par des compositeurs de musique chinoise et des spécialistes de la médecine traditionnelle chinoise, pour créer une musique thérapeutique basée sur les cinq éléments, Bois, Feu, Terre, Métal, Eau, et sur le Yin et le Yang.

Le choix de cette musique est basée sur la connaissance des théories des cinq éléments, du yin et du yang et des correspondances établies sous la dynastie des Zhou. Les tonalités et les compositions musicales, de même que les théories de la santé, de la maladie et des traitements médicaux, sont basées sur ces correspondances, résumées dans les cinq éléments. La musique thérapeutique est choisie en fonction de l'état des énergies. Si l'énergie de Foie est vide, choisir la musique qui tonifie le Foie, donc qui réfère au Bois, au printemps, à la flûte de bambou ou de bois.

Cette musique du sud de la Chine, « Yi-Ching Music for Health », est parfaitement désignée pour permettre un traitement plus efficace de la maladie. Elle utilise les correspondances des éléments avec les organes internes (Métal/Poumon, etc.) et a la capacité de contrer le déséquilibre des éléments sur les plans biologique, émotionnel et psychique.

D'autres recherches ont été effectuées à partir des livres médicaux, comme le *Suwen*, lequel indique dans le chapitre « L'origine des maladies » que les causes externes des maladies viennent des climats reliés à chaque saison et que les causes internes sont reliées aux activités psychomentales. Le corps doit combattre les quatre causes externes (vent, froid, humidité, chaleur) et augmenter sa défense naturelle contre ces différentes conditions et les causes internes, soit les émotions et les activités psychiques et mentales. Sous le titre « Therapeutic Music of The Yellow Emperor's Classic of Internal medecine », la musique de quatre disques CD a été composée pour aider le corps à combattre ces causes externes, selon les saisons (printemps, été, automne, hiver). D'autres musiques, sur deux CD, ont été composées pour aider à calmer les émotions, les pensées, à stimuler l'esprit et à équilibrer le corps et l'esprit.

D'autres recherches sur l'art de la santé et la musique ont été effectuées dans le nord de la Chine. Elles sont basées sur les cinq tons cosmiques de la musique chinoise qui correspondent aux cinq systèmes organiques du corps humain et sont présentées dans six CD, sous le titre *Five Tones Healing Music*. Les cinq modes sont basés sur les cinq tons. Les fréquences vibratoires de ces divers modes stimulent le débit et la circulation du Qi dans les parties du corps. Par exemple, le ton «Kung» associé à la terre stabilise le Qi, le ton «Yu» associé à l'Eau fait descendre le Qi, etc.

Les recherches réunissant les médecins chinois et les musiciens traditionnels ont aussi permis de créer de la musique en utilisant l'échelle des cinq tons pour régulariser les problèmes psychosomatiques en équilibrant le Yin et le Yang et les cinq éléments. Cette musique, présentée sous le titre *Chinese Medical Psychosomatic Music Therapy*, aide à régulariser le fonctionnement des organes du corps et restaure le métabolisme.

Prenez note que les collections suivantes se retrouvent dans le Wind Records catalogue (Music, Man & Nature, CA, 2000), soit:

- Therapeutic Music of The Yellow Emperor's Classic of Internal Medicine
- Yi-Ching Music for Health
- Five Tones Healing Music
- Chinese Medical Psychosomatic Music Therapy

Les herbes comme la musique thérapeutique ont été utilisées pendant les traitements par acupuncture ou par relaxation/hypnose/méditation. Le choix des plantes et le choix des musiques reposent sur les mêmes théories des cinq éléments, du Yin et du Yang, et des cinq saveurs, comme dans l'alimentation.

Voici la liste des exemples d'intervention par l'approche intégrative que nous allons détailler dans ce chapitre:

1- Le stress, traitement par la relaxation et l'acupuncture;

2- Cesser de fumer, traitement par l'hypnose et l'acupuncture;

3- L'asthme et les allergies, traitement par l'entrevue, par le massage Chi Nei Tang, l'acupuncture et la méditation;

4- La dépression et les phobies multiples (peur de l'avion), traitement par l'entrevue, le massage CNT, la relaxation, l'acupuncture, l'hypnose;

5- Les troubles neurologiques et douleurs permanentes à la suite d'un accident de voiture : traitement par plusieurs approches combinées ;

6- Les difficultés sexuelles chez une femme abusée sexuellement : traitement par l'entrevue, l'hypnose, l'acupuncture et la méditation ;

7- Les difficultés chez l'homme éjaculateur précoce : traitement par l'entrevue, la relaxation, l'hypnose, l'acupuncture et le Qi Cong ;

8- Le côlon irritable, la dépression, les règles abondantes et la phobie de la voiture : traitement par l'entrevue, l'acupuncture, l'hypnose et la méditation ;

9- La fybromialgie et les suites compliquées d'une hystérectomie : traitement par l'entrevue, la relaxation, l'acupuncture et le Qi Cong.

Prenez note que tout au long du présent chapitre, tous les détails sur les personnes ont été modifiés dans le but de préserver leur anonymat.

Le stress : traitement par la relaxation et l'acupuncture

Relaxer tout le corps, de la tête vers les mains et de la tête vers les pieds, en sentant le contact de chaque partie du corps avec le matelas, et en sentant chacune devenir lourde, détendue. Premièrement, suivre le sens de l'énergie pour libérer l'énergie Yang (activité), les tensions, le stress et l'obscurité, par le bout des doigts et le bout des pieds. Deuxièmement, laisser l'énergie du calme, de la sécurité, à la lumière bleue, remplir chaque partie du corps.

Pour accentuer ce traitement par le mental, faire les points d'acupuncture qui induisent la détente, soit avec des aiguilles, soit par le massage, par la tenue des points pendant 10 à 15 minutes, en pensant au calme et à la sécurité.

Tonifier les points 6 MC et 3 F et le point 20 VG.

- 6 Maître du Cœur (Nei Guan) : calme le cœur et le Shen, harmonise l'estomac.
- 3 Foie (Tai Chong) : calme les tensions en dispersant la chaleur du foie, abaisse le Yang, fait circuler l'énergie.
- 20 Du Mai (VG) (Bai Hui) : calme l'esprit, purifie la tête et le cerveau, tonifie le Qi.

Conseils alimentaires : éviter le café, les stimulants, le chocolat, et manger des aliments de nature Yin pour rafraîchir l'énergie. (Voir Tremblay, N., 2002 (1), p. 112, tableau 8, Synthèse des aliments de nature Yin)

Relaxation guidée avec les six sons de la santé. Voici un extrait de la relaxation avec la lumière dorée (voir *Le Tao de la santé*, 2003-2 et 2003-4).

> Prenez le temps de vous installer confortablement, de sentir le contact de votre corps avec le matelas, de vous relaxer profondément, de la tête jusqu'aux pieds. Prenez le temps de laisser votre corps se détendre.
>
> Souriez à vos yeux, à votre tête. Souriez à votre cerveau, laissez-le se détendre, de plus en plus profondément. Toutes les cellules de votre cerveau se relaxent, deviennent calmes, profondément détendues. Plus vos yeux se détendent, se relaxent, plus votre cerveau devient calme. Vos yeux prennent le temps de se détendre… L'œil à votre gauche se détend. Relaxez tous les muscles et les tendons de votre œil gauche. Et laissez votre cerveau se relaxer. Plus votre œil se détend, plus votre cerveau gauche se relaxe. En même temps, desserrez les mâchoires, relaxez votre bouche. Laissez votre œil gauche et votre cerveau devenir de plus en plus détendus, de plus en plus calmes. Peut-être pouvez-vous sentir la différence entre la gauche et la droite.
>
> Nous allons faire la même chose à votre droite. Souriez à votre œil et à votre cerveau droits, souriez à votre cerveau droit. Laissez-le se remplir de joie, d'une belle lumière dorée. Tous les muscles et les tendons se relaxent, se relâchent, votre œil est de plus en plus détendu, calme. Votre cerveau droit suit

cette détente, se relaxe. Laissez-vous aller complètement. Votre œil gauche, votre œil droit, sont de plus en plus détendus. Vous laissez cette énergie descendre dans votre nuque. Mettez votre langue au palais, derrière les dents du haut, comme pour faire un pont, et laissez couler cette énergie le long de votre langue, sur votre langue. Laissez-la couler librement, comme une lumière dorée. Laissez descendre cette lumière dans votre bouche, sur votre langue. Continuez à sourire à votre cerveau, à vos yeux, à votre nez, à votre langue. Comme un pont, laissez la lumière dorée couler de votre langue jusqu'à votre gorge.

Inspirez la lumière dorée et la joie comme un soleil, dans votre gorge. Laissez fondre toutes les tensions, les douleurs, les blocages, laissez-les aller complètement.

Continuez à sourire à votre gorge, et laissez descendre cette énergie dans votre thymus, qui est une glande devant votre sternum, entre le cœur et la gorge. Laissez couler librement la lumière dorée et la joie dans cette glande. Vous pouvez inspirer doucement cette lumière avec le sourire et la joie dans le thymus. Inspirez, laissez la lumière se répandre aussi dans votre cœur. Souriez à votre cœur, laissez-le se détendre. Recueillez la lumière dorée, la joie, l'amour en profondeur, dans le cœur.

Inspirez cette lumière dorée emplie de joie dans votre cœur, et expirez. Laissez aller tout ce qui vous oppresse. Inspirez et expirez librement la lumière dans votre cœur, laissez-la couler librement. Lentement, à votre rythme, rassemblez-la au niveau du plexus solaire, entre votre nombril et la base du sternum. Laissez couler le soleil, la lumière dorée et la joie, jusqu'à cette région de votre corps qui apporte son énergie à l'estomac, au foie, aux reins... Prenez le temps de lui sourire et de laisser la lumière dorée et la joie la pénétrer en profondeur. Vous accueillez cette énergie librement.

Votre corps se détend. Tout devient de plus en plus libre, détendu. Vous amenez ce sourire, ce soleil, rempli de joie, jusqu'à la région de votre nombril. Souriez à votre nombril. Inspirez et expirez lentement derrière votre nombril avec la joie, la lumière dorée. Laissez fondre tous les blocages, toutes les tensions, laissez-vous aller complètement. Vous n'avez pas besoin en vous de ces énergies négatives. Laissez-les aller. Tout devient libre, détendu. Inspirez et expirez lentement cette lumière dans votre nombril, dans votre abdomen, de plus en plus profondément. [...]

Cette méditation avec la lumière dorée participe aux six lumières de la santé qui, avec les six postures et les six sons, stimulent les différents organes internes et transforment les émotions négatives en émotions positives (voir *Le Tao de la santé*, 2003-2).

Cesser de fumer: traitement par l'hypnose et l'acupuncture

La cigarette crée un effet de dépendance par la nicotine et un effet d'obstruction dans le foie et dans les poumons, par l'amoncellement de la fumée dans ces organes. Le tabac est une drogue et, peu importe la quantité de cigarettes fumées, la personne est intoxiquée par une substance qui circule dans son système sanguin et se répand dans toutes ses cellules.

L'acupuncture réduit les effets du sevrage en diminuant la sensation de manque, elle calme le système nerveux, régularise l'appétit, rééquilibre les énergies et stimule les organes responsables de la désintoxication.

En général, le taux de réussite est de 80 %, et un seul traitement suffit dans la majorité des cas. Après une ou deux semaines, un traitement d'appoint peut être nécessaire pour assurer une réussite totale.

Ce traitement s'applique aussi au sevrage des drogues, mais il nécessite alors une série de traitements journaliers et particulièrement dans les oreilles, pour une période de 10 à 20 jours.

Acupuncture[8] **:**

Traitement n° 1 pour relaxer, libérer le nez des odeurs et stimuler l'énergie vitale des organes internes.

8. Le traitement est élaboré en fonction de chaque personne, les trois traitements sont ici présentés à titre indicatif.

Relaxation : 6 MC, 7 C, 9 P.

- 6 Maître du cœur (Nei Guang) : calme le cœur.
- 7 Cœur (Shen Men): calme le Shen du cœur, l'anxiété, les palpitations, l'insomnie, l'hystérie.
- 9 Poumon (Tai Yuan), point Terre du P : en dispersion, libère le Poumon, purifie la chaleur, en tonification : tonifie le Qi du Poumon.

Épuration des voies respiratoires : 8 VB, 2 V, 20 GI, Kia Pi.

- 8 Vésicule Biliaire (Shuai Gu) : libère la vésicule biliaire et soigne la migraine et le vertige.
- 2 Vessie (Zan Zhu) : dégage les sinus frontaux, enlève les céphalées, les maux d'yeux.
- 20 Gros Intestin (Ying Xiang) : dégage le nez, les rhinites, les sinusites, les paralysies faciales.
- Kia Pi : point curieux : ouvre les parois nasales.

Compléter le traitement par l'activation du Jing des organes par la puncture des points des organes dans les oreilles : Poumons, Vésicule Biliaire, Shen Men.

Traitement n° 2 pour tonifier les Poumons, le Foie et épurer la Vésicule biliaire :

5 P, 3F, 34 VB, 8 VB, 4 IG.

- 5 Poumons (Chi Ze) : Point He qui tonifie l'Eau, ce qui signifie « entre en profondeur » dans l'organe pour purifier la chaleur. Tonifie les poumons et les libère de la chaleur, qui peut se manifester par la toux, l'asthme, la bronchite, la douleur de la gorge, la sinusite, les bouffées de chaleur, la langue sèche.
- 3 Foie (Tai Chong) : point Terre (Shu) du Foie, apaise la tension et soigne les céphalées, le vertige, la métrorragie, la mastite.
- 34 Vésicule Biliaire (Yang Ling Quan) : point He de VB. en dispersion pour faire circuler l'énergie de la vésicule, purifier la chaleur interne, soulager les tendons et assouplir les articulations.

- 8 Vésicule Biliaire (Shai Gu) : au-dessus de la pointe des oreilles ; point qui sert à purifier la chaleur, à harmoniser le foyer moyen et à dénouer le plexus.
- 4 Gros Intestin (He Gu) : libère l'excès de Yang des poumons, du nez, de la gorge et de la tête (toux, transpiration, sinusites, mal de gorge, perte de la voix, mâchoire crispée, céphalées, douleurs oculaires, paralysie faciale...).

Traitement n° 3 contre les dépendances aux drogues par la puncture dans les oreilles des points suivants, correspondant aux organes impliqués :

Sympathique (Système nerveux sympathique), Shen Men, Poumons, Foie, Reins.

(Traitement établi par le Dr Michael Smith, psychiatre et acupuncteur, Lincoln Hospital, New York, 1997)

Les points des oreilles tonifient et activent le Jing des organes et remettent en branle l'énergie vitale de chaque organe, ce qui stimule le désir de vivre. Ce sont les organes et les systèmes les plus touchés et souvent s'étant détériorés dans les cas d'abus de drogues de toutes sortes.

En utilisant l'hypnose, la méditation, le massage et l'acupuncture combinées, nous aidons la personne à ne plus avoir besoin de fumer, en désintoxiquant les organes et en soutenant la volonté et la décision d'arrêter. Ces moyens restaurent l'énergie et la forme des poumons.

Hypnose

Voici, sous forme d'extraits, le cheminement d'une séance d'hypnose réalisée pour soutenir une personne qui souhaitait cesser de fumer.

> Je veux vous parler d'une façon où vous allez vous sentir plus réceptif, je veux parler à cet aspect de votre mental qui est plus intéressé à écouter, à entendre ce que j'ai à vous dire ; qui est plus intéressé à vous aider à réussir ce que vous voulez. Et vous savez ce que vous voulez.

Explorations des résistances

J'aimerais que vous vous laissiez devenir attentif à votre respiration et en même temps attentif à des possibilités d'ambivalence que vous pouvez sentir.

Si vous sentez une ambivalence avec le respect de cesser de fumer, devenez conscient de cette ambivalence. Une idée, un mot qui vient à votre pensée, même si elle semble inappropriée, non raisonnable, ce n'est pas grave. Si vous sentez une ambivalence, si vous avez une raison bonne ou insensée qui vous dit pourquoi ne pas cesser de fumer, parlez-en avec moi maintenant, sans déranger le reste de votre expérience. Pouvez-vous trouver une objection à ne pas cesser de fumer?

[...]

Vous êtes habitué de fumer

Laissez-vous savoir, comme si vous envoyiez un signal à travers votre cerveau, un signal clair, qui reconnaît que vous êtes clair avec le fait de ne plus avoir d'ambivalence. Que vous êtes totalement intéressé et que vous voulez, avec une ferme intention, réussir à cesser de fumer, parce que vous avez l'habitude de fumer.

Vous ne fumez plus.

Et comme vous l'avez indiqué, il n'y a aucune raison sur la terre, qui est suffisante, qui justifie que vous preniez encore une cigarette. Vous êtes un-e homme-femme qui avait l'habitude de fumer. Et vous ne fumez plus. Vous n'avez plus besoin de faire cela.

Et vous pouvez encore entendre dans votre mental. Les mots en écho: «Je suis un homme – une femme – qui a l'habitude de fumer.» Et ces mots peuvent vous servir de reconnaissance du pouvoir de ce que vous pouvez faire, de l'efficacité de votre propre habileté de faire ce que vous avez choisi de faire, de ne plus fumer.

Saper les rationalisations

Quelquefois, on peut se confondre soi-même avec des rationalisations, peu importe que nos intentions soient valables ou pas, peu importe que nos plans soient clairs ou pas. Et c'est correct ainsi aussi. Si quelqu'un que vous aimez dit, peu importe pour quelle raison, manger du poison, vous ne le laisserez pas manger du poison, n'est-ce pas ? Non, sûrement pas. Même si cette personne vous donne d'excellentes raisons. Vous pouvez être amusé, surpris par toute l'invention qu'elle peut déployer pour donner des raisons. Mais vous ne prendrez jamais ces raisons au sérieux, n'est-ce pas ? Non, certainement pas.

Vous pourrez être surpris par la créativité que vous pourrez déployer à développer des rationalisations intéressantes, inventives, mais vous ne les prendrez pas au sérieux. Non, sûrement non !

Libre, sorti de prison

Et l'on continue, vous continuez à m'écouter, à descendre de plus en plus bas dans votre inconscient, et vous permettre d'entendre ce que je vais vous dire, à vous, sans effort.

Je veux que vous sachiez que vous pouvez avoir occasionnellement de très brèves et très intéressantes expériences pendant les heures qui vont suivre ou les jours, ou les semaines. Toujours maintenant et alors, vous pouvez avoir une sensation, une sorte d'image, possiblement juste un vague « feeling » de regarder derrière votre épaule. Toujours maintenant et alors, vous pouvez avoir juste la sensation soudaine de regarder derrière votre épaule les murs hauts et noirs d'une prison. Une prison érigée pour quelque raison, peut-être depuis longtemps oubliée. Mais maintenant, vous savez, vous vous êtes libéré. Vous n'êtes plus un prisonnier de cette prison.

Maintenant et alors, vous pouvez avoir une soudaine, excentrique et éphémère sensation de regarder par-dessus votre épaule les murs hauts de la prison. Vous n'êtes désormais plus un prisonnier de cette prison. Vous pouvez ressentir tout le délice, l'enchantement, de cette réalité !

Vous pouvez même être capable d'entendre, ou de ressentir, d'une certaine manière, l'inconfort des prisonniers qui sont encore là. Et peut-être ressentez-vous de la compassion pour eux. Mais vous pouvez aussi profiter pleinement de l'air pur, de votre liberté.

Augmenter l'estime de soi

Et vous pouvez vous sentir véritablement fier de votre décision de devenir libre, et de demeurer libre. De fait, vous pouvez être surpris après un certains temps, soudainement, de sensations fugitives, peut-être familières ou non, des sentiments de fierté réelle, et de bien-être. Fierté d'avoir choisi de vous libérer. Fierté d'avoir choisi de vous tenir debout, ce que vous savez être la meilleure chose pour vous.

Et vous pouvez aussi vous sentir fier d'avoir choisi de laisser cette expérience se dérouler, et de sentir que c'est plus calme, plus confortable, plus facile que ce que vous aviez anticipé. Vous êtes libre maintenant.

Vous pouvez vous réjouir maintenant d'apprendre à vivre librement, et de continuer à vous réjouir de cette expérience de non-encombrement, de vivre de la façon que vous avez choisie, de faire, même s'ils sont petits, des mouvements choisis librement, avec vos mains, simplement parce que vous l'avez choisi. Vous n'avez plus à faire quelque chose parce que quelqu'un d'autre un jour, ou une autre partie de vous-même, vous a convaincu que c'est ce que vous deviez faire. Vous êtes libre maintenant de prendre soin de vous-même et de le faire librement.

Mouvements, exercices

Et vous savez qu'il est très important de commencer maintenant et dans les jours à venir de prendre soin de vous d'une autre façon, de devenir plus attentif à vos besoins et de vous laisser découvrir comment satisfaire ces besoins. Il est important que vous commenciez à boire plus d'eau. Il est important que vous deveniez plus actif physiquement. Et vous pouvez vraiment vous sentir bien dans votre corps. En devenant plus actif physiquement, il peut être vraiment plaisant de noter comme votre corps fonctionne bien, de noter comme vos membres peuvent bouger librement, de noter que vos poumons peuvent commencer à travailler. Inspirez et expirez l'air pur et frais au sommet d'une montagne ou au bord de la mer, où l'air est rempli d'oxygène.

Notez comme c'est bon de se sentir physiquement plus actif et de goûter la bonne fatigue qu'il y a à être plus actif physiquement.

Entraînement à l'autohypnose

Aussi, je veux vous rappeler que cette expérience immédiate de confort et de bien-être, c'est votre expérience et non la mienne. Et l'habileté à créer cette expérience est votre habileté et non la mienne. Et vous pouvez vraiment prendre plaisir à découvrir comment utiliser votre habileté à créer cette expérience quand vous en avez besoin. Chaque fois que vous voudrez vous sentir plus confortable que vous ne l'êtes, chaque fois que vous voudrez vous libérer d'une sensation de stress, de tension ou de malaise, tout ce que vous avez à faire, c'est de vous installer au fond d'une chaise, d'un divan ou d'un lit, de vous adosser et de prendre une très profonde, très satisfaisante respiration et de la maintenir, de la garder un moment. Et d'expirer, de laisser aller l'air vers l'extérieur et de vous laisser envahir des sensations de confort, de bien-être, qui se répandent à travers vous comme l'eau coulant dans une baignoire.

Chaque fois que vous vous sentez anxieux ou tendu, tout ce que vous avez à faire, c'est de prendre une très profonde, très satisfaisante respiration, et de la retenir pendant quelques instants. Et ensuite d'expirer cette respiration, cet air vers l'extérieur, en même temps que ces sensations de confort, de bien-être, vous remplissent comme l'eau dans une baignoire.

Et vous pouvez être réconforté en sachant que si certaines sensations vous dérangent, elles ne sont pas nécessaires.

Vous pouvez prendre plaisir à savoir que vous êtes capable de vous libérer par vous-même de ce malaise, très rapidement, très facilement, et d'une manière qui peut simplement vous faire vous sentir plus confiant, plus fier de vous-même. Vous n'avez pas à dépendre de quelque chose d'autre pour connaître ce type de confort.

Fait accompli

Vous avez commencé un processus qui va prendre plusieurs jours, et certains seront plus confortables que d'autres. Et je ne sais pas quand cela arrivera, peut-être dans une semaine, peut-être dans un mois, je ne sais pas exactement quand cela se produira, quand vous allez simplement, de façon automatique, un jour, regarder en arrière et être si content de ce que vous avez accompli. Vous sentir si heureux de ce que vous avez fait.

Et maintenant, j'aimerais vous laisser reposer encore un peu plus profondément et revivre cette expérience de confort, profondément en vous, et vraiment apprécier, en ce moment, comme vous vous sentez bien. Soyez attentif à l'excitation que vous ressentez et à son anticipation. Je vais être très intéressée de vous entendre me dire comme vos journées se sont déroulées plus facilement que vous ne l'aviez pensé.

Méditation

Pratiquez le son des Poumons et le son du Foie. Après les exercices, répétés trois fois pour chaque organe, mettez-vous mentalement dans un environnement agréable. Profitez de l'air pur et frais sur le sommet de la montagne, de l'oxygène et de la verdure de la forêt autour de vous et en vous. Pour ces pratiques, vous pouvez aussi utiliser la cassette de méditation taoïste des *Six sons de la santé* (Le *Tao de la santé*, 2003-2)

Massage Chi Nei Tsang

Le massage Chi Nei Tsang consiste à activer les poumons en pressant sur les côtes des deux côtés, en expulsant l'air et en faisant le son des Poumons (Siiii, Siiii….), au moins trois fois. Ensuite, tenir les points 1 Poumon (Zhong Fu), qui tonifie le Qi des poumons et le point de collecte des poumons, en-dessous de la cage thoracique, en laissant circuler l'énergie de la lumière blanche, fraîche et claire. Terminer en libérant la chaleur des poumons vers le Gros intestin, l'organe d'excrétion, en tenant le point 4 GI (He Gu) et en dirigeant l'énergie vers le bout de l'index pour décongestionner les poumons et libérer la chaleur (voir Chia, M., 1992 (1)).

Qi Cong

Le Qi Cong taoïste a pour objectif de tonifier «les deux, le corps et le mental». La méthode signifie «pour cultiver la vie et la nature» et consiste autant en une pratique du Qi Cong qu'en une contemplation de la nature. Prendre la posture de Qi Cong, debout, les pieds au sol à la largeur des épaules. Lever les bras au-dessus de la tête, les garder dans cette posture statique, tout en inspirant dans les poumons la clarté, la fraîcheur, la force, et en expirant dans les bras et jusqu'au bout des doigts, de 3 à 6 fois, tout ce qui pouvait être obscur, triste, faible.

Ces exercices et ces points d'énergie, en plus de libérer du tabac et des drogues, aident à prévenir et à guérir les faiblesses et les maladies pulmonaires (toux, asthme, bronchite, tuberculose, refroidissement avec fièvre, douleur à la gorge, maux de tête, dentalgie, arthrite temporo-maxillaire, oppression, etc., en relation avec les organes et les trajets d'énergie impliqués).

L'asthme et les allergies: traitement par l'entrevue, par le Massage Chi Nei Tsang, l'acupuncture et la méditation

Histoire

Cette femme dans la quarantaine vient de l'extérieur de la ville. Elle est venue me consulter après avoir été en thérapie pendant cinq ans avec une psychologue. Elle a vécu plus d'une dizaine d'années seule. Elle s'est mariée il y a un peu moins de dix ans. Elle est artiste peintre, comme son père. Elle travaille à l'extérieur de la maison une journée par semaine. Elle est triste de ne pas avoir eu d'enfant et de ne pas se consacrer à son art. «Je veux peindre, mais je ne fais jamais ma peinture.»

Symptômes

Elle fait de l'asthme, comme deux des membres de sa famille maternelle, et a des allergies, comme son père, et ce, depuis l'enfance. Elle n'a pas de désir sexuel depuis trois ans, ni d'orgasme. Depuis un an, elle souffre de douleurs à l'estomac, de reflux gastrique, de fatigue après les repas, de brûlures d'estomac, de diarrhée, de pertes d'urine. Ses menstruations sont claires et abondantes. Elle est très déprimée, veut mourir, fait de l'insomnie, de l'anxiété, pleure souvent. Elle a des douleurs dans le haut du dos et entre les omoplates.

Observation : embonpoint, chair flasque, air triste.

Pouls : Reins vides, Estomac lent, Gros intestin variable, Cœur et Poumons râpeux.

Nombril : vide d'énergie global, avec nœuds aux emplacements porte du Cœur et porte de l'estomac (CNT).

Symboles : T- tonifier, D- disperser, E- équilibrer.

Premier traitement :

Acupuncture : 6 MC (T[9]), 3 GI (T), 6 R (T), 62 V (D), 1 V, 36 Est (D), 12 VC (D), 15 Est (D), 13 V (D).

- 6 Maître du Cœur (Nei Guang) : calme le Shen, supprime les stagnations de Qi, ouvre la poitrine, insomnie, dépression.
- 3 Gros Intestin (San Jian) : somnolence, ventre gonflé, diarrhée.
- 6 Reins (Zhao Hai) : calme le Shen, ouvre la poitrine, insomnie, angoisse, peur, envie de s'allonger.
- 62 Vessie (Shen Mai) : fait circuler le Qi du méridien, en accord avec 6 R et 1 V favorise le sommeil.
- 1 Vessie (Jing Ming) : contrôle l'ouverture et la fermeture des yeux, gère le sommeil.
- 36 Estomac (Zu San Li) : en dispersion harmonise l'estomac, supprime les stagnations, arrête le reflux.
- 12 Vaisseau Conception (Zhong Wan) : à la suite d'un vide une fausse plénitude apparaît : blocage des aliments, en dispersion il fait descendre le Qi et favorise la digestion et le sommeil.

9. Les symboles T, D et E signifient tonifier (T), disperser (D) et équilibrer (E).

- 15 Estomac (Wu Yi) : calme la toux et l'asthme, fait circuler le Qi.
- 13 Vessie (Fei Shu) : purifie la chaleur du Poumon, fait diffuser le Qi des poumons, calme la toux et l'asthme.

Relaxation/méditation : Son des Poumons pour les deux poumons, répétition trois fois du son Siii, qui attire la lumière blanche, la fraîcheur et la clarté, et qui transforme la tristesse, la dépression, la chaleur et l'asthme en oxygène et ouvre les alvéoles des poumons (répéter cet exercice chaque jour au moins trois fois).

Conseils alimentaires : Manger des bouillons de poulet et de bœuf faits avec des os. Ajouter graduellement des nouilles et des légumes.

Trois semaines plus tard…

Diminution spectaculaire de l'asthme ; elle a utilisé trois pompes par semaine au lieu de trois pompes par jour. Elle vit de la peur et de l'anxiété au sujet de sa peinture, de son couple, de ses amis, de son professeur, de son travail, de sa venue ici. Tout est perçu comme un drame. Elle se demande qui elle est. Suis-je une peintre ? Elle pleure et se questionne au lieu de peindre. Elle a de la difficulté à rester seule, à exprimer ce qu'elle ressent. Elle suffoque.

Conseil : Établir un rituel en déterminant une place, un temps pour peindre et accepter ce qui vient.
Pouls : Reins faibles, menus.

Acupuncture : 6 MC (T), 4 GI (T), 15 E (D), 3 R (T), 10 R (D), 6 VC (T) et 52 V (T).

- 6 Maître du cœur (Nei Guang) : calme le cœur.
- 4 Gros Intestin (He Gu) : diarrhée par vide de la rate.
- 15 Estomac (Wu Yi) : disperser pour calmer la toux et l'asthme.
- 3 Rein (Tai Xi) : tonifie le Qi et le Yin du Rein, renforce la moelle et le cerveau.
- 10 Rein (Yin Gu) : tonifie le rein, purifie la chaleur. Avec 3 R (T) (point Terre), l'énergie du 10 R (D) (point Eau) est sous le contrôle de la réflexion (Terre), ce qui atténue les peurs.

- 6 Vaisseau Conception (Qi Hai) : tonifier l'énergie originelle, renforcer le Qi, chauffer le Yang.

Dos : 52 Vessie (Zhi Shi) : Point Shen de Vessie : Zhi, tonifie la volonté.

Cette tonification a pour effets de régulariser le cœur et les reins et d'atténuer les peurs, la diarrhée, l'épuisement.

Méditation/ Massage : Masser le rein gauche et le droit en pratiquant le son des Reins (Fuuu) et faire venir la lumière bleue pour aider à la transformation de la peur en calme, en douceur et en sécurité. Ramener l'énergie dans les deux reins en appuyant sur les points 1 Reins (1 R) en pensant à l'énergie bleue, à l'eau, et en faisant remonter mentalement ces énergies dans les reins par les points 3 R et 10 R ; tenir ces points. Cette activité de l'énergie est aussi mise en branle simultanément par la puncture en tonification des points 3 R, 10 R et 6 VC, pour retenir le Qi et le faire descendre aux reins.

1 Reins (Yong Quan) : ouvre les orifices, réveille le Shen.

Pratiquer cet exercice méditation avec le son des Reins chaque jour pour transformer les peurs en calme, douceur et sécurité, et vous donner de la vitalité.

Trois semaines plus tard, à la suite du verglas et d'une très longue panne d'électricité, à Montréal.

Elle a attrapé la grippe, mais elle ne parle plus d'asthme, ni de peurs, mais de l'hospitalisation de sa mère et de ses difficultés avec son mari. Quand il lui dit « J'aimerais t'aider davantage », elle a peur de lui, elle se sent comme une femme battue, maltraitée, même si ça n'a jamais été le cas. Il est distant et froid, et elle a besoin de plus de contacts physiques. Elle a fait de l'insomnie, a perdu la voix, a eu des douleurs dans les mains, ce qui l'a empêchée de peindre et de tricoter. Elle a vécu de la tristesse, car son mari a été arrêté par la police en essayant de visiter une prostituée. Cela s'est passé quand il est allé la reconduire à son cours d'aquarelle. Elle parle de l'image négative d'elle-même et des problèmes sexuels de son mari.

Pouls : tous vides ; elle est sans énergie.

Tonifier le système immunitaire profond et superficiel, dégager les poumons, tonifier les reins et harmoniser le cœur.

- 6 MC (T), 4 Rte (T), 5 TF(T), 41 VB (T), 15 Est, (D), 3 R (T), 7 R (T), 7 C (T).
- 6 Maître du cœur (Nei Guang) : calme le cœur, traite l'insomnie, favorise l'harmonie avec le conjoint.
- 4 Rate (Gong Sun) : en association avec 6 MC, tonifie le système immunitaire profond.
- 5 Trois Foyers (Wai Guan) : douleur des articulations et tonification du système immunitaire superficiel en association avec 41 Vésicule Biliaire (Zu Linqi).
- 15 Estomac (Wu Yi) : disperser pour rafraîchir les poumons et calmer l'asthme.
- 3 Rein (Tai Xi) : tonifie le Qi et le Yin du Rein, renforce la moelle et le cerveau.
- 7 Rein (Fu Liu) : nourrit le Yin et tonifie le rein, renforce la moelle et le cerveau, abaisse le feu.
- 7 Cœur (Shen Men) : calme le Shen du cœur, l'anxiété, les palpitations, l'insomnie, l'hystérie.

Relaxation/méditation avec la lumière dorée de la joie et de l'amour pour tonifier tous les systèmes.

> Imaginez devant vous une belle lumière dorée comme un soleil, remplie de joie. Et accueillez cette belle lumière dorée comme un soleil, dans vos yeux, dans votre cerveau, dans votre nuque, laissez couler cette lumière dorée, la joie, dans vos épaules. Et laissez descendre cette lumière dorée, et la joie, le sourire, dans vos mains. Et continuez à sourire à votre corps, souriez à votre dos, entrez en contact avec votre dos en lui souriant…
>
> (extrait de la *Relaxation avec la joie*, Le Tao de la santé, 2003-4.)

Une douzaine de rencontres et de traitements se sont poursuivis de la même façon, en tenant compte des événements, des modifications des symptômes, des changements et des modifications énergétiques ainsi que des prises de conscience de la personne. Celle-ci n'a plus eu d'asthme et son attitude sur le plan sexuel a changé. Elle a par ailleurs repris la peinture et a participé à deux expositions de ses œuvres à la fin du travail thérapeutique.

Les herbes suivantes ont été associées au traitement :

- BD-203, Dr Stephen, T. Chang.
- Reproductive Tonic Combination : anémie, dépression à la suite d'un déséquilibre hormonal ; augmente le système immunitaire ; infection de la vessie. (Chang, S.T., 1985, p. 214)
- Strengthen Lung, Chineese Modular Solution : faiblesse respiratoire, respiration courte, sensibilité aux grippes, aux diarrhées et aux allergies respiratoires ; facilement blessée et mélancolique.

La dépression et les phobies multiples (peur de l'avion) : traitement par l'entrevue, le massage Chi Nei Tsang (CNT), la relaxation, l'acupuncture, l'hypnose

Histoire

Une femme dans la cinquantaine, l'aînée de cinq enfants, mariée depuis plus de vingt ans, mère de deux fils étudiants. Le plus jeune parle de suicide et a une mauvaise opinion de lui-même, et prend de l'alcool. Elle est enseignante. Elle est stressée et a peur des remarques des enfants à l'école. Son mari travaille au gouvernement. Elle a peur de faire des choses sans lui : faire une promenade, sortir, magasiner. Elle ne prend pas l'ascenseur, ni l'avion, mais aimerait voyager. Elle est en psychothérapie depuis une quinzaine d'années. Elle a pleuré en thérapie pendant quatre ans. Elle est référée par un psychologue.

Symptômes physiques : haute-pression, digestion lente, constipation, insomnie, douleur à l'aine.

Symptômes psychologiques : dépression, agoraphobie, claustrophobie. Relation conflictuelle avec sa mère, qui la menaçait en répétant fréquemment : « Tu vas me faire mourir. » Sa mère était cardiaque et dépressive, et elle craignait qu'elle meure réellement et qu'elle se sente responsable de sa mort. Sa mère vivait dans la même ville qu'elle.

Pouls des poignets : Cœur : agité (vide de Yin, excès de Yang), Poumon, Rein Yin : vides ; Foie et Estomac normal ; Rein Yang vide.

Pouls du nombril : tension et blocage à l'emplacement du cœur, de l'estomac et du rein Yin (à gauche), selon les projections au nombril du massage Chi Nei Tsang (CNT) (voir Chia, M., 1992 (1), p. 183-187).

Premier traitement : massage Chi Nei Tsang (CNT)

Ouvrir l'aine en équilibrant la gauche et la droite, et balancer les pouls aux poignets, aux aisselles et aux chevilles.

Massage des points de tension autour du nombril : rein gauche, cœur et estomac. Dégager en appuyant en profondeur sur les points de projection des organes au nombril. Cette pression aide à dégager les tensions et blocages et remet en circulation les énergies débloquées.

Massage du rein gauche, qui est très dur et tendu, douloureux.

Massage du rein droit, plus souple.

Pendant le massage des reins, pratiquer le son des reins, le son Fuuu ; laisser la lumière bleue les remplir et transformer la tension, la douleur, la dureté, l'anxiété en calme, en sécurité et en souplesse. Respirer la lumière bleue et répéter «je suis calme, je suis en sécurité». Répéter cet exercice de massage des reins chaque jour, durant 7 jours, avec le son Fuuu.

Deuxième traitement, une semaine plus tard : massage CNT

Elle est tout le temps très nerveuse et angoissée au sujet de son hypertension et très stressée chaque fois qu'elle doit visiter son médecin.

Elle raconte les difficultés de son enfance avec sa mère, qui menaçait toujours de mourir, et l'angoisse et le sentiment de responsabilité qui en découlaient.

Pouls: Cœur agité, Foie, Rein yin et Rein yang vides.

Pouls du nombril: grosse tension et douleur à l'appui à la région de projection du rein gauche.

Lorsque l'énergie du Rein est vide, l'énergie du Cœur s'emballe, car il n'y a plus d'eau pour éteindre le feu, et les peurs et l'anxiété apparaissent.

Les techniques balancer les pouls et ouvrir l'aine sont à pratiquer en douceur et graduellement dans les cas d'hypertension, de problèmes cardiaques ou circulatoires:

- Balancer les pouls de tout le corps à partir du pouls de l'aorte.
- Ouvrir l'aine en activant les artères iliaques droite et gauche et faire circuler le sang dans les jambes.
- Ouvrir la porte d'énergie du rein au nombril pour défaire le nœud (appelé nœud de l'embryon).
- Désintoxiquer et activer les reins par le massage de désintoxication et de tonification des deux reins et par la transformation émotionnelle. Le rein gauche est dur et tendu. Dégager les reins en pratiquant le massage des reins et la méditation avec le son des reins (Fuuu). Avec la personne, pratiquer le son des reins trois fois, et amener la lumière bleue, le calme et la sécurité dans les deux reins. Activer le points 3 Rein (Tai Xi) en tenant le point d'un côté avec les doigts d'une main pendant que vous soutenez avec l'autre main le rein du même côté, et laisser sortir la peur, l'insécurité, l'anxiété par ces points en visualisant la lumière bleue qui descend le long des jambes. Faire la même chose avec les points 1 Rein (Yong Quan) et laisser se dégager les émotions négatives par le bout des pieds.
- Terminer en activant les points 1 Rein, en activant la lumière bleue, le calme et la sécurité, et en laissant monter la lumière bleue et ces énergies positives dans les deux reins pour les recharger.
  Les pouls des Reins sont encore très faibles.

Méditation: son des reins

Pendant plusieurs semaines, nous avons travaillé sur le dégagement et la transformation des tensions et des énergies négatives des reins en énergies positives - calme, sécurité -, et à recharger les reins jusqu'à ce que nous ressentions le pouls des poignets aux reins. La personne a pratiqué par elle-même ces massages et exercices de méditation (voir *Le Tao de la santé*, 2003-2).

Trois mois plus tard, la personne se sentait stressée, anxieuse, fatiguée et dépressive. Elle parlait de ménopause, de bouffées de chaleur, de transpiration nocturne, de crainte d'échec pour son jeune fils à l'université et d'impatience et de rage contre sa mère, ce qui la rend coupable. Nous avons repris le travail du dégagement du sternum et du Cœur.

Au nombril, dégager la tension et le blocage (défaire le nœud de l'embryon) au point de la porte du cœur, et défaire graduellement les tensions et les raideurs douloureuses autour.

Dégager le diaphragme tendu et dur pour pouvoir libérer l'énergie du cœur vers le bas.

Dégager les tensions et les raideurs du sternum en faisant de petites spirales du haut vers le bas et de petites spirales de chaque côté du sternum, entre les côtes. Si vous sentez des endroits plus tendus ou plus douloureux, laissez se dégager les énergies négatives en tenant le point sous le sternum et le point 7 C (Shen Men). Ce point est important pour calmer l'anxiété, la peur, l'insomnic, l'énervement, les palpitations. Il ouvre les orifices.

Désintoxiquer le cœur et transformer les énergies émotives négatives en joie et en amour. Masser le cœur en appuyant sur le sternum et en faisant le son Ahhh et en faisant venir la lumière rouge pour dégager les tensions du cœur et transformer la haine, l'anxiété en joie, en amour et en satisfaction.

Dégager les tensions dans l'aine (très tendue) en faisant des spirales avec le bout des doigts et en appuyant plus profondément jusqu'à ressentir un relâchement. Alternez la droite et la gauche avec le côté des mains. La tension dans cette région indique de la culpabilité. Pour aider à libérer les émotions négatives qui se traduisent en culpabilité, demander à la personne de pratiquer le Sourire intérieur et le son du cœur chaque jour.

Dans les cinq séances qui suivirent, ces massages ont été répétés et quelques points d'acupuncture ont été ajoutés successivement et graduellement, pour aider au dégagement du cœur : 6 MC (D), 7 C (D), 15 V (D), 3 F (D), 20 VB (D), 7 R (T), 44 E (D).

- 6 Maître du cœur (Nei Guang) : calme le cœur.
- 7 Cœur (Shen Men), point Terre du Cœur qui est Feu, en dispersion ; il dégage la plénitude du cœur, purifie la chaleur du cœur (bouffées de chaleur, transpirations), calme le Shen du cœur, en dispersion, et supprime les stagnations de Qi, les angoisses et les dépressions.
- 15 Vessie (Xin Shu), point Shu du cœur sur la 1re chaîne de vessie, supprime les stases de sang du cœur, calme le Shen du cœur, défait les blocages de Qi.
- 3 Foie (Tai Chong), en dispersion, abaisser le Yang, faire circuler le Qi et libérer l'hypertension et la colère.
- 20 Vésicule biliaire (Feng Chi) en dispersion abaisse le Yang du foie. Indiqué dans l'hypertension, l'insomnie, l'hystérie. Cœur et Rein ne s'harmonisent plus (7 C (D), 7 R (T) et 20 VB (D)).
- 7 Rein (Fu Liu), le Yin du foie est vide par vide du Rein ; donc, tonifier le 7 R ; pour nourrir le Yin et le Rein, renforcer le cerveau et les moelles, abaisser le feu indiqué par l'hypertension, l'insomnie, l'épuisement.
- 44 Estomac (Nei Ting) en dispersion, pour calmer le Shen et faire descendre l'excès de Yang de l'estomac pour supprimer l'énervement.

Madame commence à parler de son désir de voyage et du plaisir qu'elle a eu lors d'un voyage en France il y a déjà 22 ans. Elle parle de plus en plus de son désir d'y retourner, mais en même temps craint de prendre l'avion. Nous préparons mentalement le voyage par étapes en répétant les différentes situations en état d'hypnose, jusqu'à ce que l'évocation des diverses mises en situation ne provoque plus de stress ou de tension. Nous décidons de travailler au départ en voyage.

Pendant deux mois, nous avons travaillé à la préparation du voyage par étapes successives en tenant compte des diverses situations qui réactivent les peurs et les phobies, et pour atteindre l'état de détente, d'hypnose:

1- Atteindre l'état de calme et de détente sur le matelas et utilisation de l'ascenseur pour aller rejoindre des amis (cassette);
2- Atteindre l'état de calme avec la terre et sortie au restaurant pour rejoindre une amie (cassette);
3- Atteindre l'état de calme avec le bord de l'eau et la roche et aller dans une foule à une exposition avec une amie (cassette);
4- Atteindre l'état de calme avec la beauté et les sensations du jardin, respirer la lumière du soleil dans l'abdomen et, dans cet état, aller au festival d'été et au concert seule (cassette);
5- Continuer l'étape du jardin et ajouter le parfum des fleurs, et l'odeur que vous pouvez respirer pour sentir le calme du jardin pendant les préparatifs et pendant un voyage en avion (cassette).

Voici la retranscription de ces cinq étapes de désensibilisation par la relaxation.

1- L'ascenseur

Dans cet état de calme et de détente, vous arrivez face à cet hôtel... vous lisez son nom et vous voyez le grand hall d'entrée... dans lequel vous entrez lentement, tout en étant dans un état de calme et de détente, comme maintenant... Et vous allez peut-être vous adresser au comptoir de réception. Dans cet état de calme et de détente, de joie, vous demandez l'information pour identifier le local où vous devez aller rencontrer des amis, alors la personne vous fait attendre quelques instants... Tout en restant dans l'état de calme intérieur et de sourire, vous attendez la réponse...

Et elle vous dit: «Le local 722, c'est la chambre 722.» Vous retenez le numéro et vous rendez lentement, tout en restant calme et détendue, jusqu'à l'ascenseur. Vous contournez le grand hall, vous prenez le corridor où est indiqué Ascenseur et vous vous rendez face aux portes. Et, tout en respirant, en retrouvant en vous votre état de calme, de détente, comme maintenant, vous appuyez sur le bouton pour prendre l'ascenseur. D'autres personnes s'affairent autour de vous, parlent entre elles, et vous, vous restez calme, vous continuez à respirer normalement, profondément, jusqu'à votre nombril. L'ascenseur s'arrête. Déjà, des personnes sont à l'intérieur, vous entrez calmement et vous indiquez le numéro 7 à quelqu'un qui appuie pour vous. Et l'ascenseur se met en branle, vous montez lentement. Premier arrêt au troisième, vous restez calmement dans l'ascenseur, les personnes descendent et la porte se referme. Vous continuez à respirer lentement et à rester dans un état de calme, de détente, et l'ascenseur s'arrête au sixième. Des personnes entrent... et vous restez calme, détendue, comme maintenant, vous retrouvez en vous cet état de calme, de détente et vous continuez jusqu'au 7e. C'est à votre tour de sortir. Les personnes qui étaient entrées au sixième sortent avec vous, elles aussi doivent retrouver des amis. Vous trouvez le numéro de la chambre, 722, vous allez à gauche, oh, vous vous apercevez que ce n'est pas la bonne direction, et tout en restant calme, détendue, comme maintenant, vous allez dans l'autre direction et vous arrivez à la porte. Vos amis sont déjà présents, ils ouvrent la porte, ils vous accueillent, ils sont heureux de vous voir, vous embrassent ou vous serrent la main et vous allez enlever, peut-être, votre manteau tout en restant calme, détendue. Vous allez vous asseoir avec eux dans la chambre où, déjà, ils prennent peut-être un apéritif ou un verre de vin, et avec eux vous discutez peut-être sur le bord de la fenêtre, autour de la jolie table avec les fauteuils pas loin des lits, dans la chambre, tout en restant calme, détendue, comme maintenant. Vous retrouvez en vous le calme et la sécurité et vous continuez à discuter librement ...

Après la discussion, ils proposent d'aller manger au restaurant de l'hôtel, qui est au troisième étage, peut-être. Vous vous sentez joyeuse, contente de les accompagner, et vous restez concentrée sur votre respiration, vous retrouvez en vous le calme, la sécurité, et vous vous dirigez avec eux vers l'ascenseur pour redescendre. Tout le monde prend soin, avant de sortir, de prendre son manteau pour pouvoir aller marcher à l'extérieur après et vous descendez jusqu'à l'ascenseur, vous vous rendez dans le corridor et vous appuyez sur le bouton pour aller au troisième étage dans cet état de calme, de détente... Vous retrouvez en vous le calme, et l'ascenseur arrive. Vous entrez tous dans l'ascenseur et même vous vous surprenez à peser sur le bouton du troisième, joyeusement, tout en restant calme et détendue…

Et vous vous retrouvez au troisième étage. L'ascenseur s'ouvre et vous sortez lentement, calmement, avec vos amis, avec qui vous parlez en même temps que vous marchez et vous retrouvez dans le grand hall, avant la salle à manger, et tout en respirant, en restant calme, détendue, vous allez avec eux dans la salle à manger. Une table pour quatre ou cinq personnes vous attend et vous vous installez et vous restez clame, détendue pendant le repas, comme maintenant. Vous retrouvez en vous cet état de calme, de détente, et le repas se déroule normalement, en bonne compagnie. Vous discutez, peut-être de votre travail de l'année, ou de vos enfants, ou de votre travail dans votre maison, ou de la nourriture, ou du soleil, comme vous préférez. Tout en restant calme, détendu, le repas se déroule normalement… vous en profitez, complètement… et lorsque c'est terminé, vous quittez la salle et vous reprenez l'ascenseur jusqu'au premier étage, et tout se passe normalement, dans le calme, la sécurité, la détente, et vous voilà rendue à l'extérieur, pour marcher un peu autour de l'hôtel, aller explorer les magasins, peut-être, ou les jardins autour… Et dans l'état de calme et de détente, vous continuez votre promenade avec les amis et prenez quelques instants par vous-même pour sentir ce qui s'est passé en vous et retrouver votre état de calme, de détente et laisser le sourire se répandre en vous avec la lumière dorée.

2- Le restaurant

Vous vous retrouvez dans un endroit de votre choix, peut-être pour rencontrer une amie et parler, dîner avec elle. Prenez le temps de choisir cet endroit et rendez-vous dans ce lieu avec cette amie. Peut-être avez-vous à la rencontrer là-bas ou y allez-vous ensemble, comme vous préférez. Et vous avez choisi un lieu librement, pour la qualité de la nourriture et la tranquillité, et peut-être aussi la musique que vous aimez. Et selon le lieu où se trouve ce restaurant, vous prenez le temps de vous y rendre calmement, dans l'état de calme et de détente que vous ressentiez tout à l'heure, bien allongée sur le matelas. Tout en vous rendant dans ce lieu, restez dans cet état de calme, de détente, comme lorsque vous étiez sous l'arbre. Et allez rencontrer cette amie au restaurant, où vous entrez, calmement. On vous assigne une place, près d'une fenêtre, mais un peu au fond. Vous suivez la personne qui vous place, simplement en restant dans l'état de calme et de détente, et vous la remerciez. Et tout en respirant, vous restez calme, comme si vous continuiez à absorber en vous le calme et la force nourricière de la terre, et la vitalité de l'eau, comme si vous restiez branchée à la terre par vos pieds, par vos reins, comme lorsque vous étiez allongée tout à l'heure. Et votre amie peut-être se présente ou est déjà avec vous. Et vous êtes heureuse de la voir, et vous la saluez, l'embrassez, lui dites votre bonheur de la voir, et vous vous installez confortablement toutes les deux. Et tout en restant bien branchée à cet état de calme, de détente, en contact avec l'énergie nourricière de la terre et l'énergie de la vitalité, de l'eau, vous continuez à vous ressourcer, comme si vous étiez toujours en contact avec les forces de la nature. Et vous continuez à parler à cette amie, peut-être lui racontez-vous votre année scolaire ou vos projets pour les enfants, simplement en restant calme, détendue, toujours. Lorsque vous sentez une émotion ou un état de tension, vous reprenez votre état de calme, de détente, comme lorsque vous étiez allongée sur le matelas, ou à l'extérieur, sous l'arbre. Simplement peut-être en contractant légèrement votre périnée, vous attirez à vous l'énergie de la terre, de l'eau, et vous vous rechargez… et, par le fait même, instantanément, vous vous retrouvez dans un état de calme, de détente, et vous continuez doucement la conversation… si vous craignez qu'elle aborde certains sujets ou certaines choses ou certaines questions qui vous rendent mal à l'aise, simplement, si cela vous arrive, rentrez en contact avec la terre, laissez pénétrer ces énergies en vous, et répondez calmement, simplement, la pure vérité. C'est toujours plus facile et beaucoup moins stressant. Laissez-vous aller calmement… Et sentez l'énergie de la terre, l'énergie de l'eau qui vous supporte et vous nourrit, vous apporte le calme et la détente… Et le repas se déroule bien. Il fait beau à l'extérieur, votre amie aussi raconte sa réalité, simplement, et vous vous sentez de mieux en mieux, vous riez, vous amenez des images, des solutions à ses problèmes, vous réussissez à communiquer profondément, calmement. Et toujours, si vous sentez peut-être un peu de tension, un peu d'inquiétude ou un état de panique, dès que vous le sentez, et même si vous êtes dans un état de panique, reprenez contact avec la terre sous vos pieds, avec l'énergie de l'eau, contractez légèrement votre périnée et amenez la force à l'intérieur de vous. Souriez à vos reins, souriez à votre corps, laissez aller les peurs, les tensions, les paniques, l'anxiété, laissez-les aller dans la terre. Vous n'en avez pas besoin en vous. Laissez-les aller complètement... Laissez sortir par les pieds, par le bout des doigts, et remplissez votre corps de calme, de détente, de la force nourricière et calmante de l'eau... Et vous pouvez faire l'orbite pour distribuer cette énergie de calme et de détente à l'intérieur de vous...

Vous laissez cette énergie de calme et de détente se répandre en vous simplement, normalement... Et vous décidez après le repas, après l'échange, de faire une promenade à l'extérieur. Vous vous retrouvez au comptoir pour payer l'addition avec votre amie... Vous étiez de plain-pied ou à l'étage et vous descendez l'escalier, vous vous retrouvez dans le hall. Et là, vous sentez peut-être un état de tension, alors simplement, les deux pieds bien au sol, vous prenez le temps de contracter votre périnée et d'amener l'énergie dans vos reins en pensant au calme, à la force nourricière et à la vitalité qui est en vous. Vous laissez circuler ces énergies et vous reprenez l'état de calme, comme par enchantement, et vous restez dans le hall et vous êtes très différente, vous regardez sans panique, complètement détendue... Vous sortez pour aller marcher, soit dans le parc, soit ailleurs, ou vous allez au centre commercial, qui n'est pas loin, pour acheter quelque chose, comme vous préférez... Et vous laissez le calme, la détente se répandre en vous... Prenez quelques instants par vous-même.

3- La foule

Vous vous retrouvez dans un endroit que vous aimez dans la nature, peut-être assise confortablement sur une roche, à regarder simplement au loin. Ou peut-être voyez-vous de la verdure, ou un lac ou une rivière, ou peut-être le fleuve ou la mer, comme vous préférez. Simplement, vous observez ce qui est, les couleurs, peut-être pouvez-vous aussi percevoir les parfums, les odeurs, peut-être pouvez-vous aussi entendre des sons, peut-être les bruits de l'eau, ou les chants des oiseaux, et dans cet état de calme et de paix, de détente, vous profitez de la nature…

Et vous vous imaginez aller retrouver en ville des amis, sur une terrasse, à l'extérieur… Peut-être vous retrouvez-vous à l'extérieur, dans une rue que vous connaissez, il y a beaucoup de monde et vous restez calme, détendue, comme lorsque vous étiez dans la forêt sur votre roche, assise à regarder au loin. Dans cet état de calme et de détente, vous allez dans la foule à la recherche de votre amie, qui vous a dit qu'elle porterait peut-être un veston rouge, donc facile à identifier… et vous la voyez près de la porte de la terrasse, près de l'entrée de l'immeuble, et il y a toujours beaucoup de monde… Alors dans un état de calme, comme si vous étiez assise sur votre roche au bord de l'eau, dans cet état de calme et de détente, vous avancez vers elle, vous inspirez et expirez profondément dans votre nombril, en avançant vers cette table, et vous vous assoyez avec elle en lui disant bonjour, simplement. Et rapidement, le garçon vient se présenter à vous et vous demandez à boire de l'eau ou un apéritif, ou un café, à votre guise… et vous discutez librement avec votre amie, vous l'avez rejointe à ce café pour aller visiter une exposition à l'intérieur d'un immeuble. Alors vous discutez de l'exposition, du peintre que vous allez voir. Et vous restez dans l'état de calme, de détente, comme si vous étiez assise dans la forêt, à contempler la mer ou l'eau, la couleur du soleil à travers les feuilles, les odeurs, vous restez dans cet état de calme et de détente, et vous décidez dans cet état de pénétrer dans l'immeuble pour aller visiter l'exposition, qui est au 20e étage. Et vous restez dans cet état de calme, de détente, comme si vous étiez dans la forêt, et vous avancez, dans cet état, comme si vous étiez dans une bulle, dans le hall, qui est assez désert, par cette belle journée, vous voyez à travers lui, comme si l'immeuble était en verre, d'un côté et de l'autre, et vous vous sentez libre et bien comme dans la forêt au calme. Et vous appuyez sur le bouton de l'ascenseur, en parlant à votre amie de ce que vous avez lu dans le journal au sujet de l'exposition, ou elle vous en parle, peut-être de ce qu'elle a vu à la télévision, et enthousiaste et contente, vous prenez l'ascenseur, vous entrez à l'intérieur, tout en vous imaginant peut-être que vous êtes à l'extérieur, sur votre roche, à contempler l'horizon et à respirer profondément et, tout en parlant à votre amie, vous continuez à monter dans l'ascenseur et pour vous retrouver comme par enchantement au 20e étage, déjà, vous dites-vous. La porte s'ouvre et vous sortez, et vous suivez les directions pour vous rendre jusqu'à l'exposition. Et là, il y a, surprise, assez de gens. C'est l'heure de l'ouverture et le cocktail est en cours, et vous êtes heureuse d'être là, de voir tous ces gens qui bavardent, par cette belle journée. Et l'espace est assez ouvert, c'est un immeuble très vitré, vous vous sentez à l'aise, libre, comme à l'air libre. Et vous respirez calmement, en saluant les gens... et en vous promenant librement, pour contempler les tableaux et les sculptures qui sont exposés. Et chaque fois que vous inspirez et que vous expirez dans votre nombril, vous vous retrouvez dans l'état de calme, de détente, comme dans la forêt, sans fatigue, sans peur, complètement détendue. Et dans cet état de calme, de liberté, de sécurité, que vous pouvez retrouver simplement en inspirant et en expirant librement, vous visitez l'exposition, en toute quiétude...

Vous regardez plusieurs tableaux par vous-même, et parfois votre amie vous rejoint, et parfois d'autres personnes que vous avez connues. Et vous échangez librement, calmement, vos impressions... En toute liberté, en toute sécurité. Vous vous sentez de plus en plus libre, détendue, et lorsque vient la fin de la séance, vous décidez, en allant parler à votre amie, que c'est le temps de partir. Et dans l'état de joie et de bien-être, comme si vous étiez à l'extérieur, à l'air libre, vous respirez calmement et vous vous retrouvez dans l'état de calme et de détente, comme à l'extérieur, vous appuyez sur le bouton de l'ascenseur, qui était justement rendu au 20e étage pour que les gens puissent sortir. Vous les laissez sortir, tout en vous recentrant à l'intérieur de vous, et vous embarquez librement, calmement, dans l'ascenseur. Vous appuyez sur le bouton du rez-de-chaussée et vous voilà déjà rendue. Ce sont des ascenseurs extrêmement rapides. Et vous vous retrouvez sur la terrasse à nouveau. Peut-être décidez-vous de vous asseoir quelques instants pour vous reposer ou vous rafraîchir, ou simplement pour bavarder. Vous restez dans le calme, la détente... tout en discutant avec votre amie, vous prenez un café ou une tisane, à votre guise... et vous décidez peut-être après d'aller vous promener dans le parc qui n'est pas loin et simplement profiter de l'air pur, des fleurs et d'entendre le chant des oiseaux, en toute liberté. Et fière de votre visite et de votre rencontre, vous pouvez retourner chez vous librement ou peut-être y inviter votre amie, comme vous préférez...

Et vous revenez lentement dans le salon où vous êtes allongée. Vous prenez quelques instants pour intégrer cet exercice tout en restant dans le calme et la détente.

4- Le concert

Et vous pouvez vous imaginer dans un endroit agréable, peut-être dans un parc où il y a des fleurs, des arbres, et vous vous voyez vous promener dans le parc de fleurs, regarder les couleurs, percevoir les odeurs, observer les textures, les différences de verts des feuillages, la lumière qui joue sur les fleurs, sentir la chaleur du soleil sur votre peau... percevoir la qualité de l'air...

Et vous vous promenez doucement, calmement dans le parc, peut-être vous assoyez-vous quelques instants sur un banc ou dans l'herbe pour profiter quelques instants de cette beauté, de ce calme... simplement, vous profitez du moment qui est, vous continuez à regarder les fleurs, les arbres, le soleil, à sentir l'air... Peut-être entendez-vous aussi le chant des oiseaux... Vous laissez le calme, la beauté de ce lieu se répandre en vous, avec ses couleurs, sa lumière, ses parfums... Peut-être pouvez-vous percevoir aussi ce parfum des fleurs et amener ce parfum à l'intérieur de vous... Et dans cet état de calme, de beauté, vous allez vous promener un peu plus loin... et comme c'est le festival, vous décidez d'aller écouter un concert. Vous arrivez dans le hall et vous continuez à penser à la beauté des fleurs, au parfum, au soleil, et vous allez vous présenter au guichet pour acheter vos billets, tout en restant dans le parfum des fleurs... la beauté... les couleurs... et vous prenez un billet, celui qui est encore disponible, et vous entrez dans la salle, vous restez détendue, calme, comme lorsque vous étiez dans l'herbe à regarder le jardin, et vous avez une place au centre de la salle. Et vous vous y rendez tout en continuant à penser au parfum des fleurs, à la beauté, à la détente ressentie lorsque vous étiez dans le parc. Et vous attendez patiemment en regardant votre programme. Et vous écoutez le concert lorsqu'il commence. Si vous sentez de la tension ou de l'anxiété, vous retournez au son de la musique dans le parc, avec les fleurs, l'air pur des arbres, et vous retrouvez cet état de détente à l'intérieur de vous, tout en continuant à laisser la musique et les sons se répandre en vous et autour de vous. Tout ce qui est important, c'est de rester en contact avec le soleil intérieur, au centre de votre abdomen, avec le jardin intérieur au centre de votre abdomen, où vous avez rangé les parfums, les odeurs des fleurs, les couleurs, la beauté...

La fraîcheur aussi, près des arbres... Restez en contact avec ce monde intérieur en vous à chaque inspiration et à chaque expiration... Et laissez ce monde de beauté, de couleurs, de lumière, se répandre dans tout votre corps, au son de la musique... Lorsque le concert se termine, simplement, vous continuez à écouter ou à vous rappeler la beauté du concert. Lorsque vient le moment, vous vous préparez à sortir, calmement, en suivant les autres personnes, peut-être en continuant à fredonner dans votre tête les airs du concert, ou à vous rappeler la beauté du parc. Et vous retournez dans ce parc, calmement... Vous vous réinstallez dans l'herbe, peut-être, ou sur le banc, comme vous préférez, et vous prenez le temps à nouveau d'observer les fleurs, les arbres... Peut-être allez-vous plus près de certaines fleurs pour en capter les odeurs, pour humer les parfums et percevoir des détails, la beauté des pistils, du cœur et toutes les couleurs qui se déploient dans une seule fleur. Aussi, en même temps, vous percevez les rayons du soleil qui jouent sur les couleurs et sur votre peau.

5- L'avion

Dans cet état de calme, de détente, vous vous imaginez partir en voyage, en avion. Vous vous voyez préparer vos bagages, peut-être pour l'Italie ou la France, comme vous préférez. Vous préparez vos bagages... et vous vous voyez aussi recevoir vos billets par la poste, parce que vous les avez commandés plus tôt. Et vous vous voyez vous rendre à l'aéroport pour avoir des précisions sur l'heure du départ, pour louer une voiture, tous les préparatifs nécessaires. Vous êtes toujours dans le parc, au calme, à observer les fleurs, et en même temps vous vous voyez préparer votre voyage. Vous vous occupez des billets, des valises, des itinéraires, des heures de décalage, des cartes, de tout ce qui est nécessaire pour que vous vous sentiez bien, en toute sécurité... Et vous profitez des rayons du soleil dans le parc... Et maintenant arrive dans votre imaginaire le jour du départ. Vous allez vous imaginer vous rendre à l'aéroport, seule ou avec quelqu'un, comme vous préférez. Et vous vous voyez attendre le départ, et pendant que vous attendez, vous retrouvez l'état de calme, comme si vous étiez dans le jardin de fleurs, sous les arbres, à observer les couleurs, les parfums, les formes... Et on donne le numéro de votre vol à l'intercom... Vous saluez les personnes qui vous ont accompagnée si vous êtes accompagnée, ou sinon vous vous levez, et vous allez à l'embarquement avec vos billets. Vos valises sont déjà déposées, et vous attendez dans la deuxième enceinte le départ... et vous restez calme, détendue, comme si vous humiez le parfum des fleurs, comme si vous absorbiez la lumière du soleil et laissiez les couleurs des fleurs se répandre en vous... Inspirez ces parfums, ces couleurs, profondément en vous, et c'est l'heure de l'embarquement... Vous sortez vos billets et vous vous rendez jusqu'à la passerelle, et vous montez dans l'autobus qui vous amène jusqu'à l'avion. Vous trouvez un siège et vous vous rendez jusqu'à l'avion. Il fait beau et chaud, les gens sont joyeux autour de vous. Et vous restez en contact avec le parfum, qui vous sécurise. Peut-être avez-vous pu en trouver un semblable que vous avez pu mettre sur vos vêtements et, chaque fois que vous sentez peut-être un peu d'anxiété, pour vous aider à vous retrouver dans le jardin de fleurs, vous humez, vous respirez ce parfum, profondément, jusqu'au centre de votre corps, et vous retrouvez l'état de calme, de détente, de bien-être, comme dans le jardin de fleurs... Et vous embarquez dans l'avion... Peut-être êtes-vous seule ou accompagnée, peu importe, et vous trouvez votre siège, calmement... Peut-être avez-vous choisi un siège près de l'allée, ou au bord du hublot, comme vous préférez. Et vous vous installez calmement dans votre siège... En respirant le parfum de fleurs, vous

vous rappelez facilement l'état de calme, de détente, la beauté, les couleurs... la lumière, le chant des oiseaux et, comme si vous étiez au sol dans cet état de calme, de détente, vous êtes dans l'avion, assise sur votre banc. Et c'est l'heure du décollage... Et l'avion se met en branle, pour s'élever très calmement dans les airs, comme lorsqu'on démarre sa voiture, et l'avion s'élève, s'élève, vous pouvez voir en bas les arbres, les piscines ou la neige, peu importe la saison. Et pendant ce temps vous restez en contact avec votre jardin, avec les parfums, et vous vous élevez lentement dans les airs, tout normalement, comme un oiseau qui décolle de la terre et qui s'envole avec force et fierté, vous vous laissez porter, comme l'oiseau se laisse porter par l'air, en déployant ses ailes, comme les nuages qui circulent, vous vous laissez aller, librement, comme les parfums qui voyagent et embaument l'air, vous vous laissez porter, vous vous laissez aller complètement... Et on annonce l'arrivée, vous voilà déjà rendue... On annonce l'aéroport, l'avion fait un U deux tours, pour bien s'aligner sur la piste, et faire l'atterrissage, normalement... Vous retrouvez dans le jardin les fleurs, dans le calme, vous humez les parfums, les couleurs, et vous voici bien rendue au sol. Déjà le temps de débarquer, d'aller chercher la voiture, vous voilà rendue à bon port... Vous n'êtes pas inquiète, des amis sont déjà là pour vous accueillir... Quel beau voyage, dans le calme et la paix du jardin fleuri...

Les principales étapes de désensibilisation ont été : choisir une destination, aller à une rencontre à l'agence de voyage, préparer les bagages, s'occuper des passeports, aller chercher les billets à l'agence, aller visiter l'aéroport, trouver un stationnement, localiser la compagnie d'aviation, regarder les décollages et atterrissages. Se pratiquer mentalement à prendre l'avion le jour du départ, puis l'arrivée à l'aéroport, le règlement des billets et bagages, l'embarquement, le décollage, le vol, l'atterrissage, la récupération des bagages, le départ et l'arrivée à l'hôtel, le voyage.

En cours de traitement, les herbes suivantes ont été prescrites :

- GT – 703, Central Tonic Combination Dr Stephen, T. Chang problèmes de rythme cardiaque, hypertension, fatigue, manque d'énergie, œdème. (Chang, S. T., 1985, p. 227)

- BD- 204, Comfort Combination, Dr Stephen, T., Chang
  Inconforts de la ménopause, déséquilibre hormonal, phobies, faiblesse des reins, nervosité, colère, dépression, peur, insomnie, chaleurs. (*Idem*, p. 215)
- Six saveurs Yin, U-103, Formules Ancestrales, 18-06-01
  Tonifie le Yin du foie et des reins, lors de vide de Yin.
  Ménopause, troubles émotionnels: neurasthénie, anxiété, insomnie, malaise avec palpitations, peur, dépression, découragement.
  Antihypertensive tea

Les troubles neurologiques et douleurs permanentes à la suite d'un accident de voiture: traitement par plusieurs approches combinées

Jeune femme dans la trentaine souffrant de troubles neurologiques et douleurs permanentes à la suite d'un accident de voiture survenu 15 ans plus tôt. Les séquelles sont: traumatisme crânien cérébral (TCC), paralysie, spasmocité, maux de tête. Elle a eu des plasties pour relever le coin de la bouche et garder la paupière fermée, à droite. Elle a eu une chirurgie à l'oreille droite et souffre de surdité. Le neurochirurgien de l'hôpital me l'a référée pour «soutien à une jeune patiente avec séquelles neurologiques traumatiques anciennes». La neuropsychologue précise que le but des traitements est d'aider cette femme à gérer sa douleur psychosomatique et d'identifier les composantes psychologiques. Elle sera vue en maxillo-facial si la douleur n'est pas de cause psychologique. Comme elle ne nie pas que des choses du passé sont liées à son état (selon la neuropsychologue, si c'est relié au passé, c'est psychologique), il est justifié qu'elle rencontre un psychologue. Elle est de type solitaire. Les tests psychologiques parlent de traits schizoïdes, narcissiques, compulsifs, de troubles de la pensée, de tendances défensives et de troubles anxieux.

J'ai eu plusieurs rencontres thérapeutiques avec cette personne, sur une période de deux ans.

Première rencontre

Entrevue. Dans le hall, elle est tordue et pliée en deux, elle a des spasmes au bras gauche, elle semble très souffrante. Son principal but est de vaincre la douleur. Elle fait de l'insomnie, elle souffre d'excès de chaleur, boit beaucoup de café, elle ne prend plus sa voiture depuis un mois, même si elle a son permis, car elle a trop de douleurs, elle manque d'air. Elle reste allongée une bonne partie de la journée pour ne pas souffrir. Elle écoute de la musique classique et de détente. Lorsqu'elle parle avec quelqu'un, elle souffre moins, elle a mal à l'œil droit et ne peut lire. Elle raconte les événements de l'accident et les suites : coma pendant trois mois, réadaptation, orthophonie, oreille droite bouchée, mal à l'œil, bras gauche tremble, épilepsie. Les maux de tête ont commencé environ dix ans après l'accident et ont été accentués trois ans plus tard, surtout après l'enlèvement d'un tuyau de drainage. Elle n'a pas d'amis mais a une sœur à Montréal qu'elle visite quelquefois. Elle est seule à Québec mais a de l'aide à domicile par le système d'assurance. Elle est petite, mince ; son corps est chaud, ses pouls sont rapides et agités.

Deuxième rencontre

Je lui expose les buts donnés par la neuropsychologue : gérer la douleur, trouver les causes psychologiques (sinon, expertise maxillofaciale), améliorer les aspects sociaux de sa vie. Je lui suggère de commencer par le contrôle de la douleur.

Traitement par relaxation et hypnose

Je demande à la patiente de s'allonger et de se relaxer en ressentant le contact de son corps avec le matelas, de la tête vers les mains et de la tête vers les pieds en suivant le sens de l'énergie du Yang vers le Yin. Dans cet état d'hypnose, je lui suggère d'installer un commutateur, un fil imaginaire dans sa tête, sa nuque, son bras gauche et ses doigts ; je lui dis que ce fil devient un tube dans lequel peut circuler la lumière dorée quand elle active le commutateur, et libérer ainsi les tensions et les douleurs. Pour induire l'hypnose plus profondément, j'ajoute des suggestions telles que : Laissez agir l'inconscient en vous et laissez les tensions, les douleurs se libérer. Activez le commutateur et la lumière de votre choix chaque fois que vous en avez besoin. Répétez la détente par vous-même. Laissez votre inconscient agir dans le bras droit et enlever les tensions et les douleurs et apportez le calme et la sécurité de plus en plus profondément. La patiente s'endort pendant le traitement. Voici un extrait de cette séance.

> Vous allez sourire à nouveau à ce fil que vous avez installé, à gauche, vous lui souriez et il vient vous aider à laisser la circulation se faire normalement entre votre bras, votre épaule, votre oreille, votre œil, votre cerveau, et tout votre dos, votre jambe, jusqu'au bout du pied. Laissez ce fil s'installer en vous, et demandez à ce fil de se transformer en un tube, comme s'il pouvait s'agrandir pour devenir un tube. Prenez le temps de laisser ce fil devenir un tube, le long du doigt, du bras, jusqu'à l'épaule, jusqu'à l'oreille, le coin interne de l'œil, et, de là, le long du crâne, jusqu'à la nuque, tout le long du dos, comme si cela s'installait à l'intérieur. Et laissez ce tube s'agrandir jusqu'aux fesses, dans la jambe, et jusqu'au petit orteil. Et peut-être pouvez-vous choisir une lumière qui pour vous représente le calme, la détente. Une couleur ou une lumière. Peut-être pouvez-vous me dire la couleur de cette lumière… Allumez au bout de votre doigt, comme s'il y avait un commutateur, allumez la lumière jaune, et laissez-la se répandre, tout le long du tube que vous avez installé. Laissez la lumière prendre toute la place dans le tube, laissez la lumière jaune, qui représente pour vous le calme, la détente, se répandre dans le tube à l'intérieur de vous, et activez en vous la circulation, le nettoyage, le calme, la détente. Laissez sortir ce qui est indésirable par le bout du petit orteil, comme si vous pouviez ouvrir le robinet et laisser aller tout ce qui est obscur, tendu, stressé. Laissez aller complètement. Vous faites de plus en plus de place dans le tube, pour le remplir de calme, de détente, en allumant, quand vous en avez besoin, la lumière jaune. Laissez circuler cette lumière dans le tube, à votre rythme, laissez la lumière se répandre dans ce tube et activez en vous le calme, la détente, de plus en plus profondément. Très, très, très bien. Et maintenant que ce tube et la lumière, son robinet, sont bien installés, vous pouvez les laisser agir par eux-mêmes. La lumière sait faire son travail par elle-même, pour activer tout ce qui est sur son passage, nettoyer profondément tout ce qui est resté obscur ou bloqué. […]

Après cet exercice mental répété par la patiente, j'ai effectué le travail physique et énergétique en pratiquant le massage Jin Shin Do, qui consiste à tenir deux points d'énergie en faisant circuler mentalement l'énergie de détente d'un point à un autre.

Au cours de cette séance, je n'ai retenu que quatre points: 20 VG, 5 TF, 10 V, 20 VB. (Voir Teeguarden, I., 1978)

Au cours des autres rencontres, nous choisirons au besoin parmi les points suivants:

20 VG (Bai Hui) et 1 R (Yong Quan)

- 20 Vaisseau Gouverneur: calme l'esprit, purifie la tête et le cerveau, tonifie le Qi;
- 1 Rein: abaisser le feu, réveiller le Shen, atteinte du Shen, perte de connaissance, comas, spasmophilie, céphalées, crampes, épilepsie.

10 V (Tian Zhu) et 3 IG (Hou Xi);

- 10 Vessie: purifie la chaleur, fait circuler l'énergie du méridien et calme la douleur: céphalées, torticolis, douleurs dans les épaules et le haut du dos.
- 3 Intestin Grêle: soulage les tendons, purifie la chaleur, calme le cœur et disperse la douleur sur le trajet du méridien.

20 VB (Feng Chi) et 4 GI (He Gu)

- 20 Vésicule Biliaire: pour abaisser le Yang, clarifier le cerveau, calmer le Shen, purifier la chaleur. Point utile dans les cas de céphalées, douleurs oculaires, paralysie faciale, insomnie, névralgie du trijumeau, épilepsie.
- 4 Gros Intestin: pour libérer les stagnations du Qi et les stases de sang.

5 TF (Wai Guan): disperse la chaleur et le feu en combinaison avec 41 VB. Deux points à utiliser dans les problèmes de l'œil, de l'oreille, de la nuque et des épaules. 41 Vésicule Biliaire soigne les maladies de la tête et des yeux, aide dans les cas d'hémiplégie et de rhumatismes.

Après le traitement, elle va bien mieux et sort en se tenant droit, sans torsion du corps.

Dans les mois qui vont suivre, ces points seront utilisés groupés par deux, soit par le massage, soit par l'acupuncture, en choisissant les plus pertinents à chaque séance et en ajoutant des points spécifiques à des problèmes particuliers tout en suivant l'évolution de l'énergie.

Les exercices de relaxation et d'hypnose sont enregistrés sur cassettes audio qui sont remises à la personne pour qu'elle continue la pratique deux fois par jour, soit au coucher et dans la journée.

Troisième rencontre

Elle attend dans le hall, accroupie. Elle a eu mal chaque jour, elle n'aime plus passer ses journées allongée. «C'est plate. J'ai mal aux yeux, je ne peux pas lire, je ne supporte pas les lunettes ni même de m'attacher les cheveux. Je ne peux sortir en auto, j'ai plus mal à la tête.»

Traitement par hypnose/méditation seulement

Allongez-vous confortablement, inspirez et expirez dans votre abdomen lentement, relaxez profondément, sentez toutes les parties de votre corps devenir lourdes et détendues : pieds, jambes, genoux, cuisses, bassin, fesses, dos, épaules, cou, nuque, tête. Laissez vos yeux devenir lourds et détendus, vos yeux sont comme des cailloux qui descendent au fond de l'eau, vous vous laissez aller complètement. Vos yeux se détendent dans l'eau fraîche et claire. Votre œil droit, votre cerveau droit se détendent, se calment, se reposent profondément. Votre œil gauche, votre cerveau gauche se détendent, se calment, se reposent profondément.

Toute votre tête se détend, se calme, vous respirez calmement, lentement dans votre abdomen. Peut-être pouvez-vous imaginer une couleur qui vous rappelle la douleur… Laissez sortir cette couleur négative et cette douleur par le bout des doigts et le bout des pieds, ouvrez les bouts des doigts et des pieds comme des robinets et laissez aller cette couleur complètement, laissez sortir. Et imaginez une couleur douce, calme, que vous aimez, qui vous apporte la détente, le bien-être, et laissez-la entourer et protéger votre tête, prendre toute la place dans votre cerveau. Laissez cette belle lumière calme, légère pénétrer dans vos yeux. Cette belle lumière douce et calme se répand dans toutes les cellules de votre cerveau et leur permet de reprendre leur rythme, de s'activer à leur rythme. Cette lumière est un baume bienfaisant qui nourrit les cellules de votre cerveau et de vos yeux, qui les remplit d'air frais et d'oxygène. Cette lumière douce et bienfaisante apaise vos cellules et les rend légères et vivantes. Inspirez calmement cette lumière douce et bienfaisante dans votre cerveau, et expirez tout ce qui est obscur, indésirable, douloureux. Faites-le par vous-même quelques instants. La lumière douce et bienfaisante prend toute la place, vous continuez à inspirer et à expirer cette lumière lentement, à votre rythme.

Vos yeux sont détendus comme des cailloux au fond de l'eau qui se reposent, se rafraîchissent. Votre cerveau est comme un ciel bleu clair complètement détendu, rempli d'oxygène, comme l'air que vous respirez. Votre cerveau est frais et détendu.

Votre tête est comme un ballon rempli d'oxygène, votre tête est légère, se libère, se dégage, pour voyager, aller voir plus loin, au-delà des douleurs des tensions. Votre tête est dégagée, comme un joli ballon qui voyage librement et se recharge de lumière, d'oxygène. Votre tête est libre, dégagée, légère. Laissez-la se remplir de la lumière bienfaisante.

Par la suite, elle ne remarque pas de changement, rien de spécial, même chose de semaine en semaine. «Quand je suis crispée, pliée en deux, je ne suis pas capable de respirer. Quand je me déplie, ça brûle dans ma tête. Ça fait trois mois que je suis allongée.»

Relaxation. Contact avec le fauteuil et laisser descendre l'énergie de la tête vers les mains, de la tête vers les pieds, de la tête vers le cerveau et la colonne vertébrale, remplir le corps de lumière bleue, de lumière calme et de vitalité. Voici un extrait de cette étape de relaxation.

> [...] Mon dos reste calme, détendu. Mes fesses, mon bassin, sont calmes et détendus.
>
> Mes cuisses et mes jambes sont calmes, détendues. Mes pieds sont calmes, détendus.

Tout mon corps est calme et détendu. Mon cerveau est calme, détendu.

Dans mon cerveau, il y a plusieurs parties. Plusieurs parties qui font chacune leur travail. À l'avant du cerveau, près du front, j'ai un cerveau qui peut planifier ce que je vais faire plus tard ou demain, qui peut prévoir. Je laisse ce cerveau se détendre, se relaxer, se remplir d'une belle lumière bleue, calme. Cette partie de mon cerveau se remplit d'une lumière bleue et clame.

Et je souris aussi à mon cerveau gauche, la partie de mon cerveau dont j'ai besoin pour vivre dans la réalité, pour m'organiser, sur le plan matériel… C'est grâce à lui aussi que je peux connaître les mots, le langage, les mathématiques, les chiffres. Apprendre toutes les abstractions qui me permettent de communiquer avec les autres humains et de faire de l'ordre dans ma vie.

Cette portion de mon cerveau est très utile aussi pour m'organiser matériellement. Je lui souris et je l'aide à se détendre. Je laisse chaque neurone de cette portion de mon cerveau, les cellules du cerveau qui se tracent des chemins à l'intérieur, pour communiquer, pour garder en mémoire tout ce dont j'ai besoin pour me débrouiller dans la vie de tous les jours. Laissez ce cerveau se détendre, devenir calme…

Et accueillez la lumière bleue du calme, de la détente, dans votre cerveau gauche.

Dans la région haute de votre cerveau, près du centre, il y a une ligne, qui sépare le cerveau gauche et le cerveau droit. Et comme un sillon, qui rentre à l'intérieur. Le long de ce sillon, à gauche et à droite, tout votre corps est représenté. Plus à l'avant se trouve la région des mains, et tout le long, la région des bras, et aussi la région de la tête, avec les organes des sens, et la région du dos, de l'abdomen, des jambes et des pieds. Comme pour aller pénétrer à l'intérieur, comme si vous étiez debout, à l'intérieur de votre cerveau, penchée vers l'avant. C'est grâce à l'énergie qui se trouve dans les différentes parties de votre cerveau que votre corps peut s'activer. Souriez à ce sillon au centre du cerveau et laissez circuler librement la détente, le calme et la lumière bleue, de l'avant vers l'arrière.

Souriez aussi à votre cerveau droit, qui est la partie de votre cerveau qui vous permet de rêver, de vous imaginer, de créer des images ou des formes. C'est aussi cette partie de votre cerveau qui vous permet de vous sentir parfois hors du temps et de l'espace, parfaitement détendue…

C'est aussi cette portion de votre cerveau qui vous permet d'apprécier les arts, la poésie, la musique, les beautés de la nature. Souriez à cette portion de votre cerveau. Laissez-le se remplir d'une belle lumière bleue, comme lorsque le ciel est bleu et clair. Laissez cette lumière bleue remplir les cellules de votre cerveau de calme, de sérénité.

Laissez cette lumière bleue, le calme, se répandre aussi à l'arrière de votre cerveau, qu'on appelle le cervelet, à la base du crâne, peut-être dans la région où vous avez parfois des tensions plus aiguës. Relaxez cette partie de votre cerveau. Laissez-la se détendre et remerciez cette partie de votre cerveau de rythmer votre corps, de vous donner un rythme stable dans le sommeil, de rythmer aussi votre désir de nourriture, votre désir de manger à des heures régulières, de rythmer aussi le système hormonal, les règles. Ce cerveau, qui est votre horloge interne, qui donne un cycle et un rythme dans la musique, dans la danse et dans le mouvement quand vous marchez… Prenez le temps de sourire à cette partie de votre cerveau. Accueillez dans cette partie de votre cerveau la belle lumière bleue, calme, et laissez-la remplir toutes les cellules de votre cerveau. Votre cerveau devient bleu, calme, comme un lac, complètement détendu, relaxé. Très, très, très bien. Très, très, très bien. Et vous laissez cette détente et ce calme se répandre au centre de votre cerveau, la partie du cerveau qu'on appelle le thalamus ou la médula. C'est une région au centre du cerveau qui permet de régulariser aussi votre corps, et de transmettre, d'un rythme régulier, tous les éléments dont votre corps a besoin pour être équilibré, balancé. C'est aussi cette partie de votre cerveau qui est le centre des émotions. Prenez le temps de laisser la lumière bleue, calme, remplir le centre de votre cerveau. Votre cerveau est de plus en plus calme, de plus en plus relaxé…

Vous laissez cette énergie calme, douce, descendre le long de votre cou, tout le long de votre colonne vertébrale, rafraîchir la moelle. Tout coule librement, calmement, votre cerveau devient frais et calme comme un lac. Vous laissez couler cette énergie fraîche et calme dans la rivière de votre moelle épinière tout doucement, tout doucement, le long de votre dos. Votre cerveau se régénère dans cette eau calme. Votre cerveau se régénère complètement. Toutes les cellules sont calmes et vivantes et continuent leur travail de restauration, de plus en plus profondément. […]

Pendant deux mois, les traitements se répètent de façon similaire. Lorsqu'elle a mal à la tête, elle fait ses exercices et la douleur disparaît temporairement. Elle me demande de régler ses troubles psychologiques, ses émotions, elle veut parler davantage. Elle raconte qu'elle sent du sang dans la tête, comme des brûlements, comme après l'accident; peut-elle se retrouver dans le coma, dormir plus de deux jours? Cela l'inquiète. Elle raconte en détail les événements qui ont précédé et suivi l'accident et qu'elle est restée trois mois dans le coma. Elle a suivi plusieurs traitements de réadaptation (pour se laver, manger, marcher, parler, aller à la toilette). Je la félicite du chemin parcouru. Et je lui dis que je crois fermement que les cellules du cerveau se recréent si on les active par la volonté et l'action, que les chaînes de neurones se recréent et bâtissent d'autres circuits. Elle raconte qu'elle a reçu de l'aide et du soutien du milieu thérapeutique, mais peu de sa famille. Elle a deux sœurs, dont l'une a deux jeunes enfants, et sa mère est décédée en 1998. « Mes parents étaient divorcés, mon père ne s'occupe pas de nous, il ne me téléphone pas, il est remarié, sa femme travaille. Quand ils sont venus me visiter, elle voulait que je sois placée. Mon père parle fort comme un alcoolique, il a dit: "C'est une folle." Je pleurais tellement, et il a dit: "Tu serais mieux de te taire." » Je lui dis: "Ce n'est pas une ressource, même si vous auriez aimé qu'il vous aide." Il veut me donner son garage. Ma mère est décédée il y a trois ans. Quand j'avais huit ans, elle a quitté la maison, elle n'a jamais été comme une mère. Elle était alcoolique, malade, couchée. Je prenais soin de mes deux sœurs, je les protégeais. J'avais peur d'elle. Il y a eu d'autres drames que l'accident dans ma vie. Mon enfance, mon adolescence, ma vie d'adulte n'ont pas été roses, je n'ai plus tellement la foi. Je demande à ma mère de m'aider, mais je n'ai pas de réponses.» Je lui dis: «Vous êtes encore là et vous essayez encore, nous allons partir de cet espoir en vous.» Elle ajoute: «J'ai de l'aide avec la responsable de mon dossier, avec la réadaptation, avec l'aide à la maison, et je viens ici.»

Pendant plusieurs semaines, elle arrive en entrevue en disant qu'elle veut parler, mais garde silence. Je lui pose des questions auxquelles elle ne répond que vaguement, ou par oui ou non. Elle parle de son goût pour le café, elle en boit beaucoup. D'autres fois, elle arrive et attend dans le hall, accroupie par terre, tendue. Elle dit que c'est pareil, que ça ne bouge pas, qu'il n'y a rien de spécial et qu'elle a encore des douleurs. Elle me raconte des difficultés dans les relations avec sa sœur, de sa bonne entente avec sa nièce, des téléphones de son père, qui lui répète la même chose, d'«aller marcher». Je lui demande si elle lit ou écrit. Lire la fatigue, mais elle écrit dans son journal environ vingt minutes par jour. Nous nous entendons pour prendre une demi-heure pour parler et une demi-heure pour faire de la relaxation, de l'hypnose et de l'acupuncture.

Je lui enseigne graduellement quelques exercices à faire au réveil ou dans la journée, dans son lit, et quelques techniques de respiration profonde.

Je lui fais répéter souvent la relaxation /hypnose, avec contact avec le matelas de la tête au bout des bras et de la tête vers les pieds pour dégager les obscurités, les tensions et les douleurs, et pour remplir le corps de lumière bleue, de calme et de sécurité, en mettant l'accent sur le cerveau et la colonne vertébrale.

En même temps, j'ai ajouté graduellement le traitement d'acupuncture avec les points de détente parmi ceux choisis pour faire le massage Jin Shin Do: 3 F (E), 6 MC (E), 3 IG (D), 44 VB ou 39 VB (D), 20 VB (D), 21 VB (D), 20 VG (D), 3 R (T). Ajouter 7 R (T) et points de saignée.

Le point 7 Rein (Fu Liu) est utilisé dans les séquelles de traumatisme crânien pour nourrir le Yin et tonifier le rein, renforcer le cerveau et les moelles, et réduire le feu, les céphalées, la fatigue, la surdité, l'énervement.

Dans les séquelles de traumatisme crânien, «on soigne toujours en tonifiant le Rein, car le cerveau est la mère des moelles et le Rein fait croître les moelles». (Lu Zhi Zheng, 1996, p. 417) Les effets bénéfiques observés sont:

- moins de douleur à la tête le soir,
- peut rester assise plutôt que couchée quelques heures dans la journée,
- se sent motivée pour sortir marcher,
- recommence à écouter de la musique classique.

Les effets négatifs: douleurs et sensation de dureté à la tête, au ventre, à la nuque, à l'épaule et à l'œil droit; n'a pas d'appétit; n'a pas de goût pour la nourriture; fait de l'anxiété lorsqu'elle est seule; difficulté à se lever le matin; souffre de constipation et de douleurs prémenstruelles.

Après quelques semaines, j'ai ajouté au traitement d'acupuncture le point 36 E (Su San Li). Les pratiques d'hypnose pour contrôler la douleur, changement de bord et contrôle du rhéostat, ont été aussi introduites. La suggestion de changement de bord comme à la voile, pour contrôler les sensations négatives, est une métaphore qui a été élaborée par Lilian E. Fredericks, md, et rapportée par Hammond. (Voir Hammond, D., 1990, p. 72)

Voici en résumé le contenu de ces suggestions hypnotiques.

Vous allez suivre mes suggestions, vous allez contrôler vos sensations, vous allez pouvoir aller du côté qui vous convient, ne plus aller du côté de la douleur, mais du côté de la détente, du confort, des sensations agréables. Vous pouvez changer les sensations d'inconfort en sensation de confort dans la région de la tête. Vous pouvez laisser pénétrer le soleil dans la région désirée et faire fondre les tensions, les douleurs, et vous allez vous sentir si relaxée, si confortable... Vous pouvez être fière de votre succès et de votre habileté à changer vos sensations chaque fois que vous le voulez et au degré où vous le voulez. Chaque fois que vous le ferez, vous serez de plus en plus capable d'aller profondément et de changer et de contrôler vos sensations. Vous pourrez porter attention à d'autres choses, à vos activités.... Votre corps sait quoi faire pour respirer, pour pomper le sang sans votre soutien. Alors, vous pourrez faire vos tâches quotidiennes, sortir, travailler. Vous avez appris autre chose, une nouvelle habileté qui vous permet de voir, entendre, toucher et vivre autrement et d'une façon très agréable pour vous, vous pouvez aller du côté du confort, de la détente et du bonheur. À chaque inspiration, amenez l'air pur et frais dans la région douloureuse et, à l'expiration, laissez sortir ce qui est obscur et désagréable, comme la voile qui change de côté avec le vent.

Deux semaines plus tard, après avoir pratiqué la détente sur le matelas pour préparer à l'hypnose, j'ai ajouté celle-ci, avec suggestion du contrôle de la douleur par contrôle du rhéostat. Les athlètes utilisent la suggestion pour pratiquer mentalement leurs courses dans un lieu imaginaire pour se préparer aux virages, aux sauts, aux mouvements nécessaires et pour amplifier en eux l'attitude de gagnant. Vous pouvez faire comme eux. Vous pouvez vous exercer mentalement à contrôler la douleur. Imaginez un rhéostat gradué de 5 à 20: 5, absence de douleur, 10, douleur moyenne, 15, très douloureux. Votre inconscient peut faire monter ou faire descendre le rhéostat à volonté pour diminuer ou augmenter la douleur. Que choisira-t-il? De descendre, n'est-ce pas? Il agit pour vous, selon votre volonté, il descend, il descend de 20 à 15 et de 15 à 5... Et vous ne sentez plus rien. Vous vivez le calme, la liberté, le bien-être. Vous voyez votre corps qui se lève et marche, il se meut librement et bien droit. Très, très bien. Laissez votre inconscient agir profondément.

Nous avons repris aussi l'hypnose avec le fil et le tube. Elle a choisi la couleur de la lumière, jaune, pour remplir le tube et libérer la douleur, la tension.

La semaine qui a suivi, elle a observé des améliorations chaque jour[10] :

- Je ne me couche presque plus pendant le jour;
- Je peux rester assise le jour comme le soir;

10. En cours de traitement, la personne a commencé à prendre des notes des améliorations qu'elle relevait. Nous reprenons ici et par la suite le contenu de ces notes.

- J'ai ouvert mon courrier;
- Je peux rester debout et aider à la cuisine;
- Je vais marcher dehors plus longtemps;
- Je me tiens plus droite;
- Je suis plus souriante;
- Je voudrais reprendre la conduite de mon auto;
- Mon sommeil s'améliore;
- Je m'allonge, je ferme les yeux, j'écoute les cassettes de relaxation/hypnose, et les douleurs diminuent.

Elle dit qu'elle a de la difficulté à ouvrir la bouche et à mastiquer.

Pendant la séance qui a suivi, nous avons repris la détente et l'installation des tubes de lumière jaune pour nettoyer et transformer les tensions en détente et bien-être.

Pendant le traitement d'acupuncture, j'ai ajouté les 7 V (E), 4 E (D), 44 E (D) pour dégager le Yang de l'estomac et faciliter l'ouverture de la bouche et la mastication et 11 GI (D) et 2 R (T) dans les cas de paralysie et de règles irrégulières et 6 Rte (D) dans les cas de menstruations difficiles et douloureuses. J'ai aussi ajouté le point Rein dans les oreilles pour tonifier l'essence vitale, le Jing des reins et la vitalité profonde.

- 7 Vessie (Tong tian): purifier la chaleur, chasser le vent dans les cas de céphalées, tête lourde, paralysie faciale, torticolis.

- 4 Estomac (Di Cang): chasser le vent, faire circuler le Qi du méridien dans les cas de paralysie faciale, douleurs du visage, pour dégager le Yang de l'estomac et faciliter l'ouverture de la bouche et la mastication.

- 44 Estomac (Nei Ting): disperser la chaleur et le feu de l'estomac dans les cas de paralysie faciale, constipation, douleurs abdominales, céphalées.

- 11 Gros Intestin (Qu Chi): chasser la chaleur et le vent dans les cas de paralysie faciale, hémiplégie.

- 2 Rein (Ran Gu): nourrir le Yin et tonifier le rein, purifier la chaleur, éliminer l'humidité dans les cas de difficulté à ouvrir la bouche, règles irrégulières.

- 6 Rate (San Yin Jiao): renforcer la rate, nourrir le Yin, tonifier et retenir le sang, utile dans les cas de courbatures, céphalées, paralysies, rhumatismes.

J'ai ajouté la visualisation suivante: une promenade imaginaire dans sa voiture, en suivant les étapes suivantes: aller dans le garage, s'asseoir dans la voiture, sortir la voiture dans le stationnement, faire le tour du pâté de maisons, aller un peu plus loin, au centre commercial, et revenir ici et refaire circuler la lumière jaune dans les deux tubes pour ressentir la détente et le bien-être.

Pendant le mois qui a suivi, elle a remarqué d'autres améliorations:

- Je peux ouvrir la bouche plus facilement;
- Je peux mastiquer plus facilement;
- J'ai plus d'appétit.

Pendant la séance suivante, elle est surtout dérangée par les tremblements de la main et du bras gauche.

Acupuncture (points ajoutés): 20 VG et point de la crâniopuncture: région 3 (maîtrise des tremblements), 2e ligne à partir de la ligne médiane. La main et le bras cessent de trembler pendant la séance.

Pratique de la méditation avec le sourire, la lumière du soleil. Prendre le temps de sentir la lumière du soleil sur le visage, dans les yeux, dans le cerveau à gauche, à droite et au centre. Faire descendre la lumière dorée dans les yeux, le nez, les joues, les oreilles, dans la bouche, les dents, les mâchoires; desserrer les mâchoires, amener la lumière dorée et le sourire dans la gorge, dans le cœur, l'estomac, le nombril.

Inspirer et expirer la lumière dorée et la joie dans tout le corps. (Voir *Le Tao de la santé*, 2003-2.)

Autres améliorations:

- Je sens un bien-être général;
- Je suis moins fatiguée en général;
- Je souris plus;
- J'ai un regain d'énergie et de joie de vivre;
- Je me suis mis du rouge à lèvres;

- Je suis allée au magasin deux heures, toute seule ;
- Je me couche plus tard et je me lève plus tôt ;
- J'ai moins de tremblements ;
- J'ai moins mal à la tête, et moins souvent.

Non-amélioration : j'ai encore de la difficulté à ouvrir la bouche et à mastiquer.

Pendant deux semaines, les tensions et la rigidité à la bouche persistent. Traitement d'acupuncture ; points à ajouter au traitement de base pour la difficulté à ouvrir la bouche :

- 4 E(E), 5 E (E), 2 E (E), 24 VC, 7 E (E), 44 E (D).
- 5 Estomac (Da Yin) : chasser le vent et le froid, paralysie faciale.
- 2 Estomac (Si Bai) : clarifier les yeux, paralysie faciale.
- 24 Vaisseau Conception : chasser le vent, calmer la douleur, paralysie faciale, épilepsie.
- 7 Estomac (Xia Guan) : purifier la chaleur, faire circuler le Qi du méridien dans les cas de douleur au visage, paralysie faciale.

Pendant le traitement, elle se rappelle avoir dit au neurochirurgien : « Si rien ne se passe, je vais me suicider. » « La neuropsychologue m'a donné dix noms, dont le vôtre, et je vous ai choisie. » Elle me dit que je fais plus que de la psychologie de soutien. Je la traite avec les aiguilles et le subconscient et la pensée positive. Je lui ai dit que j'aurais aimé être informée de l'enjeu et que je suis heureuse qu'elle se sente mieux.

Répétition de la méditation avec le sourire et la lumière dorée.

Améliorations dans les semaines qui suivent :

- Je n'ai plus de grosses migraines et même, parfois, je n'ai plus du tout mal à la tête ;
- Je peux marcher ;
- Je peux m'asseoir, même dans taxi ;
- Je peux faire de longues promenades ;
- Je peux manger ;
- Je suis encouragée, ça s'améliore ; je mets du rouge à lèvres et je me suis fait teindre et couper les cheveux.

Pendant le traitement d'acupuncture, elle me raconte que son père et sa seconde femme l'ont visitée dimanche. « Ils étaient enchantés de me voir comme cela. Ils étaient plus à l'aise et me parlaient normalement. »

Répétition de la méditation avec le sourire et la lumière dorée.

Pendant les quelques semaines, les douleurs à l'œil droit se manifestent et persistent. Elle se plaint de retard dans ses menstruations, de constipation, de maux de tête, mais malgré cela dit qu'elle continue à s'améliorer :

- Je suis sortie dehors chaque jour, parfois deux fois par jour ;
- Je suis allée au centre commercial pendant trois heures, m'acheter une tenue pour les fêtes ;
- Je suis allée au cinéma ;
- J'ai retrouvé l'appétit et je dors bien ;
- Je voudrais déménager, aller dans un quartier de jeunes.

Acupuncture : points à ajouter : 4 GI (D), 6 TR (D), 3 R (T), 7 R (T).

Répétition de la méditation avec le sourire et la lumière dorée.

Pendant un mois, il y a persistance de la douleur à l'œil droit. Je lui demande si elle a eu des interventions à l'œil. « Après la réadaptation, j'avais tendance à loucher, le médecin m'a fait voir un ophtalmologiste, qui m'a replacé l'œil droit. »

Acupuncture : ajouter les points pour décongestionner la tension des yeux 14 VB, 2 E, Tai Yang.

- 14 Vésicule Biliaire (Yang Bai) : chasse le vent, disperse le feu, clarifie les yeux, céphalées, douleurs oculaires.
- Tai Yang : point hors méridien, chasse le vent, purifie la chaleur, clarifie les yeux, calme la douleur, céphalées, paralysie faciale, yeux douloureux.

Exercices de stimulation des régions qui ont été paralysées (œil droit et bouche à droite).

Faire rouler les yeux en dirigeant le regard dans les quatre directions : haut, droite, bas, gauche. Répéter dans l'autre sens.

Faire rouler la langue dans les quatre directions, dans les deux sens.

Faire tourner l'énergie dans l'abdomen, dans les deux sens en utilisant les mains. Voici le début de ces exercices.

> Et autour de votre cœur, accueillez la lumière blanche et fraîche de la lune comme un ballon blanc qui protège et nourrit votre cœur. Laissez descendre ce ballon blanc, cette lune fraîche et claire dans votre abdomen.
>
> Laissez son énergie pénétrer tous les tissus de votre abdomen. Laissez la blancheur et la clarté de la lune remplir votre abdomen, vous apporter le calme, la fraîcheur, et tout ce dont votre corps a besoin, pour rester frais et calme.
>
> Vous pouvez peut-être voir ces trois régions de votre corps remplis de la lumière claire et fraîche de la lune: votre abdomen, votre cœur, votre tête. Peut-être pouvez-vous imaginer la lune au sommet de votre tête... Laissez ces trois ou quatre sphères se réunir, comme si vous tissiez un canal, entre la lune et votre tête, entre votre tête et votre cœur, et entre votre cœur et votre abdomen, comme si vous établissiez une route, un circuit pour laisser circuler la lumière. (...)

Les améliorations se poursuivent par une ouverture sociale et par le goût d'apprendre:

- Je cherche un endroit pour aller faire des exercices, du conditionnement physique;
- J'ai téléphoné à Info-Santé pour faire partie d'un groupe d'entraide;
- J'ai vu mon médecin. Il est content des changements et a constaté une grosse amélioration reliée à l'hypnose, à la visualisation et à l'acupuncture. Il aimerait avoir un rapport pour aider d'autres patients.

La thérapie a continué pendant un mois, avec un accent sur les besoins, les talents et les possibilités de réalisation et de socialisation, tout en poursuivant l'acupuncture, la relaxation, l'hypnose et la méditation.

Le travail d'ouverture personnelle et d'ouverture au monde étant fait, il est approprié de suggérer une méditation d'ouverture, comme une fleur qui reçoit les énergies du ciel et de la terre et s'épanouit en se remplissant de vitalité et de lumière. Voici un extrait de cette méditation.

> Maintenant, je m'adresse à la partie inconsciente de vous, qui veut continuer à s'améliorer, qui veut continuer le processus de guérison et de travail sur tout votre corps que vous avez entrepris. Quand vous vous sentirez prête, vous pouvez fermer vos yeux et détendre tout votre corps, comme vous savez le faire, de la tête jusqu'aux pieds. Et dans cet état de détente ou de calme, vous pouvez vous imaginer à l'extérieur, dans un endroit que vous aimez, par une belle température, peut-être par une journée d'été, ou d'hiver, ou d'automne, comme vous préférez. Prenez le temps de vous voir dans ce lieu, dans cet espace, de sentir peut-être l'odeur, de percevoir les couleurs, de ressentir la brise ou la température.
>
> Vous imaginez aussi que vous laissez pénétrer cette force qui vous entoure, tous ces éléments naturels, comme un souffle, comme une vie, qui peut vous aider, vous supporter. Vous laissez pénétrer cette énergie par vos pieds. Laissez pénétrer cette force par vos orteils, dans vos pieds, et laissez monter cette énergie, cette force de la nature, de tout ce qui vous entoure, dans vos chevilles. Laissez monter cette énergie dans vos jambes, profondément, dans vos os, dans les muscles, dans les vaisseaux du sang. Laissez monter aussi dans vos genoux, comme si vous étiez une plante et que vous laissiez monter la sève, lentement, au centre de votre corps, au centre de vos cuisses, dans les os, dans les muscles. Comme une sève bienfaisante qui monte lentement dans la tige de la plante, vous absorbez la force, qui vient de la terre, vous nourrit, vous supporte, et vous donne aussi le pouvoir de transformer tout ce qui est négatif en vous, comme la terre transforme ce qu'elle a produit. Dans votre corps, vous produisez peut-être des douleurs, des émotions négatives, des sensations négatives, mais vous avez aussi en vous, comme la terre, le pouvoir de les transformer, de laisser monter en vous cette sève, cette vie qui transforme tout et vous aide à régénérer les cellules de votre corps. Continuez à laisser monter cette sève, cette vie, cette force de la terre, jusque dans votre bassin, dans vos intestins.

Et laissez monter cette force, cette vie, cette nature qui vous entoure, profondément, comme une sève bienfaisante, tout le long de votre colonne vertébrale, dans la moelle, dans les os, dans les muscles. Laissez-la monter doucement, à votre rythme…

Et en même temps, laissez monter toute cette énergie de la terre, sa force, son pouvoir de vous nourrir. Laissez-la monter par les doigts, comme si vous pouviez capter cette force, ouvrez le bout des doigts. Et laissez monter en vous ce pouvoir, cette force de la terre, comme une sève bienfaisante qui monte lentement, le long des bras, jusqu'aux épaules. En même temps que cette sève monte de vos pieds jusqu'aux épaules, et jusque dans votre cerveau, laissez votre cerveau s'épanouir, se dégager, comme une fleur qui s'ouvre au soleil. Très, très bien. Laissez l'énergie de la terre vous remplir, vous dégager de toutes les tensions, laissez-la circuler librement, de la plante de vos pieds, du bout des orteils, du bout des doigts, jusqu'au sommet de la tête. Et laissez s'ouvrir, au sommet de votre tête ou dans votre cerveau, une belle fleur qui s'ouvre lentement, qui se dégage, graduellement, qui relâche tout, et laisse s'épanouir autour d'elle un parfum, une lumière, une paix.

Très, très, très bien. Tout se dégage, tout s'ouvre et s'épanouit graduellement. La sève circule librement, l'énergie de la terre se transforme en vous et vous apporte la vitalité, le calme…

Et laissez cette fleur qui s'épanouit au sommet de votre tête capter la lumière, l'énergie qui vient du ciel, du soleil, de la lune, des étoiles…

Laissez cette clarté, cette force de la lumière, qui vient du ciel, nourrir cette fleur au sommet de votre tête, nourrir votre cerveau. Laissez doucement cette lumière brillante, remplie de vitalité, nourrir les pétales de cette fleur, la remplir de parfum, de lumière. Laissez l'énergie de la fleur s'épanouir aussi dans votre cerveau. Continuez à capter cette lumière, cette clarté, toutes ces énergies subtiles dont votre corps a aussi besoin pour se nourrir. Laissez descendre ces lumières, ces vibrations venues des étoiles, dans votre cerveau. (…)

Améliorations rapportées par la personne en traitement:

- J'ai trouvé une marraine avec laquelle je peux sortir;
- Je viendrai une fois toutes les deux semaines;
- Je n'ai presque plus de migraines;
- J'ai bon appétit;
- Je marche chaque jour;
- Je n'ai plus besoin de dormir le jour et je dors bien la nuit;
- J'écoute les cassettes et ça me fait du bien.

Les autres rencontres ont été plus espacées et ont servi à consolider les acquis.

Elle a repris la conduite automobile, elle en ressent une grande joie. Elle fait des démarches pour suivre des cours d'espagnol et de conditionnement physique.

Elle a revu son médecin et lui a dit: «Une chance que j'ai eu cette psychologue. Je la vois au besoin, elle m'a sauvé la vie, là je vis, elle est très bonne.»

Le traitement a été complété par les herbes chinoises suivantes:

- Solution «Mobilité», E-143A, Formules ancestrales: troubles structurels, douleurs traumatiques, raideurs, inflammations, douleurs par amas de sang ou de Qi, abaisse l'acidité interne. Active la circulation du Qi et du sang, disperse les stases de sang, tonifie le Foie et le Rein, fortifie les os, muscles et tendons.

- Solution «Harmonise Bois et Terre», I 3-116, Formules ancestrales: harmonise foie, rate et estomac. Régularise la digestion, la circulation sanguine et la distribution de l'essence nutritive, détend le Qi du foie pour défaire les nouures, ajuste l'acidité gastrique, irrégularité et douleurs menstruelles, céphalées avec sensation de pression, de serrement autour des yeux et de l'occiput.

- Essence d'Angélique, S-215, Formules ancestrales: tonifie le sang, harmonise les fonctions du Foie et du système digestif, détend le foie et favorise le sommeil. Sang vide (anémie), Qi stagnant, troubles menstruels, fatigue, insomnie, irritabilité, nervosité, anxiété.

Les difficultés sexuelles chez une femme abusée sexuellement : traitement par l'entrevue, l'hypnose, l'acupuncture et la méditation

Première rencontre

Une femme dans la quarantaine, vivant en couple avec deux enfants, un garçon d'une dizaine d'années (accouchement par césarienne) et une fille un peu plus jeune (accouchement naturel). Formée en sciences médicales, elle reste à la maison avec les enfants. Elle est la première d'une famille de cinq enfants. Elle a déjà rencontré un psychologue, un sexologue, un acupuncteur, sans résultats. « Mon problème : je ne me sens plus, je n'ai plus de senti sexuel, les orgasmes sont nuls. J'ai des infections vaginales à champignons depuis la naissance de ma fille. Avant, j'avais beaucoup de désir. Depuis que j'ai rencontré mon conjoint, je suis fidèle. Après la première année, il y a eu baisse de désir, et après la deuxième année, encore plus souvent baisse de désir. Je fantasme sur quelqu'un qui me prend, me contrôle, sur quelqu'un de plus vieux que moi, comme mon père. Mon père et mon frère ont abusé de moi. Le fils de mon père m'a battue. Je n'en veux pas à mon père, qui m'a beaucoup aimée dans cette vie-ci. Il est décédé. Mon conjoint est très responsable, très sensible, mais autoritaire. J'ai travaillé avec la kinésiologie des croyances pour avoir moins peur de son autorité et de ses colères verbales. Pendant les grossesses, il ne me caressait pas, il avait peur des bedaines. »

Interprétation : dynamique de contrôle mutuel. Vous dites inconsciemment à votre mari par votre non-désir sexuel : Tu me contrôles par ton autorité, par tes colères, tu me fais taire. Tu me fais fermer la bouche d'en haut (la parole), je ferme la bouche d'en bas (le sexe et ses lèvres); je retiens le plaisir, je te contrôle par le refus sexuel.

Deuxième rencontre

Elle parle d'emblée de la première grossesse et de la césarienne, de la douleur et de la faiblesse qui persistaient après six mois, de l'allaitement. Quand elle a voulu sa deuxième fille, ça lui a pris neuf mois pour devenir enceinte. «J'y suis arrivée avec le rebirth et la grossesse s'est bien déroulée. J'ai vécu mes grossesses seule, ce n'est pas attirant pour lui une femme enceinte. Enceinte, j'avais du désir sexuel, mais je me sentais seule et je pratiquais la masturbation. À 20 ans, j'ai eu un avortement. Actuellement, si j'étais enceinte, je le garderais.»

- Ce non-désir de votre mari pendant vos grossesses et l'effet de solitude sur vous, lui en avez-vous parlé?
- Non, je ne voulais pas qu'il se sente mal.
- Cela revient à dire: est-ce important de sentir ce que vous sentez puisque après vous le niez, vous le jugez non important. Alors pourquoi sentir le plaisir?
- Je ne suis pas assez forte pour aller chercher ce dont j'ai besoin.
- Est-ce que le plaisir et le désir sont coupables?
- Oui, c'est comme si c'était ça. Dans ma jeunesse je me masturbais beaucoup et je priais beaucoup pour que ça arrête de me suivre, je me suis sentie coupable. Ma mère s'en apercevait mais ne disait rien. Dans ses yeux, je le sentais. Elle était ouverte, elle m'a fourni des documents là-dessus. Mon père, j'avais peur de son autorité. Il était très doux, mais quand ça ne faisait pas son affaire, il levait le ton.
- Comme votre conjoint?
- Mon père était plus doux sexuellement, même si lui est doux.

Il y a plusieurs interdits intérieurs: non à la masturbation, non à l'avortement; et des interdits extérieurs du mari: non au premier et au deuxième enfants.

- Ces «non» ont mis le désir à «off». Il faut repeser sur le bouton. Sur lequel voulez-vous peser?
- Le bouton qui ouvre, le nombril.
- C'est un très bon endroit, vous pouvez appuyer, c'est le bouton qui dit «oui». Elle rit, mais elle dit qu'elle est triste en dedans. Je ne veux pas être enceinte, je n'ai pas assez de vitalité.

– Le désir est à nouveau arrêté, barré par le non. C'est le oui qui ouvre. Le corps a fini par écouter le non à force de se faire dire non, il est devenu comme une fleur qu'on coupe, qu'on piétine, dont on tort la tige. En disant non, on se fait cela. Difficile, après, que la fleur du désir pousse. Elle pleure et dit: «Je me le suis fait en masse.»

Hypnose: Détente sur le fauteuil

Ensemble, nous allons pratiquer la visite du jardin et la fleur. Dans le jardin, il y a des fleurs fort jolies tout épanouies. Certaines n'ont encore que des feuilles et d'autres ne commencent qu'à sortir de terre, mais toutes vont pouvoir s'épanouir si on leur laisse le temps nécessaire. Vous vous assoyez près des fleurs et vous pensez à faire comme elles, à laisser la lumière et la terre vous nourrir. Vous sentez les racines qui pénètrent dans la terre et vont chercher l'eau et les minéraux pour vivifier le bulbe. Cette étape n'est pas apparente, mais tout aussi importante. Ce bulbe veut ressentir la lumière, la chaleur, le vent, et il commence à sortir et à produire des feuilles, une tige et une fleur, une très belle fleur, celle que vous aimez le plus. Laissez-la s'épanouir au soleil. Cette fleur est aussi en vous. Vos pieds sont vos racines, le tronc, la tige, la tête est la fleur... Laissez circuler en vous.

«Au début, c'était noir, puis ça s'est éclairci dans le ventre.»

Je lui suggère de répéter l'exercice de la fleur chaque matin, comme cela ou à sa façon, avec ou sans la cassette. Elle répond: «Fantasmer sur la fleur, c'est une bonne idée.»

Troisième rencontre

Plusieurs souvenirs sont remontés après la rencontre. Je sortais dehors, je volais dans les airs et j'ai eu un souvenir: Dans la vingtaine, j'ai eu beaucoup de désir et de passion pour un garçon, qui a mis fin à la relation... J'ai dit à mon corps: «Tu n'as pas à souffrir de cela, tu vois ce que ça donne, la passion.» Je n'ai pas écouté la cassette, j'ai eu peur que ce soit une cassette subliminale, j'ai eu peur de l'infidélité, je ne suis pas capable de gérer cela. Je ne l'écouterai pas, la cassette, si cette peur est là. Je m'épanouis quand quelqu'un me plaît et j'exprime facilement mes sentiments.

– Vous pouvez choisir l'objet de votre fantasme. L'homme désirable peut-il être votre mari ?

– Je choisis ceux à qui je veux apporter du bonheur, j'ai peur si c'est quelqu'un d'autre.

– Vous pouvez décider en qui vous mettez votre désir. Ainsi, ce n'est pas le désir qui vous mène.

– Dans la vingtaine, mon désir m'a menée et j'ai eu des relations avec plusieurs hommes. Ça m'apportait de la culpabilité. Aujourd'hui, je serais capable, rationnellement, avec l'amour curatif. Ça m'aide à gérer mes énergies. Je pratique pour renforcer mon couple, ma vie, aussi, pour avoir plus de joie et de motivation. Je pratique aussi la réflexologie et la médecine douce, c'est mon travail. J'ai un petit bureau à la maison, mais je n'en fais plus de façon payante, car nous avons déménagé à la campagne.

Elle a fait par elle-même le travail de visualisation et d'autohypnose avec la fleur. « Chaque jour, j'ai senti circuler l'énergie. J'ai respiré l'eau nettoyante, nourrissante, je sentais la tige dans le ventre, la tête au soleil. Dans le ventre, j'ai nettoyé le senti négatif et j'ai rempli mon corps de joie, de désir, de senti positif et je retournais dans les racines pour la croissance. Je me suis sentie en paix, le problème semblait moins dramatique. »

Suggestion : Ramener l'exercice de visualisation dans le corps, comme si votre corps était une fleur, est une bonne idée.

– Aussi avez-vous pensé à fantasmer sur votre mari ?

– Je cherche des images... Me voir avec lui dans la nature, pour avoir du désir.

– Où et comment vous voyez-vous tous les deux ?

Silence.

– Quelles parties de son corps vous attirent ?

– Son visage, sa peau, les poils, son odeur (elle rougit), ses mains. Il a de belles mains. Ses fesses rondes. Je pense à lui mais le fantasme et l'orgasme est en haut, dans ma tête. Ce qui m'excite, c'est quelqu'un sans identité, sans visage, qui prend les initiatives. Moi, comme l'enfant, lui comme le père, qui me dit quoi faire. Mon mari me demande d'être active sexuellement, mais je ne veux pas, je n'aime pas cela, je n'ai pas d'énergie, de senti, de désir.

– Que vous demande-t-il?

– Il voudrait que j'aille de l'avant, que je demande, que je commence, que je prenne l'initiative. Je n'en sens pas le besoin, je dois me forcer à être active. Il va finir par aller voir ailleurs, il a des besoins, et c'est normal.

– Lui avez-vous dit que ce serait plus facile que ça vienne de lui?

– Je pourrais peut-être lui dire.

Explication: généralement, l'homme est plus rapidement excitable (une seconde à une minute), et la femme, plus lente (une à dix minutes). L'homme est plus actif, la femme plus passive. L'homme est actif, il travaille, il va à l'extérieur. La femme est plus passive, à la maison.

«Quand je travaillais à l'extérieur, j'étais plus active sexuellement. Depuis que je suis à la maison, je manque d'activités et de stimulations de l'extérieur, ça le tente d'être passif. Il rêve que pendant qu'on fait l'amour, je flirte avec quelqu'un d'autre... Il se réveille enragé. Lui, il a des désirs sexuels et des érections à 5 heures du matin.

Suggestion: Comme nous travaillons ensemble à améliorer votre propre désir et votre capacité à être active sexuellement, je vais prendre les pouls de l'énergie pour connaître votre état énergétique et mieux vous aider à retrouver votre vitalité.

Pouls Cœur: faible, Foie: faible, Rein: vide.

Poumon: faible, Rate: activité normale, Rein: vide.

Vos pouls confirment vos dires. Votre non-désir correspond à votre vitalité basse et aux manques d'énergie de la majorité de vos organes internes, qui donnent à leur tour la vitalité sexuelle. Donc, je crois qu'il est préférable de continuer dans ce sens, soit à stimuler et à augmenter votre énergie par l'hypnose, l'acupuncture, les herbes et, si nécessaire, l'alimentation. Vous avez assez fait de thérapies diverses, visant à trouver les changements à apporter à vos comportements, pour passer à une méthode qui permettrait d'augmenter et de modifier votre énergie.

Hypnose

Pratique de la relaxation et du contact avec le matelas de la tête jusqu'au bout des pieds. Choisir un endroit agréable, soit à la mer, soit à la montagne ou aux champs. Peut-être pouvez-vous me communiquer votre choix ? – La mer. Prenez le temps de vous installer confortablement, sur une chaise ou dans le sable, avec un parasol ou au soleil. – Oui, je suis au soleil, dans une chaise. Très bien... Prenez le temps de percevoir les sons, les couleurs, la température, de sentir les odeurs, la brise, la chaleur... Vous sentez et vous percevez des détails auxquels vous ne prenez pas toujours le temps de vous attarder. – J'ai soif. Vous buvez un peu d'eau et vous ressentez cette eau fraîche et douce qui coule doucement à l'intérieur de vous et vous transmet sa fraîcheur. Pour continuer à vous rafraîchir, peut-être pouvez-vous vous imaginer en bateau, sur une jolie rivière bordée d'arbres. Vous sentez le mouvement lent du bateau, le bateau glisse lentement jusqu'à un canal, longe le canal peu à peu et passe sous un pont pour arriver sur un lac calme, ensoleillé. Vous y restez quelque temps. Vous revenez par le même chemin, en bateau, jusqu'à la plage où vous étiez. Vous vous réinstallez et vous vous reposez sur la plage, vous vous reposez simplement, allongée sur le sable.

«Je me suis sentie calme, apaisée, sans contrainte, j'ai senti un bien-être, même si Marc était là.»

Quatrième rencontre

Entrevue d'analyse

Le conflit intérieur entre plaisir et culpabilité est encore résolu par les fantasmes d'un homme actif.

- Vais-je me libérer ?
- Que voulez-vous ?
- Me libérer.
- Alors vous dites : «Je me libère.»
- J'ai écouté la cassette sur le voyage. Je me suis sentie détendue. J'ai ressenti du désir. J'ai eu deux relations sexuelles avec mon

conjoint, mais une petite porte se ferme, si je suis responsable de l'orgasme, j'ai honte. Si je suis non responsable de ce que je fais, si je fantasme sur la responsabilité de l'autre, l'orgasme descend dans mon bassin. Grâce à la cassette, j'ai déjà travaillé sur le désir ; il reste à travailler la honte, la responsabilité, dit-elle.

– Pouvez-vous me parler de votre obligation de ne pas être responsable dans le sexe ?

– Je suis obligée de me créer des fantasmes pour ne pas être responsable.

– Pouvez-vous me dire comment vous faites cela ?

– Le désir est là, mais ça ne se rend pas à l'orgasme si je suis avec mon conjoint. Je m'imagine que je suis une petite fille, je me laisse faire par lui, comme s'il était le père... Il m'a montré à faire l'amour, j'ai le droit de jouir avec lui, il ne faut pas le dire que je suis égale.

– Vous continuez à conserver l'image du père, qui vous envahit et vous garde dans le comportement de petite fille non responsable et sans droit de jouir avec son conjoint. Vous pourriez lui dire : je suis devenue une femme, je suis avec mon mari et j'ai le droit au plaisir avec lui, sors de mon lit ! Vous transférez l'énergie sexuelle dans le fantasme avec le père. Pouvez-vous prendre un fantasme plus près de la femme et du mari ?

– Oui. Pourquoi ça fait cela ?

– L'orgasme est associé à un interdit, ce qui amplifie le pouvoir de l'orgasme fantasmé quand vous prenez le rôle de petite fille. Aussi, être une femme est interdit par le père (jouer le rôle de petite fille non responsable). Cet interdit d'être femme est répété par le mari : deux fois enceinte, deux fois femme et deux fois rejetée, non touchée, non désirée. Pour être désirable, vous devez inconsciemment être ou agir comme une petite fille. Oui, je me trouve trop grosse. Dans les fantasmes je suis toute petite, toute menue. (Elle fait un air de dédain.) Je comprends.

– Qu'avez-vous compris ? Je ne veux plus être dans le rôle de petite fille. Quoi faire pour sortir de là ?

- Que pourriez-vous faire? Devenir une femme, apprécier cela, avoir du plaisir en étant une femme, capable de jouir en étant une femme, d'avoir des orgasmes de femme.
- Quel était le message de votre mère par rapport à la sexualité? Elle a appris à jouir après ses grossesses... Avant, elle a souhaité que mon père aille voir ailleurs, lui, un homme chaud... Ma mère n'aimait pas cela.
- Quel était le message secret de votre mère?
- Que quand on est une femme, on ne jouit pas. C'est plate, c'est fatigant, épuisant.
- C'est comme si vous répétiez ce message malgré vous?
- Oui, je le sais, c'est ce que je fais, mais ça ne change rien!
- Ressentiez-vous quelque chose quand votre mère refusait votre père?

  Silence.
- Quand avez-vous commencé à penser, à fantasmer sur l'homme-père?
- Je me masturbais et je m'imaginais avec un homme comme mon père. Je lisais les journaux pour ne pas me masturber. Ma mère n'approuvait pas cela, elle me disait de prier pour que ça s'arrête.
- C'est votre ancien fantasme de l'homme-père, né de l'acceptation de la sexualité et de l'utilisation de la sexualité avec sa fille, qui est en conflit avec la mère, qui dit non à la sexualité. En vous, il y a cette contradiction qui crée un blocage.

  Silence.
- Pendant les grossesses, l'interdit vient de la mère.
- Oui, une fois elle a raconté qu'ils avaient fait l'amour quand elle était enceinte et qu'ils ont perdu le bébé, elle a cru que ça dépendait de cela. Peut-être que j'ai eu peur moi aussi, quand j'étais enceinte, que cela arrive.

- D'où la nécessité inconsciente que votre conjoint soit distant pendant les grossesses, ce qu'il a fait. Le clitoris, c'est la jouissance de la petite fille, c'est le fantasme du père, c'est la permission du senti. La pénétration, la jouissance vaginale, c'est le « non » de la mère, c'est le « non » à la femme en vous. Vous êtes soumise à la mère, mais quand vous jouissez, vous rompez l'interdit de la mère avec le fantasme du père. Elle a barré votre vagin. Il faut reprendre votre pouvoir contre l'interdit de la mère dans votre vie sexuelle.
- Ce n'est pas croyable qu'elle dise « oui ». Depuis le temps que je cherche... c'est si simple ! (Elle a les larmes aux yeux et rit.) Je sens une joie, un espoir, une libération possible.
- Connaissez-vous l'histoire d'Alibaba et les quarante voleurs ?
- Oui, un peu. Il était pauvre, sa mère l'a envoyé à la recherche de travail, il a découvert une caverne où les voleurs mettaient leur butin, il a entendu le mot de passe, « Sésame, ouvre-toi » ou « Sésame, ferme-toi ».
- Il a découvert l'accès au trésor, la parole magique : « Sésame, ouvre-toi ! » Vous aussi vous pouvez prononcer la parole magique et avoir accès au trésor de la vie, impérissable, la source de vie en vous.
- C'est beau ! dit-elle.
- Il vaut mieux éviter le combat père/mère face à la sexualité à la porte de la caverne.
- Oui, j'aime la mère et la femme en moi. Je ne veux pas attendre que mes enfants soient partis pour vivre et profiter du trésor.

Relaxation, la promenade en forêt

Vous vous imaginez que vous allez vous promener dans la nature calmement... Vous trouvez un endroit agréable... Vous marchez simplement, calmement, vous explorez les lieux, curieuse et ouverte, vous observez autour de vous... Peut-être la couleur des feuilles, la lumière... Peut-être le chant des oiseaux, peut-être aussi les voix humaines... Vous observez autour de vous et vous marchez librement, détendue... Et vous vous retrouvez dans un endroit où il y a un petit bâtiment, avec un toit agréable, comme un gazebo, dans la nature… Vous vous demandez quelques instants si vous pouvez aller vous y reposer calmement… Et vous décidez de monter les quelques marches, lentement, et de vous asseoir paisiblement. Vous vous sentez protégée, enveloppée… Vous vous reposez quelques instants, vous observez autour de vous et vous décidez de poursuivre votre route, simplement en marchant librement, en recevant en vous la lumière du soleil, le chant des oiseaux. Vous sentez le contact de vos pieds avec le sol, peut-être un petit chemin de sable ou de cailloux, et vous sentez le mouvement de vos pieds… Peut-être entendez-vous le chant des oiseaux ou percevez-vous l'odeur de ce lieu. Vous laissez pénétrer en vous cette odeur, vous prenez le temps de sentir le parfum, et vous continuez librement, ouverte et calme… Vous traversez un petit pont, peut-être un petit pont aménagé ou simplement un bout de bois qui a servi à relier les rives d'un petit ruisseau… Vous sentez la vibration de l'eau sur vos pieds, le tumulte de l'eau qui s'agite, et vous vous imaginez que cette eau monte dans vos pieds… Comme si vous sentiez le tumulte de l'eau dans vos pieds. Vous sentez la vibration de l'eau qui monte dans vos chevilles, dans vos jambes… Laissez la vibration de l'eau nourrir vos jambes, laissez monter dans vos cuisses et jusqu'à la région sexuelle, laissez-la monter dans votre bassin, comme si vous pouviez recevoir cette vibration, ce tumulte de l'eau dans votre corps. Profitez de cette sensation pendant quelques instants… Accueillez en vous cette eau bienfaisante… Et laissez-la couler librement…

Vous souriez à cette eau, à ce petit pont et à votre corps, et vous décidez de continuer votre route, pour peut-être vivre d'autres expériences, simplement, librement… Continuez à observer tout ce qui est sur votre passage… Continuez d'avancer librement, calmement… Comme vous êtes un peu fatiguée, vous voyez un endroit confortable où vous pourriez peut-être aller boire quelque chose, vous désaltérer… Vous vous apprêtez à entrer et la porte semble barrée… Vous êtes un peu déçue mais vous faites le tour et vous trouvez une petite sonnette, à l'arrière. Vous appuyez et la porte s'ouvre comme par enchantement. Vous entrez à l'intérieur, doucement, et découvrez un endroit plein de fleurs, avec de la musique, un endroit souple et calme, et vous vous y assoyez. Et dans un coin, vous voyez une petite fontaine qui jaillit comme des rochers, comme s'il y avait un endroit aménagé à l'intérieur où la source vive jaillit et pénètre à l'intérieur dans la maison. Et vous profitez de ce lieu rempli de parfum, de fleurs, de vie... Continuez quelques instants à vivre le bien-être d'être pénétrée à l'intérieur de cette petite maison cachée dans la forêt.

Doucement, vous décidez de repartir calmement en sachant que vous pouvez revenir dans ce lieu où vous vous êtes sentie bien, entourée, protégée, où vous avez pu sentir la détente, le calme et la permission de bien profiter de la vie... Vous pourrez revenir quand vous le voulez dans ce lieu secret que vous avez découvert. Chaque fois que vous en aurez besoin, vous pouvez aller vous y ressourcer... Et doucement, lentement, vous revenez par le petit chemin, vous revoyez le pont, le petit bâtiment, comme un gazebo, et vous revenez lentement à l'orée de la forêt... Vous revenez vous asseoir dans cette pièce, calmement, et vous reprenez contact avec votre corps.

Rencontre suivante

Elle me raconte avoir fait des gaffes deux fois. Elle a arrosé l'intérieur de la maison avec le boyau d'arrosage, par la fenêtre ouverte. C'est descendu dans le sous-sol. «Mon mari était mécontent. Je suis restée seule, on a mangé chacun de notre côté. J'ai écouté les grenouilles dans la véranda. On a eu une relation sexuelle, et je lui ai raconté: "Sésame, ouvre-toi!" On a ri.»

- La porte du cœur, c'est l'entrée du vagin, c'est la clef pour que l'amour du cœur descende.

- Ça me parle, je veux dire oui à cela.

Pouls: Cœur: vide (cœur fermé), Poumons: léger, Reins Yin et Yang: vides, Foie: agité, Rate: faible. Pouls du Tan Tien: vide. Ces pouls confirment que l'état énergétique affecte les perceptions, sensations et comportements: Vide du cœur et des reins, pas de désir, pas de force sexuelle, pas de mouvement vers l'autre, pas d'amour senti.

Acupuncture: 6 MC (T), 7 C (T), 6 Rte (T), 3 R (T), 6 VC (T), 4 VC (T), 17 VC (E).

- 6 Maître du Cœur (Nei Guan): ouvre la poitrine, supprime les stagnations de Qi, fait descendre le Qi, asociabilité avec le conjoint, dépression.
- 7 Cœur (Shen Men): tonifie le Qi du cœur, calme le Shen du cœur, soigne la folie calme (dépression), tonifie et renforce le cœur et les reins en association avec 3R.
- 6 Rate (San Yin Jiao): pour les maladies liées à la grossesse, l'accouchement et au sang, épuisement, anémie, difficultés sexuelles; favorise la rencontre du cœur et des reins.
- 3 Rein (Tai Xi): tonifie le Qi et le Yin du Rein, renforce les moelles et le cerveau, renforce le pouvoir sexuel.
- 6 Vaisseau Conception (Qi Hai): tonifie le Yuan Qi (énergie originelle), chauffe le Yang, renforce le Qi, favorise la rencontre du cœur et des reins, fatigue.
- 4 Vaisseau Conception (Shi Men): tonifie le Yang du rein, chauffe le Yang de la rate, tonifie le Qi, chauffe l'utérus et le Yuan Qi, épuisement à la suite de l'accouchement.
- 17 Vaisseau Conception (Dan Zhong): harmonise le cœur et les organes internes.

Méditation: le sourire à votre cœur

Souriez et inspirez le sourire, la joie, l'amour dans les yeux, le nez, la bouche, le thymus, le cœur, le plexus solaire, le nombril, les organes sexuels: ovaires, utérus, vagin, lèvres, clitoris. Laissez le sourire et la lumière dorée remplir votre corps.

Elle rapporte un rêve qu'elle a fait: «C'est interdit, le sexe, pour les putains, et être payée 60 $ ou 100 $. À la place, demande à ton mari 100 $.» Elle rit.

Rencontre suivante

J'ai le sentiment d'avoir le haut séparé du bas, et j'ai senti une grande chaleur dans les jambes. On a fait l'amour une fois. Mes pensées changent, je vois plus une caverne de fleurs, mais je n'ai pas d'excitation, de jouissance. J'ai écouté la cassette deux fois par jour. Je sens l'énergie circuler avec le sourire. Je m'en fais moins avec la vie, je suis moins anxieuse. Lui a l'impression qu'il fait mal son travail si je n'ai pas d'orgasme. Il est bon s'il me donne un orgasme. Je lui ai dit que j'aimais ça même si je n'avais pas d'orgasme.

– Ou un orgasme différent. Être bien, relaxée, détendue, attentive à ce qui est et non dans ce qui devrait être. Oui, il y a une évolution qui se fait.

  Elle me raconte qu'elle a rencontré une médium pour savoir comment les vies antérieures agissent sur cette vie-ci. «J'ai été esclave dans une galère, mal soignée, mal nourrie. J'ai été courtisane dans la noblesse, mon père me forçait à faire cela… J'ai compris le pouvoir de l'homme. J'ai été moine tibétain toute une vie. J'ai travaillé avec des cristaux, en Attlande, j'étais dissociée des groupes obscurs, j'avais du pouvoir.

– Vous avez deux énergies impuissantes où vous manquez de pouvoir, celle de l'esclave et celle de la courtisane, obligée par le père, et deux énergies puissantes, où vous avez le pouvoir, celle du moine tibétain et celle de l'Attlande. Comment ces énergies agissent-elles dans votre vie actuelle?

– Avec les exigences de mon mari, je suis esclave et courtisane. Je vais faire cela pour lui.

– Avec le moine?

– Je me centre, je ressens, j'observe. J'ai aussi le pouvoir en moi, le cristal de l'Attlande.

– Vous avez le pouvoir de condensation, de centration du moine, et le pouvoir d'irradiation du cristal.

– Oui, avant mes grossesses, je sentais cela.

– Alors, nous allons rétablir le lien du haut et du bas pour ne pas que vous sentiez la séparation. La césarienne est une rupture de lien entre le haut et le bas par la coupure, qui amène aussi le froid dans la région coupée. Accoucher fait aussi descendre l'énergie vers le bas et crée un état de perte d'énergie et de fatigue que nous pouvons arrêter.

– Oui, j'ai une perte d'énergie vers 12 h 15 et 12 h 30. Je suis tellement fatiguée ; souvent, je dors.

– Vous avez le pouls de l'énergie du cœur faible, d'où votre fatigue au moment de l'heure du cœur. En tonifiant le cœur et les reins, le lien va se rétablir, votre énergie va revenir et vous allez graduellement retrouver votre pouvoir sexuel sacré, comme le moine et le grand prêtre avec le cristal de l'Attlande.

Pouls : Cœur : vide, Poumon : faible, Foie : actif, Rate : faible, Rein Yin : faible, Rein Yang : vide, nombril : vide.

Acupuncture : 6 MC (T), 7 C (T), 6 Rte (T), 3 R (T), 6 VC (T), 4 VC (T), 17 VC (E).

Le point 7 R est important pour empêcher la sensation de rupture haut/bas et rétablir le lien cœur/rein.

Massage Chi Nei Tsang (CNT) : coupure transversale de césarienne (très froid, vent froid se dégage).

Méditation du sourire dans le cœur, réchauffer le cœur avec la lumière dorée, amener le sourire et la chaleur du cœur dans l'utérus et monter graduellement, couche par couche, jusqu'à la peau. Imposer les mains au-dessus. Répéter trois fois. La chaleur apparaît dans le bas-ventre, les pouls sont perçus sous le nombril, les pouls des reins sont présents mais légers. Le moine dansant, le prêtre guérisseur et le cristal sont revenus en vous.

Rencontre suivante

Elle raconte qu'elle a eu ses menstruations, qu'elle a été fatiguée. Elle a reçu douze personnes du bureau de son conjoint, samedi. Elle a eu une réunion de réflexologie, elle est présidente depuis trois ans pour la région, elle continue une autre année. Elle parle de sa formation en réflexologie. Elle pose des questions sur la pratique des sons de la guérison et sur le fait qu'on peut ramener l'énergie au nombril. Je lui réponds que c'est pour la conserver.

Traitement : Exercice du Qi Cong de l'arbre pour recharger l'énergie du bas du corps et l'énergie sexuelle. Voici la retranscription de cette pratique.

Vous êtes debout comme un arbre, vous ouvrez les plantes des pieds, le bout des orteils et vous accueillez l'énergie vivante, vivifiante de la terre, dans vos pieds, comme si vous aviez des racines que vous laissiez monter l'énergie de la terre dans les pieds... Laissez monter cette énergie comme une sève, comme une nourriture bienfaisante dans les pieds, dans les chevilles, dans les jambes... Laissez monter à l'intérieur des cuisses, contractez légèrement le périnée, l'espace entre la région sexuelle et votre anus, comme si vous tiriez l'énergie qui vient du sol à l'intérieur de vous, dans les pieds, les jambes, les genoux, les cuisses, et ramenez cette énergie dans la région du périnée, laissez-la tourner dans le périnée, dans les hanches, comme si vous enrouliez l'énergie qui vient de la terre dans vos hanches, dans les deux sens, comme si vous remplissiez votre bassin de cette énergie. Laissez redescendre l'énergie par les jambes, les pieds, retourner dans la terre, laissez-la aller complètement, laissez-la sortir par le bout des pieds, et demandez à la terre de nettoyer cette énergie. Et reprenez-la, mettez-vous en contact avec l'énergie de la terre sous vos pieds et reprenez l'énergie dans les racines, dans les jambes, dans les cuisses, jusque dans la région sexuelle. Contractez légèrement le périnée, contractez légèrement votre vagin, en bas, au milieu et en haut. Gardez la contraction quelques instants, tirez davantage l'énergie de la terre à vous, relâchez-la lentement et laissez-la se distribuer dans votre bassin. Encore une fois, souriez à la terre, souriez à l'arbre qui est en vous, répétez une dernière fois et montez jusqu'au sommet de l'arbre. Ramenez l'énergie comme si vous montiez dans l'arbre de votre corps, laissez-la monter, inspirez et, rendue au sommet de la tête, laissez-la redescendre devant, jusqu'à la région sexuelle, jusqu'à la terre et reprenez-la. Contractez légèrement le périnée, le vagin, inspirez profondément et ramenez l'énergie jusqu'au sommet de la tête, comme un grande vague qui monte en vous. Expirez lentement et laissez-la redescendre jusqu'à la région sexuelle, dans les cuisses. Laissez aller complètement.

Souriez à l'énergie de la terre sous vos pieds, à la force vitale, et absorbez cette énergie dans les jambes, les cuisses, la région sexuelle. Contractez à nouveau le périnée et le vagin, souriez, amenez l'énergie dans l'utérus, les ovaires, et laissez cette énergie monter jusque derrière votre nombril, comme si vous pouviez la conserver au centre du corps, comme un arbre puissant qui a son centre bien planté, bien centré, et conservez cette énergie au centre de votre corps. Vous pouvez utiliser cette énergie aussi souvent que vous en avez besoin, pour vous balancer, pour vous centrer, pour vous recharger. Elle est toujours disponible.

Pouls : Cœur : léger, Foie : actif, Rein Yin : léger, Poumon : vide, Rte : vide, Rein Yang : vide.

Acupuncture : tonifier les reins, le cœur, les poumons, et l'énergie.

6 MC (E), 9 P(T), 7 C (T), 2 VC (T), 4 VC (T), 6 VC (T), 4 GI (T), 36 E (T), 3 R (T), 7 R (T), 2 F (T), 3 F (T).

Rencontre suivante

« Avec mon conjoint, ça va mieux, on a fait l'amour deux fois, je n'ai plus le fantasme du père. Je suis plus présente aux sensations, même si ça reste bloqué en bas. Ma tête agit moins.

Je vais aller chez ma mère, en Abitibi, avec mon mari et les enfants, pour la fin de semaine. Mon père est mort il y a un an. Ma mère a été très malade, elle a été opérée, elle s'est fait changer toutes les artères du bas du corps, elle a une culotte qui remplace les artères pour faire circuler le sang. Avec elle, c'est beau à l'extérieur même si elle fait une grosse dépression. Je lui ai fait de la réflexologie, mais elle a été plus malade après. Je préfère ne pas rester longtemps, je n'aime pas être longtemps partie. Aux fêtes, elle a fait une crise à cause de sa maladie. J'ai pardonné, mais je reste craintive. J'aimerais l'amener chez nous. Mon mari est d'accord. »

Pouls : Cœur : léger, Foie : léger, Rein Yin : vide, Poumon : léger, Rate : léger, Rein Yang : vide, abdomen est légèrement plus chaud, Tan Tien inférieur vide.

Massage CNT de la coupure de la césarienne.

Acupuncture : tonifier les reins, le cœur, les poumons, et l'énergie.

6 MC (E), 9 P(T), 7 C (T), 2 VC (T), 4 VC (T), 6 VC (T), 4 GI (T), 36 E (T), 3 R (T), 7 R (T), 2 F (T), 3 F (T).

Après trois rencontres en traitement d'acupuncture et répétition du Qi Cong de l'arbre, cette femme a retrouvé sa vitalité, son énergie et sa sexualité.

Les difficultés chez un homme éjaculateur précoce : traitement par l'entrevue, la relaxation, l'hypnose, l'acupuncture et le Qi Cong

Première rencontre

Ce jeune homme me consulte en disant «J'ai oublié la raison de ma visite» et donne la raison suivante : la peur de s'engager à nouveau, car il a été blessé. La relation a commencé il y a quelques années. «Je l'ai rencontrée à l'université, on a vécu chacun chez nos parents pendant cinq ans et demi. Elle m'a laissé l'été dernier. Elle a rencontré un garçon à son travail, elle disait qu'elle avait besoin d'un ami masculin, elle me l'a demandé. Ils sont devenus amoureux. Selon elle, notre relation allait moins bien. Ils étaient fiancés depuis neuf mois, ils avaient annoncé à leurs parents qu'ils s'en allaient en appartement ensemble. Deux semaines plus tard, elle l'a quitté.» Leur projet de vie commune ne s'est pas réalisé, mais ils gardent contact, car elle lui dit qu'elle n'est pas tellement bien avec son copain.

«Suis-je le bouche-trou, la porte de sortie? Je suis mêlé, elle m'a demandé de revenir ensemble, il y a trois semaines. Ça allait mal avec sa mère. La mère de la jeune fille a des préférences pour moi. Elle me considère comme l'homme idéal. À cause du second jeune homme, il y a des tensions, des chicanes à la maison, elle ne peut plus rester là, elle va partir seule en appartement en juin. Elle m'a même demandé d'aller vivre en appartement avec elle en juin, comme colocataire. Non, j'ai su qu'elle allait en appartement avec son chum, quand elle me disait qu'elle n'était plus avec lui. Je vais suivre l'histoire.

– Comment faites-vous pour supporter cela avec votre cœur?

– L'été passé j'ai vu un psychologue, j'ai pris des Ativan.

– Vous avez vécu un choc émotif.

– Oui, dans ma tête, je revenais avec elle, j'étais en *stand by*, jusqu'à il y a deux semaines. J'ai su qu'elle allait vivre en appartement avec lui, j'ai fait la coupure totale. Là, le choc est moins grand. Elle continue à dire que ce gars-là a des défauts. Lui a 20 ans, elle, 24, et moi, 28. Il n'est pas mature. Elle a mis le bail et les meubles à son nom à elle, elle m'a dit: "Si ça ne va pas, on va revenir ensemble." J'ai répondu: "Oublie-moi, je coupe."

– Vous vous êtes senti manipulé.

– Ça m'a fait mal, j'étais fidèle, elle aussi. Elle m'a trompé avec lui.

– Étiez-vous amants?

– Oui. J'étais prêt à pardonner, à rester avec elle.

Il donne ici la principale raison de sa consultation, après quelques hésitations: « Nos relations sexuelles ont été médiocres, ça a mal été. Je suis mal à l'aise, je ressens quelque chose, des émotions, des pensées qui me bloquent. J'ai peur de commencer une nouvelle relation. Mon ex, elle l'acceptait. Elle me l'a reproché, mais ce n'est pas pour cela qu'elle est partie. »

– Quel est le problème? La première fois, c'était avec elle, elle avait 17 ans. La première relation sexuelle complète, j'ai fait patate une fois, deux fois, et j'ai traîné ça.

– Vous êtes sensible, vous étiez ému par la situation nouvelle. C'est quoi, faire patate pour vous?

– Les préliminaires, ça a bien été. Quand j'embarque dessus, c'est l'anxiété, la panique, je deviens rouge, j'ai chaud, je n'ai pas d'érection, ou à moitié, et s'il y a pénétration, c'est l'éjaculation précoce, c'est la panique.

– De quoi avez-vous peur?

– Je ne le sais pas.

- C'est pourtant anodin, l'amour, c'est plaisant, relaxant, avec l'hypnose. Peut-on savoir pourquoi cette peur?
- Si je suis avec une nouvelle, si je suis en situation sexuelle, j'aurai aussi de l'anxiété et ça va continuer.
- Vous avez programmé la peur.
- Quand je ressens la sensation sexuelle, je tremble un peu. Sa mère est partie, on étaient seuls, je savais qu'on ferait l'amour. Juste d'y penser, mon cœur palpitait, je tremblais, si près de la pénétration, la pénétration...
- Oui, près de la pénétration... Que se passe-t-il?
- Ça me décourage de voir ça, je n'aurai jamais de blonde... Pendant nos relations. ça n'a fonctionné qu'une seule fois.
- Comment sont vos parents par rapport à la sexualité?
- Mon père est ouvert et affectueux, ma mère n'en parle pas. Mon père m'a dit que, la première fois, elle avait eu peur du pénis. Ma sœur a le même problème. Pourquoi on a peur?
- Comment est votre sexualité seul?
- Je ne suis pas circoncis. Par la masturbation, je peux me retenir durant 10 à 15 minutes. Si mon ex me disait qu'elle avait le goût de faire l'amour, j'avais une pression au cœur, ça déclenchait de l'anxiété, de la crainte. Selon Lucien Auger, les idées créent les émotions et la peur de jouir. J'essaie de comprendre les interférences qui bloquent, je suis conscient de mes réactions.
- Le traitement va consister à transformer la peur en calme par la méditation, à imaginer la pénétration dans cet état de calme, à apprendre des techniques de respiration et de contrôle physique de l'éjaculation. Le traitement sera complété par de l'acupuncture et des moxas pour tonifier les points d'énergie et augmenter le contrôle sur l'éjaculation. L'homme apprend que le cœur aime, la tête contrôle et le sexe manifeste l'amour et le contrôle.

Pratique de méditation: frotter les reins, couvrir les reins avec les mains. Avec le son des reins Fuuu, amener la lumière bleue dans les reins et transformer la peur, l'anxiété, en calme, en sécurité, trois fois. Cette pratique peut être réalisée à l'aide de la cassette de méditation taoïste des *Six sons de la santé* (*Le Tao de la santé*, 2003-2).

Deuxième rencontre

«Je suis en vacances. J'ai rencontré une fille, on se voit depuis une semaine, elle veut d'abord l'amitié, on ira plus loin quand elle sera prête. En la voyant en ami, ça m'inspire confiance, je sais qu'il ne se passera rien. J'ai pratiqué le son des reins. (Il m'explique la méthode.)

- Félicitations, c'est exact.
- La confiance en moi, c'est un gros problème, quand j'ai de grandes responsabilités, j'ai des peurs. J'ai mal juste d'y penser. Quand je sens la peur, je canalise la lumière bleue et ça arrête. J'ai pratiqué le son des reins, j'ai vu la lumière bleue, comme un flash, je me suis senti calme, reposé, décontracté, plus confiant. La lumière bleue, je peux la faire venir, elle apaise mes émotions.
- Vous avez réussi la transformation des émotions, c'est déjà un grand succès.
- Oui. Est-ce qu'il y a autre chose à faire pour libérer les peurs? Je suis ouvert.»

Exercice du périnée. Pour retenir ou retarder l'éjaculation, il y a quelques exercices efficaces à apprendre, la contraction du périnée en trois étapes et le blocage par le point Hui Yin, appelé le point d'un million de dollars. Ces exercices empêchent l'énergie sexuelle d'aller vers l'avant et de se perdre à l'extérieur; elle est guidée vers l'arrière, ce qui retarde l'éjaculation.

Contracter les trois régions du périnée de façon continue, sans relâcher les contractions, à l'avant près des testicules (3 fois), au milieu, vis-à-vis de la prostate (3 fois) et à l'arrière, incluant l'anus (3 fois). Relâcher lentement l'arrière, le milieu, l'avant. (Répéter la série de 3 à 6 fois.) Le but est d'augmenter la force du périnée, qui est impliqué dans le contrôle de l'éjaculation.

Appuyer sur le point Hui Yin (1 VC) avec les trois doigts pour bloquer la prostate et ainsi retarder et graduellement empêcher l'éjaculation.

Troisième rencontre

«Hier, j'ai été chez la fille que j'ai rencontrée il y a deux semaines. On a tenté de faire l'amour, mais ça n'a pas marché. J'étais rouge, triste, découragé. Pendant les deux semaines, on s'entendait bien, c'était correct, agréable. On a essayé de faire l'amour, mais dans le lit, l'anxiété a commencé. J'étais petit, pas d'érection, j'avais chaud, j'étais trempé, pas d'érection. J'ai expliqué mon problème. Elle était déçue. Sans ça, on aurait continué à se fréquenter. Mais son premier chum avait aussi ce problème. Elle en a connu d'autres et elle sait que ça peut être différent. J'ai de la difficulté à assumer ma virilité. Si la femme est active, ça va mieux. Elle m'a fait une fellation, qui a duré longtemps. Quand j'ai embarqué sur elle pour la pénétrer, 30 secondes après, ça a été le stress, la panique, la chaleur. Moi, je voulais quand même continuer la relation. Elle, non.

- Vous étiez très peiné.
- Oui. Je suis sorti, je suis resté une heure dans mon auto, je voulais mettre fin à mes jours, me suicider. Je voyais le même problème qu'avec mon ex. Je veux aimer quelqu'un, avoir des enfants, faire l'amour.
- Il y a des solutions: l'acupuncture, les exercices de respiration/contraction, la visualisation et l'hypnose. Commencez à vous voir en érection et imaginez la réussite plutôt que l'échec.
- Qui va m'accepter comme ça?»

Nous passons dans la salle d'acupuncture: les pouls des reins sont forts, et tous les autres sont puissants.

Explication: dans son cas, le fait que l'éjaculation se produise trop rapidement provient d'une manifestation de l'échappée du Yin trop rapide avec une échappée du Yang qui exerce une poussée trop forte (congestion, chaleur, sueur, tachycardie). Il faudra environ deux ou trois séries d'une dizaine de traitements, au rythme d'un traitement par semaine, et des traitements de soutien.

Acupuncture

Traitement de relaxation: 6 MC (D) et 3 F(T).
Tonifier les reins: 3 R (T) et 6 VC (T), 23 V (T).
Tonifier la région sexuelle: 6 Rte (T) et 3 VC (T).
Anxiété, oppression: 17 VC (D) et 12 VC (D).
Se ronge les ongles: 11 P (T).

Exemple de traitement spécifique de l'éjaculation précoce avec bonne érection:

- 10 Foie (Wu Li) (D).
- 6 Maître du Cœur (Nei Kuan) (D) calmer le Shen.
- 11 Foie (Yin Lien) (D) détendre le foie.
- 11 Rein (Heng Ku) (D) faire circuler l'énergie du rein et autres points pour le renforcement local du Yin, selon l'évolution.

Automassage et méditation sur les points suivants:

Yin Tang et 1 Rein (Yong Guan) (symptômes physiques et émotionnels).

Relaxation/Hypnose

Contact avec le matelas, tout le corps de la tête aux pieds.
Promenade en forêt:

> Vous marchez lentement, calmement. Vous observez les couleurs, les odeurs, les sons, vous prenez tout votre temps. Très, très bien. Vous avancez plus avant, lentement. Vous êtes calme, détendu. Vous avancez plus profondément dans la forêt, toujours un peu plus loin, hors des sentiers battus, en respirant l'air pur et frais lentement, profondément. Et vous profitez de ce lieu simplement en appréciant ce que vous ressentez, ce que vous percevez autour de vous.
>
> Vous pouvez continuer cette détente par vous-même.

Séance suivante

«Je vais surmonter la montagne. J'ai fait les exercices du périnée et j'ai pratiqué la relaxation et l'hypnose avec la cassette de la promenade en forêt.»

Acupuncture: les pouls sont tous présents et forts.

Enseignement du blocage du point Hui Yin avec trois doigts au périnée pour contrôler l'éjaculation.

Reprendre le traitement: éjaculation précoce et ajouter 2 Rein (Ran Gu) (D) et 2 Foie (Xing Jian) (D) pour abaisser le Feu.

Relaxation/Hypnose

Contact avec le matelas, tout le corps de la tête aux pieds. Promenade en forêt: pénétrez de plus en plus profondément et ressentez le calme et la sécurité.

> Dans cet état de calme, de détente, peut-être pouvez-vous aller vous promener dans la nature, peut-être dans la forêt, ou dans un endroit que vous connaissez ou que vous imaginez. Prenez le temps de vous rendre à cet endroit en restant calme, détendu. Quand vous apercevez cet endroit, vous pouvez commencer à vous promener. Peut-être rencontrez-vous des sentiers ou une route sur laquelle vous aimeriez vous aventurer... Lentement, vous empruntez cette route et vous avancez calmement en observant tout ce qui est autour... Peut-être pouvez-vous percevoir le bruit des feuilles au vent ou le chant des oiseaux, ou le son de vos pas ou peut-être aussi le chant d'une rivière ou d'une chute... Peut-être aussi pouvez-vous percevoir la beauté de la lumière qui pénètre les feuilles, crée des ombres et éclaire la forêt ou le sentier sur lequel vous vous promenez librement, calmement, en toute sécurité... Peut-être pouvez-vous aussi percevoir les odeurs, la fraîcheur de l'air, les parfums de la forêt, peut-être l'odeur des pins ou des sapins, l'odeur de la terre, de la mousse... Peut-être pouvez-vous aussi percevoir d'autres odeurs. Prenez le temps de sentir ce qui est autour de vous. Tout en avançant de plus en plus loin sur ce sentier, calmement, vous pénétrez au cœur de la forêt, où tout devient de plus en plus calme, détendu, vous continuez à

avancer, à pénétrer de plus en plus profondément dans cette forêt. Peut-être pouvez-vous simplement percevoir la brise sur votre peau, la chaleur du soleil sur votre visage, sur vos bras, ou la fraîcheur de l'ombre, comme vous préférez, tout en continuant à pénétrer de plus en plus profondément, en restant calme, détendu. Peut-être découvrez-vous un endroit caché, que vous n'aviez jamais vu, peut-être près d'une rivière ou d'un lac, où vous aimeriez aller vous rafraîchir, vous plonger… Vous laissez l'eau vous transformer, vous nettoyer, tout en laissant aller complètement les tensions, les craintes, comme si vous pouviez les laisser au fond de l'eau… Vous prenez le temps de pénétrer dans cette eau calme et fraîche, de vous en asperger et de vous avancer calmement, jusqu'à vous laisser baigner complètement dans cette eau pure et fraîche qui vous enveloppe. Vous pénétrez de plus en plus loin dans ce lac ou dans cette rivière, vous profitez simplement de cette eau qui passe sur votre peau, qui vous porte, vous supporte et vous apporte sa fraîcheur et son calme. Vous pouvez aussi jouer avec cette eau, ou nager, comme vous préférez, et revenir lentement sur la berge… Et simplement vous asseoir ou vous allonger pour pénétrer de plus en plus profondément dans le calme de la forêt, dans le calme de la nature, pour vous ressourcer, vous régénérer, simplement en vous assoyant ou en vous allongeant sur la terre ou le sable… Profitez pleinement de ce lieu agréable, chargé de vie, comme une source vive qui vous nourrit et vous apporte son calme et sa force. Laissez votre corps et votre esprit bénéficier pleinement de ce lieu agréable, confortable, où vous pouvez pénétrer de plus en plus, où vous pourrez vous retirer et vous régénérer chaque jour de votre vie, pour établir en vous la paix, le calme et la sécurité, au centre de votre forêt secrète.

Séance suivante

«Je vais bien moralement. Je ne m'en fais plus avec la prochaine relation sexuelle.

– Vous pouvez faire la promenade en forêt lentement, vous n'êtes pas à la course.

- J'ai fait du patin à roulettes, j'ai vu une fille, j'ai eu un flash et j'ai eu peur.
- Pensez au plaisir de voir une jolie fille, de marcher avec une jolie fille. Quand vous vous masturbez, vous sentez le plaisir, quand vous pensez à faire l'amour avec une fille, centrez-vous sur le plaisir aussi.
- Oui, bonne idée, sinon je pense au négatif, à la peur et non au plaisir que je peux avoir. L'anxiété, les échecs antérieurs provoquent ces peurs chez moi.
- Centrez-vous sur le plaisir ressenti et sur la capacité de contrôle que vous développez par les exercices de relaxation et de contraction du périnée.
- Cette semaine, mon ex m'a téléphoné pour me dire de ne pas lui téléphoner même si elle m'a donné son numéro de téléphone. Elle a été inquiétée par mes idées suicidaires. Elle a rappelé jeudi. Elle a espoir qu'on revienne ensemble, même si ça fait un an qu'on est séparés.
- Et vous, votre souhait?
- J'aimerais revenir avec elle, mais je ne m'empêche pas d'avoir des occasions. J'aime mieux que la fille fasse le premier pas. Mon ex continue de dire que ça ne va pas avec son chum.
- L'important, c'est de retrouver le contrôle sur vous.
- Oui, j'ai eu plus d'énergie, je suis plus actif. J'ai senti un bien-être mental et je mange mieux. J'ai fait les exercices du périnée chaque jour.
- Ces exercices vous aident à garder le contrôle, comme le cavalier sur son cheval, c'est lui qui dirige le cheval.»

Exercices de contraction/respiration au périnée

Automassage et méditation sur 1 Rn et Yin Tang (troisième œil)

Acupuncture: répétition de points déjà faits.

Les six autres rencontres se sont déroulées de la même façon, avec amélioration de la confiance et du contrôle personnel. Il peut demeurer calme et détendu à l'idée d'avoir des rapports sexuels avec une fille. Son ex continue à téléphoner et à vivre des conflits avec son copain. Il se sent de plus en plus sûr de lui et serein. «Quand je pratique l'exercice dans la forêt, je m'endors et je dors profondément.»

Actuellement, il est bien établi que l'acupuncture est une méthode de traitement des fonctions réflexes par son action positive sur le système nerveux. L'acupuncture a pour effet de rétablir le fonctionnement normal des fonctions végétatives du cerveau, donc elle agit sur l'impuissance et l'éjaculation précoce. (Voir Warren, F.Z., 1979, p. 225)

Comme on le remarque généralement avec l'acupuncture, il y a eu amélioration des symptômes émotionnels (neurasthénie) et sexuels (éjaculation précoce) chez ce jeune homme. Il a vaincu la peur et l'anxiété pour réagir adéquatement à l'acte sexuel. Il est plus calme, plus sûr de son succès dans les situations d'intimité sexuelle. Son sommeil est plus profond et plus calme. Il se sent plus désirable et de bonne humeur. Il a commencé une nouvelle relation, en y intégrant la sexualité avec succès.

Voici les herbes qui ont soutenu le traitement :

- Strenghten Heart, Chinese Modular Solutions ; devient chaud facilement avec des sueurs, anxiété, nervosité, panique, hypersensitif, sommeil perturbé.
- Strenghten Kidney, Chinese Modular Solutions ; prêt au désespoir, paranoïa et cynisme, libido perturbée, faiblesse des hanches, du sacrum et du bas du dos.

Le côlon irritable, la dépression, les règles abondantes et la phobie de la voiture : traitement par l'entrevue, l'acupuncture, l'hypnose et la méditation

Première rencontre

Jeune femme dans la vingtaine, aînée de deux enfants, vivant en couple depuis plus de cinq ans, elle aimerait avoir des enfants. Elle travaille dans une boutique de vêtements d'enfants. Elle est référée par une psychologue. Elle a fait une grosse dépression, il y a deux ans, des tentatives de suicide. Elle prend un antidépresseur (Rivotril) et a déjà pris des somnifères (Desirel). Arrêt des somnifères depuis un an. Elle a des phobies multiples, dont la peur de voyager, et souffre du syndrome du côlon irritable. Elle dit haïr le psychiatre qui l'a soignée. Elle a été en thérapie un an avec un thérapeute.

Elle s'entraînait mais ne s'entraîne plus depuis sa dépression et elle fait de l'hyperventilation. Elle a été opérée pour une pierre au foie. Elle souffre de douleurs abdominales, de règles douloureuses, abondantes et déséquilibrées, de maux de tête. Les pieds sont froids. Elle fait de l'œdème. Elle transpire abondamment, a souvent chaud, les sueurs perlent. Elle urine fréquemment. Sexuellement, pas de problème si tout est parfait et en ordre. Elle panique souvent.

« Il y a deux ans, je suis entrée en psychiatrie, j'y suis retournée, mais après j'ai repris mon travail, avec dix pilules à prendre chaque jour. J'ai fait un sevrage de deux mois ; j'ai gardé Rivotril. Je suis allée en camping en Virginie, en auto, ça a été difficile, à l'aller et au retour : maux de ventre, diarrhée, entorse lombaire. La diarrhée n'arrête pas : aujourd'hui, j'y suis allée cinq fois. L'entorse lombaire a été réglée par le chiropraticien. J'avais trop de tensions ; le dos dur, peur de sortir de la maison, agoraphobie. Quand les gens rentraient, je faisais de l'anxiété, de la panique, de l'angoisse.

- Est-ce que quelqu'un d'autre, dans votre famille, souffre de symptômes similaires ?
- Ma mère fait de l'agoraphobie. Elle voit un psychologue. Ça se contrôle.
- Parlez-moi de vous.
- J'ai été couvée par ma mère. Je suis partie de la maison à 21 ans. Elle me disait qu'à 18 ans j'irais dans les bars. Quand ça a été mon anniversaire de 18 ans, je suis allée veiller et je suis rentrée à 3 heures du matin. Elle était fâchée. J'ai dû m'occuper de ma petite sœur de 3 ans, qu'elle a eue avec un autre monsieur. (Elle a les larmes aux yeux.) Elle m'a fait lever à 7 heures du matin.

– Vous vous sentez triste.

– Oui. Elle a dit “Si c’était à refaire, je n’aurais pas eu d’enfants” et elle a recommencé pour l’autre mari, et elle a eu Noémie. Lui est sévère, malin. Je ne m’entends pas avec mon beau-père. J’avais six ans quand il est arrivé. Elle me privait de tout. Elle m’a payé le permis de conduire pour ne pas que j’aie un conjoint. Je devais garder ma sœur, faire le ménage. Mon vrai frère, ils l’ont mis dehors à 14 ans pour des problèmes de drogue.

– Et votre vrai père ?

– Il est mort et enterré. Je ne l’aime pas, il criait contre moi, il hurlait, il était méchant et j’en avais peur. Je demandais à ma mère qu’on parte. Il a essayé de me rappeler il y a trois ans. Je lui ai dit : “Je ne t’aime pas et je ne t’ai jamais aimé.”

– Il y a trois ans, vous avez vécu la dépression, un mélange de haine, de colère, de tristesse. Ces émotions contre le père ont été stimulées par son téléphone et une bombe a éclaté à l’extérieur : la colère contre le père est devenue une haine contre le psychiatre, et la bombe à l’intérieur, c’est la colère en vous, la diarrhée.»

La principale raison de la consultation est le côlon irritable. «Je ne peux plus sortir de la maison sans Hémodium.» Elle veut un traitement en hypnose. Je lui ai expliqué l’approche intégrative. Je lui explique que tous ses symptômes physiques, émotifs et psychiques indiquent un vide de l’énergie des reins : diarrhée, douleurs lombaires, douleurs à l’abdomen, infections urinaires, urines fréquentes, œdème, paniques, peurs, agoraphobies, dépression.

J’ai rencontré cette personne une dizaine de fois, en intégrant les entrevues, l’acupuncture et l’hypnose.

Type physique : Yin corpulent, 5 pi 5 po, 195 livres, avant, 135.

Conseil alimentaire : manger seulement de la viande et du poisson, des bouillons d’os de viande pour tonifier les reins. Sans légumes, sans fruits au début.

Deuxième rencontre

« J'ai mangé seulement du bouillon fait avec des os et de la viande par ma belle-mère. Ça a bien été, je n'ai pas eu mal au ventre de la semaine, et j'ai gardé mes repas. On s'est vues une fois et ça va mieux. Vos questions m'ont fait réfléchir. J'ai eu des réponses à mes questions. Je n'ai pas une belle relation avec ma mère car je lui en veux que mon père ne m'aime pas. Mon stress a été plus contrôlable.

- Comment était votre père?
- Il était violent, il criait contre moi et ma mère, il était méchant, ils se chicanaient. Ma mère faisait le ménage et ne me donnait pas de temps. Là j'ai de la chance, je suis entourée de gens qui m'aiment.
- Vous remerciez pour ce que vous avez.
- Oui, je regarde l'avenir, je m'organise pour que ça aille mieux. Mes problèmes de diarrhée, de peur et de nervosité en auto, je vais m'en débarrasser.
- Enfant, aviez-vous des problèmes d'intestin?
- J'avais souvent mal au ventre, j'allais à l'hôpital. Quand on allait se promener, je demandais où étaient les toilettes. Les grosses diarrhées, ça a commencé l'an dernier. Il y a deux ans, j'ai commencé à être pisse-minute. Cet après-midi, j'ai eu trois fois la diarrhée avant de venir ici. J'ai peur de l'acupuncture pour le traitement du côlon irritable.
- Nous allons procéder lentement, d'abord avec la détente et ensuite graduellement avec l'acupuncture. »

Pouls : Cœur léger, Poumon léger, Foie vide, Rate vide, Rein Yin vide, Rein yang vide.

Détente avec respiration lente au nombril en répétant : inspiration et expiration (avant la puncture).

Acupuncture : 6 MC (E), 3 F (E).

3 Foie (Tai Chong) : nervosité, stress, incontinence, démangeaisons du sexe, pertes blanches, diarrhée. Associé avec 6 MC : amène

la détente, la relaxation. En même temps, relaxation guidée, détente sur le matelas.

Poursuite du TMT: pendant dix minutes, 4 GI (T), 36 E (T), 1 Rte (T), 1 F (D), 4 F (T), 3 R (T), 10 R (E), 3 VC (T), 6 VC (T), 20 VG (E), 23 V (T).

- 1 Rate (Yin Bai) : Retient le sang, calme le Shen, renforce la rate, diarrhée, tristesse, règles abondantes.
- 1 Foie et 4 Foie : en association, abaissent la colère.
- 1 Foie (Da Dun) : calme le Shen, règles irrégulières, incontinence, douleurs au ventre.
- 4 Foie (Zhong Feng) : favorise le Foyer inférieur en éliminant l'humidité, détend les tendons.
- 3 Rein et 10 Rein : en association, abaissent la peur.
- 3 Rein (Tai Xi) : tonifie le Qi, le Yin du rein et les moelles : règles irrégulières, insomnie, pollakiurie, épuisement.
- 10 Rein (Yin Gu) : tonifie le rein, élimine l'humidité.
- 3 Vaisseau Conception (Zhong Ji) : retient la vessie pour l'incontinence, règle les problèmes d'humidité au foyer inférieur au bas du corps.
- 23 Vessie (Shen Shu) : lorsque le rein vide entraîne des problèmes de l'eau (œdème) et de l'urine, chasse l'eau et l'humidité.

Relaxation/méditation : détente avec contact sur le matelas de toutes les parties du corps, de la tête jusqu'au bout des doigts, et de la tête jusqu'au bout des pieds.

Laisser sortir les peurs, les stress par le bout des doigts et des pieds.

Remplir votre corps avec une lumière qui signifie pour vous le calme, la sécurité. Laisser cette lumière prendre toute la place dans votre corps. (Voir *Le Tao de la santé*, 2003-2)

Troisième rencontre

« Hier j'ai eu peur de l'orage, j'ai fermé toutes les fenêtres. Si le tonnerre tombe, c'est le feu ! Cette semaine, j'ai parlé à ma mère, je lui ai dit que je lui en voulais que mon père ne me donne pas d'amour. Elle m'a dit que je mettais des barrières entre elle et moi, que j'étais sa fille et qu'elle m'aimait. (Elle a les larmes aux yeux.)

– Vous vous sentez émue.

– Oui, et je suis trop orgueilleuse pour pleurer. Quand j'ai failli pleurer, je me suis dit : “Non, là, j'ai une belle vie.” Même si j'ai manqué de père, j'ai eu un beau-père, je l'ai aimé beaucoup, même s'il était sévère et malin. Je n'ai pas été chanceuse avec les parents sévères !

– Votre mère vous a bien répondu, au téléphone.

– Oui, même si je lui parle rarement au téléphone. Je ne suis pas bien quand je vais chez elle. Je lui en voulais à elle, mais ce n'est pas de sa faute à elle.

– Vous constatez que si votre père était violent, ce n'était pas nécessairement à cause de votre mère.

– Oui, je vois, mais à 18 ans, elle m'empêchait de sortir, elle me faisait garder pour qu'ils sortent en fin de semaine, alors quelle m'avait dit qu'à 18 ans je serais libre, que je pourrais sortir en auto, aller dans les bars et rentrer tard. Je gardais ma petite sœur, je le faisais pour elle.

– Vous vous sentez triste d'avoir été généreuse.

– Oui, je n'ai pas pensé à moi, j'ai aidé tout le monde. Ma mère a rechuté quand j'ai été malade. Par chance, j'ai eu mes beaux-parents et mon conjoint.

– Vous avez été déçue par elle encore une fois. Vous n'avez pas senti son aide.

– Elle a fait de l'agoraphobie, elle aurait pu me comprendre.

– Elle était fragile face à ce problème. Peut-être ne se sentait-elle pas capable de vous aider.

– Je suis sa fille, c'est plus difficile pour elle de m'aider. J'aurais vécu cela comme un cauchemar si je n'avais pas pu rationaliser son incapacité. Elle s'est fait suivre par un psychologue pour l'agoraphobie et la petite dépression.

– Et vous? Que s'est-il passé cette semaine?

– Moi, j'ai encore peur de m'éloigner de la maison, peur de ne pas trouver de toilette. Cette peur-là, cette maudite peur me prive d'aller en auto avec mon conjoint. Incapable, écœurée, épouvantable, contrôle-toi.

– Et la diarrhée?

– Ça continue à diminuer. À la maison, je n'ai pas de diarrhée. Avant, si je sortais, ça recommençait. Là, c'est pas à chaque fois. Je suis plus calme. J'ai écouté ma cassette et j'ai dormi tellement profondément. J'ai failli faire pipi au lit.

– Lorsque l'énergie des reins est forte et calme, elle contrôle les urines et les selles, et le bas du corps. Déjà, vous observez des améliorations dans trois aspects: sommeil, selles et urines. Votre travail avec la relaxation apporte des résultats.

– J'aime venir ici, j'ai hâte, même embarquer dans l'auto pour venir ici me fait moins peur. Je vais guérir, j'ai confiance, je suis paisible. Ça fait une grosse différence. Mais je suis encore impatiente, je crie facilement, je ne retiens pas toujours mes paroles.»

Pouls: Cœur léger, Poumon léger, Foie vide, Rate vide, Rein Yin vide, Rein yang vide.

Acupuncture: 4 GI (T), 36 E (T), 20 VG (E), 3-4-6 VC (T), 3 Rte (T), 7 C (E), 3 R (T) (Terre), 10 R (E) (Eau). Oreilles: points des Reins Effets des points:

– 4 Gros Intestin (He Gu): diarrhée par vide de rate à associer avec 36 Estomac.

– 36 Estomac (Zu San Li): renforce la rate, nourrit l'estomac, diarrhée, mal au ventre, épuisements, insomnie, règles irrégulières.

– 20 Vaisseau Gouverneur: élimine le stress, favorise le sommeil, empêche les prolapsus, fait monter le Yang, tonifie le Qi en association avec 4 VC et 6 VC.

- 3 Vaisseau Conception (Zhong Ji) : retient la vessie dans les incontinences, règle les problèmes d'humidité au foyer inférieur, au bas du corps.
- 4 Vaisseau conception (Guan Yuan) : tonifie le Yang du rein, chauffe le Yang de la rate, douleur au bas-ventre, diarrhée, pollakiurie, hémorragies utérines, démangeaisons du sexe, œdème.
- 6 Vaisseau Conception (Qi Hai) : tonifie le Yuan Qi, diarrhée, dysménorrhée, pertes blanches ou jaunes, épuisement, fatigue.
- 3 Rate (Tai Bai) : renforce la rate, l'estomac, élimine l'humidité, retient le sang, diarrhée, hémorragie utérine.
- 7 Cœur (Shen Men) : supprime les angoisses et les dépressions, soigne la peur.

Méditation et massage des Reins avec le Chi Nei Tsang (CNT) (Voir Chia, M., 1992 (1) p. 262-263 et 294-300) Son des reins, trois fois chaque rein. Faire venir la lumière bleue, le calme et la douceur dans les reins.

Quatrième rencontre

«J'ai eu beaucoup de travail à la boutique à cause des soldes. Je suis sortie avec des amis, je suis rentrée très tard. Depuis lundi matin, je n'ai plus la diarrhée deux fois par jour, une fois seulement, mais j'ai eu mal au ventre, des crampes. J'ai continué le même régime. J'ai encore peur d'aller en auto, je suis invitée à aller à la remise de diplôme de mon beau-frère, à Saint-Jean d'Iberville, il va monter en grade. Pour y aller, je dois prendre de l'Hémodium, ce qui me constipe. Ça m'écœure beaucoup. J'ai des crampes au ventre.

- Vous êtes en colère contre vous-même, contre la diarrhée et la peur d'aller en auto.
- Je n'irai pas. C'est dans un mois.
- Vous aimeriez y aller. Vous allez y aller, vous allez combattre votre peur.
- Ça suffit, la peur, arrête !

- La peur peut être combattue, transformée. Vous pouvez écouter la cassette dans l'auto. Vous vous dites : "Je vais y aller et je vais garder le contrôle."
- Oui, bonne idée, je vais l'écouter dans l'auto. Quand je l'écoute, ça me fait beaucoup de bien, je dors bien mieux. J'élimine 2 ou 3 fois par jour, mes selles se tiennent, même si je prends du Métamucil (10 cuillerées à thé) un jour sur deux. Je prends du Tisotel deux fois par jour, contre le côlon irritable. C'est très cher. J'ai des infections vaginales, encore une… Pas capable d'avoir des relations sexuelles. J'ai surtout des infections à champignons, je tarde à aller voir le médecin. Je mets de la crème Monistat, toujours le même traitement. Je fais aussi des infections urinaires aux deux mois, après les menstruations.
- Tous les symptômes sont dans le bas du corps. En soutenant les reins et en régularisant les énergies Yin (froid) et Yang (chaleur), vous allez régler plusieurs problèmes simultanément et graduellement. »

Pouls : Cœur : léger, Poumon : léger, Foie : léger, Rate : léger, Reins : vides.

Acupuncture : 6MC (E), 1 F (D), 4 F (T), 4 GI (T), 36 E (T), 11 GI (E), 9 Rte (D), 25 E (T), 15 Rte (D), 20 VG (T), Oreilles : GI et IG.

- 6 Maître du Cœur (Nei Guan) : pour soigner la dépression en soignant le cœur qui dirige le Shen, harmonie avec le conjoint.
- 1 Foie et 4 Foie : en association, ces points abaissent la colère.
- 1 Foie (Da Dun) : calme le Shen, règles irrégulières, incontinence, douleurs au ventre.
- 4 Foie (Zhong Feng) : favorise le Foyer inférieur en éliminant l'humidité, détend les tendons.
- 4 Gros Intestin (He Gu) : soigne la diarrhée par vide de rate, associé aux points 36 E et 25 E.
- 36 Estomac (Zu San Li) : renforce la rate, nourrit l'estomac, diarrhée, mal au ventre, épuisements, insomnie, règles irrégulières.
- 11 Gros Intestin (Qu Chi) : diarrhée, mal au ventre, démangeaisons, stress.

- 9 Rate (Yin Ling Quan) : en dispersion, élimine l'humidité et tonifie la rate dans les cas de diarrhée, incontinence urinaire, règles irrégulières, pertes gynécologiques, œdème.
- 25 Estomac (Tian Shu) (point Mu de GI) : en tonification dans les diarrhées chroniques par vide Reins et vide rate. Arrête la diarrhée, consolide le gros intestin.
- 15 Rate (Da Heng) : régularise l'intestin, chauffe le foyer moyen (estomac/rate).
- 20 Vaisseau Gouverneur (Bai Hui) : empêche les prolapsus.

Oreilles : points du GI et de IG.

Méditation : Lumière dorée, joie et amour dans la voie digestive (*Le Tao de la santé. Le sourire intérieur*, 2003-1) :

> Reprenez contact avec l'énergie du sourire devant vous. Chargez cette énergie de la force du soleil, la lumière d'or. Absorbez cette énergie dans vos yeux, sur vos joues, dans vos joues, dans la bouche. Laissez cette énergie descendre dans vos gencives, dans vos dents. Souriez à vos dents, à vos gencives, à la mâchoire supérieure, et laissez couler l'énergie dans la mâchoire inférieure, dent par dent. Laissez l'énergie du sourire descendre dans la langue, dans les glandes salivaires et faites tourner votre langue dans la bouche pour activer les glandes salivaires au-dessus des dents et à l'intérieur des dents. Activez la salive comme si vous la mastiquiez, soutirez-la des glandes salivaires. Contractez l'anus et avalez brutalement cette salive dans la voie digestive. La salive est comme un liquide précieux qui vous permet de bien digérer et de nettoyer la voie digestive. Laissez le sourire descendre et suivre la salive dans la voie digestive en repartant de la bouche. Laissez le sourire entrer dans votre bouche. Remerciez votre bouche et vos dents qui vous permettent de mastiquer les aliments, et la salive qui permet de défaire les aliments par les enzymes. Laissez le sourire descendre dans votre gorge, qui vous permet d'avaler les aliments. Souriez à votre œsophage, au centre de votre thorax, qui permet la déglutition des aliments. Laissez le sourire entrer graduellement dans votre œsophage et permettez à cette partie de votre corps de s'ouvrir, de recevoir la chaleur, le sourire, la joie et l'amour. Desserrez cette partie de votre

corps en amenant graduellement, au rythme de votre respiration, le sourire aux divers étages de votre œsophage. En même temps, restez toujours en contact avec le sourire devant vous, pour renforcer et tonifier le sourire intérieur, et laissez descendre le sourire dans votre estomac. Souriez à votre estomac et remerciez-le de vous permettre de digérer et d'effectuer le brassage des aliments et la distribution des saveurs dans les autres organes de votre corps. Détendez votre estomac avec le sourire et laissez descendre le sourire dans l'intestin grêle, qui est dans votre ventre au-dessous du nombril et qui couvre toute la cavité abdominale. Suivez les méandres et les circonvolutions de votre intestin grêle, comme si vous pouviez aller voir à l'intérieur. Avec le sourire, allez défaire les tensions, les nœuds, les stagnations, et remerciez l'intestin grêle de faire le tri du pur et de l'impur et de retourner les nutriments, par les petits canaux qui y sont rattachés, dans votre sang. Laissez le sourire charger votre intestin grêle, laissez descendre le sourire dans votre gros intestin et dans la vessie, et remerciez-les de vous permettre d'évacuer les déchets. Laissez le sourire descendre dans le gros intestin, qui descend, tourne vers la droite, dans le bas du ventre, remonte le long du bassin à votre droite, traverse au centre de l'abdomen, et redescend, à gauche, jusqu'à l'anus. Souriez à votre anus et remerciez-le d'évacuer les déchets de votre organisme. Continuez à laisser rentrer le sourire et l'énergie d'or, le sourire par le troisième œil, par vos yeux et tout le long de la voie digestive.

Si nécessaire, ajouter dans les traitements subséquents et à titre préventif :

3 VC (T), 8 VC (Moxa).

- 3 Vaisseau Conception (Zhong Ji) : en tonification, retient le Qi de la vessie, soigne l'humidité du foyer inférieur.
- 8 Vaisseau Conception : (moxa) : tonifie le yang, soigne les diarrhées chroniques.

25 V (T), 7 C (T).

- 25 Vessie (Da Chang Shu) : renforce et consolide l'intestin, mal au ventre, diarrhée, utilisé en association avec 25 E.

- 7 Cœur (Shen Men) : supprime les angoisses et les dépressions, soigne la peur.

Rencontre suivante

Elle arrive heureuse, me disant : « Ça va bien, ça va bien, ça va très bien. Ça a bien été, une belle fin de semaine de quatre jours, j'ai participé aux fêtes de la Saint-Jean, sans envie d'aller à la toilette, sans être obligée de partir, rien. Je n'ai senti aucune peur, aucune panique. Tout a bien été avec mes beaux-parents et mon amoureux. Pas de diarrhée, pas de peur. J'ai repris confiance en moi à soixante-dix pour cent. J'ose plus, j'enlève des barrières, je me laisse aller. Avant, quand j'allais faire prendre mes pulsations cardiaques, j'étais à 96-98, là, je suis à 74, c'est devenu normal, c'est incroyable. Le soir, je relaxe plus, je m'assieds, je sais la cassette par cœur, je la fais moi-même. Je l'ai fait écouter à mon conjoint, il s'est endormi vite aussi. Combien de fois vais-je revenir si je vais mieux ?

- Une fois ou deux, pour consolider le traitement, pour que votre état de bien-être devienne plus stable.
- Mon psychologue, mon psychiatre se croisaient les bras, ils me regardaient et me disaient d'aller en psychiatrie. Je l'ai pris par la cravate et j'ai dit : "Tu vas me parler." Ils avaient peur de moi, ils me disaient : "Madame. Qu'est-ce que j'ai ?" Ils me disaient que j'avais des "troubles de la personnalité". Et maintenant, en peu de temps, je fais pipi moins souvent, mes intestins vont mieux, mes selles sont moulées, je n'ai plus les fesses en sang, je n'ai plus peur. »

Pouls : tous calmes et légers.

Acupuncture : répétition du traitement antérieur.

Méditation : Sourire dans la voie digestive (calmer le métabolisme gastro-intestinal).

Prochain rendez-vous : elle l'annule.

Rencontre suivante

«J'ai des difficultés avec mes menstruations. J'ai chaud, j'ai des coliques vers 1 h 30 chaque jour et, après, une diarrhée. J'ai eu des pertes de sang sans arrêt, un sang clair. J'ai pris des pilules contre les maux de ventre, j'ai vomi, je ne me sentais plus les jambes. Mes menstruations sont irrégulières. La diarrhée a repris, mais pas comme avant, juste deux fois par jour. J'ai mal dormi, j'ai été de mauvaise humeur. Ça paraît que je ne suis pas venue à mon traitement la semaine dernière. J'ai quand même eu une belle fin de semaine avec mon amoureux. Nous étions bien seuls ensemble. Même si j'étais maussade, je ne me suis pas défoulée sur les autres. Nous sommes allés au cinéma et au restaurant samedi soir, c'était agréable. Je me rapproche de ma mère, on s'appelle, je vais chez elle. Revoir ma mère, ça a brassé mes émotions, je ne l'ai pas vue de l'âge de 18 à 26 ans. Quand je parle de mon père à ma belle-mère, j'ai les émotions hautes, je pleure.

– Il y a beaucoup de changements, de brouhaha dans votre vie affective. Ça touche votre ventre. Vous me parlez de déclenchement de la diarrhée vers 1 h 30. Pour la médecine chinoise, c'est l'heure qui correspond à l'intestin grêle, qui est en relation avec le cœur et la vie émotive. Voyez-vous, votre corps réagit normalement aux situations vécues. Tout va se stabiliser.»

Pouls: Poumon et Cœur: normal, Foie, Rate, Reins: glissants et vides.

Acupuncture et moxas:

Points du TMT: enrayer la diarrhée, arrêter les règles abondantes et douloureuses, transformer la tristesse en positif, stimuler le Jing des reins, le désir vital.

- 4 GI (He Gu) (T) moxa,
- 11 GI (Gu Chi) (T),
- 36 E (SuSan Li) (T) moxa,
- 25 E (Tian Shu) (T), 15 Rte (Da Heng) (T),
- 1 Rte (T) (Yin Bai) moxa,
- 6 VC (Qi Hai) (T),

- 8 VC (Shen Que) (moxa),
- 3 R (Tai Xi) (T), 6 MC (Nei Guan) (E),
- 4 VG (Ming Men) (T),
- 10 P (Yu Ji) (T), 8 P (Jing Qu) (D) : contrôle la tristesse,
- 20 VG (E).

Oreilles : points des Reins.

- 3 Reins (Tai Xi) : régularise les vaisseaux Chong Mai et Ren Mai, élève le Yang, tonifie le Qi.
- 10 Poumons (Yu Ji) (T) en tonifiant la chaleur du poumon par le point Feu, ceci augmente la joie et en abaissant le Métal par le point 8 Poumon (Jing Qu) (D), diminue la tristesse.
- 4 Vaisseau Gouverneur (Ming Men) (T) : tonifie le rein, chauffe le Yang, renforce la rate, énurésie, urine fréquente, diarrhée, règles irrégulières et douloureuses.
- 8 Vaisseau Conception : (moxa) : tonifier le yang, soigner les diarrhées chroniques.

Si nécessaire ajouter : 25 V (T), 7 C (T).

- 25 Vessie (Da Chang Shu) : renforce et consolide l'intestin, mal au ventre, diarrhée, utilisé en association avec 25 E.
- 7 Cœur (Shen Men) : supprime les angoisses et les dépressions, soigne la peur.

Exercices de visualisation et de Qi Cong, couchée.

Imaginez un petit feu, une chaleur au bout des orteils. Prenez le temps de le sentir, et amenez cette chaleur dans les pieds, à l'intérieur des jambes, des cuisses, dans l'utérus, dans le ventre. Laissez la petite flamme vivante vous apporter la chaleur, la vie, et assécher l'eau. Imaginez des petites flammes, une chaleur près de chaque pouce, et amenez cette chaleur dans les pouces, les avant-bras, les bras, les épaules. Laissez-la descendre dans le cœur, ressentez la joie et l'amour, et descendez ce feu, cette énergie chaude, pleine d'amour, dans votre abdomen.

Rencontre suivante

Les rencontres et les traitements subséquents ont permis de stabiliser et de conserver les acquis suivants. Elle confirme qu'elle n'a pas de maux de ventre, pas de diarrhée, pas de règles désordonnées et abondantes, pas d'urines fréquentes, pas de tristesse. «Je ne sens plus de colère, je mange bien, je dors bien. Je ne prends plus de médicaments pour retenir les selles. Je prévois partir en voyage mais j'ai encore la phobie de l'auto.»

Acupuncture :

- 3 Reins (Tai Xi) (T) point Terre : régularise les vaisseaux Chong Mai et Ren Mai, élève le Yang, tonifie le Qi. Associé à 10 Reins (Yin Gu) (D) point Eau, élimine la peur.
- 10 Poumons (Yu Ji) (T) en tonifiant la chaleur du poumon par le point Feu, ceci augmente la joie et en abaissant le Métal par le point 8 Poumon (Jing Qu) (D), diminue la tristesse.
- 4 Vaisseau Gouverneur (Ming Men) (T) : tonifie le rein, chauffe le Yang, renforce la rate, énurésie, urine fréquente, diarrhée, règles irrégulières et douloureuses.
- 8 Vaisseau Conception : (moxa) : tonifier le yang, soigner les diarrhées chroniques.
- 25 Vessie (Da Chang Shu) : renforce et consolide l'intestin, mal au ventre, diarrhée, utilisé en association avec 25 E.
- 7 Cœur (Shen Men) : supprime les angoisses et les dépressions, soigne la peur.

Relaxation/hypnose : promenade en voiture.

Vous êtes allongée dans votre lit ou assise dans votre salon, et vous regardez la télévision. Des gens voyagent en voiture à la télévision, et vous voyez les paysages et tout ce qu'ils voient aussi. Vous vous imaginez en voiture. Que voyez-vous ? Vous êtes confortablement assise dans l'auto, vous souriez à votre corps bien installé, vous êtes assise ou allongée. Vous pouvez rester calme, comme des enfants que l'on calme en leur parlant. Vous pouvez sourire et parler à votre corps et l'aider à rester calme, détendu, et à profiter du voyage. Vous pouvez augmenter la durée du voyage en gardant le contrôle de votre corps, de vos émotions, et profiter du voyage, comme si vous étiez dans votre salon.

Arrêt des rencontres par téléphone, car la personne a continué à progresser et n'a pas fait de rechute.

La fybromialgie et les suites compliquées d'une hystérectomie : traitement par l'entrevue, la relaxation, l'acupuncture et le Qi Cong

Première rencontre

Femme dans la jeune quarantaine, troisième de quatre enfants ; vit en couple comme conjoint de fait depuis 18 ans, et travaille dans le domaine de la santé. Elle consulte pour une fibromyalgie diagnostiquée il y a trois ans : fatigue, douleurs, insomnie, alternance diarrhée/constipation. Elle a subi une hystérectomie, il y a quelques semaines, car ses menstruations duraient de 8 à 10 jours. Elle a été opérée deux fois dans la même journée, et il y a eu une rupture de vaisseaux. «Je sentais quelque chose qui coulait dans mon ventre. J'ai dû attendre sept heures avant d'être auscultée. J'ai eu beaucoup de colère, de souffrance. C'est cruel.» Elle pleure.

«Ma mère est partie quand j'avais sept ans. Elle est partie, elle n'était plus capable de supporter mon père. Nous, on n'a pas eu le choix. Je suis allée au pensionnat durant trois ans avec les religieuses. J'ai eu un père contrôleur, manipulateur, jaloux, violent psychologiquement, possessif. À l'hôpital, c'est aussi de l'abus de pouvoir : tu dis quelque chose et tu n'es pas cru. Depuis l'opération, je suis plus en colère, plus émotive.»

Sportive, elle aime le ski, la moto, la marche. Ses douleurs sont surtout au dos et au bas du dos et elle sent des congestions dans les jambes. Elle sent son corps froid. Sa peau est sèche, sauf à la poitrine et dans le dos. Elle souffre d'acné ainsi que de migraines hormonales avant les règles, parfois avec nausées.

Symptômes: diarrhée et constipation, douleurs de fibromyalgie contrôlées par Elavil (50 mg).

«J'ai eu un patron qui faisait de l'abus de pouvoir pendant cinq ans. J'ai fait un *burn out*, avec arrêt de travail. Je ne supporte pas l'abus de pouvoir, l'autorité. J'étais sans défense, sans moyens, sauf la maladie.

- Trouvez d'autres moyens que la maladie pour vous défendre.
- Difficile. Même les femmes gynécologues ne voulaient pas me faire l'hystérectomie. J'ai dû trouver un homme. Il y a plusieurs cas de cancer de l'utérus dans ma famille et c'est plus facile de guérir à 40 qu'à 50 ans. Le médecin de famille m'a parlé de l'acupuncture pour traiter la fibromyalgie, mais je n'avais pas l'argent. Je n'aurais pas eu d'enfants pour les laisser là. Je ne peux pas donner ce que je n'ai pas eu et les contrôler pour les protéger. Mes frères et sœurs répètent ces comportements avec leurs enfants. J'ai vu deux psychologues à 25 ans, pendant mon *burn out*, je sais d'où viennent mes problèmes, mais ce n'est pas suffisant de trouver l'origine de ce que je sens.
- Vous avez essayé de connaître les causes, de toucher le fond pour remonter. Là, il faut dépasser, aller au-delà. Pour cela, nous allons utiliser une autre voie que celle de la recherche des causes dans la famille, nous allons transformer le négatif (émotions, douleurs) par l'énergie et la relaxation/méditation.»

Pouls: Cœur, Foie, Rein Yin: faibles (sang faible), Poumon, Rate, Rein Yang: légers.

Type Bois, mince, agitée, active.

Acupuncture:

6 MC(E), 3 F (T), 6 Rte (T), 5 TF (E), 11 GI (E), 6 R (T), 62 V (D), 6 VC (T).

Relaxation/méditation

Sourire, stimuler la lumière dorée, le soleil chaleureux, bienfaisant. Amenez ce sourire et cette chaleur en inspirant dans le cœur, le nombril, la région de l'utérus. Expirez et laissez sortir les tensions, les douleurs, les obscurités. Souriez et amenez la lumière dorée dans le cœur, l'abdomen et l'utérus, et vous apportez la joie, la vitalité.

Rencontre suivante

Exposé plus détaillé de ses difficultés. Elle raconte son histoire.

«Pendant 24 heures, j'ai été vidée. J'ai parlé du passé, du patron, de l'opération, j'ai pleuré beaucoup, je suis restée émotive, en colère. Avec le patron, je ne sais pas exprimer mes émotions, je ne sens pas d'émotions mais j'ai des problèmes de santé.

Il est compréhensif même s'il est rationnel. Avec les hommes, je me défends, j'ai de la difficulté à être rationnelle. Quand quelqu'un est compréhensif, gentil, ça va me chercher, mes émotions sont là et je ne l'accepte pas. Mais si quelqu'un est froid, je demeure rationnelle.

- L'ouverture, la gentillesse de votre patron, ça vous touche, ça vous émeut.
- Oui, ça me touche, et je ne le veux pas. De la part de mon conjoint aussi. Il est ouvert, il ne contrôle pas. Le contraire de mon père. J'ai accepté qu'il m'aime, c'est une relation facile et je suis touchée et émotive.
- En quoi est-ce négatif?
- Je perds mes moyens, si je montre mes émotions, c'est pas d'égal à égal. Si mon patron est gentil, je dois montrer que je suis objective, efficace, et ne pas laisser paraître mes émotions.
- Qu'est ce que votre père valorisait?
- Que l'on soit médecin, avocat, parfaits, les meilleurs à l'école. Que l'on soit à son service et qu'on ne le contrarie pas. Quand on ne réussissait pas, il riait de nous, il nous écrasait, nous traitait de noms avec cynisme. Il le faisait aussi à ma mère. Ça lui faisait plaisir. Ado, je réagissais à son autorité, je prenais ma place. À 18 ans, la plus jeune avait 13 ans, il ne voulait pas que je parte. Jusqu'à 21 ans, il m'a écœurée.
- Vous ne vous êtes pas sentie respectée par vos parents, pas plus qu'à l'hôpital.

– Mes parents étaient comme des enfants qui crient pour rien, ils n'étaient pas attentifs aux enfants, pas plus que le personnel de l'hôpital n'était attentif à ma douleur. On disait que mon seuil de tolérance à la douleur était bas plutôt que de m'aider. J'ai écrit une lettre à l'hôpital. Je vois et je dis la réalité. J'ai aussi essayé de parler à ma mère. Elle était hystérique, déprimée, frustrée dans sa relation avec mon père, qui voyageait et la laissait seule avec quatre enfants. Elle n'était pas maternelle. Elle s'est mariée pour quitter sa famille. Elle pleure et fait des crises quand mon père essaie de lui parler. Il dit que nous sommes comme notre mère : folles, putains, qu'il va nous faire enfermer.

– Il avait peur d'être trompé.

– Oui, il la battait de peur qu'elle le trompe. Il ne voulait pas qu'elle travaille, quand elle a travaillé dans un salon de coiffure, il est resté dans la porte toute la journée.

– C'était dévalorisant.

– Oui, il a pilé sur nous, mais comme ma mère, on s'est relevés. Mais elle est partie, disant qu'elle viendrait nous chercher. Elle a pensé à elle et elle continue de le faire aujourd'hui.

– Qu'avait-elle promis ?

– Qu'elle ne nous laisserait pas là. Elle a laissé ses quatre enfants dans ses mains à lui. Avant, on était au pensionnat, on ne savait pas ce qui se passait. Ils n'étaient plus ensemble, ils se séparaient dans le temps des fêtes. Elle est arrivée tard. Il a fait des crises de jalousie toute la nuit, des crises de malade, ils criaient... Je les ai de travers, mes parents.

– Ils vous ont fait beaucoup de peine et vous en avez encore beaucoup à cause de la dévalorisation et des agressions.

– Je n'aurais pas été capable de devenir mère. À 35 ans, je ne voulais pas d'enfant, j'ai eu l'hystérectomie, je faisais des hémorragies chaque mois. Ma sœur a reproduit les comportements de mes parents avec ses enfants : la colère, l'abandon. Je ne peux admettre ça. J'ai vu un thérapeute à 26 ans à cause de ça. Elle prend du hash, du pot, de l'alcool. Pourquoi ? J'ai déjà calmé mon angoisse de cette façon aussi.

- Vous avez vécu en état de survie.
- Oui, dans une relation sans agression, sans bataille, je ne sais pas quoi faire. Si je suis agressée, je sais quoi faire. J'ai écrit une lettre à l'hôpital, j'ai parlé au pensionnat, j'ai tenu tête à mon patron, qui était insidieux comme mon père. J'ai parlé à mes parents, je leur ai expliqué ce que je ressentais et ils m'ont dit "tu inventes cela, tu as des problèmes".
- Leur agressivité était niée, ils en étaient inconscients, votre conscience n'y pouvait rien. Même si vous essayez de frapper le mur de leur inconscient, vous n'arriverez pas à l'ouvrir, ils continuent à nier, à vous combattre.
- Ils restent petits et enfermés dans leur peur, derrière le mur de la négation. Deux enfants sur quatre refusent de les voir. Les deux sont fermés, il n'y a pas de relation possible. Aucun des parents n'a pensé à nous. Si seulement un, au moins, l'avait fait...
- Vous avez vécu un double abandon.
- Oui, et c'est difficile à accepter. Depuis l'opération, tous les jours, les points lâchent.
- Vous avez beaucoup de tensions là.
- Quand elle a refait les points d'un côté, ça a lâché de l'autre côté.
- Vous avez de la colère, de la tristesse dans cette région de l'utérus rattachée au don de la vie.
- Oui, beaucoup de colère. À 21 ans, quand je suis partie. pendant un an j'ai voulu mourir, je n'avais pas faim. Comment ai-je fait pour passer cette année? Je suis allée voir un psychologue, j'ai compris que je vivais dans l'angoisse depuis toujours. Après, j'ai pu partir en voyage, être bien.
- Vous avez su partir, comme votre mère, quand c'était intolérable.
- Oui, mais après, elle était coupable et en dépression. Mon père lui a fait signer des papiers de force pour nous abandonner. Elle venait nous chercher deux heures le dimanche. Est-elle venue avec quelqu'un, je ne sais plus. Mon père était jaloux, ses parents sont décédés quand il avait 11-12 ans, il n'avait pas d'argent, il

était pauvre, il était seul, il est allé en sanatorium à l'adolescence. Très difficile, tout ça. Mon conjoint m'a dit: "Ne passe pas au travers du mur. Plutôt, ouvre la porte pour sortir." Il n'est pas possessif, pas contrôleur, pas agressif, je ne comprenais pas quand il disait: "Laisses-le faire!" J'ai juste appris à me battre. Avec quelqu'un d'agressif, je sais quoi faire. On est tous comme ça, les quatre enfants, il y a du feu dans la famille.

- Vous êtes combatifs, actifs, vous avez beaucoup de force. Mais comme le feu peut détruire la maison quand il éclate, le feu peut aussi nourrir et réchauffer la maison quand il reste dans l'âtre. Le feu de la colère, de la peine, a été enfermé dans la région de l'enfantement et s'est manifesté dans les hémorragies, dans l'éclatement du ventre après l'ablation de l'utérus.

- Oui... et ce n'est pas tout, j'ai aussi des infections vaginales, j'en ai encore.»

Rencontre suivante

La patiente continue à exposer sa situation, ses émotions, ses symptômes.

Fatigue, angoisse, insomnie.

Difficulté à vivre le bien-être de son conjoint, qui lui a été entouré, aimé. Il est compréhensif, ouvert, ne juge pas, son conjoint est là aux deux semaines.

Reprise de l'écriture de son journal intime et relecture de ce qu'elle avait écrit à 20 ans.

- Votre angoisse est venue comment?

- En parlant des parents, de ma colère. J'aurais fessé dedans s'ils avaient été là. (Elle pleure.)

- La colère et la tristesse sont de puissantes énergies.

- Oui, toute une «barge». J'ai de la difficulté à l'exprimer, je suis introvertie. J'ai déjà crié et frappé mon père. J'étais à bout, c'est trop.

- Comment a-t-il réagi?

– Il a ri et il m'a rabaissée. Je lui demandais d'être paisible. Cette colère remonte, elle est toujours là.

– Il vous met encore en colère, en rage, et il vous rend triste. Vous êtes consciente de ces émotions.

– Oui, je vis plein d'émotions négatives.

– La colère est une source naturelle et brute d'énergie, il ne reste qu'à la raffiner. Le travail est à faire, pour que la colère soit transformée en bonté envers vous-même. Sinon elle devient du stress, de la tension, de la douleur qui vous affecte et finit par vous rendre malade.

– Oui, chaque jour, je vois des conséquences de cela dans mes relations avec les autres. Les relations humaines sont très, très difficiles pour moi. Je n'ai pas appris, je dois faire de plus gros efforts.

– Il y a plusieurs façons de recevoir et de répondre. Vous recevez, comprenez et répondez par émotions dans ce qui vous touche.

– Oui, je suis émotive. Quand quelqu'un est hypocrite et menteur, j'ai de la difficulté à l'accepter. Quand je les connais, je vois leur jeu, les personnes au-dessus s'y prennent par en dessous, elles ont une image devant le patron et une autre au café. Je ne suis pas faite pour travailler au bureau. Si j'essaye, je retourne en congé sabbatique. En assurances, je suis consciente que je ne suis pas dans mon domaine. La sécurité financière est importante pour moi. Ma mère était dépendante de mon père financièrement.

– Qu'auriez-vous aimé faire?

– Conduire des véhicules, m'occuper des animaux, des fleurs, ce qui demande des efforts physiques, le plein air, des cours de pilotage d'avion. Je ne suis pas bien au bureau, mais je ne veux pas démissionner. Les avantages sont trop élevés. J'ai des angoisses quand j'y pense. Ça fait trois ans que j'ai des problèmes de santé, j'arrive à l'échéance, comme me dit mon conjoint. Je voyage en moto, je travaille pour faire de la moto. En moto, je suis heureuse, c'est l'euphorie.

– Vous êtes au feu vert et au feu rouge. À l'intérieur, ça dit oui et ça dit non en même temps, c'est en conflit.

– J'aime la moto, le ski alpin, les voyages. J'aime piloter, c'est l'euphorie totale au décollage et à l'atterrissage, je me suis rendue au solo, mais j'ai eu des problèmes médicaux, une scoliose. Ils m'ont empêchée de piloter. Ça fait sept ou huit ans de ça. En janvier, j'ai piloté en copilote avec un inspecteur de Transport Canada, j'ai été en voyage deux mois, j'ai pris mon argent pour cela. Pour la maison à payer, mon conjoint doit travailler à l'extérieur.

– Vous aimez les sports extrêmes, maîtriser le danger. Vous avez plusieurs forces en vous : des forces kynesthésiques, avec le corps à corps, le ski, la moto, des forces émotives, avec la colère, et des forces rationnelles, pour aller au bureau. Vous vous faites la même chose que votre père vous faisait...

– Oui, je m'arrête de faire ce que j'aime. Je commence à travailler lundi et si je pense aux affiches que j'ai à mon bureau, je vois des animaux, un F-18, un bébé sur une moto, le Costa Rica, la Grèce...

– Vous êtes aventurière et vous avez une bonne vitesse de réaction, c'est-à-dire qu'au départ vous aviez de bons muscles, de bons tendons, de bons nerfs et un foie fort. Vous vous décidez rapidement. Ce qui peut s'exprimer par de la colère, aussi comme chez votre père. Quel serait votre rêve, si vous repensez aux images dans votre bureau ?

– Le bébé sur la moto, c'est la vie, la liberté d'un enfant. J'aurais voulu, enfant, être plus libre.

– Et maintenant, oseriez-vous être libre ? Qui vous en empêche ?

– C'est moi, même si je dis que c'est l'argent. Au bureau, on dit que j'ai l'air écœurée, fatiguée, malade, mais chez moi, j'ai l'air bien. Je manque des journées depuis trois ans.

– Combien de temps va durer ce conflit ?

– Le temps que je finisse de payer ma maison. Je l'ai achetée avant de connaître mon ami et je ne veux pas qu'il en paye la moitié. Je me protège et je le protège, comme ça ; tant que je travaille, je le laisse libre.

– Votre conjoint pourrait-il en assumer une partie pour vous permettre de réaliser vos projets et vous sortir du conflit, de la frustration et de la contradiction qui rendent vos muscles douloureux?

- Il me le dit, il me l'offre. Mon père me l'a dit aussi: "Tu reviendras bien...tu vas revenir en pleurant." Et je réponds: "Non, je vais faire le trottoir plutôt que de revenir.»
- Vous avez osé dire non à ce qui ne vous convenait plus, vivre avec votre père, et vous avez réussi dans votre travail. Maintenant, vous souhaitez réaliser vos rêves et dire non à votre travail. Vous le ferez quand vous sentirez que c'est le temps pour vous de le faire.

Traitement: relaxation avec le soleil dans la région de l'abdomen et celle des organes sexuels. (Voir *Le Tao de la santé*, 2003-2)

Rencontre suivante

Après l'annulation d'un rendez-vous, elle revient, se disant fatiguée, brûlée, découragée. Elle a travaillé jusqu'à 5 h 30 lundi et mardi.

«Aujourd'hui, en congé, j'ai dormi jusqu'à 9 h 15. Je suis sortie avec le chien, après je suis allée en moto, ça fait du bien. Au bureau, il y a trop d'ouvrage, tout est en urgence. J'ai vu le médecin, elle a fait la cautérisation des plaies au fond du vagin, et j'ai eu deux séries d'antibiotiques. Je prends aussi du Elavil pour la fibromyalgie, les douleurs aux os, aux muscles, l'insomnie et la fatigue chronique.

- Avez-vous pratiqué la détente?
- Non, pas cette semaine, au bureau. Mais chez moi, je le fais, je visualise le soleil et l'énergie à l'intérieur de moi.»

Pouls: Cœur: faible, Foie: léger, Rein Yin: faible, Poumon: faible, Rate: faible, Rein Yang: vide.

Acupuncture: 6 MC (T), 9 P (T), 7 C (T), 3 F (T), 6 R (T) 62 V (D), 1 V(E), 6 VC(T), 17 V (E).

Relaxation/méditation: détente sur le matelas, contact, relaxation des muscles et des tendons, sensation de corps lourd, détendu, de la tête vers les mains et vers les pieds.

Faire venir la lumière dorée, qui circule de la tête vers les mains et ensuite vers les pieds. Créer une bulle de lumière dorée qui englobe le corps. Répéter intérieurement : mon corps est calme, détendu et reposé.

Rencontre suivante

«Après la deuxième semaine de travail, je suis fatiguée, j'ai la migraine. Après l'acupuncture et la relaxation, je me suis sentie bien, j'ai eu une belle soirée. Je repense à l'avant-dernière fois : trouver un moyen de faire quelque chose que j'aime. J'ai vu le gynécologue pour le dernier traitement de cautérisation. L'infection vaginale est résorbée, je n'ai plus de symptômes. J'ai bien dormi.

- Il ne faut pas aller au-delà de la fatigue. Un repos de trois mois est nécessaire après une opération.
- J'ai peur de ne pas travailler, de dépendre d'un autre. Le plus gros problème des femmes, c'est la pauvreté. J'ai travaillé jeune pour éviter ça.
- Comment travailler en faisant quelque chose que vous aimez ?
- Je n'ai pas d'énergie pour recommencer, retourner aux études. Je ne travaille que trois jours par semaine. Dans deux semaines, je passerai à quatre. Je ne force pas physiquement. Je suis blême.
- Je vous sens faible.»

Pouls : vides.

Acupuncture : Traitement de tonification

6 MC (T), 9 P (T), 7 C (T), 11 GI (T), 36 E (T), 2 F (T), 3 F (T), 3 R (T), 7 R (T), 6 Rte (T), 6 VC (T), 12 VC (T).

- 6 Rate (San Yin Jiao) : soigne les maladies du sang comme les règles abondantes et désordonnées car Rate contrôle et retient le sang et le fait croître, Rein garde le Jing qui se transforme en sang, Foie régularise la quantité de sang (à la suite de l'ablation de l'utérus, aide à harmoniser le sang).
- 7 Rein (Fu Liu) : point métal du rein, il nourrit le Yin du rein et permet l'échange Cœur/Rein, renforce le cerveau et les moelles, abaisse le feu, épuisement, constipation, insomnie.

Relaxation/méditation : dynamisation avec la terre, l'arbre et avec les lumières. Voici le déroulement de cette séance de méditation.

Vous sentez l'énergie de la terre sur laquelle vous êtes allongée. Vous sentez peut-être les brins d'herbe ou la fraîcheur de la terre ou sa chaleur... Et vous sentez aussi les racines de l'arbre sous votre corps, vous percevez aussi son tronc, ses feuilles au-dessus de votre tête et de votre corps. Établissez un cercle entre les racines de l'arbre et les feuilles, comme si vous laissiez redescendre l'énergie de l'arbre dans les racines, l'énergie des feuilles jusqu'aux racines. Et comme si vous étiez une racine de l'arbre, vous laissez monter le force vitale dans les racines de l'arbre et dans votre corps. Laissez monter l'énergie verte de l'arbre dans vos pieds, comme une lumière bienfaisante, laissez monter cette énergie dans vos chevilles, laissez monter la lumière verte de l'arbre dans vos jambes, dans vos genoux, dans vos cuisses... Comme une vague d'énergie qui monte à travers les racines de l'arbre et votre corps, vous laissez la lumière verte se répandre aussi dans la région de votre bassin, dans la région sexuelle, dans le vagin, dans l'utérus, les ovaires, comme s'ils étaient toujours présents. Laissez monter cette lumière verte dans votre bassin, dans les reins, dans le foie et la rate, dans les poumons et le cœur, et absorbez cette lumière verte par le bout de vos doigts, comme si c'était des racines qui plongent dans la terre et absorbent ce dont votre corps a besoin. Laissez-la pénétrer par le bout des doigts, dans les avant-bras, les bras, les épaules. Laissez cette lumière verte, l'énergie nourricière, bienfaisante, se répandre aussi dans votre cou, dans votre nuque et jusque dans votre tête ou jusqu'au bout de vos cheveux. Et laissez cette lumière verte se répandre par le tronc. Laissez-la remonter dans le tronc, dans les branches, dans les feuilles, captez par les feuilles de l'arbre la lumière dorée du soleil, laissez les feuilles se recharger et fabriquer l'oxygène, et laissez cette lumière dorée, la lumière verte des feuilles et la lumière blanche de l'oxygène se répandre vers vous comme une douche d'énergie vibrante, étincelante, vivifiante... Absorbez cette énergie par vos pieds, comme si vous étiez les racines de l'arbre qui absorbent cette lumière. Et laissez monter en vous la lumière dorée du soleil, la lumière blanche de l'oxygène, la lumière verte de la chlorophylle qui nourrit vos muscles et vos tendons, la vitalité. Laissez monter ces lumières en vous, comme une grande inspiration, inspirez la lumière jusqu'au sommet de la tête et laissez les cellules qui en ont besoin se recharger, se régénérer, se vivifier... Comme un grand souffle interne, laissez monter cette lumière jusqu'au sommet de la tête et laissez se répandre cette lumière au sommet de votre tête. Laissez-la se répandre dans vos cheveux, et laissez-la monter à l'intérieur de l'arbre, jusqu'au cœur de l'arbre, comme si vous touchiez le feu de l'arbre, dans con cœur... Et laissez la lumière rouge au cœur de l'arbre se répandre dans l'arbre, dans les branches, les feuilles... Et, au contact de la lumière, cette lumière rouge se transforme comme par magie en une belle lumière verte qui donne la couleur des feuilles. Laissez les feuilles capter la lumière dorée du soleil, fabriquer l'oxygène, et laissez irradier toutes ces énergies vers vous, comme si vous laissiez l'arbre répandre son fluide, sa lumière, son énergie scintillante et vivifiante, jusque dans la terre et jusqu'à vous... Réabsorbez cette belle lumière remplie de couleurs différentes, peut-être de blanc, de rouge, de vert, de lumière d'or. Et réabsorbez toutes ces énergies bienfaisantes dans chaque cellule de votre corps. Attirez à vous toutes ces lumières, jusqu'au sommet de la tête. Et encore une fois, laissez couler cette lumière dans l'arbre, comme si l'arbre vous aidait à recharger vos énergies, à les nettoyer, à les recharger, laissez monter la lumière dans le cœur de l'arbre, dans l'écorce, dans le tronc, et laissez-la se répandre dans les branches, les feuilles. Et laissez les feuilles capter cette lumière du soleil. Laissez cette lumière devenir vibrante, dynamique, énergisante et laissez-la redescendre vers la terre et vers vous. Et refaites le cercle par vous-même, au moins deux ou trois fois, tout en souriant.

Vérification de l'effet du traitement par les pouls : actifs, Tan-Tien : pouls présent.

«Je ne me sens pas relaxée comme l'autre fois.

– Je vous ai fait un traitement de tonification, pour vous dynamiser ; les pouls ont repris leur force.»

Rencontre suivante

Elle parle de sa fatigue matinale et de son regain d'énergie le soir. Elle doit encore se coucher tôt et se lever tard ; quand elle travaille, elle ne peut pas récupérer car elle doit se lever tôt.

« Le matin, de 7 h à 9 h, c'est l'énergie de l'estomac qui est en action, si cette énergie est faible, vous avez de la difficulté à vous lever. »

Elle dit que le soir elle a plus d'adrénaline. Le sang circule dans ses veines. « Cette semaine, je n'ai eu mal nulle part. » Elle continue à ressentir de la fatigue et à travailler trois jours par semaine, à raison de six heures par jour. Elle pense continuer son travail, à seulement trois jours par semaine, pour ne pas perdre ses avantages et garder le même taux horaire. Ailleurs, elle devrait faire plus d'heures pour le même salaire.

« Et votre rêve de piloter ?

– Je réfléchis, je profite de mon terrain et de la nature.

– Avez-vous de l'aide de votre conjoint ?

– Mon copain, il me connaît, après 17 ans. Il voit mes qualités et aptitudes. Moi, je ne les vois pas, je me dévalorise. Il m'aide. »

Elle a de la difficulté à s'arrêter et à faire ses exercices de méditation, détente et régénération.

« Faire vos exercices, c'est comme faire le plein d'essence de votre moto sans attendre que le réservoir soit vide, que vous soyez sans ressource et donc obligée de marcher pour aller en chercher.

– Oui, si je mets de l'essence chaque jour, je n'en manquerai pas. J'étais toujours active, je n'arrêtais pas. Là, je dois arrêter. Je me lève tard, je mange tard, je me sens fatiguée le matin, j'ai tendance à l'hypoglycémie. »

Explication de l'horaire d'énergie et de l'importance du déjeuner avant 9 h pour se sentir en forme. Pouls : tous remplis d'énergie, sauf Rein Yang.

Acupuncture :

6 MC (E), 9 P (T), 11 GI (E), 3 Rte (T), 9 Rte (D), 12 VC (T), 6 VC (T), 3 R (T), 23 V (T) (moxa).

- 6 Maître du Cœur (Nei Guan) : calme le Shen, supprime les stagnations de Qi, ouvre la poitrine, insomnie.
- 9 Poumon (Tai Yuan) : tonifie le Qi du Poumon.
- 11 Gros intestin (Qu Chi) : en dispersion, purifie la chaleur dans les cas de diarrhée et constipation en alternance.
- 3 Rate (Tai Bai) : renforce la rate et l'estomac, élimine l'humidité, tonifie le Qi.
- 12 Vaisseau Conception (Zhong Wan) : tonifie l'estomac.
- 6 Vaisseau Conception (Qi Hai) : tonifie le Yuang Qi. En association avec 6 VC et 3 R, tonifie le Qi du Rein et retient le Qi (important après une hystérectomie).
- 23 Vessie (Shen Shu) : en tonification et moxa, chauffe et tonifie le yang du Rein.

Relaxation/ méditation : détente avec la terre, absorption du soleil, échange avec l'arbre et les trois lumières. Avant de quitter, elle annonce qu'elle partira en vacances un mois. Je lui suggère des herbes chinoises pour continuer le traitement.

Rencontre suivante

«Ça va bien, j'ai fait les exercices de méditation chaque jour. Je suis à plat vers 2 h 30 et vers 4 h ça va mieux. J'ai passé une nuit sans dormir, j'étais sur l'adrénaline. Je me sens bien, je suis plus disciplinée. Je fais ma cassette le matin et l'après-midi, mes journées sont plus belles. Je n'en reviens pas, je sors du bureau en forme.

- Il n'y a pas d'effets secondaires à utiliser la lumière, mais plutôt des effets positifs.»

Suggestions alimentaires pour tonifier la rate/estomac : manger des légumes racines, carottes, radis, pommes de terre, betteraves, navets, panais et bœuf, féculents ; des pâtes alimentaires, qui donnent l'énergie à long terme, et des fruits séchés, comme les dattes.

« Oui je mange plus de dattes. Avant, je me nourrissais au chocolat.

– Pleurez-vous moins ?

– Oui, je suis beaucoup moins émotive, aussi je suis moins influencée par la température. Avant, ça me rentrait dedans, là, pas du tout. Quand j'utilise le soleil, je le sens monter dans mon corps. J'ai fait de l'insomnie seulement une nuit. »

Pouls : vide de Rein Yin.

Acupuncture : 6 MC (E), 9 P (E), 7 C (E), 4 GI (D), 3 Rte (T), 6 Rte (T), 3 R (T), 6 R (T), 62 V (D), 1 V (E), 12 VC (E), 6 VC (T).

Méditation : lumière dorée dans la voie du système nerveux. Souriez à la lumière dorée, activez la joie, l'amour dans le cerveau, la moelle épinière. Souriez à votre cerveau et laissez la lumière dorée, la joie et l'amour se répandre dans votre système nerveux, laissez irradier dans les organes internes, les bras et les jambes.

Pour les vacances

Herbes chinoises : BD-204 (Comfort Combination) (Chang, Stephen T, 1987, p. 215) dans les cas d'hystérectomie pour rétablir la balance hormonale. Aide la cicatrisation des tissus, tonifie l'énergie vitale, tonifie les reins.

Rencontre suivante

« Je dors bien, je n'ai pas fait une nuit d'insomnie depuis un mois. Je me sens moins fatiguée. Au bureau, ça va bien, j'ai changé d'attitude, je ne me sens plus obligée, je suis moins impliquée. Je ne prends plus tout sur mes épaules. Je suis moins émotive.

J'ai fait de la moto pendant les vacances, nous avons pris des motels plutôt que de faire du camping. Je voulais les meilleures conditions possibles.

– Avez-vous des choses à discuter particulièrement ?

- Oui je fais de l'allergie à l'herbe à poux, je prends un antihistaminique ou Sinutab. J'ai refait de la constipation.
- Autre chose?
- Je fais de l'acné sur la poitrine entre les seins et dans le dos, ce sont les effets secondaires des médicaments (Elavil) contre la fybromyalgie. J'ai quelques douleurs musculaires, les ligaments tendus à cause de l'air climatisé.»

Pouls: Rein Yin vide.

Acupuncture: 6 MC (E), 3 F (T), 5 TF (E), 4 GI (D), 20 GI (D), 2 V (D), 10 Rte (T), 5 P (E), 17 VC (E), 4 Rte (E), 6 Rte (T), 6 R (T).

- 6 MC et 3 F: induire la détente, la relaxation.
- 5 Trois Foyers: libérer la surface, disperser la chaleur, éliminer les douleurs avec 4 Gros Intestin (He Gu) et chasser le vent.
- 20 Gros Intestin (Yin Xiang): libérer le nez, purifier la chaleur, chasser le vent, sinusites, allergies respiratoires.
- 2 Vessie (Zan Zhu): faire circuler le Qi du méridien et disperser les blocages du dos, libérer les sinus frontaux.
- 10 Rate (Xue Hai): Mer du sang, favorise l'écoulement du sang vers la mer, c'est-à-dire à l'intérieur des vaisseaux. Soigne les maladies du sang et de la peau causées par la chaleur et l'humidité du sang.
- 5 Poumon (Chi Ze): purifie la chaleur, libère l'énergie du Poumon, sinusites, allergies.
- 17 Vaisseau Conception (Dan Zhong): ouvrir la poitrine, équilibrer les émotions.
- 4 Rate (Gong Sun): régulariser et libérer l'estomac et le Gros intestin, stimule le Chong Mai.
- 6 Rate (San Yin Jiao): tonifie le rein, le foie, la rate, soigne les maladies gynécologiques.
- 6 Rein (Zhao Hai): point clef du Yin Qiao, utile dans les problèmes gynécologiques.

Méditation: son des poumons, faites le son Siii, chassez la tristesse, les allergies, la constipation, la sécheresse. Laissez venir la lumière blanche dans les poumons pour transformer le négatif en positif : clarté, fraîcheur et courage. Amenez cette lumière blanche et la clarté dans le nez, les sinus.

Rencontre suivante

Ouverture du cœur

Elle parle des problèmes de drogue et d'alcool dans sa famille et dans celle de son conjoint. Le fils de son conjoint a dû se faire opérer dans les deux bras à cause des injections, il s'est infecté avec sa propre aiguille. Il a failli mourir, il a fait des *overdoses*. Il s'est fait désintoxiquer pendant 10 jours. Elle raconte que son père s'est fait désintoxiquer plusieurs fois (3 à 4 fois par an, de 10 à 15 jours). Elle a dû le ramasser à terre, couché, des bouteilles dans le salon. «Ça m'a écœurée.» Sa mère buvait beaucoup aussi, elle a arrêté quand elle a voulu. Son frère a cette dépendance aussi. Il peut arrêter quand il veut. Son conjoint a eu aussi cette dépendance. Elle a dû menacer de le quitter pour qu'il contrôle sa consommation ; «il buvait chaque jour». Les hommes dans sa famille sont dépendants de l'alcool de père en fils.

Elle n'a pas repris d'antihistaminiques et n'a plus d'allergie. Elle a téléphoné pour dire que tout allait bien et n'a pas repris de rendez-vous.

Les herbes chinoises suivantes ont été combinées au traitement :

BD-204, Comfort Combination : inconforts de la ménopause, rétablir le déséquilibre hormonal après l'hystérectomie, fatigue, faiblesses des reins, nervosité, colère, dépression, insomnie. (Chang, idem, p. 215)

Rencontre des parfums, A3-114, Formules ancestrales : sinusites, allergies, congestions nasales, sécrétions de mucosités, rhume des foins, céphalée.

Conclusion

Bien d'autres situations auraient pu être choisies pour exposer cette approche thérapeutique grâce à laquelle nous avons eu du succès pour lutter contre la dépression, les abus de drogues, la sclérose en plaques et la maladie de Krohn. Il ne faut pas oublier non plus que cette approche intégrative peut aussi être préventive et aider à enrayer les symptômes de la ménopause et de l'andropause, pour rendre la fertilité dans certains cas, pour préparer à l'accouchement naturel, pour permettre de retrouver la forme après un accouchement et pour garder la jeunesse et la santé.

Vous pouvez aussi consulter d'autres histoires de cas présentées par le Dr Tremblay, dans le chapitre 13 «Le Chi Nei Tsang et la psychologie clinique» du livre de maître Mantak Chia intitulé *Chi Nei Tsang* (voir Chia, M., 1992 (1)). Déjà en 1992, le Dr N. Tremblay intégrait diverses approches thérapeutiques pour accélérer la guérison, favoriser la prise en charge et la responsabilisation du patient par diverses techniques: l'analyse, l'automassage, la relaxation, l'hypnose et la méditation, le Qi Cong, une alimentation appropriée, les herbes chinoises et le choix d'une musique thérapeutique. Cela pour traiter avec succès les divers cas exposés: dépression grave et suites de tuberculose, paranoïa schizoïde avec périodes catatoniques, angoisse, névrose et paranoïa avec maladie de Crohn.

Les textes et les enregistrements des cassettes de relaxation, d'hypnose et de méditation sont disponibles sur demande, moyennant des frais. En fin d'ouvrage, vous trouverez la liste de ces enregistrements de la collection *Le Tao de la santé*.

Conclusion générale

Le rapprochement entre l'Orient et l'Occident: l'acupuncture, le Qi Cong, la méditation et l'hypnose, une approche intégrative en thérapie

Nous ne pouvons pas parler de méditation chinoise sans parler de Chi Kung (Qi Cong). Le Qi Cong peut être externe, pratiqué par le maître, le médecin ou thérapeute sur le patient (actions physiques), ou il peut être interne et pratiqué par le patient pour la prévention et le traitement. L'hypnose fait appel au développement des forces inconscientes, au pouvoir personnel, par la suggestion et la présence d'une personne significative ou du thérapeute. En ce sens, l'hypnose se rapproche du Qi Cong externe, pratiqué par le maître ou le thérapeute-acupuncteur sur le patient par des actions physiques, et du Qi Cong interne, enseigné par le maître et pratiqué par l'élève lui-même, sans la présence du maître. La méditation taoïste fait appel aux forces conscientes et inconscientes du maître et de l'élève. Elle développe les forces du cerveau droit (imaginaire, rêve, sommeil) et du cerveau gauche (réalité, temps, espace) pour parvenir à l'état d'équilibre et de vide. La méditation ou le Qi Cong interne, avec ou sans suggestions, est pratiquée par l'élève pour la prévention, le traitement de maladies et le développement de pouvoirs subtils et spirituels.

L'hypnose clinique vise surtout la guérison physique, émotive et mentale. En Occident, l'autohypnose utilise seulement l'autosuggestion ou la suggestion mentale par la parole, sur un ton calme et un rythme lent. En Orient, la méditation guidée et le Qi Cong interne comprennent des aspects physiques par les postures assises ou debout, par les techniques respiratoires, et des aspects mentaux par les exercices d'attention, de concentration et de direction des énergies dans le corps (microcosme) et dans l'environnement (macrocosme). Certaines postures de Qi Cong, comme le pont de fer et l'enracinement (voir Chia, M., 1986 (1)), ressemblent étrangement aux postures de bioénergie de Lowen, comme «le pont taoïste» (Lowen, A., 1977, p. 62-63) ou l'enracinement (voir Lowen, A., 1993, p. 132). En Orient, le Qi Cong externe utilise les suggestions et les phénomènes de transmission du Qi primordial (Yuan Qi). Ces pratiques ont été développées en Chine bien avant la connaissance de l'hypnotisme et du magnétisme en Occident.

En Occident, l'autohypnose et l'hypnose utilisent la suggestion par le thérapeute et l'autosuggestion mentale. C'est un exercice mental qui touche l'inconscient. En Orient, la méditation et le Qi Cong interne utilisent simultanément les exercices du mental, les exercices de respiration et les postures. Ces exercices sont basés sur les théories des correspondances de la culture, de la médecine et de la spiritualité traditionnelle chinoise: cinq éléments, trois forces, deux énergies (Yin et Yang), qui animent l'énergie (Qi), le sang, les canaux d'énergie (méridiens) et tout le corps physique et subtil. Ils impliquent l'action dans la matière vivante par l'énergie.

En Orient, les exercices du mental sont orientés sur le développement de l'attention, de la concentration, des perceptions subtiles, par l'autosuggestion. Les exercices de respiration contrôlent et dirigent l'air externe et le souffle interne (Qi) dans les diverses parties du corps et dans les différents canaux d'énergie en utilisant la concentration et l'autosuggestion. Les exercices de postures aident la circulation d'énergie, tant par des postures statiques, assises ou debout, que des postures dynamiques, en mouvement, comme le Tai Ji, et renforcent en même temps les os, le sang, les tendons et les muscles pour prévenir et même guérir les maladies.

Depuis trois mille ans d'histoire, le Qi Cong fait partie des trésors de la médecine chinoise et est appelé «la méthode pour éliminer les maladies et prolonger la vie». Il joue un rôle important pour prévenir et traiter les maladies, pour protéger et renforcer la santé, pour contrer le vieillissement précoce et prolonger la vie. Il peut aussi aider à traiter des maladies chroniques et difficiles. La thérapie par l'autocontrôle du Qi Cong permet de contrôler les fonctions du corps et de garder celui-ci dans un état d'équilibre propice à empêcher la maladie. La pratique du Qi Cong dépend grandement de l'initiative subjective du pratiquant. La pratique libère du stress. Dans cette pratique, on considère le corps humain comme un tout ; on met l'accent sur les facteurs internes et on prend en considération le mouvement et le repos. On élabore un diagnostic et on donne le traitement en tenant compte d'une analyse globale de la maladie et de la condition du patient.

Selon Zhang Mingwu, conseiller de l'Association de recherche sur le Qi Cong de la Chine et vice-président de l'Association de recherche sur le Qi Cong de Beijing, la pratique met aussi l'accent sur l'organique combiné avec le mental, la posture et la respiration, et est appelée Taoyin. La pratique du Qi Cong va du facile vers le difficile, de l'extérieur vers l'intérieur, dans une progression étape par étape, de façon ordonnée, de façon assidue et avec persévérance pour atteindre les objectifs voulus : entraîner et entretenir le Qi, stimuler la circulation du Qi interne, maintenir la balance du Yin et du Yang, garder ouverts les canaux principaux et secondaires, régulariser le Qi et le sang, protéger la santé, renforcer le corps et prolonger la vie. (Zhang Mingwu,1988, p. 2-3)

L'acupuncture et le Qi Cong

Selon la médecine chinoise, plusieurs maladies peuvent être traitées par l'insertion d'aiguilles dans les points d'énergie le long des méridiens, pour stimuler et diriger le flot de Qi. Une des techniques importantes dans ce processus est appelée « Deqi » (saisir le Qi). On fait cela en tournant l'aiguille quelques fois, jusqu'à ce que le patient ressente un engourdissement, une tension ou une douleur, qui indique que le Qi a enserré l'aiguille et que l'aiguille envoie le Qi dans une autre partie du corps, ce qui se manifeste généralement par une sensation de picotement émanant de l'aiguille.

Le Qi Cong peut augmenter le pouvoir du travail avec l'aiguille d'acupuncture. Le praticien qui pratique le Qi Cong peut générer plus d'énergie et diriger celle-ci à partir de sa paume dans l'aiguille, soit en touchant l'aiguille, soit en projetant le Qi à une distance de quelques pouces de l'endroit où elle est insérée. Il peut augmenter le pouvoir de l'énergie et rendre le traitement d'acupuncture plus efficace. Le patient ressent ces sensations plus facilement et plus rapidement, et peut donner à l'acupuncteur un *feedback* positif. Le patient qui reçoit de l'énergie de l'acupuncteur qui pratique le Qi Cong, reçoit cette énergie dans une région plus large que celle qui entoure l'aiguille, ce qui permet un déblocage plus facile du Qi et une équilibration plus rapide des énergies. L'acupuncteur qui transmet le Qi par le Qi Cong doit pratiquer la méditation pendant et surtout après son travail pour régénérer son énergie. La pratique de la méditation et du Qi Cong est une discipline qui augmente l'intuition et la sensibilité. Elle permet aussi de ressentir les changements dans la température du corps et de ressentir les courants de Qi. La concentration s'améliore et les perceptions deviennent plus fines et plus subtiles. Cela aide le thérapeute à ressentir davantage, ce qui est une condition nécessaire pour aider le patient.

Pendant et après l'acupuncture, le patient peut aussi pratiquer la méditation et le Qi Cong en amenant la lumière, l'énergie, dans les points, les trajets d'énergie, les organes et les régions du corps concernées, et ainsi contribuer à sa guérison et la prévention des récidives. C'est ce «comment faire» que ce livre a tenté de vous transmettre.

En pratiquant la méditation et le Qi Cong chaque jour et à long terme, on peut atteindre divers objectifs: se sentir mieux, conserver le calme et la paix intérieure, avoir l'air et se sentir plus jeune, avec plus d'énergie, se sentir plus fort, expérimenter un *high* naturel, avoir une meilleure santé, corriger ses mauvaises habitudes, recouvrer la santé et vivre plus longtemps.

De plus, tous connaissent maintenant le rôle important de l'acupuncture et du Qi Cong utilisés comme anesthésie lors des centaines de milliers d'opérations effectuées en Chine. L'anesthésie par acupuncture permet de ne pas troubler les fonctions physiologiques de l'organisme, de régulariser les fonctions perturbées de l'organisme, de renforcer la résistance aux facteurs pathogènes externes, de se rétablir promptement, sans les séquelles de l'anesthésie, et de rester complètement conscient, avec le maintien de toute la faculté de régulation du cortex. La collaboration du chirurgien et du malade est aussi très appréciable, car les deux peuvent juger des résultats pendant l'intervention, et cela est très important, surtout en neurochirurgie et en ophtalmologie. En Occident, l'utilisation de l'anesthésie sous hypnose est récente et a aussi permis d'obtenir des résultats spectaculaires. La combinaison des deux approches serait souhaitable dans les cas où l'insensibilité n'est pas complète et pour aider davantage de personnes à récupérer plus facilement et rapidement après les traitements chirurgicaux, et ce, sans les complications et les effets secondaires des narcotiques.

L'approche intégrative en thérapie

Après plusieurs années d'études, j'ai exercé dans les hôpitaux un travail thérapeutique selon plusieurs approches occidentales, comme la psychanalyse, la bioénergie, la relaxation, le rêve éveillé, l'art thérapie et le conditionnement opérant. J'ai eu un accident majeur qui me condamnait à une vie mortuaire : ne plus conduire de voiture, ne plus faire de ski, ne plus faire de sport violent, ne plus faire de bicyclette, éviter le stress et prendre des médicaments qui me rendaient plus malade, en ajoutant d'autres symptômes à mes malheurs. Je suis partie pour la Californie et j'y ai découvert le massage Jin Shin Do, le Shiatshu, le Taï Chi et la calligraphie. Ma vie a changé. Je suis revenue au Québec et j'ai commencé à pratiquer la méditation zen, à recevoir des traitements d'acupuncture. Je me suis mise à aller mieux, de mieux en mieux. Comme c'était le cerveau qui était touché, j'ai pensé qu'il fallait l'activer.

Compte tenu des résultats et des bienfaits obtenus avec l'acupuncture sur moi-même, j'ai réfléchi et je me suis dit : « Si c'est bon pour moi, c'est bon pour les autres aussi. » J'ai alors décidé de suivre des cours d'acupuncture pendant quatre ans. Je me suis aussi inscrite au doctorat en psychologie. Je continuais à m'améliorer. Le fait de connaître l'acupuncture et la psychologie me donnait des moyens de réunir le corps et l'esprit, je trouvais cette approche sécurisante. Je me suis alors ouvert un bureau où j'offrais les services de psychologie, d'acupuncture et de massage. Me disant intérieurement que je ne pouvais pas devenir dépendante de l'acupuncture, pas plus que je ne voulais l'être d'un thérapeute ou des médicaments, je me suis mise à rechercher autre chose et j'ai appris d'autres techniques de massage, le californien et le *sensate therapy*.

J'ai commencé la méditation zen; pendant une pratique, j'ai vécu une expérience d'ouverture spirituelle par l'activation spontanée de l'énergie qui tournait dans un cercle de lumière dorée à l'intérieur de moi. Cela s'est déroulé pendant que je continuais à écrire ma thèse de doctorat sur: La symbolique dans la médecine traditionnelle chinoise. J'ai recherché la signification de cette expérience auprès de maîtres zen, de chercheurs à l'INRS à Paris, de plusieurs centres d'études sur l'Asie, à Montréal, à Paris et à New York, et tous m'ont laissée sans réponse.

À Paris, dans une librairie où j'allais acheter un livre, je suis tombée par hasard sur le livre de Maître Mantak Chia, sur la couverture duquel il y avait un personnage assis, avec, à l'intérieur de lui, une série de points reliés par une ligne. J'ai tout de suite compris que c'est ce que je cherchais. Il s'agissait de l'ouverture de l'Orbite Microcosmique ou de la réunion des deux vaisseaux Ren Mai et Du Mai, qui sont deux canaux d'énergie qui rassemblent tous les autres. J'ai donc cherché ce maître taoïste et j'ai commencé en 1982 à recevoir ses divers enseignements dans les Catskill, près de New York, puis en Thaïlande. Je continue à recevoir cet enseignement et à pratiquer ces pratiques basées sur la responsabilisation de chaque individu. J'ai appris avec lui les pratiques de méditation, de guérison, de santé et de spiritualité taoïstes qui sont à la base de la culture et de la médecine traditionnelle chinoise.

Ce n'est que vers les années 1990, lors du congrès annuel de la Corporation professionnelle des psychologues du Québec, que j'ai assisté à un atelier d'une journée sur l'Hypnose médicale. J'ai depuis continué ma formation dans ce domaine: hypnose clinique, hypnose ericksonnienne, P.N.L (programmation neurolinguistique). J'ai alors constaté que les suggestions et métaphores utilisées, que les phénomènes observés pour évaluer les effets étaient souvent les mêmes ou étaient très similaires à ceux des pratiques taoïstes. Le lien Orient/Occident, méditation/hypnose se trouvait là, à la portée de la main. J'ai donc commencé à combiner les pratiques d'hypnose et de méditation, ainsi que d'hypnose et d'acupuncture. J'ai même présenté au Congrès de la société québécoise d'hypnose, en 1996, un atelier sur l'utilisation des correspondances de la médecine traditionnelle chinoise appliquées à l'hypnose. (Voir Tremblay, N., 2000-1)

Actuellement, je travaille comme thérapeute selon une approche intégrative que j'élabore depuis près de trente ans. Utiliser cette approche veut dire que dans une même rencontre thérapeutique ou au cours de plusieurs rencontres successives, je peux utiliser l'écoute et l'analyse, la bioénergie ou le Qi Cong, l'acupuncture, le massage, la relaxation, la méditation, l'hypnose. Le travail le plus important reste d'impliquer la personne qui consulte en lui enseignant des gestes, des paroles et des pratiques qu'elle peut répéter chez elle, pour devenir ainsi responsable de sa guérison. Pour cela, des cours individuels et de groupes peuvent être donnés aux personnes désirant apprendre des pratiques de guérison ou de prévention.

J'ai décidé d'écrire ce livre pour faire connaître le concept ou plutôt la réalité de l'énergie. L'énergie, c'est la vie. Étudier et connaître l'énergie, c'est étudier et connaître la vie. Avec la vie, tout change, tout se transforme constamment. De façon paradoxale, comme les Chinois l'ont compris, on pourrait dire : « La seule chose stable, c'est le changement.» Connaître les changements, les réalités passées et les possibilités futures, c'est être dans l'éternel présent, en paix. Connaître les liens vivant avec les phénomènes et les êtres mouvants dans l'Univers et dans tous les Univers, c'est pouvoir redonner la santé et la vie, c'est avoir accès à son propre Univers et pouvoir se régénérer. En utilisant l'hypnose ou la méditation de guérison, nous nous mettons syntones avec cette force de vie en nous et nous l'activons. Le mental conscient ou inconscient a le pouvoir d'agir sur la matière. C'est, je l'espère, ce que ce livre vous aura fait découvrir et ressentir : votre force vitale, vos énergies corps/mental/esprit et celles de tout l'Univers. Comme le dit si bien Hubert Reeves, « nous sommes de la poussière d'étoiles, et il y a des étoiles de toutes les couleurs ». Et comme le chante si bien Raoul Duguay, « tout est dans tout, au bout du bout… »

Bibliographie générale

Practical Ear-needling therapy, Hong Kong : Medecine & Health Publishing Co., 1987, 162 p.

Académie de médecine traditionnelle chinoise. *Précis d'acupuncture chinoise, Académie de médecine traditionnelle chinoise,* Pékin : Éditions en langues étrangères, 1977, 328 p.

Ader, Robert (dir.) *Psychoneuroimmunology*, New York : Academic Press, 1981, 661 pages.

Alexander, Franz. *La médecine psychosomatique*, Paris, Éditions Payot, coll. Petite Bibliothèque Payot, 1967, 243 p.

Amadou, R. *et al. Le regard magnétique*, Malesherbes, Claude Tchou éditeur,1977, 319 p.

Aubin, Benoît. «Les personnalités de l'année. La science dans la peau», *L'Actualité*, janvier 2002, p. 28-29.

Aung, Steven. «Les perles de l'acupuncture médicale : six procédures d'alignement des énergies (Qi) vitales», *La Revue Française de Médecine Traditionnelle Chinoise*, n° 168, 1995, p. 203-207.

Barber, Théodore X. «Changing "Unchangeable" Bodily Processes by (Hypnotic) Suggestions : A New Look at Hypnosis, Cognitions, Imagining, and the Mind-Body Problem» in Anees A. Sheikh (éd.), *Imagination and Healing*, New York, Baywood Publishing Co., 1984, p. 69-127.

Berger, Leslie. «Medecine embraces meditation as treatment», *The Globe and Mail*, november 1999.

Bertalanffy, Ludwig von. *Théorie générale des systèmes* (1972), Paris, Dunod, 1982, 298 p.

Bissonnette, Robert, « Hypnose éricksonnienne et méditation zen, ressemblances et différences », *Hypnose-Québec*, février 2003, p. 3-6.

Blakeslee, Sandra. « Complex and Hidden Brain in the Gut Makes Stomachaches and Butterflies », *New York Times*, 23 janvier 1996, section C1, Science Desk.

Botez, Mihai Ioan (dir.) *Neuropsychologie clinique et neurologie du comportement* (1987), 2e édition, Paris, Masson et Presses de l'Université de Montréal, 1996, 682 pages.

Brown, Barbara B. *New mind, new body; bio-feedback: new directions for the mind*, London, Hodder and Stoughton, 1974, 464 p.

Chamfrault, A. *Traité de Médecine Chinoise, Tome II : Les livres sacrés de médecine chinoise*, Angoulême, Éditions Chamfrault, 1981, 575 p.

Chang, Chung-Yuan, *Le monde du Tao*, Paris, Stock Plus,1971, 219 p.

Chang, Stephen T. *The Great Tao*, San Fransisco, Tao Publishing, 1985, 464 p.

Chevalier, Richard. « L'exercice aussi bon qu'un anti-dépresseur », *Capital Santé*, octobre 2000, p. 60-64.

Chertok, Léon *et al. Résurgence de l'hypnose. Une bataille de deux cents ans*, Paris, Desclée De Brouwer, coll. Bibliothèque neuropsychiatrique de langue française, 1984, 241 p.

Chia, Mantak. « Tao Secrets of Love, Teacher Training Notes », New York, The Healing Tao Center, 1983 (1), 12 pages.

Chia, Mantak, *Awaken Healing Energy through the Tao*, Santa-Fé, Aurora Press, 1983 (2), 193 pages.

Chia, Mantak. *Énergie vitale et autoguérison*, St-Jean-de-Braye, Éditions Dangles, Collection Horizons spirituels, 1984, 220 p.

Chia, Mantak. *Yoga Journal*, Mars-avril 1986.

Chia, Mantak. *Transformer votre stress en vitalité. La voie du Tao – Le sourire Intérieur – Les six sons de guérison – La Méditation de l'orbite Microcosmique* (1985), Genève, Éditions Jouvence, 1990 (1), 133 p.

Chia, Mantak. *Stimulez votre énergie vitale. L'Automassage de jouvence par le Chi* (1986), Genève, Éditions Jouvence, 1990 (2), 143 p.

Chia, Mantak et Michael Winn. *Les secrets taoïstes de l'amour, culture de l'énergie sexuelle masculine*, Vitrolles, Éditions Axis Mundi, 1991 (1), 382 p.

Chia, Mantak et Maneewan Chia. *Nei Kung de la moelle des os* (1986), Paris, Guy Trédaniel Éditeur, 1991 (2), 280 p.

Chia, Mantak et Maneewan Chia. *Chi Nei Tsang. Massage Chi des organes internes* (1990), Paris, Guy Trédaniel Éditeur, 1992 (1), 469 p.

Chia, Mantak. «The practice of the Inner Smile. A Simple And Powerful Way of cultivating Chi», *Qi Cong*, printemps 1992 (2), p. 15-18.

Chia, Mantak. *Chi Kung I: La chemise de fer* (1986), Paris, Guy Trédaniel Éditeur, 1993 (1), 323 p.

Chia, Mantak et Maneewan Chia. *Le Tao de l'amour retrouvé : l'énergie sexuelle féminine* (1986), Paris, Guy Trédaniel Éditeur, 1993 (2), 353 p.

Chia, Mantak et Maneewan Chia. *Éveillez l'énergie curative du Tao* (1993), Paris, Guy Trédaniel Éditeur, 1994, 505 p.

Chia, Mantak et Maneewan Chia. *Inner Alchemy of the Tao* (poster et livret), Thaïland, Healing, Tao Co., 1995 .

Chia, Mantak et Abrams, D. *L'homme multiorgasmique, l'énergie sexuelle masculine,* Paris, Guy Trédaniel Éditeur, 1997.

Chia Mantak. *World Link Meditation. Healing Yourself and Others,* International Healing Tao Booklets, 1999, 38 pages.

Chia, Mantak. *Tao Yin, Exercices pour la revitalisation, la santé et la longévité* (1999), Paris, Guy Trédaniel Éditeur, 2000 (1), 194 p.

Chia, Mantak et Abrams, D. *Le couple multiorgasmique,* Paris, Guy Trédaniel Éditeur, 2000 (2), 215 p.

Chia, Mantak. *Cosmic Healing I, Cosmic Chi Kung*, North Star trust, 2001, 255 p.

Chia, Mantak. Darkness Technology. *Darkness Techniques for Enlightenment,* Chiang Mai (Thaïland) : Universal Tao Publication, 2002 (1), 54 p.

Chia Mantak et Wei, W. U. *Sexual Reflexology The Tao of love and Sex*, Chiang Mai (Thaïland), Universal Tao Publications, 2002 (2), 183 p.

Dan-Vu Hung (trad.). Jia Yi Jing (de Huang Fu Mi, 215-282), Tome I, *Éléments de base de l'Acupuncture*, Paris, Masson, 1989, 299 p.

Dehin, Robert. « La nouvelle hypnose. Elle n'endort plus, elle réveille ! », *Guide Ressources*, novembre 1994, p. 27-28.

Delboeuf, Joseph. *Le sommeil et les rêves; le magnétisme animal; quelques considérations sur la psychologie de l'hypnotisme*, Paris, Fayard, 1993, 435 p.

Deschamps, Marc-Alain. *Psychologies*, juin 1996, numéro 143, p. 62.

Despeux, Catherine (trad.). *Traité d'Alchimie et de Physiologie taoïste* (Zhao Bichen. Weisheng Shenglixue mingzhi), Paris, Les Deux Océans, 1979, 193 p.

Edde, Gérard (trad.). *S'asseoir en paix. Méthode de méditation taoïste du Maître Zhi*, Paris, Éditions Tao, 1983, 54 p.

Edde, Gérard. *Méditation et santé selon les traditions et médecines chinoises*, Paris, Albin Michel, 1988, 209 p.

Elkins, David. « Spirituality it's what's missing in mental Health », *Psychology Today*, September/October 1999, p. 45-48.

Epstein, Gerald. *Waking Dream Therapy : Dream Process as Imagination*, New York, Human Sciences Press, 1981, 237 p.

Erickson, M. H., Rossi, E. L., *Experiencing Hypnosis, Therapeutic Approches to Altered States,* New York, Irvington Publishers, 1981, 263 p.

Erickson, Milton H. « An introduction to the Study and Application of Hypnosis for Pain Control, 1963/1980» In E. Rossi (Ed.), *The collected papers of Milton H. Erickson on hypnosis. IV. Innovative hypnotherapy,* New York, Irvington, 1989, p. 237-245.

Éthier, Chantale. «Pour en finir avec les thérapies sans fin», *Châtelaine*, Octobre 2000, p.80.

Fahler, J. et Cadonet, R. «ESP card tests with college student with and without hypnosis», *Journal of Parapsychology*, 1968, 22, p. 125-136.

Fahler, J. et Osis, K. «Checking for awareness of hits in a recognition, experiment with hypnotized subjects», *Journal of the American Society for Psychical Research*, 1966, 60, p. 340-346.

Ferenczi, Sandor. *Œuvres complètes*, Paris, Payot, 4 volumes, 1975.

Finn, Edouard. «L'hypnose: vérités et mensonges». *Guide Ressources*, juin 2001.

Fontaine, Janine, *Médecin des trois corps: de la Faculté de médecine de Paris à l'Ashram Philippin*, Paris, Robert Laffont, 1980, 349 pages.

Fontaine, Janine, *La médecine du corps énergétique: une révolution thérapeutique,* Paris, Robert Laffont, 1983, 274 pages.

Fontaine, Janine, *Nos trois corps et les trois mondes*, Paris, Robert Laffont, 1986, 327 pages.

Freud, Sigmund. *Métapsychologie*, Paris, Éditions Gallimard, 1968, 185 pages.

Fun-Chang. *Utilise ce que tu es, un conte chinois qui nous entraîne au-delà du temps et de l'espace*, Genève, Éditions Vivez Soleil, 1991, 74 pages.

Gebser, Jean. *The Ever Present Origin* (1949), Athens, Ohio University Press, 1986, 647 pages.

Geissmann, Pierre et Durand de Bousingen. *Les méthodes de relaxation*, Bruxelles, Dessart et Mardaga, 1968, 318 pages.

Gershon, Michael D. *The second Brain, Your Gut Has a Mind of its Own*, HarperCollinsPerenial, New York, 1999, 320 pages.

Godin, Jean. *La nouvelle hypnose. Vocabulaire, principes et méthode,* Paris, Albin Michel, 1992, 457 pages.

Golden, Frederic. «Stem Winder, cellular biology», *Time*, 20 août 2001, p. 32-34.

Goleman, Daniel. *L'intelligence émotionnelle, comment transformer ses émotions en intelligence* (1995), Paris, Robert Laffont, 1997, 419 p.

Gorman, Christine. «Brave new cells», *Time*, 1er mai 2000, p. 42-43.

Govindan, Marshall. *Babaji et la tradition du Kriya yoga des 18 siddhas*, Montréal, Les Éditions Kriya yoga de Babaji, 1991, 190 p.

Grof, Stanislas. *Psychologie transpersonnelle*, Monaco, Éditions du Rocher, coll. L'esprit et la matière, 1984, 312 p.

Grossman, Sebastian Peter. *A textbook of physiological psychology*, New York, John Wiley & Sons, Inc., 1967, 932 p.

Gur, Raquel et Rubin. *Journal of Educational Psychology*, vol. 67, nº 1, 1975, p.151-153.

Halfon, Yves. «La douleur chronique comme modèle hypnotique négatif d'explication de la douleur. L'hypnose comme moyen de s'en libérer», *Hypnose-Québec*, septembre 2002, p. 3-7.

Hammer, L. *Dragon Rises, Red Bird Flies: Psychology, Energy, and Chinese Medicine*, Barrytown, N.Y., Station Hill Press, 1990, 464 p.

Hammond, D. Corydon, Ph. D., *Handbook of Hypnotic suggestions and Metaphors*, Norton Professional Book, New York, 1990, 602 p.

Honorton, C. et Stump, J.P. «A preliminary study of hypnotically-induced clarvoyant dreams», *Journal of the American Society for Psychical Research*, 1969, 63, p. 175-184.

Honorton, C. «Significant factors in hypnotically induced clairvoyance dreams», *Journal of the American Society for Psychical Research*, 1972, 66, p. 86-102.

Houri, Ch. et Hacette, J. C. *De l'acupuncture à la psychanalyse*, Paris, Éditions Marabout, 1982, 220 p.

Houston, Jean. *Life Force. The Psycho-Historical Recovery of the Self*, Wheaton, The Theosophical Publishing House, coll. Quest Books, 1993, 303 p.

Huard, Pierre et Ming Wong. *La médecine des Chinois*, Paris, Hachette, coll. L'Univers des Connaissances, 1967, 256 p.

Huffman, Karen, Vernoy, Mark et Judith. *Psychologie en direct*, Montréal, Modulo, 1995, 416 p.

Husson, Albert (trad.) *Huang Di Nei Jing Su Wen*, Paris, Association scientifique des médecins acupuncteurs de France, 1973, 382 p.

Jacobson, Edmund. *Progressive Relaxation* (1929), Chicago, The University of Chicago Press, 1938, 493 p.

Jung, Carl Gustav. *Commentaire sur le Mystère de la Fleur d'or*, Paris, Albin Michel, 1979, 148 p.

Kho, L. K. (compil. et trad.). *How to apply face nose hand and foot acupuncture*, Hong Kong, Medecine & Health Publishing Co. 1981, 53 p.

Kiecel, Anton. *Le Taoïsme*, Paris, M.A. Editions, 1984, 157 p.

Kiecel, Anton. *Le sens du Tao*, Paris, Éditions Le Mail, Diffusion Payot, 1985, 282 p.

Krishnamurti, Jiddu. *La flamme de l'attention* (1983), Paris, Éditions du Seuil, coll. Points, 1987, 161 p.

L'actualité, «L'amour fou rend-il fou?», janvier, 2001, p. 43.

Laborit, Henri. *La nouvelle grille. Pour décoder le message humain,* Paris, Robert Laffont, coll. Libertés 2000, 1974, 357 p.

Lao Tseu. *Tao tö King*, (trad. de Liou Kia-Hway), Paris, Gallimard, 1967, 188 p.

Laroche, Yvon. «Sous le signe du cancer, Innovation des hommes, des femmes et du génie», L'Estrie Innovante, *La tribune*, p. 17 (Numéro spécial, non daté).

Larre, Claude et Elisabeth Rochat de la Vallée. *Les mouvements du cœur. Psychologie des chinois*, Paris, Desclée de Brouwer, coll. Épi, 1992, 239 p.

Le Blanc, Charles. Huai Nan Tzu. *Philosophical Synthesis in Early Han Thought*. The Idea of Resonance With a Translation and Analysis of Chapter Six, Hong Kong, Hong Kong University Press, 1985, 253 pages.

Lecron, Leslie M. *Techniques of Hypnotherapy*, New York, Julian Press, 1961, 261 p.

Lemieux, Louise. « Comprendre le cerveau », *Le Soleil*, 9 novembre 2002, p. D 3.

Le Soleil. « Le cerveau s'illumine chez les amoureux », 19 novembre 2002, p. B 2.

Leung Kwok Po (trad.). Sou Nu King, *La sexualité de la Chine ancienne*, Paris, Seghers, 1978, 222 p.

Lin Shi Shan & Michel Dubuisson. *Choix des Points en Acupuncture Traditionnelle.* Forbach, Institut Yin-Yang, 1997, 387 p.

Low, Albert. *Je ne suis pas un être humain : un maître zen contemporain commente les koans du Mumonkan*, Boucherville, Éditions de Mortagne, 1996, 317 p.

Low, Albert. *Créer la conscience.* Paris, Éditions du Relié, 2000, 459 p.

Lowen, Alexander. *La Bio-Énergie* (1975), Montréal, Éditions du jour / Tchou, 1977, 310 p.

Lowen, Alexander. *La spiritualité du corps. Pratique de la bioénergie (*1990), St-Jean-de-Braye, Édition Dangles, Collection « Psycho-soma », 1993, 228 pages.

Lu K'uan Yü (trad.). *The Secrets of Cultivating Essential Nature and Eternel Life*, (de Chao Pi Ch'en), 1970.

Lu K'uan Yü. *Taoïst yoga. Alchemy & Immortality*, York Beach, Samuel Weiser Inc., 1984, 206 p.

Lu Tsou. *Le secret de la Fleur d'or* (traduit par Liou Tse Houa), Paris, Librairie de Médicis, 1969, 143 p.

Lu Zhi Zheng (dir.) *Les points d'acuponcture, leurs fonctions, indications et applications cliniques*, Paris, Éditions You Feng, 1996, 783 p.

Malarewicz, J .A., Godin J., Erickson, Milton H. *De l'hypnose clinique à la psychothérapie stratégique*, Paris, Les Éditions E.S.F., 1989, 156 p.

Mesmer, Franz Anton. *Le magnétisme animal,* Paris, Payot, 1971, 407 p.

Michaud, Marie-Andrée, «Albert Low, un phare dans la nuit», *Guide Ressources,* décembre 2001, p. 10-13.

Migaud, Martine. «Le QiCong et les méridiens extraordinaires», *Revue québécoise de Médecine traditionnelle chinoise et orientale,* Vol. 4, n° 3, 2002, p. 14.

Miller, James Grier. *Living Systems,* New York, McGraw-Hill Book Company, 1978, 1102 p.

Miller Freda *et al.* «Isolation of Multipotent Adult Stem Cells from the Dermis of Mammalian Skin», *Nature Cell Biology,* septembre 2001, vol. 3 n° 9, p. 778-784.

Ming Wang (trad.) *Shang Han Lun*, Paris, Masson, 1983, 251 p.

Mitchell, Ellinor R. *Fighting Drug Abuse with Acupuncture, the treatment that works*, Berkeley, Pacific View Press, 1995, 208 p.

Moore, Robert, Gillette, Douglas. *King, Warrior, Magician, Lover: Rediscovering the Archetypes of the Mature Masculine,* San Fransisco, Harpercollins Hardcover, 1990, 160 p.

Moreau, C. et Rogez, R. «Hypnose et parapsychologie, une revue de la littérature», *Revue de parapsychologie,* septembre 1977, n° 5.

Moreau, Christian. «Hypnose et télépathie», *in* Chertok, *Résurgence de l'hypnose, une bataille de deux cents ans*, Paris, Desclée de Brouwer, 1984, p. 137-148.

Mucchielli, Roger. *Introduction à la psychologie structurale,* Bruxelles, Charles Dessart, Éditeur, 1966, 290 p.

Nadon, R. Laurence, J. R., & Perry, C. «The Two Disciplines of Scientific Hypnosis: A Synergistic Model», in S. J. Lynn & J. S. Rhue (Eds.), *Theories of Hypnosis; Current Models and Perspectives,* New York, Guilford Press, 1991, p. 485-519.

Needham, Joseph. *Science & Civilisation in China. Volume V: Chemistry and Chemical Technology,* Cambridge: Cambridge University Press, 1976, 481 p.

Nguyen Huy. «Shen Qi ou effet placebo», *Association d'Acupuncture du Québec*, Vol. 3, n° 10, octobre/novembre/décembre 1999, p. 6-8.

Nguyen Van Nghi. *Hoang Ti Nei Jing Su Wen*, tome 2, Marseille, N.V.N., 1975, 580 p.

Nguyen Van Nghi et Recours-Nguyen, Christine. *Médecine traditionnelle chinoise. Acupuncture-moxibustion et massages,* Marseille, Éditions N.V.N., 1984, 717 p.

Nguyen Van Nghi et Recours-Nguyen, Christine (trad.). *Maladies évolutives des trois Yin et trois Yang selon Shanghan Lun* (de Zhang Zhongjing), Marseille, N.V.N., 1987, 454 p.

Nguyen Van Nghi, Tran Viet Dzung et Recours-Nguyen, Christine trad.). *Art et Pratique de l'Acupuncture selon Zhen Jiu Da Cheng de Yang Chi Chou,* Marseille, N.V.N., Tome III, 1989, 488 p.

Nguyen Van Nghi, Tran Viet Dzung et Recours-Nguyen, Christine. Lingshu. *Livre VI à livre IX*, Marseille, Éditions N.V.N., 1999, 503 p.

Nguyen, Thanh Lan. «L'hémiplégie en MTC», *La Revue Française de Médecine Traditionnelle Chinoise*, n° 183, 1999, p. 113-123.

O'Hanlon, W. H. et Martin, M. *L'hypnose orientée vers la solution, une approche éricksonienne,* Bruxelles, Éditions SATAS, Collection du Germe, 1995, 271 p.

Oughourlian, Jean-Michel. «L'hypnose, révélation du rapport interdividuel» *in* Chertok, Léon *et al. La résurgence de l'hypnose. Une bataille de deux cents ans,* Paris, Desclée De Brouwer, coll. Bibliothèque neuro-psychiatrique de langue française, 1984, 241 pages, p. 191-205.

Pearsall, Paul. *The Heart's Code, Tapping the Wisdom and Power of Our Heart Energy*, Broadway Books, New York, 1999, 288 p.

Piaget, Jean. *La construction du réel chez l'enfant,* Paris, Delachaux & Niestlé s.a., 1937, 398 p.

Pierrakos, John C. *Core Energetics. Developing the Capacity to Love and Heal*, Mendonico (É.U.), LifeRhythm Publication, 301 p.

Psychology Today. Encadré de la rubrique «Health», *Psychology Today*, September/October 1999, p. 28.

Rager, G.R. et R. Fourcade. «Chapitre XIII : Douleur et relaxation», in Amadou *et al.*, *Le regard magnétique* (1977), p. 277-291.

Rathbone, Josephine L. *Relaxation*, Philadelphia, Lea & Febiger, 1969, 171 p.

Reich, Wilhelm. *L'analyse caractérielle* (1933), Paris, petite bibliothèque Payot, coll. Science de l'homme, 1979, 465 p.

Restak, Richard. *The brain, the last Frontier*, New York, Doubleday & Co., 1979, 418 p.

Rimpoche, Namgyal. *La méditation, un sentier vers l'éveil,* Forma, Rive Nord, 1991, 58 p.

Rochon, Michel. *Le cerveau mystique*, Radio-Canada, dossier, septembre 2002.

Rogers, June. «La spiritualité pour soigner nos angoisses», *Châtelaine*, mars 2001, p. 51-60.

Ross, Jeremy. *Acupuncture Point Combinations : the Key to Clinical Success*, New York, Churchill Livingstone, 1995, 476 p.

Roustang, François. *La fin de la plainte*, Paris, Éditions Odile Jacob, 2000, 253 p.

Schipper, Kristopher. *Le corps taoïste*, Paris, Fayard,1982, 339 p.

Schopenhauer, Arthur. *La volonté dans la nature* (1836), Paris, PUF, 1969, 206 p.

Schultz, J.H. *Le training autogène. Méthode de relaxation par autodécontraction relaxative,* trad., Paris, P.U.F., 1958, 192 p.

Selye, Hans. *Stress sans détresse,* Montréal, Les Éditions de La Presse, 1974, 175 p.

Smith, Michael. *Conférence-séminaire sur l'acupuncture en toxicomanie*, Syndicat Professionnel des Acupuncteurs et Acupunctrices du Québec, 25-26 octobre 1997 (notes prises par l'auteure).

Soleri, Paolo. *The Omega Seed: An Eschatological Hypothesis,* Garden City, Anchor Press/doubleday, 1981.

Springer, Sally P. et Deutsh, George. *Left Brain, Right Brain*, San Francisco, W.H. Freeman, 1981, 243 p.

Stanton, Danielle. «Prière et guérison : un tissu de mensonges ?», *L'Actualité*, 19 septembre 2002, p. 57-62.

Stoeber, Karl O. *Le Psychotraining autogène. Commment retrouver et garder la santé* (1984), Montréal, Éditions Frémontel, 1988, 175 p.

Tae-Woo Yoo. *Koryo Hand Acupuncture*, vol. 1, San Matteao : Eum Yang Mek Jin Publishing Co., 1988, 473 p.

Tchouang-Tseu. *Œuvre complète* (trad., préface et notes de Liou Kia-hway), Paris, Gallimard/Unesco, coll. Connaissance de l'Orient, 1969, 388 p.

Teeguarden, Iona. *Acupressure way of health: Jin Shin Do*, Japan Publications, inc. 1978, 160 p.

Thompson, Dick. «Acupuncture Works. A U.S. panel endorses the ancient Chinese needle treatment—at least for some conditions», *Time*, 17 novembre 1997, p. 65.

Tice, D. M. and Baumeister, R. F. «Controlling Anger : Self-induced emotion Change», *in* D. M. Wegner et J. Pennebaker (éd.), *Handbook of Mental Control*, Vol. 5, Prentice hall, Englewood Cliffs, NJ. 1993, p. 393-409.

Tremblay, Nicole. Niveau Méditation Daoïste. *L'orbite microcosmique ou le petit cycle cosmique*, Québec, à compte d'auteur, 1988, 41 p.

Tremblay, Nicole. *La continuité par la théorie et la pratique des correspondances exprimées par les symboles graphiques et ontologiques*, thèse de doctorat, université Laval, 1990 (1).

Tremblay, Nicole. Notes de cours du Camp de méditation taoïste de Mantak Chia, New York, été 1990 (2).

Tremblay, Nicole. « Psychologie et Médecine traditionnelle chinoise » (de la conférence *Psychologie et MTC: Utiliser le mental pour augmenter le pouvoir de guérison et maximiser les traitements d'acupuncture*, présentée au séminaire de l'Association des acupuncteurs inscrits au registre de la C.P.M.Q, novembre 1993),

La Revue Française de Médecine Traditionnelle Chinoise, n°164, 1994, p. 170-181.

Tremblay, Nicole. «How to Use Taoïst Meditation to Accelerate the Healing Process» *in* DelMonte N.M. & Y. Haruki, *The Embodiment of Mind: Eastern and Western Perspectives*, Delft, Eburon, 1998 (1), 169 pages, p. 73-82.

Tremblay, Nicole. Notes de cours du Camp de méditation taoïste de Mantak Chia, ChangMai, Thaïlande, février 1998 (2).

Tremblay, Nicole. «The benefits of the practice of Iron Shirt Chi Kung (Qi Cong) of Master Mantak Chia» (de la conférence *Les avantages du Chi Kung de la chemise de fer*, présentée au Congrès international de psychologie de Montréal, 1996), *Transnational Network For Study of Physical, Psychological & Spiritual Wellbeing*, June, 2000 (1), Vol. 8, n° 3, p. 21-28.

Tremblay, Nicole. «L'utilisation du Shen dans la guérison par acupuncture» (de la conférence *L'utilisation du Shen dans la guérison par acupuncture*, présentée au Congrès mondial d'acupuncutre de l'Association pour la Médecine Orientale, Paris, octobre 1998), *La Revue Française de Médecine Traditionnelle Chinoise*, n° 186-187, 2000 (2), p. 65-78.

Tremblay, Nicole. *Le Tao de l'alimentation. Un art de la santé*, Outremont, Les Éditions Quebecor, 2002 (1), 281 pages.

Tremblay, Nicole. *Le taoïsme, la voie de la nature*, Conférence lors de l'exposition sur X'ian, Québec, Musée de la civilisation, 7 mai 2002 (3).

Tremblay, Nicole. Notes de cours de la Retraite de Kan et Li, Mantak Chia, Tao Garden, ChangMai, Thaïlande, février 2003.

Trudel, Jonathan. «La science dans la peau», *L'actualité*, janvier 2002, p. 28-29.

Truong Tan Trung. Jing Shen. «La Formation de l'énergie Jing à partir de l'énergie nutritive Rong», *La Revue Française de Médecine Traditionnelle Chinoise*, n° 182, 1999, p. 69-75.

Ullman, M., Krippner, S. et Vaughan, A. *Dream Telepathy: experiments in nocturnal ESP* (1973), Baltimore; Penguin Books, 1974, 300 p.

Wang. Weidong. «Study of the Psychology and the Behavioural Science of QiCong», *in* DelMonte N.M. & Y. Haruki, *The Embodiment of Mind: Eastern and Western Perspectives*, Delft, Eburon, 1998, 169 p., p. 95-101.

Warren, F.Z. et Fischmann. *L'Acupuncture sexuelle ou les points du plaisir*, Paris, Tchou, 1979, 253 p.

Weitzenhoffer, André. *Hypnotism: an objective Study in Suggestibility*, New York, John Wiley/Science Editions, 1953, 380 p.

Wells, Carol G. *Right Brain Sex: Using Creative Visualization to Enhance Sexual Pleasure*, New York/London, Prentice Hall Press, 1989, 238 pages.

Whitehead, Alfred North. *Science and the modern world*, New York, The Macmillan compagny, 1925, 212 p.

Wilhelm, Richard. *Yi King, Le Livre des Transformations* (texte complet traduit par Étienne Perrot), Paris, Librairie de Médicis, 1973, 804 p.

Wise, Anna. *Awakening the Mind*, New York, Jeremy P. Tarcher/Putman, 2002, 255 p.

Young, Lawrence. *Reports of National Clearinghouse or Meditation, Relaxation and Related Therapies*, Vol. I, 1980, 248 p.

Zhang, Mingwu. *Chinese QiGong Therapy* (trad. Yang Entang), Jinan (China), Shandong Science and Technology Press, 1988, 264 p.

Pour joindre l'auteure

Docteur en psychologie, acupuncteure et professeure senior certifiée du Universal Healing Tao de maître Mantak Chia, Nicole Tremblay organise des ateliers de fin de semaine, des soirées de méditation, donne des conférences sur les pratiques du Tao au Québec depuis 1989 et en France depuis 1992. Pour la liste des cours offerts, veuillez consulter le site Internet : www.taodelasante.com.

Elle édite également à compte d'auteur la collection Le Tao de la santé, qui regroupe plusieurs des pratiques taoïstes enseignées par maître Mantak Chia.

La collection Le Tao de la santé, digirée par Nicole Tremblay

Le Tao de la santé. *La Fête de la Lumière*, CD, Québec, 2002 (2)

Le Tao de la santé. *Sourire intérieur : sourire intérieur, voie des organes internes, voie digestive, voie du cerveau et du système nerveux*, cassette audio, Québec, 2003 (1).

Le Tao de la santé. *Six sons de la santé : les six postures, les six sons, les six lumières des organes internes*, cassette audio, Québec, 2003 (2).

Le Tao de la santé. *Orbite microcosmique : petite orbite, grande orbite, trois forces de l'Univers*, cassette audio, Québec, 2003 (3).

Le Tao de la santé. *Relaxation énergétique : relaxation avec la joie, relaxation avec le calme, relaxation du corps avec la nature (détente – visualisation – respiration)*, cassette audio, Québec, 2003 (4).

Demande de renseignements

338, Chemin Saint-Louis, Québec (Qc) G1S 1B5
(418) 688-1711
psyacutao@videotron.ca
site Internet : www.nicoletremblay.com

Table des matières

MARQUIS
Québec, Canada